LA
Vie à Paris
1881

PAR

JULES CLARETIE

Deuxième année

PARIS

VICTOR HAVARD, ÉDITEUR

75, BOULEVARD SAINT-GERMAIN, 175

LA VIE A PARIS

1881

PARIS — IMPRIMERIE MOTTEROZ

Rue du Four. 54 bis.

LA
VIE A PARIS

1881

PAR

JULES CLARETIE

Deuxième année

PARIS

VICTOR HAVARD, ÉDITEUR
175, BOULEVARD SAINT-GERMAIN, 175

Tous droits de traduction et de reproduction réservés

pour
aussi
c'est
ivre
o-
ur

e
t

LA VIE A PARIS

I

Une année fatidique. — Souvenirs de Blanqui. — Lamartine et Blanqui. — 1781 et 1881. — Un chroniqueur du temps passé : Métra et sa *Correspondance*. — Dulcigno il y a cent ans. — Une statue de Phidias. — Les conseils de Minerve. — La *Princesse de Bagdad*. — Les lettres de Georges Sand et de Musset. — Les papiers de M. Paul de Musset. — Les archives et la bibliothèque de l'Opéra. — Un nouveau *foyer* ouvert au public. — Les peintures de Baudry. — Les *Droits du peintre*. — Un tableau de Detaille. — Le Salon.

11 janvier 1881.

Cette année 1881 s'appellera Année des Élections. Elle remet au public sa carte de visite sous la forme d'une affiche.

Affiches partout, rouges, jaunes, vertes, bleues. Les murs de Paris en sont constellés, et tant de couleurs à la fois, et tant de bigarrures évoquent l'image du légen-

daire costume à losanges d'un Arlequin. 1881 aur[a pour]
armes parlantes la boîte d'un scrutin. Ce sont [les]
celles du siècle. L'opinion publique y est reine e[t c'est]
pour elle, pour la séduire et la conduire, qu'on se [livre]
à tous ces duels de professions de foi et à toutes ces [po]-
lémiques personnelles un peu calmées, dirait-on, p[our]
le moment.

Il en fut d'ailleurs toujours un peu de même et, quoiqu[e]
la vie commune fût très différente de la nôtre, il y a ce[nt]
ans, on se plaignait alors des mêmes ennuis qu'aujour[-]
d'hui, et l'on avait les mêmes griefs que nous contre l[e]
temps où l'on vivait. Un journal avait eu l'idée, naguère, de nous donner un tableau rétrospectif de
l'an 1780; on pourrait plus curieusement encore évoquer l'an 1781, à propos de cette année 1881, qui est,
paraît-il, tout à fait fatidique, en ce sens que, de quelque
façon qu'on lise son millésime, de droite à gauche, ou
de gauche à droite, on trouve toujours : 1881.

Les chiffres! Quand on envisage cette redoutable
question de chiffres, on en vient à éprouver presque le
dédain apaisé du vieux Blanqui, qui vient de mourir,
et qui écrivait, du fond de son cachot du fort du Tau-
reau, cette étrange *hypothèse* qu'il appelait l'*Éternité
par les astres,* où, lui, le vieux révolutionnaire, il haussait ironiquement les épaules devant ce que l'homme
appelle le Progrès :

« — Ce que nous appelons le Progrès, écrivait le vieillard, est claquemuré avec chaque terre et s'évanouit
avec elle dans des *myriades* et des *milliards* d'astres

pareils. Toujours et partout le même décor ; sur la même scène étroite, *une humanité bruyante, infatuée de sa grandeur, se croyant l'univers,* et vivant dans sa prison comme dans une immensité, *pour sombrer bientôt avec le globe qui a porté avec le plus profond dédain le fardeau de son orgueil.* Même monotonie, même immobilisation dans les astres étrangers. L'univers se répète sans fin et piaffe sur place. »

Qu'on médite ces paroles. Elles expliquent un peu le dédain de cette espèce de Fontenelle de la prison parlant aussi de la *pluralité des mondes* et laissant tomber de sa plume de petites phrases ironiquement hautaines et déconcertantes, comme celle-ci :

« — Les trillions, quatrillions, sextillions, etc., en disent moins à la plupart des lecteurs qu'un mot vulgaire dont on a l'habitude et qui est l'expression par excellence des grosses quantités : *milliard*. En astronomie, il est cependant peu de chose, ce mot, et en fait d'infini il est zéro à peu près ! »

Ou encore :

— *On ne pelote pas l'infini avec la parole !*

Il y avait un dédaigneux chez cet âpre vieillard qui disparaît avec l'année nouvelle.

Bien longtemps l'énigmatique et maigre visage de cet homme se posera devant l'historien. Je ne l'ai vu qu'une fois, assis devant un conseil de guerre, le visage jaune et creux, la barbe blanche, les oreilles décollées. Il avait à la fois l'air d'un moine et l'air d'un pauvre. Mais plus d'un portrait de Blanqui existe tracé par quelque contemporain, et, sans parler des confidences d'Armand Barbès, Lamartine a tracé quelque part, dans son *Histoire de la Révolution de 1848,* un profil net et ferme d'Auguste Blanqui. Lamartine qui — on l'a oublié sans doute — pour utiliser l'intelligence de ce conspirateur monomane, avait, étant ministre des affaires étrangères, offert une ambassade à Blanqui!

C'était avant le 15 mai et au moment où le nom de Blanqui grondait sur Paris. Un matin, à six heures, dans les premiers jours d'avril, un homme « d'aspect presque prolétaire », accompagné, dit Lamartine, de deux ou trois autres hommes de visages inconnus et suspects, entra dans la cour du ministère des affaires étrangères, se nomma et demanda à parler au ministre.

Comme il n'y eut que deux interlocuteurs dans cet entretien que la gravure a popularisé — une gravure où l'on voit Blanqui boutonné dans sa redingote, une cravate noire roulée autour du cou, un chapeau de feutre, dit *chapeau montagnard,* à la main et s'avançant vers Lamartine debout, en *manches de chemise,* travaillant tout à l'heure à côté de ses levriers grimpés sur les chaises — il faut laisser la parole à Lamartine, qui a raconté l'entrevue.

Lamartine venait de se lever; le jour était chaud; il écrivait, à demi vêtu, dans sa chambre; il donna ordre de faire entrer Blanqui, et s'avançant vers lui, la poitrine découverte, il lui tendit la main :

— Eh bien! monsieur Blanqui, lui dit-il en souriant, vous venez donc me poignarder? L'heure est propice et l'occasion est belle; vous le voyez, je n'ai pas de cuirasse.

Puis, faisant asseoir Blanqui vis-à-vis de lui :

— « Parlons sérieusement, lui dit-il. J'ai désiré vous voir et vous avez consenti vous-même à vous entretenir avec moi; c'est l'indice que nous ne sommes pas peut-être aussi inconciliables de pensées sur la République que les apparences le font supposer au vulgaire. Je vais vous ouvrir toutes mes pensées sans voile... Vous m'interromprez là où des objections se présenteront à votre esprit, et j'éclaircirai ce qui vous paraîtra obscur! »

« Lamartine alors exposa devant Blanqui l'idée de la République telle qu'il la concevait pour un peuple continental longtemps façonné au joug monarchique, et où les problèmes du socialisme nés de l'industrie, du luxe et de la misère agitaient depuis quinze ans les couches souterraines de la société. Il montra les garanties à donner à la propriété, les assistances à prodiguer par des institutions aux prolétaires. Il alla aussi loin que sa pensée, pas plus loin que le bon sens et l'application. Il conclut à un gouvernement très fort, expression d'une volonté nationale puisée dans le peuple tout entier mais irrésistible. Il démontra le danger de la guerre pour l'idée démocratique comme pour la nationalité française : il se déclara l'inflexible ennemi de toute faction qui voudrait monopoliser le pouvoir dans des dictatures, l'ensanglanter dans des Conventions, le déchirer dans des anarchies; il professa le dogme absolu de la souveraineté de la majorité sincère de la nation contre la tyrannie d'une seule classe, cette classe usurpât-elle le nom du peuple. Il professa sa haine contre les ambitieux corrupteurs de ce peuple et sa pitié pour les sophistes qui en l'enivrant de chimères radicales lui préparaient le réveil du désespoir. »

C'est ici que le récit de Lamartine devient tout à fait intéressant :

« Blanqui, écrit-il, ne m'avait pas interrompu une seule fois. Sa physionomie ascétique et impressionnable écoutait par tous ses sens. Son œil profond et replié en dedans semblait épier jusqu'au fond de l'âme de son interlocuteur, pour y découvrir l'intention de séduire ou de tromper. Il était trop exercé pour ne pas voir que l'attitude, la parole, le geste de Lamartine éclataient de sincérité. Il ne fit aucune objection fondamentale aux idées qu'il venait d'entendre ; *il parla avec un ironique dédain des hommes qui se prétendaient alors les prophètes du socialisme et du terrorisme ;* il admit les théories comme théories ou comme tendances, et reconnut qu'il n'y avait aucune réalisation immédiate possible en dehors des propriétés garanties et des droits acquis.

« Quant au gouvernement, il en reconnut également la nécessité et les conditions de force contre l'anarchie ; il accorda sans peine à Lamartine qu'il fallait décourager les partis ambitieux et turbulents de la dictature...

« Lamartine, après ce dialogue politique, fit dégénérer la conversation en entretien familier. Blanqui sembla s'abandonner avec l'épanchement d'une âme ulcérée et fermée par la persécution, qui s'ouvre et qui se détend dans une intimité de hasard. Il raconta à Lamartine sa vie, qui n'était qu'une longue conjuration contre le gouvernement, ses amours pour une femme que sa captivité n'avait pu détacher de lui et que ses disgrâces avaient tuée ; ses longs emprisonnements, ses réflexions solitaires, ses aspirations à un Dieu, ses instincts antisanguinaires ; mais son goût presque insurmontable de complots, espèce de seconde nature, contractée dans ses premières conspirations.

« Lamartine n'hésita pas à trouver dans ce conjuré toutes les aptitudes et tout le tact d'un homme né pour les négociations, s'il voulait jamais plier son indépendance au joug d'un gouvernement. Il lui demanda s'il consentirait à servir une République selon les vues de tous au dehors ; si ce rôle d'éternel critique et d'éternel agresseur des institutions de son pays ne lui semblait pas lourd, stérile, ingrat, nuisible à la République elle-même. Blanqui en convint : il ne parut même pas éloigné de l'idée de servir au dehors un gouvernement dont il honorerait les ministres et dont il partagerait les vues. Blanqui et le membre du gouvernement se séparèrent après un entretien de plusieurs heures, satisfaits en apparence l'un de l'autre... »

Le 15 mai, où Barbès se précipita pour enrayer l'influence de Blanqui, dut enlever à Lamartine quelque peu de sa satisfaction. Mais la rencontre de ces deux hommes, incarnant deux principes, la discussion du mode de gouvernement entre le girondin et le conjuré, comme l'appelle Lamartine, ne manque pas d'une certaine grandeur. Je n'avais jamais oublié ce fragment de l'*Histoire de la Révolution de 1848*, pas plus que telles pages, pittoresques et curieuses, d'un homme qui fut tour à tour babouviste et bonapartiste et qui s'appelait Théophile Sylvestre. Homme d'un talent rare, Théophile Sylvestre a écrit, quelque part, une sorte de monographie sur le château de Blagnac, propriété de l'héroïque général Compans, où, vers 1824, arriva de Paris, en qualité de précepteur de l'enfant du général comte Compans, un homme jeune, tout frêle, tout pâle, tout triste, taciturne, assombri, écrasé par le métier de *machine à conspiration* et de *bête à concours* qu'on lui avait fait faire, à l'institution Massin et au collège Charlemagne. C'était Auguste Blanqui, alors âgé de vingt et un ans.

Par haine de cette éducation classique dont on l'avait comme accablé, Blanqui devait faire plus tard de son fils un paysan, un laboureur fauchant, bêchant, défrichant, harassant le corps pour avoir raison de l'âme. Je ne sais où vit ce fils de Blanqui — qu'on a aperçu, je crois, derrière le cercueil de son père — et à qui longtemps le vieux conspirateur ne voulait pas faire apprendre à lire, disant : « Il sera plus heureux ! »

Sylvestre nous trace un portrait du petit précepteur du château de Blagnac, qui vaut celui que Lamartine nous a donné du président de club. Blanqui, sobre comme un pythagoricien, ne buvait ni vin, ni café, ni liqueurs. Il ne vivait que d'herbages, de laitues, de fruits, de pêches surtout. C'était « un dévorateur de jardins, un ruminant, au physique et au moral ».

« Avide de grand air et plus dur qu'un Sarmate (je cite son portraitiste), il laissait jour et nuit, même au plus fort de l'hiver, et sans feu, les fenêtres ouvertes, — son lit, le plus possible, rapproché du dehors — et la neige, tombant en plein sur les couvertures, ne le réveillait pas. »

Blanqui resta ainsi deux ans au château de Blagnac. Puis à Paris, où il revint, il s'éprit d'une autre élève dont il devint le précepteur, la fille unique de banquiers riches qu'il aima six ans sans rien laisser deviner de son amour, enfermant ce secret de l'âme en lui comme un secret politique. Elle aussi, cette enfant, l'aimait. Théophile Sylvestre les compare, dans leur rigidité superbe, à Porcia et à Brutus. Elle devint sa femme. Elle porta son nom pendant sept ans. Puis un jour, Blanqui étant condamné à la détention perpétuelle, séparé d'elle à jamais, elle languit, et un an après, jour pour jour, elle mourut.

« Pendant un an, a écrit Blanqui, un an, l'agonie d'une femme aimée s'éteignant loin de moi dans le désespoir; puis, quatre années entières, dans la solitude de la cellule, avec le fantôme de celle qui n'était plus, tel a été mon supplice, à moi seul, dans cet enfer du Dante ! »

— Je sais bien que tu n'aimeras jamais que moi au monde! lui avait-elle dit, un jour.

En effet, il n'a jamais aimé qu'elle, cette femme brune, sévère, triste, plus haute que lui de taille, un ange et une matrone, comme on l'a appelée.

Tout est mystère dans cette existence ascétique, tout est énigme. De Blanqui, ceux qui l'ont vu, en ces derniers temps, n'ont connu que l'ombre. Ce vieillard dodelinant de la tête, perdu, aphone, n'était plus l'homme dont le geste ganté de noir dominait les foules. A Milan, il a bien étonné ceux qui l'accompagnaient, lors de l'érection du monument de Mentana.

On l'avait présenté aux démocrates milanais. Il leur parla. Il leur parla une heure durant, de sa voix faible. Il leur parla de la *question sociale* qu'il n'appelait jamais, lui, que la *question économique*.

— Citoyens, disait-il (et les Français qui l'écoutaient étaient un peu surpris), défiez-vous de ceux qui prétendent résoudre, en quelques heures, la question économique. Lorsqu'en prison je cherchais un problème de mathématiques ou d'astronomie, je ne le découvrais qu'après bien des mois. Souvent je ne le trouvais pas ! Alors, je m'interrompais. Je reprenais, après des années. Et, pour un problème pareil à celui de la *question économique*, ce n'est ni par mois ni par années, c'est par siècles peut-être qu'il faudra compter ! Ceux qui vous disent le contraire vous égarent !

Il semblait que l'interlocuteur de Lamartine en 1848 se retrouvât ainsi, parfois, et par hasard, sous l'orateur de 1880. C'est que le journaliste de *Ni Dieu ni Maître* était aussi l'écrivain de ce livre extraordinaire, l'*Éternité par les Astres*, dont je parlais tout à l'heure et qui stupéfierait bien des disciples de Blanqui.

L'homme est décidément un être compliqué, j'entends l'homme en général et non pas seulement ce problème vivant, — Blanqui, — dont la pâle et maigre figure m'apparaît invinciblement foudroyée par le clair regard et le sourire écrasant d'Armand Barbès.

Bref, pour en revenir à l'année présente, 1881 est une année originale, au point de vue des chiffres.

L'an 1781 lui ressemblait beaucoup et le gazetier Métra, dont le nom ne figure point dans les biographies et dont la *Correspondance secrète,* politique et littéraire, est cent fois plus piquante, à mon sens, que la *Correspondance* de Grimm ou que les *Mémoires* de Bachaumont, écrit de *Paris, le 1ᵉʳ janvier 1781*, une lettre qui pourrait être, en changeant les noms, datée du premier de l'an 1881.

Métra se plaint de l'incertitude de la politique. Il fronce le sourcil au nom de la Prusse. Il n'est pas satisfait des élections académiques. Il trouve que le journaliste Linguet multiplie un peu trop, pour faire parler de lui, les scandales et le tapage. Il déplore que Mˡˡᵉ Sophie Arnould occupe beaucoup plus que le comte d'Estaing et le sort de la flotte l'attention publique. Le théâtre ? Métra le trouve déplorable. On en est aux « *drames révoltants* ». On joue des pièces où un fils vole son père sur le théâtre, et le jeu du sieur Molé fait applaudir ces turpitudes ! Ainsi parle le gazetier. On va à l'Opéra écouter M. Floquet, qui est un compositeur de talent, venu de Provence, et, à la Comédie Française, les comédiens sont « si triomphants qu'ils ne cherchent plus à contenter le public ». Et « la foule se porte aux vaudevilles des Italiens, *aux tréteaux du boulevard* ». On bâtit une nouvelle salle de théâtre. « Il est bien dommage qu'on ne puisse pas bâtir en même temps de bons acteurs. » On répète, à l'Académie de musique, l'*Iphigénie* de M. Piccinni, comme on y répète aujourd'hui le *Tribut de Zamora* de Gounod, et les gazettes annoncent le départ du chevalier Gluck pour Vienne, où il va conduire l'orchestre accompagnant son *Iphigénie en Tauride* comme Léo Delibes y va tantôt manier l'archet lorsqu'on y jouera *Jean de Nivelle*. Tout se ressemble, avec des degrés différents en toutes choses.

Et les loyers qui sont trop chers ! Et l'abbé Delille, dont la gloire absorbe tout ! Métra n'oublie rien. Mais le plus piquant, c'est que ce n'est point seulement par les scandales et les tapages de la politique et du théâtre, le ton acerbe des libelles, les personnalités irritantes, les colères, les *petits locaux* de la Bastille où sont logés les diseurs de nouvelles qui fustigent les grands seigneurs, comme l'est, à Mazas, M. de Dion qui a rudoyé un *gazetier*, ce n'est point par tout cela seul que ce temps-ci ressemble à l'autre : l'ironie des perpétuels recommencements de l'histoire met sous la plume du chroniqueur de 1781 un nom qui a fait beaucoup sourire et un peu inquiété les Parisiens de notre temps : *Dulcigno!*

« On écrit de Venise, dit Métra, qu'il est arrivé six
» officiers anglais que les *Dulcignotes* avaient dépouil-
» lés et jetés nus sur les côtes du Nil où un capitaine
» ragusain les a ramassés. Les mauvais traitements que
» leur ont faits les Dulcignotes, après les avoir pillés,
» ont eu, dit-on, pour cause la mission dont ces offi-
» ciers ont été chargés contre les Hollandais. »

Et du diable — Salomon avait bien raison! — s'il est rien de nouveau sous le soleil puisque Dulcigno et les Dulcignotes préoccupaient aussi les journalistes parisiens, huit ans avant la Révolution française!

On ne peut regarder comme du nouveau la statue de Phidias dont le maire d'Athènes vient d'annoncer triomphalement la découverte à M. le préfet de la Seine. Ce n'est pas là « du nouveau » mais de l'éternel. Les anciens y eussent peut-être vu un avertissement des dieux : *Athéné poliade* sortant de terre pour dire aux Hellènes :

— Occupez-vous des choses artistiques et n'essayez pas de *reprendre,* comme on *remonterait* une tragédie glorieuse, le souvenir de Marathon ! Tous les archéologues sont pour vous, mais tous les peuples sont pour la paix ! Le vent est doux sous les lauriers roses, et ce n'est pas en creusant la terre avec des obus qu'on découvre jamais des chefs-d'œuvre de Phidias. Il pourrait arriver, au contraire, d'insolents bombardements qui les écornent ! La Grèce est un pays de musées et non de champ de carnage : déterrez des marbres, et laissez à M. Krupp l'acier de ses canons !

Les Grecs auront évidemment compris l'avertissement de la sage déesse. Et voilà, pour le monde de l'art, une Immortelle de plus ! Le temps est loin où nous griffonnions en l'honneur de la Vénus de Milo des vers enthousiastes, et où nous adjurions la divine mutilée de nous conter les splendeurs d'autrefois :

Ta sœur ne naîtra pas, notre monde est trop laid !

lui disions-nous dans nos admirations — un peu sévères pour ce temps-ci. Et voilà que cette sœur surgit, sort de terre, épanouit au soleil sa beauté superbe ! Pourvu que ce ne soit pas la facétie victorieuse d'un *moderne* prenant, pour cette fois, le pseudonyme particulièrement flatteur de *Phidias !*

Non ! M. Sotzo a raison de crier au miracle, et les archéologues n'ont qu'à préparer leurs brochures et leurs mémoires Cette statue, fera — pour l'amour du grec, — couler son pesant d'encre,

A Paris, on s'inquiète d'œuvres plus modernes. Les indiscrétions vont leur train sur la *Princesse de Badgad*. Tout le monde, à la Comédie Française, est enchanté de la pièce, depuis M. Perrin jusqu'au pompier; et Mlle Croizette, qui avait demandé à M. Dumas fils d'écrire pour elle un rôle de *mère,* en a un là, dit-on, qui doit la classer définitivement à son rang.

— Un rôle de mère! Un rôle de mère! lui répondait M. Dumas, c'est qu'avec vous il ne faut pas une mère ordinaire!

Aussi « la mère » est-elle ici fort extraordinaire et dramatique. Mais à quoi bon servir aux curieux les fruits en verjus? C'est flatter ce goût un peu malsain de *révélations* à tout prix qui est le péché mignon de ce temps-ci. Il s'est élevé, par exemple, un débat inattendu autour du nom de Mme Sand et d'Alfred de Musset, à propos de la publication de la *Correspondance de George Sand*. M. Troubat, à qui Paul de Musset a laissé ses papiers, déclare que, s'il est question de Musset dans cette *Correspondance,* il interviendra. M. Maurice Sand répond qu'on laissera, dans son tombeau, Alfred de Musset tranquille.

Il est bien évident que cette sorte de procès intime entre *lui* et *elle* est le grand roman d'amour du dix-neuvième siècle. Je ne sais qui publia, il y a trois ans, dans le journal de M. Louis Blanc, l'*Homme libre,* une lettre ou pseudo-lettre de Musset à George Sand où il était dit:

« Nous sommes deux comètes qui se sont rencontrées pour se broyer. »

On causait de cette publication, un soir, devant M. Paul de Musset :

— La lettre est fausse, nous dit-il. Mon frère avait trop de goût pour se comparer à une comète et il était, en même temps, trop modeste, malgré son très juste orgueil!

Ce fut ce même jour qu'il raconta, — au milieu d'un dîner littéraire, — que George Sand ayant fait redemander ses lettres à Musset par M. Patet, du Berry, « Je suis donc bien malade ? » dit le poète. Il avait une fluxion de poitrine. Alors Paul de Musset passa, avec sa sœur, la nuit entière à recopier ces lettres. En rendant les originaux, il en garda la copie.

On me dit que les papiers de Paul de Musset viennent d'être envoyés à la Bibliothèque Nationale cachetés, avec cette mention manuscrite : *A ne rendre public qu'en 1910.*

Dans trente ans !

Peut-être a-t-on raison de laisser se faire le silence sur ce drame dont les admirables *Lettres d'un voyageur,* avec leurs sanglots et leurs cris, nous avaient révélé les premiers déchirements ; mais ceux qui connaissent les confidences de ces deux âmes assurent que les lettres étaient toutes à la gloire de la noble femme qui nous est apparue à nous, sous les traits vénérés d'une aïeule — et même à la gloire de ce bourreau de son propre cœur qui s'appelait Musset.

.

Heureux nos neveux ! Ils nous connaîtront mieux que nous ne nous connaissons nous-mêmes ! Ils auront entre les mains toutes les pièces de nos procès.

Il paraît qu'il n'y a pas assez d'archives et de bibliothèques, et de conservatoires de documents (et, en effet, il n'y en aura jamais trop) puisqu'on va dans fort peu de temps ouvrir au public une nouvelle salle d'étude, — et Dieu sait où! — dans ce lieu maudit — et charmant — où danse Mlle Mauri, la Patti du jeté-battu.

J'ai visité, cette semaine, ce coin de l'Opéra, encore livré aux tapissiers et aux décorateurs, mais qui, dans quelque temps sera, pour les Parisiens une curiosité nouvelle. C'est la galerie ouest de l'Opéra, celle qui fait pendant au buffet qu'ont orné de fresques M. Clairin et M. Ulysse Butin. Cette galerie, jusqu'ici déserte, est déjà transformée en une sorte de Musée où tous les spectateurs pourront, durant les entr'actes, regarder de vieilles gravures représentant des scènes d'opéras d'autrefois, des inventions de machinistes italiens, des affiches anciennes où tout le passé réapparaît dans son intimité attirante.

Ces petites affiches, dont la taille modeste correspondait au format des *grands* journaux d'alors, sont cependant celles de la première représentation de *Guillaume Tell*, de la première représentation des *Huguenots!* Que de gloire dans ces simples mots! Les noms des acteurs alors étaient imprimés sur l'affiche par rang d'ancienneté et c'est, la plupart du temps, quelque vieux chanteur inconnu ou quelque demi-choriste obscur qu'on trouve nommé avant Nourrit, Levasseur ou Mlle Falcon.

Des autographes de Lulli, de Rameau, de Gluck, de Meyerbeer sont là, étalés sous verre, et le public pourra retrouver, dans ces caractères jaunis, dans cette encre qui pâlit avec les années, comme les vieilles gens, les morceaux célèbres qui, tout à l'heure, l'auront fait tressaillir.

Les murailles de cette sorte d'annexe du foyer, les angles de la salle, seront garnis de panoplies et d'écussons composés d'accessoires de théâtre, casques de huguenots ou de chevaliers de Chypre, boucliers de l'*Africaine*, étendards du *Prophète*. Et plus loin, dans l'espèce de couloir où aboutit le foyer, les *maquettes* des décors d'opéra, — une des curiosités de l'Exposition de 1878, — seront exposées avec un éclairage spécial qui en fait ressortir tous les charmes artistiques. Ce sont de petites merveilles, en effet, ces décors minuscules : — la forêt sombre de *Freychütz* ou le désert sans fin du *Roi de Lahore*.

Et il a fallu, pour arriver à ce résultat, triompher un peu de la volonté de M. Charles Garnier, qui avait eu l'idée de faire de ce second foyer un *fumoir*. L'architecte tenait fort à ce *fumoir*, conception utilitaire au milieu de sa gigantesque et superbe création. On lui a objecté que les fumeurs pourraient, si bon leur semblait, aller sur la *loggia* fumer tout à leur aise et que l'Opéra, après tout, n'était pas spécialement créé pour les affolés de papelitos et de cigares. M. Garnier s'est résigné et le fumoir est devenu un Musée.

Les choses ont leurs destinées. Telle autre pièce en forme de rotonde dans le Pavillon ouest que M. Garnier destinait, dans sa pensée, à servir de salon pour le chef de l'État, — c'était l'empereur alors, — sera, avant peu, une bibliothèque, et une bibliothèque publique où tout le monde pourra aller consulter les livres. Et cette entrée large et royalement accommodée pour l'arrivée des équipages officiels, qui conduit droit à la rotonde par un escalier solennel, la voilà qui servira tout bourgeoisement de passage aux travailleurs et aux bibliophiles en quête de renseignements. Les livres conservés, très haut, au cinquième étage, avec plus de 60,000 estampes curieuses, par le très érudit M. Charles Nuitter, vont descendre là, magnifiquement logés dans la rotonde bâtie pour un souverain. Un roi chasse l'autre. Salut à sa Majesté le Livre!

C'est qu'elle est fort riche, et de toutes les manières, cette Bibliothèque de l'Opéra et qu'il y a là, dans ces Archives de l'Académie nationale de Musique de véritables trésors de sciences, et de l'*inédit.*

Jadis, et jusqu'en 1860, c'est dans un grenier, au-dessus du foyer du public, qu'étaient déposés, presque pêle-mêle, les vénérables *vieux papiers* qui sont une des richesses de cette maison. En 1866, on organisait enfin le service de ces Archives et l'on prévoyait même l'installation d'une Bibliothèque de l'Opéra, C'est, aujourd'hui, un musicien de talent, M. Théodore de Lajarte, qui conserve ces Archives et qui en a même publié, avec une rare compétence, le *Catalogue historique et anecdotique* en deux volumes pleins de faits. Sait-on bien qu'en dehors des partitions manuscrites ou gravées, notre Opéra possède plus de *cinq mille* morceaux de chant et de danse, presque tous inédits? Il y là, dans cet entassement prodigieux, *vingt-huit mille romances,* de Gounod, de Bazin, de Grisar, de Clapisson, de Bérat, de Monpou, de tant d'autres!

Des opéras et des ballets *non représentés,* — et souvent d'auteurs illustres — gisent dans ce *Campo Santo* vénérable dont M. de Lajarte est le gardien. On y trouverait un ballet en trois actes, musique d'Ernest Boulanger, livret de M. Nuitter, qui fut composé pour Emma Livry, et qui ne fut jamais représenté. Les décors servirent l'un pour *Don Juan,* l'autre pour le ballet de la *Source*.

On y rencontrerait,— détail plus étonnant peut-être,— un opéra en un acte *inédit* de F. Halévy, *Pygmalion*. Le poème, qui est d'Arnould, avait été donné au futur auteur de la *Juive* à son retour de Rome. Le 1ᵉʳ mai 1824, on en distribuait les rôles à Nourrit, Massol, Dabadie, et à M^(lle) Cinti. On le répétait et on ne le jouait pas ! Ah ! le théâtre ! C'est à peine si l'on est certain d'être représenté lorsque le chef d'orchestre lève son bâton pour donner le signal de l'ouverture et que le régisseur frappe les trois coups !

Et tout ce qui est « coupé » dans un ouvrage durant les répétitions, tout ce qui *fait longueur* et ce qui parfois est un chef-d'œuvre, — un chef-d'œuvre mal placé — tous ces *copeaux,* comme Victor Hugo appelle ses vers détachés — copeaux souvent fort précieux, l'Opéra, on peut s'en douter, possède, avec de tels fragments, une collection unique : par exemple tout un *finale* et des chœurs d'Halévy, pour *Charles VI;* seize pages inédites, inconnues, de Donizetti, pour la *Favorite;* une entrée de Marcel et un air de Valentine inédits, des *Huguenots* de Meyerbeer, un grand air de Saint-Bris, et un pas de six inédits, un monologue et un choral coupés dans le troisième acte et qu'un jour, en 1865, le maréchal Vaillant eut la fantaisie de faire exécuter dans ses salons, où ils furent acclamés.

En vérité, rien n'est plus intéressant qu'une visite

à cette bibliothèque et à ces archives, et l'administration de M. Vaucorbeil prépare une galante surprise au public. C'est notre Théâtre, cette chose fugitive et sitôt oubliée quand elle n'est pas immortelle, qui renaît là. M. Nuitter a organisé fort curieusement, sous des vitrines, une *exhibition* d'objets précieux : lambeaux de riches étoffes, modèles pour les costumiers d'autrefois, échantillons de soieries et de draps, masques de danseurs dont se servirent les chorégraphes jusqu'à Noverre, sous ce prétexte que les efforts faits pour danser leur arrachaient des grimaces horribles qu'il fallait dissimuler sous le masque noir, dessiné comme un masque antique. Nos danseurs d'à présent sont plus souriants, sinon plus souples.

Telle est, pour les Parisiens, la curiosité de demain. Ces autographes et ces livres seront plus facilement visibles que les plafonds de M. Paul Baudry, qui disparaissent à demi, déjà, sous la fumée, et qu'il est question de transporter, pour les sauver, dans une des galeries des Tuileries reconstruites. Le fait est que le gaz est un terrible agent de destruction pour la peinture, et nous ne connaîtrions ni le *Jugement dernier*, de Michel-Ange, ni les *Loges*, de Raphaël, si l'on se fût, au temps de Jules II, éclairé au gaz dans le Vatican.

L'extrême science arrive, sur certains points, à confiner à l'extrême sauvagerie. Un pessimiste, l'autre jour, s'attachait à me persuader que plus nous irons et plus nous serons soumis à une sorte de barbarie scientifique et industrielle dont nous ressentons déjà les atteintes, mais qui ne fera que devenir plus farouche. *Barbarie scientifique!* Ces deux mots hurlent à se voir accouplés, mais il expriment bien ce que je veux dire. Évidemment l'heure du songe est passé. C'est métier de dupe que de chanter des poésies. Ce temps-ci a, comme Tartuffe, l'amour ardent *des réalités,* et si l'on veut léguer son portrait à l'avenir, ce n'est pas à un maître peintre qu'il le faut demander, c'est à la *photographie inaltérable.*

Pauvres peintres! Il en est de leurs œuvres comme de la gloire des comédiens. Leur temps est marqué d'avance. Quand je vais au Louvre et que je songe à cela, que tous ces chefs-d'œuvre inévitablement disparaîtront avec le temps, il me prend un hochement de tête pareil à celui du vieux Blanqui, tout à l'heure, devant l'*Éternité par les astres.*

Les peintres n'en continuent pas moins à s'agiter pendant la minute qui leur appartient et ils ont raison. Pour eux aussi, l'année 1881 est l'*année électorale!* Tous au scrutin et tout par le scrutin! A l'une des dernières réunions des artistes, l'un d'eux a proposé de rédiger, séance tenante, une *Déclaration des Droits du Peintre.* On lui a fait observer que le peintre n'avait pas plus de droits particuliers que le graveur, que le sculpteur, que le musicien, et, en poussant les choses, à l'extrême que le paveur ou le premier passant venu. Il n'a pas entendu de cette oreille-là. Nous assistons à la fondation d'une aristocratie nouvelle, l'aristocratie de la palette.

Et pendant que les ardents s'agitent, les recueillis et les patients continuent leur œuvre dans le silence de atelier Detaille vient d'achever l'esquisse de son tableau, *la Distribution des Drapeaux*. La scène est prise de côté et comme de biais. Au milieu du tableau, M. Jules Grévy et M. Gambetta, puis, s'avançant de face, les généraux et les colonels, — toute la tête de cette armée qui est la France l'épée au flanc. Beaucoup de portraits, en habits noirs ou en uniformes. Beaucoup de lumière et de vie. Ce sera là le tableau *à foule* du Salon prochain.

Mais, en vérité, y aura-t-il un Salon? Et ce Salon, organisé par les peintres eux-mêmes, que sera-t-il?

Il sera, n'en doutez pas, ce qu'ont été les Salons derniers, avec le même jury et les mêmes exposants. On a beau changer les règlements, on ne change pas les talents et on n'en fait pas naître.

Malheureusement.

II

La quinzaine des diners. — Les repas de corporations. — Les repas d'amis. — Les *Dîners* à Paris. — Dîners artistiques, dîners littéraires, dîners politiques. — Petite histoire des *Dîners*. — Les dîners du XVIIᵉ siècle. — Les *Paloignons*. — Les *Amis de Rome*. — Les *Cald'Arrosti*. — L'*Hippopotame*. — La *Macédoine*. — Les *Rigobert*. — La *Boulette*. — Les *Timides*. — Le *Dîner Bixio*, le *Dîner Magny*, le *Dîner Dentu*. — Divers dîners. — La *Marmite*. — Le *Bon Bock*. — La *Gousse*. — Les *Rieuses*. — Petit chapitre de l'histoire intime du XIXᵉ siècle.

25 janvier 1881.

En supposant que chaque quinzaine de la vie de Paris puisse garder comme une marque distinctive, un surnom, la seconde quinzaine de janvier devrait porter cette étiquette : *la quinzaine des dîners*.

C'est le moment joyeux où les lycéens fêtent, avec de la tisane de Champagne, la Saint-Charlemagne et le gai souvenir de l' « emperor à la barbe florie »; c'est l'heure des banquets d'anciens élèves, des toasts aux *nouveaux* portés par les *vétérans*, sortis du vieux collège. Les *labadens* sentent, à ces harangues attendries, le coin de leurs prunelles s'humecter d'une émotion douce. On boit à toutes choses, à la mémoire du vers latin et a la suppression de l'*abondance* et des pensums. C'est la quinzaine des repas de corps.

Il y a d'ailleurs tout un chapitre à écrire, et fort curieux pour l'histoire de nos mœurs, sur cette mode extraordinaire des repas de camaraderie, de groupements de provinces et de corporations qui deviennent, de mois en mois, plus nombreux à Paris. Il semble que l'homme moderne cherche avec une sorte de fièvre à éviter l'intimité et le coin du feu. Le cercle d'un côté, le *repas d'amis* de l'autre, ce succédané du club, sans compter le théâtre et les bals, les concerts, les soirées privées : et que devient le *home*, le *sweet home*, en tout cela ?

Interrogez la plupart des Parisiens, sur ce chapitre spécial du *dîner d'amis*, de ce qu'on appelait au XVIIe siècle, du temps de Chapelle et de Bachaumont, les *dîners joyeux*, ils vous répondront :

— Je suis d'un dîner, de deux dîners, de dix dîners !

Un Parisien quelque peu noté et coté aurait, à le bien prendre, non pas seulement une idée par jour, mais un dîner par jour, et je n'entends pas une invitation, mais un de ces dîners où confrères, collègues, amis ou indifférents se retrouvent, réunis simplement par ce besoin qu'on a de causeries libres et de propos à la bonne franquette.

Je me suis promis de faire, depuis longtemps, l'énumération de ces *Dîners*.

C'est surtout, à vrai dire, pour l'artiste, le lettré, pour les gens qui vivent de leur cerveau, — la science a un nom à leur service : les *cérébraux* — que ces réunions communes sont utiles. Il y a là échange d'idées et comme absorption de phosphore. Théophile Gautier, qui, au surplus, ne connut jamais *la femme* quoiqu'il ne détestât point *les femmes*, — mais leur beauté plastique l'attirait plus vivement que leur charme intellectuel, — Gautier, entre autres paradoxes ou vérités, comme on voudra, tient ce propos qu'il faut que l'homme de temps à autre retrempe son esprit dans ce que le poète appelait des *propos mâles*.

Je m'explique l'auteur de *Fantasio*. — La conversation la plus exquise de la femme la plus spirituelle aura toujours quelque chose de convenu ou de troublant. On ne peut tout dire ou l'on va trop dire. On cause avec le sourire. On a beau détester Marivaux, on marivaude, on alambique la causerie, on cherche le mot, on veut l'aiguiser et on l'ébrèche. Les causeries avec les femmes sont, — je voudrais me faire entendre sans appuyer, — ou trop strictement cravatées, ou trop facilement décravatées.

Tandis qu'on a fort peu à s'inquiéter, au contraire, entre hommes, du pli de la cravate... Qu'importe ! Tout est bien, tout est bon et le mot juste et le mot pittoresque et le mot fort, et même le mot gras, s'il dit ce qu'on veut dire, jaillit sans être cherché et pique droit au but sans être affilé.

Je sais bien que cette théorie de Gautier, qui est, en somme, la théorie du laisser-aller et, pour pousser jusqu'à l'extrême logique, la théorie du dîner en manches de chemise, mènerait tout droit à la perte de ce dernier reste de politesse française qui est encore notre talent et notre lot, science charmante qui né s'acquiert que dans le salon, cette école mutuelle où un sexe enseigne à l'autre l'art délicat du savoir-vivre. La femme évidemment est trop négligée aujourd'hui, et la mode trop multipliée des Dîners aboutirait à une existence en partie double : l'épouse dans le gynécée — ou ailleurs — et le mari au cercle ou au restaurant.

Mais il ne s'agit pas ici du mondain et de la mondaine qui ont déjà trop d'occasions d'échapper au doux tête-à-tête et au charme de l'intimité. Pour l'artiste, — et ce sont en général des artistes qui ont fondé ces divers dîners à la mode, — les *paroles mâles*, les *discussions masculines*, dont parle Gautier, sont tout à fait de rigueur. C'est quelque chose comme l'électrisation du talent, le coup d'éperon du camarade au camarade, une escrime dont la salle d'armes est la table et parfois le voisin de table le *plastron*.

Ah! qu'il en est, à Paris, de ces *dîners* dont la physionomie serait piquante à fixer! Ils méritent bien d'avoir leur histoire, ces dîners de gens d'esprit qui sont, en majeure partie, le contraire de ces dîners dont Montesquieu disait: « Le souper tue la moitié de Paris, le dîner l'autre! »

—« Le *dîner*, s'écriait, tout au contraire, M. de Cussy, est le *nerf de la vie sociale!* » Il est, à coup sûr, le nerf de la vie artistique à l'heure où nous sommes. Il réunit facilement dans un même local des groupes de gens qui, parfois incapables d'une intimité profonde, se sentent cependant attirés par une sympathie évidente : amitiés bien parisiennes, amitiés de rencontre, amitiés mensuelles ou de quinzaine. On ne se verrait jamais si l'on devait se voir chez soi. Le restaurant est la place publique où l'on fraternise. Les relations y sont tout juste ce qu'est la camaraderie aimable au dévouement profond et le caprice à la passion. C'est, après tout, de la fleur d'affection : tous les sourires de l'amitié et pas un de ses orages.

Ils l'avaient bien compris, les *dîneurs* d'autrefois, apportant au Caveau, non pas leurs confidences, ou leur secrets, ou leurs peines, mais leurs chansons, tout simplement. J'imagine que Duclos, pourtant, ce Duclos à qui l'abbé de Voisenon trouve « le caractère trop peu liant et *trop républicain* », — terme singulier pour l'année 1764, — j'imagine que Boucher, Rameau, Helvétius, Laujon, Piron lui-même et Crébillon le fils avaient au fond du cœur, à leurs heures, plus d'un chagrin, — les plus rieurs ont des grimaces, — mais ils n'en parlaient guère, ils n'en parlaient jamais. Ils chantaient. C'est peut-être pour cela seulement que le Caveau est devenu plus que centenaire.

On soupait joliment, il y a cent ans. On dîna surtout au temps de la Restauration. On dîna, non pour s'égayer, mais pour se faire la courte échelle :

Et c'est par les diners *que l'on conquiert le monde!*

Une variante au vers tant de fois cité.

Le dîner utilitaire de la *Soupe à l'oignon*, demeuré fameux, passé en proverbe, date de cette époque. Ils étaient vingt, au début, qui, vers 1824, résolurent de s'associer dans un but commun : l'Institut ! Peintres, sculpteurs, graveurs, ils ne se devaient séparer, a-t-on dit, jusqu'à ce que les vingt convives eussent revêtu, sous la coupole, l'habit à palmes vertes. Le repas commençait invariablement par une soupe à l'oignon, un des futurs membres de l'Institut, encore demeuré rapin, ayant donné à la société cette devise d'atelier : *L'oignon fait la force.*

Et de soupe à l'oignon en soupe à l'oignon, un à un, tous les vingt convives entrèrent à l'Institut, le dernier en 1845. Par abréviation, on ne les appelait guère, parmi les artistes, que les *paloignons*, ces Blondel, ces Drolling, ce Victor Schnetz, cet Alaux, surnommé *Tibère*, ce père Picot, qui à la fin de sa vie faisait manger chez lui la soupe à l'oignon légendaire. Et le nom est encore resté à ceux qui contemplent avec angoisse la coupole de l'Institut, comme Napoléon devait contempler le Kremlin. Ce sont toujours des *Paloignons* quoique le dernier des *Paloignons* d'autrefois, le vénérable Léon Cogniet, soit mort il y a quelques mois. M. Cabanel, tout jeune, s'était joint à ces dîneurs dont le dîner n'existe plus, la mort ayant remplacé les lettres d'invitation par les lettres de faire part.

Au surplus, ils ont bien des successeurs, les dîneurs de la *Soupe à l'oignon* d'autrefois. Balzac avait voulu fonder un dîner spécial, *le Dîner du cheval rouge*, composé de romanciers et de journalistes, et simplement destiné à servir la gloire de l'auteur de la *Comédie humaine*. Bien des artistes raisonnent comme Balzac.

Mais, du moins, les dîners d'aujourd'hui servent à un groupe et non à une personne unique.

Le *Dîner du 9*, — fixé au 9 de chaque mois, — et qui groupe chez Brébant les anciens prix de Rome : Guillaume, Garnier, Bonnat, etc., jusqu'au vieux Cogniet, en ces derniers temps, pourrait passer, à tout prendre, pour une transformation, un rajeunissement de l'antique *Dîner de la soupe à l'oignon*, si le dîner des *Cald'Arrosti* n'existait pas. Tous ces peintres, ces musiciens, ces graveurs, ces sculpteurs qui ont, à la Villa Médicis, vécu d'une vie commune, tiennent à se retrouver ici, et ont fondé, par groupes de contemporains, et je dirai par fournées de lauréats, des dîners où ils se revoient, attristés souvent, bien changés, les uns glorieux, les autres battus de la vie !

Chez Désiré Beaurain, sous la présidence de M. Émile Lévy, qui fonda ce dîner il y a vingt et un ans en compagnie des *retours de Rome* Carpeaux, Vaudremer, Giacomotti, etc., se réunissent les *Amis de Rome*. Ailleurs, un dîner analogue, ou plutôt ce même dîner refondu en quelque sorte sur la proposition de M. Émile Lévy, s'ouvre aux *d'en bas* que les *d'en haut* ont connus à Rome. Il faut expliquer cet argot tout romain : les *d'en haut* sont les pensionnaires de Rome qui habitent les hauteurs de la Villa Médicis, les *d'en bas* sont les artistes qui logent en ville. Parmi les *d'en haut*, les *Amis de Rome* comptent Falguière, Chapu, Guiraud, Henner, etc; parmi les *d'en bas*, Tony Robert-Fleury, Gustave Moreau, Landelle, Hector Le Roux, P. Sédille Bonnat, James Bertrand et d'autres. Le *Dîner du 10* groupe un petit nombre de *Romains*, des amis : Elie

Delaunay, le peintre ; Guillaume, Coquart, Moyaux, les architectes ; Cugnot, le sculpteur ; Bellay ; le peintre B. Ullmann. Ici l'on s'aime.

Le *Dîner de l'Hippopotame* est célèbre. Il fut fondé à Rome même. Les pensionnaires de la Villa Médicis se plaignaient, je ne sais pourquoi, de la cuisine de l'Académie, plus agréable pourtant que la *vache enragée* que d'autres mangeaient à Paris. Le peintre Sellier avait découvert, dans une petite ruelle donnant dans la *Via Sistina*, un cabaret pittoresque où les cochers de Rome venaient prendre leur repas. On y alla. Le dîner y coûtait 1 franc et 1 fr. 50. La serviette y passait pour du luxe. C'était pittoresque, mais hideux. Le cabaretier, énorme, gonflé comme Lablache, monumental, ressemblait à un hippopotame. « — Dînons-nous chez l'*Hippopotame?* — Allons chez l'*Hippopotame!* » — Le nom lui resta et, à Paris les promotions de 1861 et de 1867 se joignirent aux promotions de 1862 et de 1863 qui avaient fondé, à Rome, le *Dîner de l'Hippopotame* et l'*Hippopotame* fut parisianisé. Les éléments libres, les indépendants, s'y vinrent peu à peu joindre aux *Romains.* Carolus Duran y fraternisa avec Falguière ; tour à tour académique et anti-académique, l'*Hippopotame* grossit toujours. On le fêtait autrefois, le 9, chez Blot, rue de Beaune.

Rome a légué ainsi plus d'un de ces *dîners* à Paris. Le *Caldo Arrosto* est un des plus célèbres. Le *Caldo Arrosto* c'est, dans la langue poétique du Tasse, tout bourgeoisement ou très populairement, notre humble marron grillé. Les convives du dîner du *Caldo Arrosto* s'appellent des *Cald'Arrosti*, et,— je ne saurais trop dire pourquoi, — les « membres de la *Société du Doigt dans l'œil* ». Explique qui pourra ce rébus. Les *Cald'Arrosti*, à tout prendre, pourraient passer facilement pour les successeurs des *paloignons* d'autrefois; ils sont tous célèbres, ils sont tous à l'Institut ou sur les marches. On leur ouvrira, qu'ils le veuillent ou non, la porte pour qu'ils écrivent le mot de leur discours. Ils sont là dix-sept ou dix-huit qui ont du talent comme cinquante. Chapu, Bonnat, J.-J. Henner, Jules Lefebvre, Hector Le Roux, sont des *Cald'Arrosti*. Le « marron rôti » sent l'oignon.

La *Macédoine* est un dîner plus nombreux, plus mêlé et moins académique. C'est pourtant — quand j'y pense! — Carolus Duran et moi qui l'avons fondé, nous disant, un jour d'ouverture du Salon, qu'*on ne se voit pas, à Paris*, — c'est le mot éternel! — qu'on ne se rencontre qu'aux mariages et aux enterrements, et que ce n'est pas assez. « Réunissons-nous! » On se réunit. Il y avait une douzaine de peintres, de sculpteurs, de journalistes et de poètes : Carolus Duran, Sully-Prudhomme, Paul Dubois, Degeorge, Henner, Edouard Pailleron, Paul Deroulède, Saint-Marceaux.

Comment appellerait-on ce dîner nouveau?

— Le dîner du *Coude!* dit Pailleron, puisque nous voulons marcher coude à coude comme dans la bataille.

Et va pour le *Coude!*

— Non, appelons-nous la *Macédoine*, puisqu'il y a un peu de tout dans notre réunion ! dit Louis Leroy.

Et Leroy, définitivement, fut le parrain. La *Macédoine* a prospéré. Elle est fort nombreuse. Carolus Duran la préside. On y porte des toasts à ceux des *Macédoniens* qui ont fait une belle œuvre, et souvent, ma foi, les toasts n'en finissent pas. La *Macédoine* devait publier un *Album* que devait éditer M. Lucien Marc ou M. Charpentier, deux *Macédoniens*. Le projet est toujours à l'*étude*. Le secrétaire, M. Jacques Grancey, devrait le mettre à exécution. Peu d'hommes politiques à la *Macédoine*, mais un ministre, et des plus aimés, M. Tirard. La *Macédoine* vient de quitter la rive droite pour la rive gauche. C'est maintenant un dîner de quartier latin; on *macédonise* chez Foyot.

Le *Dîner de la Vrille*, dont les invitations se font chaque mois, sur une carte gravée, par un artiste, (et quelques-unes de ces compositions sont de petits chefs-d'œuvre) est, depuis deux ans, ouvert aux jeunes artistes destinés à *percer*. Une des gravures du dîner composé par Henri Pille, représente la Gloire tenant des couronnes et une vrille. Aimé Morot, Duez, Guillemet, Édouard Toudouze, Hillemacher font partie du *Dîner de la Vrille* dont le secrétaire est M. Gustave Toudouze, le remarquable auteur de *Madame Lambelle*. Le pauvre Jules Lafrance, le sculpteur, était du *Dîner de la Vrille*. Lui aussi devait percer !... Mais le malheureux avait la pierre. On l'opéra. « On va me fendre en deux ! » disait-il gaiement en se rendant à l'hospice de Saint-Jean-de-Dieu, où, veillé par ses amis, il devait si tristement mourir.

Dans la plupart de ces *dîners*, les peintres dominent. Ils sont prépondérants encore dans ce *Dîner des Rigobert*, qu'ont fondé les peintres de bataille ou de genre, Detaille et Vibert, par exemple, et qui a lieu chez Péters. Ce nom de *Rigobert*, a dû être donné par M. Vibert, l'auteur du *Verglas* et des *Chapeaux*. Le propriétaire du restaurant voulut un moment, dit-on, traiter les *Rigobert* à ses frais. Il offrait le dîner. Un des *Rigobert*, à tour de rôle, lui signerait un dessin ou une aquarelle. En deux ans, les *dîners des Rigobert* eussent ainsi composé une assez alléchante galerie. Un coup de pinceau par coup de feu ou de casserole. La joie des yeux pour la joie de l'estomac. Les *Rigobert* n'acceptèrent pas.

Là encore, dans ce même restaurant, le dernier vendredi du mois, a lieu le *Dîner de la Boulette*. Dîner tout récent. Peu nombreux, choisi, fort agréable. Ce fut, je crois, F. Heilbuth, cet amoureux de Paris et du Pincio, qui en eut l'idée. Jules Lefebvre, Jules Goupil, le décoré d'hier, Tony Robert-Fleury, Julien Le Blant, le peintre des Chouans, l'approuvèrent. On appelle la réunion « la *Boulette* » parce qu'au vote de réception, on vote — tout simplement — en mettant, dans un chapeau présenté à chaque convive une boulette de pain si l'on ne veut pas recevoir le candidat. Une seule boulette suffit pour l'ajournement. Au *Dîner Bixio*, on vote par haricot blanc ou rouge. Un soir quelqu'un ayant, à la *Boulette*, présenté un artiste que je ne veux point nommer, un des votants mit dans le chapeau — vase d'élection ! — au lieu d'une boulette tout un pain. Un pain entier. Le candidat ne fut pas admis.

Des écrivains, Ludovic Halévy, Gustave Droz, A. Baignières, font partie de la *Boulette*. Un seul médecin : le docteur Horteloup, si applaudi, l'autre jour, à la Société de Chirurgie pour son éloge de Voillemier.

Le médecin, en ces sortes de réunions, est un peu comme le sel du repas. Il apporte dans ces milieux artistes sa note nette et pénétrante. Entre eux, chose caractéristique, les médecins dînent peu. Ils se rencontrent dans les sociétés savantes, dans leurs académies, mais ils n'ont point de repas de corps. Un mauvais plaisant dirait que, ce corps, ils le disséqueraient. C'est une particularité fort topique de la profession — ou de cet art, l'art de guérir — que ce manque de réunions amicales, la fourchette à la main au lieu de la lancette.

Les gens de lettres, — qui savent fort bien aussi jouer du scalpel les uns sur les autres, — se réunissent pourtant en ce qu'on est convenu d'appeler des *agapes fraternelles*. Autant d'écoles ou de semblants d'écoles, autant de dîners.

Un de ces dîners, celui des *Timides*, a pris pour nom le *Dîner de la Modestie*. Il fait moins de bruit que de besogne. Sully-Prudhomme, André Lemoyne, André Theuriet, Jules Levallois, Vallery-Radot, en sont les membres assidus. Les *timides* ou les *modestes* se retrouvent rue de Fleurus. On dit là des vers, on y chante des chansons. Levallois, en doit avoir tout un lot inédit en portefeuille.

Le *Dîner de l'Homme qui bêche* est un dîner intermittent où se rendent les *édités* ordinaires d'Alphonse

Lemerre. C'est la vignette qui orne, comme la *sphère du temps passé*, les volumes de Lemerre, — un homme nu bêchant et bûchant, — qui a donné son nom à ce repas, lequel a lieu *de temps à autre,* comme certains journaux paraissent « quelquefois ».

C'est en quelque sorte, ce dîner, comme le dîner des poètes et des parnassiens. Le *Bœuf Nature* est le dîner des naturalistes. Gustave Flaubert s'y montrait parfois. Zola, Goncourt, Hennique, Céard, Guy de Maupassant, — toute l'école remarquable de la réalité littérale — Huysmans, Paul Alexis, qui a écrit une poignante histoire, *la Fin de Lucie Pellegrin*, y accourent. Le plat de résistance, le « bœuf nature », est, par son nom seul, tout un programme. Mais je ne sais pourquoi je crois pouvoir affirmer qu'on y mange aussi du « confrère saignant ».

Le *Dîner des auteurs sifflés* n'existe plus, je crois, s'il a existé jamais. Il n'était point des plus mal composés. L'auteur du *Candidat*, celui des *Héritiers Rabourdin*, les auteurs d'*Henriette Maréchal*, d'autres encore, en faisaient partie. On eût été fier de s'asseoir là. Le sifflet, c'est encore une variante de la trompette de la Renommée; c'est de la gloire à l'envers.

Un autre dîner disparu, c'est le *Canard aux navets*, dont ce régal spécial formait, chez Brébant, le plat du milieu. Cham et Detaille illustraient, tour à tour, d'un croquis l'invitation mensuelle. Ludovic Halévy en était le secrétaire; Labiche, Gérôme, Sarcey, Garnier, en faisaient partie. J'ai là deux croquis d'invitations : un *municipal*, par Detaille, portant aux convives des plis cachetés et poursuivi par des canards furieux; et un navet effaré reculant devant le bec féroce d'un canard : la *revanche du canard*, par Cham.

La *Société des gens de lettres* a, chez Notta, son dîner mensuel, le premier lundi du mois. Les *menus*, tirés sur papier violet, sont illustrés d'un dessin de M. de Montaut qui généralement incarne la Société sous les traits d'une figurante de féerie, jambes et bras nus, jersey collant au corsage, une plume à l'oreille et une coupe de champagne à la main. Cela ferait croire que les gens de lettres sont, comme on le pense, légèrement assoifés de « plaisirs orgiaques ». Lorsque Mme de Girardin eut, dans son *École des Journalistes*, déclaré que les gazetiers n'étaient guère que des viveurs, Jules Janin, le matin, ne demandait jamais son chocolat qu'en disant : « Apportez-moi ma coupe d'orgie. » *Orgia !* pour parler comme Gennaro. Les *Dîners de la Société des gens de letres*, si anacréontiquement illustrés, ne coûtent que six francs. Ce ne serait tout au plus qu'une *orgia* au rabais — une orgie de famille.

C'est au même endroit qu'a lieu maintenant le *Dîner Taylor*, devenu le *Dîner Dentu*. Le baron Taylor avait fondé ce dîner qui, en vérité, était bien le plus amusant des repas. On y voyait Paul de Musset, Paul Féval, M. Camille Doucet. Au dessert, le bon baron, — dont on oublie un peu le monument, ce me semble, — racontait toujours une histoire. Il y en avait de charmantes. Les souvenirs de la Révolution et de l'Empire, les figures littéraires de 1830 y revenaient comme de très vivants fantômes. Chacun des convives devait rédiger une de ces historiettes et les réunir en un volume commun sous ce titre : *les Dîners du baron Taylor*. Dentu attendait *la copie*. Le baron est mort avant l'achèvement du volume, qui ne sera jamais fini. Paul Féval, en ce temps-là (il n'était pas encore converti), nous divertissait fort avec ses histoires bretonnes si joliment et si narquoisement patoisées.

Après la mort du baron, Paul de Musset présida le dîner, et, après la mort de Paul de Musset, Ed. Dentu en prit la direction. On s'y amuse. Le roman-feuilleton y est représenté par Berthet, La Landelle, Constant Guéroult, Zaccone. L'auteur très parisien du très espagnol *Ésaü le Lépreux* — devenu les *Deux Favorites* — y jette sa note railleuse. Malot, Fabre, Canivet, Theuriet, Belot, du Boisgobey, romanciers plus jeunes, Caraguel et Altaroche, journalistes de la bonne roche, se groupent autour de Dentu, le plus cordial des présidents. — La fraternité littéraire est là comme partout, capricieuse. On devait y élire, l'autre jour, un romancier, on a choisi le dessinateur Grévin, qui plaît à tout le monde et ne fait tort à personne. Point de médecin, mais un conseiller de préfecture de la Seine, aujourd'hui député, Frédéric Thomas.

Les *Menus du dîner Dentu*, gravés par H. Guérard, seront un jour recherchés comme des pièces tout à fait intéressantes. Ils varient chaque année. Le menu de 1881 porte les faces et profils des convives. Le menu du *Bon Bock*, repas fort peuplé, qui a lieu soit à Montmartre, soit aux Vendanges de Bourgogne, varie d'illustrations à chaque invitation, une fois par mois. Il en est de très fantaisistes, signées d'Amand Gautier ou de Fantin-Latour. Le *Bon Bock* fut ainsi baptisé du surnom même du président, Bellot, dont Manet exposa le portrait, haut en couleur, fumant et buvant, sous ce titre : *le Bon Bock*. Un Franz Hals.

Dîner nombreux, fraternel, parfois tapageur, dont ce couplet dit tout le programme :

> Peintres, musiciens, sculpteurs,
> De tout talent et de tout âge,
> Graveurs, auteurs, acteurs, chanteurs,
> Pêle-mêle y font bon ménage.
> Pour éviter le moindre choc
> On n'y parle pas politique
>   Mais le *Bon Bock*
> Est une franche République !

Une république encore, c'est le *Dîner de la Marmite*, la *Marmite*, pour parler par abréviation. La politique y montre son esprit. M. Paul Bert a longtemps tenu le couvercle du président ; maintenant c'est le colonel Riu. La *Marmite* vient précisément de publier un *Album* curieux, l'*Album de la Marmite*, où sculpteurs, poètes et politiciens ont également collaboré. Il y a là des croquis de Bartholdi, de Guillemet, de Feyen-Perrin, à côté de spirituelles pages de M. Laurent-Pichat et de M. Ch. Lefebvre, et des vers de MM. Paul Bert, Charles Lepère, Silvestre ou Vallery-Radot, côte à côte avec des dessins du colonel Riu ou des vers du général Pittié. La *Marmite*, qui vient de se transporter à l'hôtel Continental, cette *Marmite*, un des plus intéressants de tous ces dîners, a été présidée aussi par M. Édouard Millaud, sénateur, lequel a donné, — je le dénonce à

Mlle Hubertine Auclert, — ces lignes sur les *Femmes* à l'*Album de la Marmite :*

« Plus j'aime les femmes, plus je les admire, et moins je les veux jeter dans le tourbillon politique.

« Les femmes ne sont pas nos égales : elles nous sont supérieures puisque nous leur obéissons.

« Tout homme d'esprit qui ne sait pas résister à deux beaux yeux se prononce contre l'éligibilité des femmes. »

Au *Dîner Bixio*, qui est tout à fait choisi, on ne fait point de politique, et l'on cause de toutes choses, sans nulle contrainte et sans pose. Il y a cependant là des savants illustres et des écrivains célèbres qui auraient le droit de parler de haut. Ils préfèrent tout bonnement parler à cœur ouvert. Vingt convives choisis, pas un de plus : M. Maurice Bixio et M. Camille Depret, le fils et le gendre d'Alexandre Bixio, qui fonda le dîner; Alexandre Dumas, Camille Doucet, Legouvé, John Lemoinne, Eugène Labiche, Victorien Sardou, Joseph Bertrand, Meissonier, J. Hetzel, Régnier, Cialdini, Joubert, Szarvady, Victor Lefranc, E. Perrin, H. Lavoix, Donon, et un dernier venu, fort heureux de se trouver en si bonne compagnie.

Rien d'académique, quoiqu'il y ait un nombre respectable d'académiciens. Au *Dîner Magny*, rien de solennel non plus, quoiqu'il y ait aussi un nombre considérable d'*éminences*. Ces deux dîners, les plus célèbres de tous, — le dîner Bixio et le dîner Magny, — ont eu longtemps les mêmes convives; parmi ces illustres morts :

Claude Bernard, Mérimée, Sainte-Beuve, Delacroix, Biesta, Villemot; ces derniers du moins firent tous partie du *Dîner Bixio*, et leurs noms figurent encore sur les invitations mensuelles qu'expédie l'aimable secrétaire, M. Szarvady. Le *Dîner Magny*, à qui les frères de Goncourt dédièrent un jour un de leurs meilleurs livres, *Manette Salomon*, avec cet envoi laconique : « *A la table de Magny !* » date environ d'un quart de siècle. Vingt-cinq ans d'esprit, de causeries, d'anecdotes, de littérature et de science ! Ah ! les miettes du *Dîner Bixio !* Ah ! les *reliques* du *Dîner Magny!* On en composerait des volumes, une sorte d'*Encyclopédie* anecdotique où, d'un trait, tout serait indiqué, touché, percé à fond, d'un ton de bonne compagnie et de souriante familiarité. Beaucoup de vérités, un peu de paradoxe, rien de blessant, nulle méchanceté, et vive la causerie vraiment française !

George Sand est, je crois bien, la seule femme qui se soit assise au *Dîner Magny*, du temps que le dîner, aujourd'hui transporté chez Brébant à cause du nombre grossissant des convives, se tenait encore chez Magny, tout près de la maison où la Rochefoucauld mourut. La *table de Magny* a vu défiler pourtant, tour à tour, Sainte-Beuve, Garvani, Théophile Gautier, le Dr Veyne, Flaubert, les Goncourt, Ch. Robin, P. de Saint-Victor, Berthelot, J. Bertrand, Ch. Blanc, E. Renan, H. Taine, d'Alton-Shée, Scherer, A. Nefftzer, A. Hébrard, Michel Bréal, Ch. Edmond, Tourguéneff, de Freycinet, du Mesnil, Broca, Spuller, Paul Bert, Hérold, E. Fromentin, Albert et Henri Liouville, Boutmy, Ernest Picard, V. Cherbuliez, d'Almeida, Baudry, Dumont, directeur de l'enseignement supérieur, Ribot, directeur de la *Revue philosophique* : G. Pouchet, du *Muséum :* un *Macédonien*. J'en dois oublier.

Ce fut après la mort de Sainte-Beuve, qu'on quitta Magny pour Brébant. Là-bas, dans la rue Contrescarpe-Dauphine, aujourd'hui rue Mazet, Sainte-Beuve et Théophile Gautier ne supportaient pas de se voir treize à table. S'ils comptaient (je tiens le fait de Charles Edmond) treize convives autour de la table, l'un ou l'autre s'en allait, superstitieusement.

Le *Dîner des Spartiates* est encore un dîner choisi. Un dîner de quinzaine. C'est Paul de Saint-Victor qui le préside. Arsène Houssaye et Henri Houssaye y viennent régulièrement. Jadis Ziem y était assidu. Il ne s'y montre plus. Il semble, à la vérité, que ces *Spartiates* soient un peu des *nomades*. Ils apparaissent et disparaissent. Le général Türr, le général Schmitz, M. Raoul Duval, qui font partie du *Dîner*, y viennent de temps à autre. Rarement. Lord Lytton, vice-roi des Indes, qui est un *Spartiate*, doit inviter, un jour, les *Spartiates* à dîner à Calcutta. En attendant, à Paris, le prince A. Galitzine est assez assidu aux *Spartiates* et quitte la table de bonne heure pour se rendre à l'Opéra ou à une *première*. On y voit aussi, tout pétri d'anecdotes, Paul Lacroix, le bibliophile Jacob, qui raconte fort joliment, comme à l'heure des *Chroniques du bon vieux temps*, des histoires du temps passé. En écoutant M. Paul de Saint-Victor, très éloquemment passionné, M. Edmond de Goncourt doit parfois souffrir dans ses convictions naturalistes.

Ai-je donc donné toute la liste de ces Dîners ? Non,

sans doute, et d'ailleurs elle grossit tous les jours ; *la Soupe aux Choux* réunit chaque mois au café Corazza les gloires parisiennes originaires du centre de la France : Auvergne, Limousin, Berry, Périgord ; l'invitation est illustrée par M. Raoul Etienne, le secrétaire. Le *Dîner des Collectionneurs*, se réunit de temps à autres chez Brébant ; celui-là aborde les recherches de la plus haute cuisine. Dîner *selected*. Apicius doit présider. Le *Dîner des Cinquante* groupe les architectes des monuments historiques et diocésains, des *moyenagistes*, des critiques d'art et quelques peintres. Fondé par M. Ad. Lance, l'architecte qui lui a donné son caractère primitif, le *Dîner des Cinquante* est la résurrection d'un ancien dîner qui, chez Magny, réunissait un certain nombre de collaborateurs et d'amis des *Annales Archéologiques* de Didron. La gravure de l'invitation, que compose souvent mais que grave toujours Gaucherel, varie, selon la fantaisie de l'artiste. Ceux des convives qui entrent à l'Institut sont invités à un grand dîner où ils invitent eux-mêmes leurs amis les plus intimes. Mais il est rare qu'ils reviennent festoyer avec le commun des des *Cinquante*. Le très savant et fort aimable M. Alfred Darcel, qui fait partie du dîner, avait proposé gaiement d'insérer dans les statuts qu'il était défendu de se présenter à l'Institut !

Que de *dîners*, bon Dieu ! A mesure que j'essaye de tracer rapidement dans son ensemble le tableau de ces *dîners joyeux*, pour dire encore comme nos pères, il me semble que Paris est transformé, chaque soir, en une immense table où tout ce qui porte un nom se précipite dans un vaste entassement de plats fumants et d'écailles d'huîtres. C'est le royaume de Gargantua tout imprégné de l'odeur des mets et parfumé de la capiteuse essence de *parisine*. On dépense là plus d'esprit qu'on n'y absorbe de victuailles. Les estomacs, à vrai dire, y sont délicats si les cerveaux y sont solides.

Les *cérébraux* pourtant mangent beaucoup. Il faut du combustible à ces machines à vapeur ambulantes. Et l'on dîne ! Et l'on dîne ! Et l'on dîne ! Dîners de *provinces* après les dîners de corporations ! *Dîner de la pomme* où Bretons et Normands communient sous l'espèce du cidre. La *Pomme*, qui met au concours l'éloge des gloires armoricano-normandes, Corneille ou Surcouf, et qui va réciter, sous la présidence peu dictatoriale de Monselet, des sonnets aux gens de Caen ou de Fécamp, rime riche !

Dîner de la Cigale, où l'on fête les rimes des félibres, où, sous la présidence de M. de Bornier, on célèbre la langue d'oc, la *langue limousine* et tous les *parlers* d'au delà de la Loire ; la *Cigale* ou l'on s'appelle *cigalier*, où l'on se salue *cigalièrement*, où Aubanel, un soir, fit entendre l'ardente poésie de la *Grenade entr'ouverte !* Provencaux, Toulousains, Limousins, Auvergnats, Gascons, sont de la *Cigale*. M. Bardoux, un jour, y répondit, en fin lettré, à Saint-René Taillandier, un peu lourd. La *Cigale* a célébré Florian, l'aimable dragon, comme la *Pomme* avait célébré Robert Surcouf, le hardi corsaire.

Et chaque province a son *dîner*. L'Alsace et la Lorraine en ont un : le *Dîner de l'Est*, un des plus choisis, des plus peuplés d'illustrations. En été, le *Dîner de l'Est*, dont le secrétaire est M. Paul Leser, un vrai poète, se transporte à la campagne et boit *aux absents*, sous les tonnelles de Bougival, comme sous les houblonnières. Une fois, M. Bastien-Lepage *croqua* lestement tous les dîneurs attablés chez Souvent, par un soir d'été. Quelle galerie ! Que de noms fiers nous ont donnés l'Alsace et la Lorraine, l'*Est* en un mot, notre flanc droit encore saignant.

Paris aussi a son dîner, le *Dîner des Parisiens de Paris* fondé par le peintre Jean Desbrosses, l'ami de Chintreuil.

Est-ce là tout ?

Non, certes, non ! Le *Club alpin français* a ses dîners mensuels où l'on *converse* sur un sujet donné, un voyage en Norvège, par exemple, ou *Des congélations dans les ascensions*, cela sous la présidence du colonel Pierre. La Société Littéraire *Internationale*, qui tient un peu partout ses congrès littéraires, a ses dîners. La *Critique dramatique* à son dîner mensuel qui s'appelle un *Cercle*. Les journaux divers ont leurs dîners. Nous avons eu le *Dîner des Moliéristes* et nous aurons les *Dîners des Intermédiaristes*, abonnés du journal l'*Intermédiaire*, où l'on posera des questions historiques au dessert. Le *Tintamarre*, ami du calembour, a fondé la *Tintamarmite* où l'on tire, entre la figue et le fromage, une tombola comique. Les comédiens ont leurs dîners. Chaque théâtre a son dîner. Le Palais-Royal a la *Gousse*, où souvent ce pauvre Gil-Pérès fut si drôle. Chaque mois la *Gousse*, république gaie, élit un président nouveau. Le président doit un refrain comme don de joyeux avènement. Un soir on porta Laferrière à la présidence. Il fit placer sous les serviettes, pour chacun des convives, un flacon de son *Eau de jeunesse.* On l'acclama. On l'eût peut-être sifflé à ce *Dîner des Rieuses* qu'ont fondé, il y a deux ou trois ans, les actrices du Palais-Royal et du Vaudeville. De l'*Eau de jeunesse*, à des comédiennes ! C'est Mlle de Cléry, du Vaudeville, qui eut l'idée de ce dîner, tout féminin, des *Rieuses*. Jamais le *sexe laid* ne s'y est montré. Les présidentes varient aussi tous les mois. La sonnette y est une marotte. Chaque présidente doit, à son tour, un *speech* et une *chanson*. Il en est de charmants, parmi ces refrains. Tous ne pourraient être imprimés sans danger. On a le propos leste chez les *Rieuses*, et un des articles des statuts interdit formellement de parler des hommes durant le repas, les directeurs exceptés, car, dit un des articles statutaires, *tout le monde sait que les directeurs sont, non pas des hommes, mais des anges*. On plume et déchiquette souvent leurs ailes, il est vrai, tout en causant.

Je pourrais certes poursuivre, durant assez longtemps, cette revue des dîners parisiens. Mode symptomatique, diraient les pessimistes. Besoin qu'on a de se fuir soi-même, ajouterait Schopenhauer, de vivre dans le théâtral, dans le bruit et dans le faux. Non pas, au contraire : — besoin de sociabilité, d'oubli, de causerie, d'esprit, de renseignements, de nouvelles, de discussion qui fouettent l'intelligence, avivent l'esprit, donnent à l'homme un prétexte pour vivre.

— Je vis par curiosité, dit l'Angély.

Il a raison. Rien n'est plus curieux que la vie et rien

n'est plus intéressant à suivre que ces transformations successives de notre existence moderne. C'est d'ailleurs là un moyen certain de connaître les gens et de savoir leurs mœurs. « Dis-moi avec qui tu dînes et je te dirai qui tu es!» Et puis, après tout, cette question du dîner, résolue en haut, débattue en bas, ce n'est pas seulement une des originalités de Paris, hélas! c'est bien autre chose : — c'est toute la question sociale !

III

Une quinzaine fiévreuse. — La *Princesse de Bagdad*. — *Nana*. — Exposition de peinture. — Les *Petits Salons*. — Amateurs de livres. — Le La Fontaine de M. Roux. — La grenouille de M. Heilbuth. — Deux tableaux de Jules Dupré. — Ventes prochaines. — M. Double. — Le salon de la Duthé. — Les lettres de Prosper Mérimée à Panizzi. — Une lettre *inédite* de Mérimée. — La littérature brutale. — La jeunesse de M. Zola. — On demande des conseillers.

8 février 1881.

Il y a des semaines de ralentissement dans le pouls de Paris; il en est d'autres où Paris a du vif-argent dans les veines. Ses pulsations, cette fois, ont été fort rapides. Pouls capricant. Paris est fiévreux; il s'est même montré fort nerveux, l'autre lundi, devant l'œuvre nouvelle de M. Alexandre Dumas fils. Vive la bataille, au surplus! L'auteur de la la *Princesse de Bagdad* ne la déteste pas. L'odeur de la poudre lui plaît, j'en suis persuadé, et il demanderait simplement un peu plus d'attention à son public. L'autre soir, après le premier acte, j'ai, de mes oreilles, entendu ce lambeau de dialogue entre deux spectateurs:

— Ce Dumas qui fait interrompre le récit de Thiron

par cette interruption de l'autre personnage : *Comme tu racontes bien !* On ne se dit pas ces choses-là à soi-même !

Parmi les reproches adressés à la *Princesse de Bagdad*, j'en sais beaucoup d'aussi motivés que celui-là.

Bref, la pièce de Dumas en haut, *Nana* en bas, les expositions de peinture au milieu, voilà les préoccupations de Paris, ce diable de Paris, si narquois, si étonnant, où (qui vous l'eût dit, ô *Grande-Duchesse?*) on vous crie aux oreilles : — Demandez la *Révolution sociale !* — à la sortie des Variétés.

Louise Michel après Mme Judic ; la *Rouge* après la *Roussote !*

Il y a quelque chose de plus étonnant. On m'a conté aussi qu'un amateur d'art, ou un négociant, je n'en sais rien, — je crois plutôt à un négociant, — vient d'avoir une idée extraordinaire qui pourrait bien être la curiosité du moment. Il a acquis un château dans le Quercy, un superbe château Renaissance, s'il vous plaît, le château de Montal, et il l'a fait transporter, par tranches, morceaux de cour par morceaux de cour, portail par portail, à Paris, où, l'ayant reconstruit, il se propose de le vendre, en gros ou en détail.

A qui? A l'État, si l'État en veut, à M. Perrichon, si M. Perrichon a des fonds disponibles. Le transport d'un château par le chemin de fer est un de ces mille traits imprévus que notre civilisation, servie — ou menée — par la vapeur, nous tient en réserve. Les aïeux de Toto n'avaient pas songé à cette aventure : le castel des ancêtres transformé en colis !

Signe du temps ! Dans ce château, qui appartint, dit-on, aux Balzac d'Entraigues, les financiers se taillent des armes parlantes. M. de Hirsch a acheté une cheminée ornée d'un cerf immense. C'est là du mercantilisme artistique qui fait songer aux exploits de la bande noire. Si les chemins de fer et les amateurs d'art avaient existé depuis des siècles en Grèce, il ne resterait pas debout un seul chef-d'œuvre de l'Attique. Les banquiers en eussent orné leurs villas. Encore a-t-on tracé, d'Ephèse à une mine quelconque, un petit chemin de fer dont les tunnels, les ouvrages d'art, sont construits — au grand désespoir des épigraphistes — avec des pierres couvertes d'inscriptions grecques. Les Anglais ont eu, de tout temps, ces audaces et maintenant nos *bibelotiers* français s'en mêlent et, au contraire de l'officier de la *Dame blanche*, ils *démolissent un château sur leurs économies*.

Ce castel démoli est la curiosité et aussi le paradoxe artistique du moment, mais nous avons, en outre, à l'heure qu'il est, un certain nombre d'expositions intéressantes et nous assisterons, avant peu, à des ventes de tableaux d'un vif intérêt. L'exposition du Cercle des Mirlitons s'ouvre aujourd'hui même, et M. Carolus Duran y envoie le portrait de Mme la baronne Hottinguer, réservant sans doute pour le Salon le portrait en pied de Mme Graux, dont on a tant parlé en ces derniers mois. Carolus Duran a gardé ses portraits de femmes pour la place Vendôme. Au Cercle de la rue de Volney, il a envoyé deux portraits d'enfants. Le portrait de petite fille, qui fait songer à une infante de Velasquez, est celui de la fille de M. Réné Brice, la petite-fille de M. Camille Doucet.

Henner a là, à quelques pas de ce portrait, un profil d'homme en veste de gros drap, une casquette sur la tête, la visière lui couvrant à demi le front, qui est un de ses morceaux les plus robustes. C'est le portrait de son frère resté en Alsace et que le peintre a exécuté, cette année, à Bernwiller, en quelques heures. En ce temps où tout le monde fait du *chic*, il y une crânerie touchante à exposer un homme vêtu de bure et à dire : *Mon frère!*

Ces *Petits Salons*, comme je les ai nommés, attirent absolument la foule, Ce sont là des événements. Heureux les peintres! Ils absorbent décidément l'attention publique. On parle plus du portrait de jeune femme, de Benjamin Ulmann que de tel livre, comme les *Poètes lyriques de l'Autriche*, d'un autre Alsacien, M. Alfred Marchand, livre éloquent, très apprécié d'ailleurs et dont la deuxième édition vient de paraître.

Les livres même tendent, entre les mains de certains amateurs, à devenir de purs Musées, des Musées reliés en maroquin ou en veau. Il est des amateurs, affolés des choses *uniques*, qui tiennent à posséder tel ou tel livre que personne au monde ne pourrait acquérir. M. Henri Didier, par exemple, avait autrefois commandé, pour lui seul, à Eugène Lami une série d'aquarelles destinées à illustrer un exemplaire unique d'Alfred de Musset. M. Alexandre Dumas possède un exemplaire de son *Affaire Clémenceau* illustré, presque à chaque page, d'un dessin, d'une gouache, d'un croquis, portant la signature de Meissonier, de Fortuny, de G. Boulanger, de Gérôme, de Detaille, d'Ed. Morin, etc. M. Paul de Saint-Victor a fait illustrer ainsi un exemplaire de ses *Hommes et Dieux*. Un amateur lyonnais, un bibliophile, M. Duval, conserve un exemplaire d'un livre déjà rare par lui-même, *Gaspard de la Nuit*, et dont chaque page est ornée d'un dessin à la plume d'un artiste mort inconnu, mais d'un talent rare. Un autre, un Anglais, a fait illustrer à l'eau-forte le *Fromont jeune et Risler aîné* d'Alphonse Daudet par M. Dagnan-Bouveret et a fait détruire ensuite les cuivres de l'artiste. Daudet lui-même ne possède pas une seule épreuve de ces gravures.

Mais — originalité plus curieuse encore — la plupart des artistes célèbres à l'heure qu'il est, sont occupés à *illustrer* les *Fables* de la Fontaine pour un riche amateur marseillais, M. Roux, qui a eu l'idée de se composer un exemplaire vraiment unique. Et pour cela, il a demandé une *aquarelle* à chaque peintre célèbre et il en a commandé autant qu'il y a de *Fables* dans la Fontaine.

Lui-même a désigné à chaque artiste le sujet qui lui semblait le mieux convenir à son genre de talent : le *Chêne et le Roseau*, un paysage, à Jules Dupré; *la Fortune et le Jeune Enfant* à J. Machard; *la Grenouille et le Bœuf* à F. Heilbuth. Et le plus piquant, ici, c'est qu'en demandant cette aquarelle au peintre des rives de la Seine. M. Roux lui expédiait, en même temps, un modèle, Heilbuth lui ayant dit qu'il peignait tout d'après nature.

Aussi avec quelle stupéfaction l'artiste vit-il arriver un jour, dans son atelier, une boîte contenant... un bœuf? Non, mais une grenouille, une magnifique grenouille verte. Pour peu que M. Heilbuth eût insisté, l'amateur eût expédié le bœuf, très certainement. Mais l'aquarelliste s'en tint à la grenouille. Elle lui servit sans doute, en même temps, de modèle et de baromètre.

Ce M. Roux a du goût après tout, et voilà un exemplaire princier qui, avec ses aquarelles de Baudry, de Jules Lefebvre, de Leloir, d'Henri Le Roux, de Gustave Moreau, vaudra plus que son pesant d'or :

> Papier, dorure, images, caractères,
> *Même* les vers, — qui sont de La Fontaine !

J'ai nommé Jules Dupré. Ce maître du paysage n'avait pas un pouce de toile accroché au Musée du Luxembourg. Ce n'était pas faute d'avoir été poussé par les amateurs et directeurs des beaux-arts, depuis le duc de Nemours jusqu'à M. de Nieuwerkerke. Mais Jules Dupré est un farouche toujours, mécontent de ses visions. Il y a, à l'Isle-Adam, dans son atelier, un paysage immense, commencé depuis trente ans pour le Luxembourg. Nul n'a fait mieux. Il n'y aurait qu'à l'emporter pour le mettre au Louvre. Ah! bien, oui, Dupré pousserait les hauts cris! Bienheureux sommes-nous qu'il ne l'efface point dans une heure de mécontentement.

Toujours est-il que le Luxembourg, en rouvrant ses portes, va montrer de Dupré deux grandes toiles que

M. Etienne Arago a dû placer dès maintenant. Voici l'histoire exacte de ces deux paysages d'une poésie si intense, avec je ne sais quoi de fauve et de mystérieux. Le prince Paul Demidoff, pour compléter la décoration de son salon de l'hôtel de la rue Jean-Goujon — acquis depuis par le duc de Chartres — avait eu l'idée de commander huit grands panneaux — des paysages — à quatre artistes : Corot, Théodore Rousseau, Eugène Fromentin et Jules Dupré. Les trois premiers avaient déjà terminé leur œuvre que Dupré travaillait encore à ses toiles. Le prince Demidoff les voulut à tout prix, même inachevées. On les arracha, en quelque sorte, à l'artiste, et on les emporta à San Donato. C'est de là qu'après la vente elles revinrent à Paris. Elles étaient chez Durand-Ruel, et l'État vient de les acheter au prix de cinquante mille francs les deux — la *paire*, comme dirait M. Prudhomme.

On pourra voir, au Luxembourg, ce que sont ces *maîtres-paysages*.

L'exposition des aquarelles de Jules Jacquemart n'est qu'une *préface* à la vente des œuvres laissées par l'artiste, et qui aura lieu au mois d'avril. La vente des tableaux de Philippe Rousseau et celle de la collection célèbre de M. John W. Wilson en son hôtel de l'avenue Hoche auront lieu bien avant, celle-ci en mars, l'autre dans quinze jours. La vente Wilson sera un événement, M. Wilson, qui habitait Bruxelles, fit, il a quelques années, imprimer à ses frais le Catalogue illustré de sa galerie et ce volume à lui seul vaut un grand prix, absolument comme celui de la collection Léopold Double qu'on va se disputer plus vivement encore maintenant que le collectionneur est mort.

Mort subitement, brutalement emporté au moment où, tout heureux, dans la pleine possession de sa fortune et de ses chefs-d'œuvre, il disait à un ami :

— J'ai eu la satisfaction de trouver un amateur qui m'a offert cinq millions de ma collection et j'ai eu le plaisir de la lui refuser !

Cinq millions ! Avec la collection Spitzer, la collection Double est, en effet, une des plus précieuses de Paris. M. Double avait chez lui une douzaine au moins de *salons* de diverses époques, meublés tous dans les divers styles du temps. De purs chefs-d'œuvre et, entre autres, et avant tous les autres, un salon du dix-huitième siècle qui n'a de comparable que le fameux salon des Singes, attribué à Watteau, à Chantilly. C'était dans la conservation la plus absolue, et dans le luxe le plus exquis, le salon tout entier de la Duthé, Rosalie Duthé, celle qui se montrait *au Longchamp* d'il y a cent ans, dans un carosse à six chevaux blancs, aux harnais de maroquin bleu recouverts d'argent — des chevaux *reliés* comme le plus précieux des Elzévirs, — et qui faisait pousser à Sophie Arnould son cri, devenu banal :

— Quand on voit flamber un tel luxe, on ne s'étonne point que tant de grandes dames se dégoûtent du métier d'honnêtes femmes !

Le *Nouvrady* du temps passé qui traita la Duthé en « Princesse de Bagdad » et lui donna cet adorable salon que possédait M. Léopold Double était le comte d'Artois, tout simplement, le futur Charles X. Un roi à venir qui ne prévoyait pas les *Ordonnances*.

Je dis « le salon que possédait M. Double ». Il existe toujours, ce salon; et, à dire vrai, ce sont les choses qui possèdent les hommes et leur survivent. Les collectionneurs n'ont un tel luxe qu'en viager. Arrive, un jour, quelque M. Pillet, *deus ex machinâ* inévitable dont le marteau, en guise de tonnerre, disperse les objets, et tout est dit. Ce marteau du commissaire-priseur marque le point final. Après lui, c'est le grand silence.

Mais du moins des amateurs tels que M. Double laissent un nom et un renom qui ne meurent pas. Les historiens de la collection, comme M. Bonnafé ou M. Clément de Ris, content leur histoire et l'on écrira peut-être, quelque jour, un volume sur M. Double comme M. G. de Léris vient de le faire avec beaucoup d'esprit sur une *collectionneuse* et une *curieuse* du temps passé, la *Comtesse de Verrue*, la « dame de volupté » du duc de Savoie dont la vente (je parle de la vente de sa galerie) fit autant de bruit en 1737 que la vente Double en pourra faire en 1881.

C'est à la vente de Mme de Verrue que le collectionneur Crozat acheta, pour 12,000 livres le *Charles Ier* de Van Dyck qu'on voit au Louvre et que Mme du Barry, qui l'avait acquis à la mort de Crozat, donna au roi. Le portrait d'un monarque décapité offert par une courtisane qui, elle, avait travaillé — inconsciemment — à faire quelque peu couper la tête à la monarchie!...

Je n'ai rien dit du bal de l'Opéra, institution défunte qui n'est plus, comme au temps de la Duthé, — ou, plus tard, à l'heure de Gavarni,— le *temple de l'esprit* et *l'asile de l'intrigue,* mais le *Conservatoire des bronchites.* Guy-Patin remarque qu'en temps de carnaval les pleurésies augmentent. On s'en consolait de son temps, si les pleurésies étaient gaies, mais les rhumes de l'Opéra sont lugubres, malgré la foule.

Les lettres de Prosper Mérimée à Antonio Panizzi, dont la *Nouvelle Revue* a commencé la publication, ont, beaucoup plus que les quadrilles et les marches militaires de Gung'l, été le régal des Parisiens, des curieux, et rien n'est plus piquant, comme le disait hier un homme d'esprit, que de voir ce sceptique faire de la politique et une politique à laquelle il ne croyait pas. Ce M. Louis Fagan, qui publie à Paris ces lettres de Mérimée, a vraiment eu une bonne fortune en se trouvant sur le chemin de Panizzi, au British Museum. Panizzi l'avait pris en affection ; il lui a légué tous ses papiers et, après avoir publié à Florence une collection de *lettres, Lettere ad Antonio Panizzi*, écrites par des hommes illustres et des amis italiens : Ugo Foscolo, Garibaldi, Nigra, Cavour, d'Azeglio, etc., au patriote devenu, de par la volonté de la reine Victoria, sir Anthony Panizzi, M. Fagan imprime, chez nous, les lettres de Mérimée qu'il a bien failli ne pas avoir, car une tierce personne les détenait au moment de la mort de Panizzi, et il a fallu menace de procès pour que les autographes fussent restitués à qui de droit.

M. Louis Fagan, devenu éditeur de lettres à Florence et à Paris, est, en Angleterre, attaché au cabinet des estampes et dessins du Musée britannique. Il manie la *pointe sèche* avec plus d'habitude que la plume et le recueil italien des *Lettres à Panizzi* contient de M. Fagan un portrait de Panizzi très vivement et très hardiment traité. C'est dans ce volume, imprimé à Florence, que se trouve une lettre historique datée de Londres, 14, *Cambridge Terrace Hyde-Park*, où, dès le 27 avril 1856, Felice Orsini laisse voir, en soulignant certains mots qui deviendront bientôt tragiques, quelle était la disposition de son âme et comment il se trouva poussé à l'attentat du 14 janvier :

« Je ne songe qu'à l'indépendance de ma patrie : pour arriver à ce but je n'ai jamais connu de repos et j'ai sacrifié *tout*... En me rapprochant du gouvernement sarde, je ne suis épris que de l'amour de mon pays ; j'ai la conviction qu'aujourd'hui, s'il le veut, il est le seul gouvernement qui puisse faire l'Italie indépendante, une et grande. Je me trouverai heureux si un fait *d'importance et de graves consequences — d'importanza e di gravi consequence* — pour les oppresseurs de l'Italie arrive et si je puis y coopérer de toutes mes forces, et *finir ainsi une vie qui ne fut jamais pour moi que triste, tourmentée et mélancolique*. Vous me pardonnerez cet épanchement d'âme. »

Les lettres parues à Florence sont de la sorte presque politiques. La *Correspondance* de Mérimée est pour nous plus piquante et plus attirante. Mais il paraît que Prosper Mérimée a usurpé sa réputation de sobriété dans la production littéraire. Je vois par le nombre considérable de lettres — et de lettres *littéraires*, fort travaillées, au besoin — qu'on retrouve de lui, qu'il devait, au contraire passer ses journées la plume à la main. Il écrivait beaucoup et à beaucoup d'amis, quoiqu'il voulût passer pour un dédaigneux en fait d'amitié. Il écrivait parce qu'il faudrait n'avoir point un tempérament nerveux et prime-sautier de lettré pour ne pas ressentir devant tous les spectacles si divers de ce temps-ci le besoin de confier ses impressions à quelqu'un. Seulement, bien différent de nous autres journalistes, qui prenons pour confidente une foule, il *chroniquait* pour une *inconnue*, il causait avec des lettrés ; il tenait à faire sa correspondance comme il eût rédigé un mémorandum. Il ne se livrait pas tout entier au public, sachant bien que le public n'aime guère que les esprits corrects et réservés, s'effraie des surabondances géniales d'un conteur comme Dumas, et — s'extasiant devant un avocat qui parle longtemps — discute, au contraire, et conteste un écrivain qui écrit beaucoup. Mérimée s'imposa la sobriété littéraire comme il affecta, dans la vie, une froideur qu'il n'avait pas. Tout cela par principe et par un très heureux calcul. Il garda, à la fois, pour ses intimes, ses grâces de sentiment et sa fécondité de plume.

Après ces lettres de Mérimée à Panizzi, on en retrouvera d'autres, adressées à bien des gens, tous choisis, et certainement fort intéressantes. J'en ai une là, très inédite, et d'un intérêt particulier, et d'une mélancolie fort inattendue où Mérimée parle à un ami, M. Charles Edmond, et de sa nouvelle, *Lokis*, et de la récente mort de Sainte-Beuve. C'est bien, aujourd'hui que le nom de

Mérimée revient dans tous les propos, l'occasion de la publier :

Cannes, 17 octobre 1869.

« Cher Monsieur,

« Votre lettre m'a fait grand plaisir, car je suis parti assez matagrabolisé de la lettre que je vous ai communiquée. Ce n'est pas que les critiques me touchassent beaucoup et que j'attachasse une grande importance à l'opinion du comte P. Ce qui me faisait de la peine, c'était d'avoir traité d'ours un homme fort aimable. Tout est pour le mieux, si, en lui donnant Ghédémeza pour arrière-grand'père, j'ai compensé le petit accroc involontaire fait à sa généalogie. Cependant, lorsque je reviendrai à Paris, il faudra que vous me donniez un nom lithuanien autre que Szemioth (que d'ailleurs tout le monde prononce Sémioth), une famille éteinte.

« Cette mort de Sainte-Beuve m'a mis du noir dans l'âme. Nous avions fait nos premières armes ensemble dans le camp des romantiques ; nous avons été ensemble candidats à l'Académie, et nommés le même jour. La dernière fois que je l'ai vu, il me dit, lorsque j'étais déjà sur le pas de sa porte: « Je n'ose espérer, mais je voudrais que nous puissions dîner encore ensemble. » Cela ressemble fort à l'invitation de Léonidas à ses Spartiates de souper chez Pluton. Je me suis trouvé si mal pendant la route que j'avais quelque avant-goût de la cuisine de Proserpine. Cependant la chaleur, le bon air, et la vue de ce beau pays m'ont un peu remis et aujourd'hui j'ai pu sortir et marcher pendant une heure.

« Il y a ici un journal qui profite de la liberté de la presse. J'en rapporterai quelques numéros à Paris. C'est le *Réveil*, écrit par des Provençaux dans ce qu'ils croient du français. Cela est bouffon. Je pense que cette liberté de la presse, dont on use si mal, aura un effet bien funeste sur la littérature. Il est probable que dans dix ans, si cela dure, plusieurs cochers de fiacre seront entrés à l'Académie et qu'on ne parlera plus que par *b*... et par *f*... Je m'y résignerais si on avait un peu d'esprit en jurant, car je ne suis pas trop prude ; mais, mon Dieu, que le monde devient bête !

« C'est à vous autres, Slaves, qu'incombe la tâche de conserver l'ancienne langue française ! Je vous la recommande, à vous particulièrement qui la savez bien. Adieu, cher monsieur, veuillez agréer l'expression de tous mes sentiments dévoués.

« P. MÉRIMÉE. »

Il y a, on l'avouera, trop de pessimisme dans la boutade de Mérimée, se souciant moins d'ailleurs de la politique, qui le fatigue, que de la littérature, qui le console, et je ne vois pas — fort heureusement — le moindre bout de mèche du fouet d'un cocher à l'Académie. A peine s'y trouve-t-il, en fait d'*automédons*, des anciens conducteurs du « char de l'État ». Mais il voyait juste et prévoyait de loin, Mérimée, lorsqu'il nous annonçait l'invasion du juron et du gros mot dans l'art ou le métier d'écrire. On a fort abusé, depuis sa prédiction, de ces petites lettres, *f*. et *b*. suivies modestement de points, qu'il traçait là, et on a imprimé le juron en toutes lettres. C'est un progrès comme un autre et la liberté de la presse, que redoutait beaucoup trop l'auteur de *Colomba*, n'y est pour rien.

Un homme est venu, qui avait beaucoup souffert dans sa jeunesse, traîné dans les misères laborieuses une existence rude, âprement tourmentée, coudoyé des ivrognes et des pauvres et qui, gardant encore dans le gosier l'amertume des journées mauvaises, s'est mis, un jour, à écrire, dans le langage de la rue, le roman de l'ivresse et de la débauche. Cet homme a réalisé la prédiction de Mérimée. Il a tout dit. A mon sens, il en a trop dit, ou pas assez, comme on voudra. Mais il a entr'ouvert le *regard* de l'égout et il s'est écrié : « Voyez! » Le public a regardé. Le public, qui n'a peut-être jamais visité la Sainte-Chapelle — un joyau de pierre — ou vu se lever le soleil du haut de la colline de Montmartre, sollicite volontiers des autorités une permission de descendre aux Catacombes ou de visiter les égouts. La boue humaine l'attire.

Je voudrais bien savoir ce que Mérimée, qui avait raison de déclarer qu'il n'était pas prude, penserait aujourd'hui de M. Zola. Pour moi, il y a longtemps que je cherche l'occasion d'analyser ce tempérament, de l'expliquer par ses origines et d'étudier cette sorte de cactus de Provence poussé, avec ses hérissements et ses épines, entre deux pavés parisiens.

Je sais bien que personnellement je semble devoir être condamné à ne jamais parler de M. Zola. Il y a eu entre nous échange de *quassia amara*. Cette petite querelle a daté et, l'autre soir, un des romanciers maltraités dans cette fameuse « campagne de Russie » de M. Zola — et un des plus remarquables — me disait, pendant un entr'acte de *Nana*, croyant sans doute m'être fort agréable :

— Eh bien ! nous voilà vengés !

A bien prendre, je ne comprends guère en quoi pouvait consister la joie d'une pareille vengeance. J'avoue que les souvenirs de cette polémique sont loin. Et à quoi bon, entre gens qui se reconnaissent des qualités, batailler au profit des galeries et de confrères tout prêts à ne signaler que les défauts, chez l'un ou chez l'autre ? On peut combattre la tendance générale d'une œuvre — et surtout le mouvement où, par des imitateurs, nous entraîne cette œuvre — sans se boucher es yeux volontairement devant le talent déployé.

M. Zola est mieux qu'un accident en littérature, c'est le produit tout naturel de ce temps-ci. Il personnifie, qu'il le veuille ou non, l'avènement de l'extrême démocratie en littérature. Ce romancier qui se plaint de la petite part réservée aujourd'hui aux lettres a précisément contribué à faire perdre à la foule le goût de la littérature pure, de la littérature pour la littérature même. Il a substitué la peinture des choses à la symphonie des idées, si je puis dire. Il a beaucoup souffert jadis, et, quelque flatterie qu'il adresse aujourd'hui au public mondain, il a exprimé, — et là a été son succès, — la tristesse des souffrants.

Je retrouvais hier, dans de vieilles feuilles envolées, des fragments d'articles où ce réaliste farouche, regrettant les poésies de sa Provence, se plaignait qu'il y eût des « gens qui ne comprennent les fleurs qu'en salade ». Il a commencé par les fleurettes printanières avant d'arriver au saladier du marchand de vin :

« O ma jeunesse, — écrivait-il, il y a douze ou treize ans, dans un journal où nous faisions nos premières armes, — ma jeunesse, époque heureuse où je courais les sentiers de ma chère Provence!... Musset était alors mon compagnon. Il m'enseignait à pleurer. Je lui dois mes premiers chagrins et mes premières joies. Aujourd'hui encore, dans la passion d'analyse qui m'a pris, lorsqu'il me monte au visage de soudaines bouffées de jeunesse, je songe à ce désespéré, je lui pardonne ses blasphèmes ne me souvenant que de ses larmes.»

On pardonnerait aussi bien des gros mots à M. Zola en souvenir de cette émotion.

Paris devait lui sembler plus dur que les sentiers bordés de figuiers du *pays*. Toutes les douleurs cruellement vraies de l'*Assommoir*, ce gros bourgeois des environs de Paris les a ressenties, soit en cette triste maison qu'il habita, dans le faubourg Saint-Jacques, rue Pépinière — actuellement rue Daguerre — la haute maison noire, peuplée d'ouvriers pauvres, qu'on retrouve décrite dans l'*Assommoir* ; — soit rue Gracieuse, au haut de la butte Saint-Victor, où il logea dans « le *grenier de ses vingt ans* ». Jeunesse triste, laborieuse et misérable. On rencontre dans l'*Assommoir*, — qui est le roman du *Demi-Peuple*, comme il y a la comédie du *Demi-Monde*, — un croque-mort nommé Bazouge. Ce croque-mort, Zola fut son voisin. Dès 1869, le romancier traçait ainsi le portrait de son ami Jacques, qui, le manteau agrafé sur l'épaule, le chapeau rejeté en arrière, « me jurait, dit-il, de me porter en terre, lorsque
« le moment serait venu, avec une douceur de main
« presque amicale ».

Il s'enivrait aussi, le croque-mort. C'était un croque-mort qui avait des tristesses : « Quelques litres et un morceau de brie sont des consolations suprêmes en pareil cas. » Un beau jour, il mourut. « J'avais dans mon grenier, dit Zola, un vieux coffre dont le bois, rongé par les vers, tombait en une poussière noirâtre. » Ce coffre servit de bière à Jacques, et lorsque des employés aux pompes funèbres descendirent, par l'étroit escalier, l'étrange cercueil de ce mort, on entendit les gamins de la rue Gracieuse s'écrier gaiement, — et tant de réalisme influa certainement sur le fantaisiste des *Contes de Ninon:*

— Allons ! le croque-mort est croqué !

Ce fut devant de pareilles scènes et auprès de tels voisinages que s'écoula la jeunesse de cet homme affamé de gloire et d'argent, timide alors, pensif, et qui, par une des bizarreries les plus étranges, n'est devenu colère — peut-être malheureux — qu'avec la fortune. Le succès apaise d'ordinaire. Ici, il a surexcité et irrité. Qui dira pourquoi ?

Un tel homme devait arriver d'ailleurs, n'ayant qu'une seule préoccupation en ce monde : son œuvre. Un de ses amis a conté qu'en 1870-71, alors que nul d'entre nous ne savait même s'il y aurait un lendemain, M. Zola arrivait aux bureaux provisoires du *Petit Journal*, à Bordeaux, et, dans une petite pièce, au-dessus du cabinet de rédaction, se mettait à écrire paisiblement, de sa grosse écriture nette, une page de l'histoire des Rougon-Macquart. Nul de nous n'avait le sang-froid de songer à des chimères. Il n'était point question de savoir s'il y aurait, demain, des lecteurs et des romans en France, mais s'il y aurait une patrie et une France. Lui, certain de son avenir, écrivait sans se troubler. C'est du sang-froid.

J'imagine qu'il a dû souffrir de voir des œuvres comme la *Conquête de Plassans* passer quasi-inaperçues. Nous disions alors qu'il y avait là un talent et une force à la foule qui n'écoutait pas. L'auteur de *Thérèse Raquin* la contraignit alors à l'écouter, en haussant le ton et en lui parlant comme Prosper Mérimée avait assuré, en 1869, qu'on écrirait avant dix ans.

Mais encore si cette brutalité, souvent étonnamment puissante, n'avait pas fait école ! Et si, se contentant de traduire, ses impressions et ses souvenirs, le romancier ne s'était pas improvisé critique ! Et quel critique ! Si l'admirateur de Musset, le peintre amer de la misère, n'avait pas continué à se faire l'auteur de *Mes Haines* !

Mes amis, il n'y a donc pas d'amis pour dire à celui-là :

— Laissez donc la polémique, les personnalités, les discussions, les rancunes — rancunes qui vous poussent à reprocher à Victor Hugo son génie, à Ranc sa fermeté de caractère, à ce grand fou de Barbey d'Aurevilly sa pauvreté et à ce pauvre Aubryet sa mort misérable !...
— Laissez tout cela et contez ! Et revivez avec vos croque-morts, au lieu de croquer les vivants qui n'en continuent pas moins à vivre ! — Vous pouvez créer, et vous vous obstinez à hurler ! C'est du temps perdu. Après la scène à faire, il y a l'article à ne pas faire.

Et si, par hasard — ce que je ne crois point — le romancier écoutait ce conseil, qui est le bon, je dirais à celui de nous qui ne lui a point pardonné ses attaques :

— Eh bien ! il vous répond en faisant des livres. Est-ce qu'il voudrait aussi se venger ?

IV

Jeune conscrit, où vas-tu ? — Préparatifs d'une grande manifestation populaire. — Les bals costumés. — Un bal villageois. — Les femmes et les déguisements. — A propos de *Phryné*. — Anna Deslions ou Anna Deschiens. — Glorieuses funérailles. — Un entrefilet. — Le journal et les journaux. — *Comment on vend les journaux à Paris.* — Petite physiologie parisienne : l'*Heure du Journal*. — Le matin et le soir. — Les porteurs et les vendeurs. — Les acheteurs. — Balzac et la *Monographie de la presse.* — Les *bouillons*. — Les abonnés des kiosques. — Le *Cotillon*. — *Petit parfumé, où vas-tu ?* — La fête de Victor Hugo.

22 février 1881.

Chantant, criant, riant aussi, leur numéro enluminé fiché sur leur casquette de soie ou leur petit chapeau de feutre, une cocarde tricolore enrubannée et piquée sur la poitrine avec un bonnet phrygien, les conscrits de cette année ont fait leur apparition par les rues.

« — Jeune soldat, où vas-tu ?

« — Je vais arroser de vin blanc la pancarte coloriée plantée sur mon front, et boire à la laine, qui n'est peut-être pas encore tondue, de mes futurs galons de caporal !... »

Peut-être ont-ils, eux aussi, un bâton de maréchal

dans leur giberne, ces conscrits qui, en attendant, ont un peu de piquette dans la tête. Ils sont, pour le moment, les êtres les plus gais de Paris. Nos rues, nos quais, nos places, leur apparaissent, confusément ensoleillés, à travers les fumées du vin clair. Il y a, sur tous les clochers, des rayonnements de gloire, et l'émail blanc des croix de la Légion d'honneur danse, à leurs yeux éblouis, comme des scintillements d'étoiles filantes.

— Jeune soldat, où vas-tu ?

A la caserne, au pansement, à l'exercice ! Laissez passer les jeunes conscrits !

Il y aura plus de rubans et plus de bouquets qu'aux fronts et aux boutonnières des conscrits de l'année, dimanche prochain, avenue d'Eylau, devant la maison de Victor Hugo. Ce sera la fête du poète et aussi de la poésie. On tirera des feux d'artifice avec des lilas blancs pour bouquets, et toutes les violettes bonapartistes du printemps qui semble naître s'en iront embaumer l'hôtel que l'auteur de *Lucrèce Borgia* a loué à sa voisine la princesse de Lusignan.

Grande journée, en vérité, répondant bien à ce besoin qu'a ce peuple parisien de manifester ses enthousiasmes. Et quand je dis Paris, c'est aussi la France et les étrangers qui s'associeront à un tel hommage. Il y a, là, comme des ressouvenirs de ces fêtes de la Grèce où l'on couronnait les fronts immortels des poètes.

Cette fête est, d'ailleurs, la principale préoccupation de l'heure présente. C'est à qui organisera, pour Victor

Hugo, des surprises. En plus d'une mansarde, je sais de pauvres gens qui travaillent à quelque bouquet emblématique comme, en cette saison de bals, les jeunes gens à la mode peuvent, dans le silence du cabinet, piocher les figures du *Cotillon*. Car on n'oublie ni les soirées privées, ni les bals travestis. Tous les costumes ruraux de France et de Navarre seront mis à contribution pour le prochain *bal villageois* de Mme Edmond Adam, une de ces paysanneries artistiques comme il est de mode d'en donner à Vienne : une églogue sur des airs de Strauss, avec des *morgué*, des *iarnigué* et des *morguenne* à n'en plus finir. Paysannerie d'opéra-comique, bergerie de Florian où il ne sera point permis d'avoir de *loups*. Au plein jour des bougies, les jolis visages !

Le goût des travestissements campagnards, qui fait immédiatement songer aux plaisirs de la laiterie, à Trianon ou à Rambouillet, et aux petits fromages de la Reine, a toujours existé, et c'est en quelque sorte un besoin féminin de chercher le déguisement qui convient le mieux à son genre de beauté. La femme se rapproche par là de l'idéal qu'elle se forge elle-même. Ce qui fait que le bal de l'Opéra ne périra jamais, c'est que les femmes brunes auront toujours l'appétit de se mettre sur la tête, ne fût-ce que pour un soir, une perruque blonde, et que les blondes se sentiront éternellement tentées d'aller contempler, dans la glace d'un foyer de bal travesti, leur front paré d'une perruque brune.

L'impératrice Eugénie — la *bourgeoise*, comme disait Mérimée, — se fit photographier, un jour, dans tous les costumes qu'elle affectionnait : en Marie-Antoinette, en

Juive, en Célimène, en femme fellah. Le travestissement — ne cherchez pas malice à ce mot — est dans la nature ou, si l'on veut, dans le caprice de la femme. Il y eut un temps où, à la Mi-Carême, il était de mode et de tradition parmi les demi-mondaines d'aller danser dans un bal public, à la barrière, avec des robes de grisette, le bonnet au front, le col plat sous la nuque. Le bol de vin chaud qu'on servait alors à Phryné lui rappelait peut-être les parties de plaisir de la puberté, les repas en famille ou les premières escapades. Qui sait?

J'ai vu, sous ce costume, cette Anna Deslions dont on parlait, l'autre jour, à propos de la *Phryné*, de Meilhac, et la plus jolie fille qui ait paru dans une avant-scène de théâtre. Un profil superbe, un air doux, la bonté dans la beauté. Peut-être un peu aussi la bêtise. Ceux qui ont rappelé son souvenir ont peut-être exagéré son luxe. Au temps où elle habitait rue du Helder, Anna Deslions ne dépensait pas encore, si elle a jamais dépensé cela, 5,000 francs *par mois* pour le blanchissage de ses dentelles. Les plus « luxueuses » de ce temps-là paraîtraient aujourd'hui mener une vie de bonnes bourgeoises paisibles, tant la marée monte et le besoin de *paroistre* grossit, dans une extraordinaire dépréciation de l'argent.

Cette Anna Deslions, qui n'était pas Phryné, mais une belle statue, un magnifique modèle pour un sculpteur, s'appelait en réalité Anna Deschiens. Elle fut, un jour, baptisée — ou débaptisée — par Esther Guimont qui, elle, s'appelait *le Lion* (*Ego nominor Leo*, disait sa devise) et qui, en femme d'esprit, lançait ses amies — et les lançait très haut — du fond de son hôtel de la rue Chateaubriand.

Hôtel tout petit, mystérieux : une petite cour, quelques marches à monter, un grand et un petit salon ; salle à manger au rez-de-chaussée ; en haut les chambres tapissées, capitonnées, orientalisées par des robinets parfumés qui ne se taisaient ni jour, ni nuit. Ce fut avec cette Eau des fées qu'Anna Deschiens fut baptisée « Anna Deslions ».

Un jour Phryné — je me sers de ce vieux nom que voilà redevenu d'actualité — Anna Deslions eut la douleur de perdre son père, un humble ouvrier dont le plus grand mérite était d'avoir conservé sa fille après l'avoir perdue. Ce fut d'abord un deuil tragique, plein de cris, mais Esther Guimont, qui n'aimait pas le noir, dit à son amie :

— Console-toi ; nous lui ferons de belles funérailles !

On s'adressa alors à un ami, au Protecteur, qui fut d'avis, en effet, de bien faire les choses sans pourtant dépenser trop d'argent. Il avait des relations ; il demanda tout net au gouverneur de Paris, dont j'oublie le nom, d'autoriser la musique du... 129e de ligne, alors caserné faubourg Poissonnière, à prêter son concours pour les obsèques d'un *brave militaire du premier Empire* qui « venait de s'éteindre dans une honorable et glorieuse pauvreté ».

— Comment donc! fit le gouverneur.

Le service funèbre et musical eut lieu dans l'église

Saint-Laurent où je crois bien que M. Duquesnay, hier évêque de Limoges, aujourd'hui archevêque de Cambrai, était curé. Grande affluence. Beaucoup de ces dames, très correctes, en grand deuil. Peu de messieurs. Les hommes sont ingrats, — ou timides. Pendant tout le service la musique militaire fit entendre, de tous ses cuivres, les marches militaires que le défunt avait tant aimées durant sa vie. Les trompettes mêlaient leurs sons clairs aux notes sombres du *De Profundis* et du *Dies iræ*.

— Eh bien ! tu vois, disait Esther Guimont, tu vois, c'est superbe ! Le brave maréchal Exelmans n'a pas eu mieux !

Le lendemain de ces obsèques noblement improvisées, les journaux de toutes nuances insérèrent très naïvement, — ou peut-être y mettaient-ils quelque malice, — la note que voici :

« Hier, on a conduit à sa dernière demeure un vieux « soldat de nos grandes épopées, entouré des rares « survivants de Waterloo où, contre les Anglais supé- « rieurs en nombre, les géants s'étaient battus *comme* « *des lions.* »

Ah ! ces journaux ! Ils n'étaient pas alors les indiscrets qu'ils sont devenus ! Aujourd'hui ils conteraient tout au long l'aventure en mettant les points sur les *i*. Et tant pis pour les intéressés !

Le fait est que le journal est la grande force actuelle : un orateur, doublé d'un télégraphiste, un chroniqueur, à la façon indiscrète de Mérimée, mais un Mérimée qui tire plus de 18,000 feuillets à l'heure et des feuilles plus grandes que du papier à lettres.

Il est difficile de s'imaginer ce que serait, sans le journal, la vie moderne. Il y a eu des civilisations, maintenant évanouies, aussi raffinées et aussi puissantes que la nôtre, mais il n'y a pas eu d'*âge du papier* comparable à celui où nous vivons. On a bien raison de dire qu'une bonne loi sur la presse est la question vitale. La presse, le journal, fait partie intégrante de notre existence sociale. C'est notre oxygène intellectuel, — avec des émanations d'oxyde de carbone parfois.

Toujours est-t-il que le Parisien tient essentiellement à l'absorber. Il a d'ailleurs besoin d'idées toutes faites, de gloires toutes consacrées, de statues toutes sculptées et de sottises toutes mâchées.

Une des heures les plus *parisiennes* de la Vie à Paris c'est, par exemple, l'*heure du journal*. Il y avait autrefois, et il y a sans doute encore pour la bohème littéraire une heure consacrée aux causeries et aux boissons apéritives, l'*heure de l'absinthe* : elle sonnait tout justement à l'*heure du journal,* à ce moment précis où les porteurs de gazettes fendent lestement la foule en portant sur leur tête des tas de journaux frais imprimés.

L'*heure du journal* est un instant tout spécial où Paris et ses promeneurs prennent brusquement un aspect particulier. Il y a, à Londres, une heure de mouvement formidable, où toutes les rues de la Cité semblent transformées en une fourmilière qu'on aurait remuée du bout d'un bâton. C'est l'*heure de la poste*. Les jeunes *boys* des maisons de banque se précipitent à travers les cabs, leurs paquets de lettres à la main, avec la rapidité de chevaux de course. C'est l'heure décisive de la journée, à Londres.

A Paris, — où sonne également l'heure de la poste, — l'heure la plus curieuse, la plus caractéristique, est peut-être celle que je viens d'appeler l'*heure du journal*. Il y a là une poussée de fièvre et un redoublement d'activité à étudier. Les jours de gros événements, il faut jouer du coude et presque des poings pour obtenir une de ces feuilles de papier, autour des kiosques assiégés. Mais, dans la banalité même de la vie quotidienne, le boulevard prend, à l'heure du journal, un caractère tout spécial. Des feuilles blanches semblent pousser au bout des doigts plus rapidement que les feuilles vertes aux arbres. C'est une éclosion électrique. Les paquets de papier fleurant l'encre typographique s'entassent devant les kiosques. Les marchands déploient et reploient les gazettes. Les porteurs courent le long des trottoirs en s'arrêtant, de kiosque en kiosque, comme plus tard l'allumeur devant chaque bec de gaz.

C'est leur métier de chaque soir. Ils font de même chaque matin.

Le matin, à l'heure où Paris dort encore, bien avant le jour, en hiver, dès quatre heures et demie ou cinq heures, les feuilles imprimées commencent à sortir de l'imprimerie. Il y a des marchands de journaux venus de la banlieue, ou de Sèvres, de Saint-Cloud, de Saint-Denis, de Sceaux, de Versailles, qui attendent, tout grelottants, soit devant les imprimeries, soit devant un bureau central de vente, rue du Croissant d'ordinaire, l'apparition de ces gazettes qu'ils emporteront en hâte, pour arriver chez leurs clients dès la première heure. L'aube frileuse des jours d'hiver voit passer, sur les chemins gelés, des voitures de maraîcher où les vendeurs de journaux ont pris place. La charrette a apporté des légumes aux Halles, pâture à estomacs; elle remporte des lettres moulées à la banlieue, pâture à cerveaux.

Quelques marchands de journaux des quartiers excentriques de Paris, vendeurs qui ont leur boutique au haut des faubourgs, viennent aussi, dès avant le jour, aux imprimeries où l'on *tire*. Les porteurs enlèvent les paquets de journaux et vont les distribuer à travers les kiosques. Ils ont des clefs pour les ouvrir, ces kiosques vides, et, à l'heure matinale où le boulanger dépose le pain dans les portails ouverts, où la laitière s'installe avec ses jattes pleines, ces porteurs glissent dans les kiosques ces tas de journaux frais dont ils touchent le prix, au retour, en revenant à leur bureau central, après avoir *tué le ver*.

On compte, à peu près, 1,500 débitants de journaux dans Paris. Les uns, peu achalandés, beaucoup, ignorant même l'existence de certains journaux, s'inquiétant peu des goûts du public, gagnent à peine deux francs par jour; les autres, actifs, intelligents, se faisant communément des journées de vingt ou vingt-cinq francs. Il en est, comme les occupants des kiosques des environs du passage Jouffroy, du Grand-Hôtel, de certains carrefours où défilent beaucoup de passants, qui arrivent à gagner cinquante francs, du matin au soir. Dans plus d'un kiosque, telle titulaire n'apparaît qu'à de certaines heures et fait tenir la place par une bonne ou femme de ménage, la plupart du temps.

Chaque kiosque a sa clientèle. Il y a — chose curieuse — fort peu de *casuel*, comme on dit, dans cette vente quotidienne. Presque partout, ce sont des *abonnés* en quelque sorte qui achètent, passant, chaque jour, au même endroit, suivant inévitablement un itinéraire déterminé, soit par besoin, soit par habitude. Le Parisien est plus fidèle qu'on ne croit à son sillon accoutumé.

Il est peu de kiosques qui affectent une physionomie particulière, sauf peut-être celui qui arbore, devant le café de la Paix, les *périodiques* anglais venus de Londres, les dessins du *Graphic* ou les charges polychromes du *Vanity Fair*. Le kiosque de Mlle la Périne est veuf depuis longtemps de son ex-bouquetière devenue marchande de journaux, fine et pâle comme une Andalouse sous sa mantille noire. On me dit, par contre, qu'un des kiosques les plus achalandés de Paris est tenu par une ancienne femme de chambre de Mlle Marguerite Bellanger. On doit savoir plus d'une historiette à la Tallemant des Réaux, dans ce kiosque dont la titulaire a vu passer plus d'une fois César et sa bonne fortune.

Tous ces marchands ont achevé en quelques heures de vendre les *bons journaux* (ils entendent par là ceux qu'on achète beaucoup) : le matin, de *sept heures à midi*, et le soir, de *cinq à sept heures*.

Plus les journaux se vendent vite, moins on aperçoit de leurs piles à l'étalage des marchands ou sur la planchette des kiosques. On peut même poser en principe que, plus on recontre de numéros d'un journal étalés, moins ce journal se vend. Ce n'est point là un paradoxe, mais un fait.

Ah ! la jolie « physiologie de l'acheteur » qu'il y aurait à tracer, lestement ! L'acheteur est essentiellement maniaque. Il en est qui, régulièrement à la même heure, viennent acheter, à la porte d'une imprimerie, le numéro encore tout humide. Ceux-là tiennent à la primeur, regardent à peine le numéro et s'en vont, après l'avoir glissé dans leur poche. Ce sont les gourmets, les amateurs d'*éditions princeps*. Ils ne liront leur journal qu'à huit heures, après leur dessert, peut-être à onze, avant leur sommeil ; mais ils l'ont eu dès quatre heures et demie, tenu entre leurs doigts avant tout le monde. Cela leur suffit.

Il y a l'acheteur qui, pour un empire, n'achèterait un autre journal que celui dont il partage les idées et qui, par sa typographie, l'arrangement autant que les idées de ses articles, lui plaît. Il sait où trouver ce qu'il cherche : le tableau de la Bourse lui paraît clair, le fait divers bien dramatisé. Il le retrouverait textuellement imprimé ailleurs qu'il ne le lirait pas.

Il y a l'acheteur qui, au contraire, semble collectionner, comparer, chercher dans une quantité de journaux d'opinions différentes son jugement définitif. Ce n'est plus le gourmet, c'est le gourmand.

C'est surtout en été, dans les gares, à l'heure des derniers trains, que s'aperçoivent clairement ces différences :

— Donnez-moi *tel journal !* crie un voyageur essoufflé.

— Nous n'en avons plus. Voulez-vous *tel autre?*

— Jamais ! Je ne lis que... (Ici le nom du journal.)

Un autre survient :

— Donnez-moi les journaux du soir !

— Lesquels?

— *Tous !* Tous ceux que vous avez !

Et celui-là, comme affecté d'une boulimie de lecture, les prend, les plie, les enlève, en bourre ses poches et en charge le filet du wagon. Il irait en Angleterre qu'il n'aurait pas, dans le trajet, le temps de lire tout ce qu'il emporte à la campagne. Son chalet doit être un grenier à journaux.

Le journal, encore un coup, est assurément, *au jour d'aujourd'hui,* comme disait Mme Sand, la plus grande force intellectuelle et sociale qui existe. Balzac, dans cette fameuse *Monographie de la presse parisienne* — étude trop peu connue — qu'il publiait, avec des vignettes malicieuses et caricaturales dans le recueil intitulé la *Grande Ville,* écrit tout nettement, en sa fureur pleine de rancune contre les critiques et les journalistes de son temps :

« *Axiome : — Si la presse n'existait pas, il ne faudrait pas l'inventer.* »

Pour lui, le journaliste, le cancanier, le *rienologue*, comme il l'appelle, n'est qu'une variété plus venimeuse du moustique. Il assure que l'émir Abd-el-Kader disait un jour à un de nos généraux qui lui demandait comment les Arabes étaient si bien informés des mouvements de nos troupes : « Je n'avais pas pourtant pas d'espions ; je me contentais de lire vos journaux ! » Voilà, pour Balzac, la seule utilité du « journaliste » *sous-genre* de l'ordre *gendelettre*.

La puissance actuelle de la presse griserait pourtant un Balzac et ferait pousser des cris de joie à cet être épris de la force et qui eût voulu projeter sa pensée sur des univers. On assure que Napoléon, à Sainte-Hélène, se frappa le front lorsqu'on lui parla des bateaux à vapeur de Fulton. Pour un Balzac, la presse, c'est la vapeur appliquée à la transmission de la pensée humaine. Le romancier de la *Comédie humaine*, sollicité par le plein pouvoir de cette immense et dévorante machine, — la presse, — se fût, à présent, fait publiciste, pamphlétaire, polémiste...

Qui gouverne aujourd'hui ? L'Opinion. Quel est l'instrument de l'Opinion ? Le Journal. Place au Journal ! C'est à lui qu'est la parole. Il a broyé, tamisé, passé au crible, avant la tribune même, toutes les questions. Il est le tirailleur ou l'éclaireur de toute discussion : sur le divorce, par exemple, la tribune n'a fait que répéter ses arguments. Il prépare les lois, il les formule et les Chambres les votent.

Il y a loin des Gazettes d'autrefois, des *petites feuilles* d'il y a cent ans, de la *Correspondance secrète*, de Métra, grande comme la main, ou du *Journal de Paris*, large comme les rebords d'un chapeau, à nos grands journaux d'à présent, que des fils télégraphiques, des téléphones — il n'est plus question des pigeons voyageurs — relient aux assemblées politiques et qui donnent, à la fois, en un seul numéro, des nouvelles du monde entier. Quand on avait, autrefois, parlé de la cour, un peu de la ville, des philosophes ou des danseuses, tout était dit. Aujourd'hui, on parle de tout et encore ne dit-on pas tout. C'est une usine formidable de renseignements, d'idées, de nouvelles : un moulin à paroles et à polémique broyant le grain quotidien, le blé, l'ivraie, les hommes et le meunier avec !

Il y a vraiment, à cette fiévreuse *heure du journal*, quelque chose d'émouvant dans les dernières opérations du journalisme : dans le *clichage*, la transformation de l'idée en une indélébile feuille de plomb, dans ce tirage rapide, fiévreux et régulier à la fois, où une machine taille une gazette dans un rouleau de papier sans fin, l'imprime et la renvoie, comme avec une raquette, aux ouvriers qui l'emportent en hâte et la jettent aux porteurs. Le *coup de feu* du tirage, l'attente du journal nouveau, soit dans cette artère du Faubourg-Montmartre où le pouls de Paris bat si vite, soit dans cette étroite rue du Croissant, où la presse a pris possession des vieux hôtels du temps passé ; — cette dernière demi-heure active, surchauffée, dans la pénombre noire de l'imprimerie où brûle le gaz, — a quelque chose du branle-bas de combat. Les porteurs attendent, impatients, au dehors ; ils se disputent, arrachent les feuilles comme à la machine même et, tout courants, les colportent à travers Paris. *Laissez passer la justice du roi ! Laissez passer l'opinion du public !*

Chaque journal a, de la sorte, une vingtaine de porteurs à ses ordres qui se précipitent, comme éperonnés, chacun vers le quartier qui lui est affecté. Sans compter les voitures qui directement — clic ! clac ! — se rendent en galopant aux différentes gares.

La province attend, en effet, aussi anxieuse que Paris. Là-bas, aux alentours des débarcadères de province, les bons bourgeois de la ville guettent anxieusement l'arrivée de *leur* journal. Toujours le même, par exemple, celui-là ! Fidélité absolue. On ne dérange pas les habitudes du lecteur provincial.

Les gares de province ont donc, comme les kiosques de Paris, leurs habitués, presque leurs abonnés, se présentant chaque jour, leurs centimes à la main, avec une régularité chronométrique. De telle sorte qu'il est à peu près impossible qu'il reste à ces marchands ce qu'on appelle des *bouillons*.

Les *bouillons* — est-il besoin de l'expliquer longuement ? — ce sont les numéros invendus. Ce terme d'argot et de métier entrera, quelque jour, comme tant d'autres, dans le *Dictionnaire de l'Académie*. Il y entrera par effraction, comme tous les vocables insurgés contre le *langage noble*.

Le *bouillon*, c'est la scorie, le reliquat, le *rossignol*, la perte, en un mot. On dit, pour exprimer une perte : Boire un bouillon, *au figuré et familièrement*, écrit

Littré. — En propre, le bouillon est cette bulle qui crève à la surface du liquide qui bout et ne laisse rien que du vent. De là sans doute le terme de métier. Le substantif, d'ailleurs, s'est fait rapidement verbe et l'on dit *bouillonner* comme on dit *bouillon*.

— Ce journal *bouillonne* !

— *Bouillonnez*-vous beaucoup ? — Etc.

Et les *bouillons*, ce sont précisément ces entassements de journaux non vendus dont les piles mélancoliques font dire au public qui n'est pas dans le secret :

— Ce journal-là doit bien se vendre ! On le voit partout, et en tas énormes !

Certains journaux reprennent pour les débiter ensuite comme ils peuvent, au poids, — la balance étant le charnier des écrits tombés, — tous ces journaux invendus, tous ces *bouillons*. Le *bouillon*, spectre effrayant de la déroute pour un directeur de journal ! D'autres reprennent ces *bouillons* dans des proportions données, vingt pour cent, dix pour cent. D'autres encore — les bons journaux, bien entendu, les journaux fondés — n'en reprennent pas, leur vente étant assurée.

C'est ce qui fait qu'un journal comme le *Temps*, — je prends tout naturellement l'exemple le plus proche, — est presque introuvable, dans Paris, une fois servie la clientèle des acheteurs accoutumés à retenir *leur* exemplaire à *leur* marchand. On a beau chercher, l'heure est passée. Après sept ou huit heures, on n'a plus que les *pis-aller*. Le plus simple donc — si cette petite et rapide étude de mœurs parisiennes se peut tourner en conseil pratique — est de retenir d'avance *son* journal à *son* marchand et de s'abonner en quelque sorte, au jour le jour, à un libraire ou à un kiosque. De cette façon, le *Temps* — ou tout autre journal — retenu par avance demeurera réservé à qui en aura fait la commande et l'on n'aura pas à courir après, l'*heure du journal* une fois sonnée.

Ce ne sont pas là de minces détails de la vie parisienne. Encore un coup, le journal et l'*heure du journal* ont, à Paris, une importance considérable, j'allais dire capitale, mais j'évite le jeu de mots. Qui publierait, teintée de diverses couleurs, la carte statistique de la vente des journaux dans Paris donnerait en quelque sorte, en même temps, une espèce de carte électorale ou intellectuelle. Les journaux politiques, littéraires ou de *high life* se vendent surtout le long des boulevards, au quartier latin, vers le boulevard Saint-Michel et aux Batignolles, c'est-à-dire dans la plaine Monceau : de la rue de Douai au boulevard de Courcelles. La presse intransigeante s'achète surtout à Belleville, à la Villette et dans le faubourg Saint-Antoine. Chaque marchand, selon sa clientèle, vous dira que ce sont là *les bons quartiers*.

Mais je m'aperçois que cette *Physiologie* spéciale de la vente des journaux m'entraînerait trop loin et je m'arrête, ayant d'ailleurs à peu près achevé le croquis. A d'autres le tableau !

J'en reviens à la question du jour et à ces malheureux jeunes gens à la mode qui *piochent*, à l'heure où nous sommes, le *Manuel du Cotillon* — deux francs, prix fort — comme ils ont pioché le *Manuel du volontariat d'un an* ou de l'*Officier de l'armée territoriale*. Le *Cotillon*, s'il faut tout dire, me paraît un des supplices les plus effrayants et une des sciences les plus compliquées que je connaisse. Jadis, il est vrai, bien conduire le *Cotillon* conduisait à tout, et tenait lieu de tout. Mais il me paraît (si je me trompe, qu'on m'excuse, je suis fort ignorant en ces matières), il me semble que le *Cotillon* s'est hérissé singulièrement de difficultés inattendues. C'est le jeu d'échecs de la danse.

Je vois, sur une annonce, ces simples mots qui me font frissonner :

— *Le Cotillon — 200 figures nouvelles !*

Quoi ! 200 figures ? pas une de moins ? Et le parfait *cotillonneur* ou *cotillonnier* se doit prendre la tête à deux mains et *potasser* son *Manuel* comme un joueur de dames étudierait les combinaisons de ses pions à travers le damier ?...

Le baccalauréat, la licence et les doctorats ne sont rien à côté de cette science spéciale. D'autant plus que les examinateurs, en un tel concours, sont des jeunes filles, les plus terribles des juges pour des débutants ou des *examinés*. Que de boules noires pleuvraient, au besoin, sur le malheureux conducteur du *cotillon* qui aurait défiguré une *figure !*

Tant de dangers et de périls vrais ne découragent pas les jeunes gens que les *accessoires* pour la danse et les grosses figures de *poupards* en carton font rêver. Le monde et les gouvernements ont beau changer, c'est toujours le Cotillon qui conduit le monde, et il y aura toujours des mondains pour conduire le Cotillon. Ces mondains, qui changent de noms selon le temps, viennent d'ailleurs d'être rebaptisés — à l'eau de Lubin, — comme Anna Deschiens, par Esther Guimont. Après s'être appelés des muscadins, des dandys, des lions, des gandins, des cocodès, des petits crevés, des gommeux, des poisseux, ils s'appellent maintenant les *petits parfumés*. On dit les *petits parfumés* comme on dit les *belles petites*. Du mouchoir, des cheveux, ou des débris de chevelure des *petits parfumés* s'échappe volontiers une odeur d'ixora, d'opoponax ou d'ylang-ylang. *Petits parfumés. Pâfumés !* eut-on dit, au temps du Directoire.

Lèvres revivifiées par le labialise, teint diaphanéisé par l'eau de Ninon ; parfum au mouchoir, parfum à la boutonnière, ce sont les *Petits parfumés*.

— *Petit parfumé*, où vas-tu ?
— Je vais bâiller ma vie chez des filles, m'ennuyer au théâtre, m'ennuyer au jeu, m'ennuyer au souper, m'ennuyer chez *nos* amies ; — je vais m'ennuyer à Nice après m'être ennuyé à Paris, et je m'ennuierai au Tréport après m'être ennuyé à Nice ! Je ne sais rien, ne lis rien, n'aime rien et je dépense bêtement les sucs de mon estomac ne pouvant dépenser le sang de mon cœur. Mais je suis à la mode et je suis la mode !

Laissez partir les *petits parfumés !*

LA FÊTE DE VICTOR HUGO

Dimanche 27 février.

C'est aujourd'hui une journée historique.

Paris, — et avec Paris, la nation entière, les députations de l'étranger, la jeunesse, cette *France en fleur*, a dit Victor Hugo lui-même — tout un peuple fêtant l'entrée de Victor Hugo dans ses quatre-vingts ans, un tel spectacle est de ceux qui se gravent pour l'avenir dans la mémoire des hommes, et, en couronnant l'œuvre et la vie de son grand poète, la France aura ajouté une admirable page à son histoire. Il semble que sur les bannières qui ont flotté aujourd'hui devant les fenêtres de l'avenue d'Eylau on eût pu écrire : *La Patrie à Victor Hugo.*

C'est la patrie, en effet, qui a célébré le poète patriote. A cette grande manifestation de l'admiration de tout un peuple, il ne s'est mêlé que la résistance de quelques journaux et l'ironie du *Prolétaire*, gazette socialiste, déclarant que la fête est organisée par les *satisfaits*. Les satisfaits auront été nombreux aujourd'hui sous les fenêtres de Victor Hugo, et le *Prolétaire* y pourra ajouter, pour être juste, les *reconnaissants* — oui, les générations reconnaissantes envers cet homme de toutes les émotions de toutes les joies qu'il leur a données, de toutes les nobles pensées qu'il a fait éclore en elles, de toute la gloire que sa gloire personnelle a fait rejaillir sur le pays.

Hier, pendant la représentation de *Lucrèce Borgia*, Victor Hugo avait pu se rappeler ces beaux vers des *Voix intérieures :*

> Quand le peuple au théâtre écoute ma pensée,
> J'y cours, et là, courbé vers la foule pressée,
> L'étudiant de près,
> Sur mon drame touffu, dont le branchage plie,
> J'entends tomber des pleurs comme la large pluie
> Aux feuilles des forêts.

Ce matin, il le retrouve, ce même peuple — multiplié par cent mille — défilant devant sa demeure, et acclamant son nom. Et quand je dis peuple, toutes les classes, tous les âges, tous les rangs sont confondus dans ce flot humain qui se déroule des Tuileries à l'Arc de Triomphe et de l'Arc de Triomphe à l'avenue d'Eylau.

N'y a-t-il pas dans la destinée du poète quelque chose de prédestiné, et n'était-ce pas de l'Arc de Triomphe que nécessairement devait partir un tel cortège ? On peut dire que Victor Hugo a réellement et depuis des années, pris possession de ce Paris — la cité mère — de ses monuments, de la Colonne pareille

> Au clairon monstrueux d'un Titan disparu,

des deux tours de granit de Notre-Dame, de cet Arc de Triomphe qui lui faisait s'écrier :

> Je ne regrette rien devant ton mur sublime
> Que Phidias absent et mon père oublié !

Le nom du général comte Sigisbert Hugo a, je crois, été inscrit depuis sur l'Arc de l'Etoile, et le bas-relief de Rude, *La France poussant le cri d'alarme,* est aussi beau, de l'avis de M. Paul Dubois, par exemple, que les œuvres d'un Phidias.

Oui, au bas de ce qu'il a appelé un triangle d'airain et de pierre, au bas de la colonne triomphale, de la cathédrale et de l'Arc de l'Etoile, Victor Hugo indélébilement a tracé son nom et ses vers. Eh bien ! par une rencontre singulière et touchante, c'est de cet Arc de Triomphe même que part, — il y a, encore un coup, de ces hasards dans les destinées, — le défilé qui passe, en saluant, sous les fenêtres du poète et il semble en voyant se masser devant cet amas de granit la foule des corporations que ces vers des *Voix intérieures* retentissent par-dessus les milliers de têtes.

> Toi dont la courbe au loin par le couchant dorée,
> S'emplit d'azur céleste, arche démesurée ;
> Toi qui lèves si haut ton front large et serein,

disait au monument à peine achevé, Victor Hugo. Et c'est aujourd'hui surtout qu'il lui pourrait crier :

> Entre tes quatre pieds toute la ville abonde,
> Comme une fourmilière aux pieds d'un éléphant !

Que de monde ! Et qu'est-ce, à côté d'un tel concours de population, que le triomphe théâtral de Pétrarque, le front encadré d'un camail rouge et

> Sur un char triomphal par un peuple escorté

avec les Muses, les Grâces, les écuyers, les pages, les seigneurs blasonnés, les cardinaux, les vierges d'Italie qui, dit Théophile Gautier

> Font de leurs doigts de lis pleuvoir les violettes ?

Qu'est-ce que le triomphe de Voltaire, acclamé par une foule où, déguisée, le cœur battant bien fort, Marie-Antoinette se cachait, curieuse de voir passer l'auteur de *Candide* — la jeune reine saluant ce vieillard — roi ?

La fête de Victor Hugo, c'est l'acclamation qui saluait Voltaire, centuplée par le télégraphe, le téléphone, le fil électrique qui envoie au poète le salut de l'Amérique ; — c'est le peuple courant à son poète, comme la reine au philosophe ; c'est le triomphe de Voltaire multiplié par les forces du dix-neuvième siècle.

Dès dix heures, la foule est grande autour de l'avenue d'Eylau où M. Alphand fait dresser deux estrades de fleurs. Il arrive des couronnes de laurier de Marseille, de Toulon, de tout le Midi. On les déballe. On dresse des palmes et des lauriers devant la maison.

A l'intérieur, toute la maison du poète est fleurie. Dans la serre, une couronne immense, envoyée par la Comédie-Française, faite de roses blanches et roses, avec ces titres fixés sur les drapeaux de soie rouge : *Hernani*, *Ruy-Blas*, les *Burgraves*, *Marion Delorme*. Des fleurs partout. Le vase de Sèvres, apporté avant-hier par M. Ferry, disparaît dans un amas de lilas et de violettes.

La foule grossit dans l'avenue pavoisée où l'on a improvisé des estrades.

La députation des enfants, qui devait être introduite

à dix heures, arrive à onze heures dans le salon de Victor Hugo avec une bannière bleue et rose, portée par une petite fille en blanc.

— Ah! qu'ils sont charmants! dit Victor Hugo en embrassant la plus petite et en disant aux autres : C'est vous tous que j'embrasse. Mes enfants vous êtes charmants! Sont-ils gentils! Voyons ta bannière. (Et l'embrassant) : Il faut que j'embrasse la porte-bannière.

Et, la petite, embrassée, récite :

> Nous sommes les petits pinsons,
> Les fauvettes au vol espiègle
> Qui viennent chanter des chansons
>   A l'Aigle.
>
> Il est terrible! mais très doux,
> Et sans que son courroux s'allume
> On peut fourrer sa tête sous
>   Sa Plume.
>
> Nous sommes, en bouton encor,
> Les fleurs de l'automne prochaine,
> Qui parfument les mousses d'or
>   Du Chêne.
>
> ... Nous sommes les petits enfants
> Qui viennent gais, vifs, heureux d'être,
> Fêter de rires triomphants
>   L'Ancêtre.
>
> Si Jeanne et Georges sont jaloux,
> Tant pis pour eux! C'est leur affaire...
> Et maintenant embrassez-nous,
>   Grand-Père!

On sourit. Victor Hugo répète : C'est charmant!

Lui, penché, regarde en souriant toujours. On applaudit.

La bannière rose porte : L'*Art d'être grand-père.*

— Mesdames, dit Victor Hugo aux mères, j'accepte ces fleurs pour vous les offrir.

Tout le monde est ému. On a des larmes dans les yeux.

Victor Hugo embrasse Georges et Jeanne et remercie M. Catulle Mendès, l'auteur du compliment.

M. Hérold amène ses enfants apportant un bouquet. Par la porte ouverte, au moment où les enfants sortent, apparaît un immense laurier d'or.

Maintenant, la porte est close pour tout le monde.

Victor Hugo offre à Mme Lockroy le bouquet de M. Hérold.

Les enfants des petites écoles demandent à voir M. Victor Hugo. Ils sont massés sur l'avenue. Victor Hugo se met à la fenêtre. Une immense clameur retentit : Vive Victor Hugo ! Toutes les têtes sont nues. Vive Victor Hugo ! Vive la République ! Puis le poète disparaît et tout se calme.

On vend dans l'avenue des biographies, des médailles commémoratives, des rubans. Il pleut bien légèrement, mais la foule n'ouvre pas un parapluie et crie de temps à autre :

— Vive Victor Hugo !

11 heures 1/2. — La foule est massée devant la porte du poète. On place devant la porte le buste doré de la République, par Francia, le sculpteur, — qui a réclamé cette faveur, — la *maîtresse de la maison*, comme disait M. Jules Grévy, un soir de réception. La foule

pousse une acclamation. Un ruban tricolore le long du trottoir protége seul les fleurs et le seuil du poète.

Devant la porte, c'est un monceau de couronnes d'or, d'argent, de lauriers enrubannés de tricolores, de bouquets et de palmes. A travers les arbres gris, sur le sable jaune de l'avenue, on aperçoit déjà la masse noire de la foule qui vient de ce côté. A l'angle de la rue des Belles-Feuilles, une grande maison neuve a ses balcons drapés d'immenses drapeaux tricolores. Le temps est gris, mais un grand souffle de joie et de fête passe sur tous les fronts.

Les amis intimes de Victor Hugo viennent apporter leurs cartes qu'on entasse dans des corbeilles, à côté des fleurs et des couronnes.

Deux Chinois, en robe bleue, leur parapluie à la main, viennent se mêler à la foule — plus civilisés que ne pouvaient être des Hurons apportant leur hommage à Voltaire.

Un photographe arrive et installe son objectif devant la maison même, tandis que les dessinateurs des journaux prennent des croquis. Détail bien parisien, un industriel, un tailleur, fait distribuer des cartes-annonces avec le portrait chromolithographié de Victor Hugo. Est-ce du parisianisme ou de l'américanisme?

« *A Victor Hugo, ses contemporains, offert par la maison X...* »

Victor Hugo déjeune en ce moment avec ses petits enfants et M. et Mme Lockroy. Déjeuner de famille. Aucun invité.

La foule grossit toujours autour du logis. Lui n'a rien

changé à ses habitudes ; il a dû travailler ce matin comme chaque jour, et son déjeuner a lieu sans aucun apparat.

Midi 10. — Les enfants des écoles viennent saluer Victor Hugo, qui se montre à la fenêtre du petit salon de gauche.

Le conseil municipal arrive, précédé par deux huissiers, tête nue, sous la fenêtre de Victor Hugo qui parle. Grand silence. Victor Hugo lit un discours interrompu par les applaudissements et les cris de : Vive Victor Hugo !

Quelques flocons de neige tombent, mais les têtes de la foule sont toujours nues. Le discours achevé, les chapeaux s'agitent, on crie : Bravo ! et le conseil municipal s'éloigne.

Au loin, la *Marseillaise* retentit. Une bannière tricolore flotte au-dessus des têtes. Victor Hugo apparaît encore à sa fenêtre.

Le défilé commence, chacun salue, les couronnes s'amoncellent, le 16ᵉ arrondissement incline sa bannière, la foule mêlée acclame. Un pâtissier apporte une pièce montée, avec la République au sommet et les titres des œuvres en pastillage. Il y a des vieux soldats dans la foule en uniforme d'invalides.

Des bannières, des fanfares passent, jetant des bouquets de violettes avec chiffres en lilas blanc : V.H. Des enfants, portés sur les épaules de leurs pères, envoient des baisers à Victor Hugo.

Une bannière bleue, portant un tournesol peint en

jaune, s'avance : *Félibres de Paris*. Des poètes l'escortent. Elle s'incline. Le grand poète salue.

Une société de récitation, conduite par M. Léon Ricquier, apporte une magnifique corbeille de fleurs naturelles. On met à côté un bouquet de deux sous que vient offrir un enfant.

La pluie a cessé. Le fourmillement continue, ordonné, coupé de clameurs. Parfois, respectueusement, la foule passe et salue sans rien dire. Des jeunes gens des clubs élégants, passent et ôtent leurs chapeaux correctement. La foule s'écoule par toutes les rues adjacentes. On aperçoit, par delà les terrains vagues, des files noires de gens se rendant au Trocadéro où, dit-on (mais c'est fort improbable), Victor Hugo doit se rendre.

Rien n'est plus pittoresque que cette foule compacte autour des platanes aux troncs garnis de palmes qui avoisinent la maison du poète. Nous regardons tout cela du haut de la fenêtre du petit hôtel où Mme Lockroy a bien voulu nous donner l'hospitalité.

Que de monde! Il y a vingt personnes de front sur les trottoirs.

Le Choral de la Vilette passe en chantant un chœur : *En avant* !

Des collégiens en uniforme apportent un immense bouquet de lilas blanc et de fleurs roses.

Tout le défilé de cette jeunesse est acclamé et vraiment poignant. L'émotion étrangle les cris. C'est la France de demain qui passe.

— Vive la France !

La Société Chevé passe en chantant la *Marseillaise*.

— Vive la République !

Des artilleurs en rang saluent militairement.

A ce moment (1 heure 1/2), un remous se produit dans la foule qui tournoie sous les fenêtres et on peut redouter des accidents ; mais tout se calme soudain, le flot reprend son cours, et l'avenue est dégagée.

Une jeune femme s'évanouit, on lui apporte une chaise de chez Mme Lockroy. On la soigne. Elle revient à elle.

Une fanfare passe jouant la *Marseillaise*, et la marche reprend, ordonnée.

Dans le fond de l'avenue, à perte de vue, on aperçoit encore des drapeaux, des bannières, des lilas en fleur, des bannières tricolores. C'est une multitude roulant comme un fleuve — un torrent humain.

Napoléon donnait à Talma un parterre de rois. Paris aura fait de la maison Hugo un parterre de fleurs.

Un vieux drapeau de 1792, de la garde nationale de Montivillirs, avec un bonnet phrygien et les trois couleurs en croix, est applaudi et flotte au-dessus des têtes.

On accroche les couronnes d'or au couronnement de fer forgé de la marquise, le seuil étant trop plein de bouquets et de coussins fleuris.

2 heures moins 5. — Toujours et toujours des musiques, des drapeaux et des fleurs. L'avenue est noire de monde, et les trois couleurs flottent sur la masse sombre. Les fanfares jouent leurs pas redoublés. Tête nue, la foule avance sur des rangs de dix personnes et le flot succède au flot. Victor Hugo sourit à ces sourires et

rend le salut à ces saluts. Des vers, des adresses lithographiées, calligraphiées, enluminées, pleuvent dans les corbeilles avec les cartes.

Un capitaine de la ligne, du 67e, arrive sous la fenêtre de Victor Hugo, ôte son képi, le lève : Vive Victor Hugo! La foule l'acclame. Il y a loin du banquet des *Misérables*, à Bruxelles, où nous n'étions que quelques fidèles, à cette immense, écrasante, magnifique manifestation : l'apothéose d'un vivant !

La Société chorale de Belleville lit un hymne imprimé sur du papier tricolore. Hurrah d'acclamation.

— Bis ! crie la foule.

Le chœur reprend :

> Nous donnerons tout le sang de la France
> Pour la patrie et pour la liberté !

Je renonce à décrire l'enthousiasme de cette foule et l'émotion du poète.

Devant la maison, un peintre, M. H. Scott, faisait, *au fond de la boîte*, comme on dit, debout, le pinceau à la main, durant tout le défilé, malgré le froid, une étude peinte de l'entassement des fleurs, des bouquets et des couronnes au seuil du logis. A six heures, le tableau était achevé, très lumineux, très charmant, M. Scott est allé l'offrir à Victor Hugo.

Ce qui a été admirable, vraiment extraordinaire, intraduisible, c'est le dernier moment de cette inoubliable journée. Lorsque la dernière délégation a eu défilé, —

précédée par deux toutes petites filles en robes blanches traversées d'écharpes tricolores, — la foule, jusqu'alors entassée dans les rues avoisinantes et sur les trottoirs de l'avenue, dans un prodigieux mouvement de la houle qui ressemblait à l'arrivée d'un flot colossal, toute cette mer humaine est arrivée sous la fenêtre du poète, et là, électriquement, dans un même élan, dans un même cri, a poussé, de ses milliers de poitrines, cette acclamation immense :

— Vive Victor Hugo !

Le spectacle était stupéfiant. Sur cet entassement de têtes nues, un crépuscule de ciel gris, neigeux, tombait çà et là piqué des lueurs claires des becs de gaz que les allumeurs avaient trouvé moyen de faire flamber jusqu'en cette foule ; — on n'apercevait plus, à travers les branches des arbres, qu'une fourmilière indistincte, des milliers de points blafards, — faces humaines tournées vers le poète, — et la lumière argentée des soirs emplissait l'avenue : une multitude à la Delacroix dans un paysage de Corot.

Puis toute cette foule s'est dispersée. On entendait des mots touchants, naïfs :

— Quelle pièce de vers *il* fera sur cette journée !

— Eh bien, voilà, quand nous serons vieux, nous raconterons cela à nos petits enfants !

Le soir, la marquise de verre qui précède l'entrée de la maison de Victor Hugo était illuminée. On en avait ôté les fleurs et les couronnes qu'on avait arrangées, avec art, dans la serre qui communique avec le salon. C'était là un coin féerique : les roses, les lilas, les camélias, les azalées, les violettes, s'entassaient sous toutes les formes : coussins, paniers, couronnes. Le buste de marbre de David d'Angers baignait dans les fleurs. Au milieu, le laurier vert dressait ses feuilles dorées dont la poudre d'or flottait sur les roses.

Les couronnes d'or, les rubans, les palmes étaient placés dans le petit salon, entourant le vase de Sèvres. Le drapeau apporté par la jeunesse roumaine était accroché à la muraille, dans le salon. Des palmes d'or sur la cheminée, des palmes sur les consoles. Partout des fleurs.

Quelques intimes amis de Victor Hugo étaient venus le saluer. Il rayonnait. Il était gai. Nulle fatigue. Au dîner, il avait causé sans fièvre, souriant, après être demeuré six heures debout, tête nue, devant une fenêtre ouverte.

— La belle journée ! disons-nous à Victor Hugo.

— Inoubliable, répond-il, avec son bon sourire dans son visage vénérable rayonnant de joie.

Le lendemain, le journal *le Temps* publiait la lettre suivante, qui donne bien la note de l'émotion d'une telle fête :

Je reçois la lettre que voici :

« Monsieur,

« Paris a vu hier un spectacle inoubliable : tout un peuple venant, tête nue, saluer un homme qui n'a jamais eu, officiellement, une minute de pouvoir, et qui exerce, depuis soixante ans, la magistrature suprême, celle du génie.

« Pourquoi Paris ne fixerait-il pas à jamais le souvenir de ce défilé d'un demi-million d'hommes devant un poète?

« Pourquoi l'immense voie qui a vu le spectacle d'hier ne s'appellerait-elle pas désormais l'*Avenue Victor-Hugo?*

« La ville de Paris applaudirait, je crois, à cette décision, et la littérature française serait reconnaissante d'un tel hommage rendu à celui qu'un des maîtres de notre théâtre, M. Émile Augier, a appelé le *Père*.

« Agréez, etc.

« *Un de vos lecteurs.* »

« Il y a, ajoutais-je, une idée généreuse dans ce projet, et ce serait là comme le souvenir matérialisé de la belle journée de dimanche. Mais je ferai à mon correspondant une objection : le nom d'Eylau est celui d'une de nos plus glorieuses et de nos plus terribles batailles. Victor Hugo a chanté, dans le *Cimetière d'Eylau*, cet épisode de la lutte de nos grenadiers aveuglés par la neige. La gloire d'un homme, fût-il

...Aussi grand qu'un front peut l'être sous le ciel,

ne saurait faire oublier le sang versé par les anonymes de la bataille. L'auteur de la *Légende des siècles* ne consentirait pas à ce qu'on débaptisât cette avenue.

« Mais, en effet, Paris doit garder le souvenir de cette journée, et je voudrais que la place par où corporations, lettrés, ouvriers, enfants, vieillards, collégiens, poètes ont passé, prit le nom de Victor Hugo.

« L'avenue d'Eylau resterait l'avenue d'Eylau ; mais la place d'Eylau deviendrait la *place Victor-Hugo*. Le souvenir du 27 février 1881 serait là à jamais fixé. »

J. C.

Nous envoyions alors cette lettre à M. Ernest Hamel, qui en prenait texte pour demander au Conseil municipal que notre vœu fût exaucé : « Nous aurons notre place Victor-Hugo », m'écrivait le soir même M. Hamel. Ce n'est point la *place d'Eylau* que l'on a baptisée du nom du poète, mais la partie de l'avenue où Victor Hugo habite ce qu'Émile de Girardin appelait sa « *maisonnette.* »

Chose étrange ! le chalet où vécut Lamartine est situé à quelques pas de là.

V

Le général Ney et les *on-dit*. — Souvenirs d'enfance. — De la mode en matière de deuil. — Le *chic* dans la douleur. — Lettres de faire part et fauteuil drapés. — L'urne future. — Un enterrement en 1766. — Le goût des fleurs. — La fête de Victor Hugo. — De Watteau à Erato. — L'exposition des aquarellistes. — M. J.-L. Brown. — M. Detaille. — M. Ferdinand Heilbuth. — Lettres et aquarelles de Prosper Mérimée. — Souvenirs et anecdotes. — Les faux sceptiques. — Mérimée et la passion. — Un duel. — Le *Carrosse du Saint Sacrement*

Paris, le 8 mars 1881.

Nous laisserons dormir, comme devraient le faire tous les journalistes, M. le général Ney d'Elchingen dans sa tombe du Chesnay. La publicité s'acharne un peu trop sur ce cadavre, et si ce soldat s'est tué, c'était pour qu'on fît le silence autour de sa vie et qu'on le gardât devant son tombeau. Le moyen était peut-être singulier, je l'avoue, car un coup de pistolet et deux coups de pistolet doivent nécessairement éveiller les curiosités et faire retourner les têtes; ce n'est pas une *sortie* discrète, à l'anglaise, sans tapage, mais le dénouement n'est pas à la portée de tout le monde. Ce gros homme solide et intrépide qui disait de lui-même : « J'ai l'âme d'un hussard dans le corps d'un cuirassier », a fini comme il avait vécu, bravement, en appelant par deux fois cette mort qui n'avait pas voulu de lui sur le champ de bataille où il chargeait tout seul, bien en avant de ses cavaliers, les cavaliers allemands. J'en sais qui, après avoir commis bien des *houzardailles*, ne sont point tombés comme lui, avec cette espèce d'acharnement héroïque.

M. Ernest Legouvé, qui l'avait connu enfant, nous racontait de ce général un mot d'une fierté précoce, et qui déjà montrait ce que serait l'homme. Il avait dix ans et se promenait aux Tuileries, dans un costume d'une coupe ou d'une couleur bizarre, qui fit ricaner sur son passage un grand monsieur, ami du comique. Le jeune Ney quitte son précepteur, s'avance droit devant celui qui a ri, et, le regardant fixement, dans les yeux :

— Comme c'est lâche, dit-il, de se moquer d'un enfant qui ne peut pas se battre !

Depuis, Ney devait se battre et hardiment. « Il est des généraux peut-être plus intelligents que moi, disait-il, mais, pour la bravoure, je ne crains personne dans l'armée française. » C'est là comme le type du sabreur qu'un beau jour quelque passion entraîne, et qui perd la tête au milieu d'une fortune soudaine trop considérable, où le caprice appelle le caprice et l'exacerbe. Les millions accumulés sont malsains pour certains tempéraments, et tel qui résisterait âprement à la misère s'affole avec le luxe et se laisse entraîner. Mais encore un peu, et je tomberais dans ces indiscrets bavardages que je reproche et qu'on reproche aux faiseurs de commentaires. Laissons l'oubli voiler comme un crêpe cette tombe ouverte d'hier.

Je ne veux retenir de ce deuil que ce qui peut servir à marquer quelque détail de nos mœurs nouvelles.

A-t-on prêté attention à ce petit fait qui devient décidément un usage ? Les lettres de décès sont maintenant envoyées par deux fois : tout d'abord au nom des parents mâles, ensuite au nom des femmes. Nouvelle mode.

Une sorte de loi — ou d'habitude — salique s'introduit dans le deuil. La première lettre de faire part ne s'inquiète que des hommes ; la douleur des femmes reste dans la coulisse, comme les veuves au logis ; elle n'apparait que dans la seconde lettre, où se trouvent groupés tous les noms de la famille.

Le *chic*, qui consiste, pour les petites gens, à faire imprimer en lithographie tous les titres du défunt et toutes les fonctions occupées par ses proches, est, au contraire, pour le *high-life*, de négliger les parents éloignés dont la situation se trouve par trop considérable. Le *Code du cérémonial* vous apprendra, par exemple, qu'on s'est fort égayé dans le monde d'une famille alliée au pape, et qui avait trouvé bon d'introduire Sa Sainteté dans une lettre de faire part.

On pourrait croire, peut-être, qu'en matière de deuil, la simplicité la plus profonde marque le deuil le plus complet. Une douleur muette, sans tentures et sans phrases. Point du tout. Le *chic*, ordinairement plus galant et plus gai, le *chic*, cette maladie épidémique de notre société contemporaine et qui gagne, de haut en bas, toutes les classes, le *chic* s'introduit, au contraire, dans le deuil avec une gravité cérémonieuse. Un joli sujet de thèse mondaine : *Du chic dans la douleur*. C'est ainsi qu'au milieu du salon où toute veuve reçoit les visites de condoléance, figure, drapé de violet généralement, le fauteuil où s'asseyait le défunt. Que ce fauteuil, avec ses draperies, demeure dans le cabinet du mort, à sa place habituelle et qu'il porte, en quelque sorte, le deuil de l'absent, rien de mieux. Mais non, on le passe au salon, on l'étale, avec son costume nouveau, entre deux poufs japonais ou deux fauteuils Louis XV. Si quelque visiteur, peu au courant de la signification de ces draperies violettes, fait mine de prendre place sur ce siège qui lui semble neuf, c'est tout aussitôt une exclamation pareille à un sanglot scandalisé. L'acteur Rouvière avait un cri identique dans le drame de George Sand, *Maître Favilla*, lorsqu'il disait, prêt à tomber à genoux :

— C'est le fauteuil de mon père !

Et la douleur se mesure au nombre des draperies du fauteuil, comme au nombre des chevaux du convoi. Lorsque la crémation sera décidément adoptée et que l'incinération permettra d'avoir dans son salon l'urne de son mari, la douleur aura pour mesure exacte le nombre des sculptures ou des filets d'or de cette urne.

— J'adorais mon mari, disait naguère la veuve éplorée d'un financier qu'on enterrait ; je l'adorais assez pour qu'on porte derrière son cercueil, sur un coussin, toutes ses décorations étrangères !

Affaire de *chic*.

Il y a de ces bizarres associations d'idées.

Une autre veuve, sans doute fort affligée, avait une façon toute particulière de montrer son chagrin : elle se nourrissait de primeurs, et, larmoyante :

— Je mange des pois en janvier, disait-elle. Oui, en souvenir de lui ! Il les aimait tant !

Le plus piquant, c'est que, très probablement, elle était sincère. En pareille matière, le ridicule est très près du parfait attendrissement. Au surplus, en fait de deuil et d'élégance — ou de somptuosité — en matière de deuil, le siècle passé arrivait aux mêmes exagérations que le nôtre. Je trouve dans une monographie des plus intéressantes, l'histoire d'une famille : *Une Famille de finance au dix-huitième siècle*, par M. Adrien Delahante, le détail des frais du convoi de Mme Delahante en mai 1766. On peut voir là ce que coûtaient et ce que nécessitaient de gens les funérailles de la femme d'un fermier général : crêpes pour les vêtements et les nœuds d'épée, soixante aunes de crêpes, et des gants de castor noir pour les uns, et des gants blancs pour les autres, des cierges par centaines, cire pure pour l'élévation — et pour les maîtres — cire ordinaire pour le clergé, les portiers ou les domestiques, — 600 billets de décès, ce qui est un chiffre énorme pour le *tout Paris* de 1766, — parements de velours, tentures, hommes en manteau, et que de choses encore ! C'était le *ton* alors, le bon ton. Aujourd'hui c'est le *chic;* et, faisant à ce propos quelque plaisanterie macabre, un boulevardier ne manquerait pas de dire, dans sa langue mêlée d'argot et de parisianisme, que jamais expression plus connue n'a été plus de mise qu'en cette question funèbre : *être pourri de chic!*

Au dix-huitième siècle, je ne vois pas, dans ce convoi de Mme Delahante, figurer les fleurs. Les fleurs sont un luxe tout moderne. J'ai déjà constaté ce déploiement de luxe floral dans toutes nos grandes cérémonies. On cherche la poésie où l'on peut, même dans un temps fort prosaïque, et on ne pourra jamais la trouver plus séduisante que dans les fleurs. Il a plu des sonnets, l'autre jour, et des odes sur le seuil de Victor Hugo, mais les violettes et les roses, les lilas et les azalées qui s'entassaient là étaient comme une poésie vivante, et les inventions les plus exquises donnaient à ces branches de fleurs, à ces guirlandes et à ces couronnes des formes et des combinaisons de couleurs inattendues.

Puis, que de détails touchants dans cet ensemble !

> Voici la chose que j'ai vue,
> Très simple — un trait presque effacé —
> L'autre jour, dans cette avenue
> Où Paris entier a passé :
>
> Là, comme perdu dans la foule
> Qui saluait Hugo le Grand
> J'aperçus, porté par la houle,
> Le bon vieux mime Paul Legrand.
>
> Il marchait — unité du nombre —
> Pauvre artiste aux gestes tremblants,
> Contemplant, du fond de son ombre,
> L'aïeul superbe aux cheveux blancs.

> Et, pris d'une peur enfantine,
> Il apportait son *ex-voto*
> Au père éclatant de Fantine.
> Lui, le fils blême de Watteau ;
>
> Puis, lançant par dessus les têtes
> Une humble fleur parmi les fleurs,
> Il disparut — lèvres muettes,
> Yeux gonflés et mouillés de pleurs.
>
> Mais fier, en ces apothéoses,
> D'avoir offert — lui, le zéro —
> Au poète des roses roses,
> La rose blanche de Pierrot.

M. Leloir ou M. Jacquet ferait de cela une jolie aquarelle : le mime enfariné des *Fêtes galantes* s'inclinant devant la poésie lyrique.

> Voyez Gille aux pieds d'Erato !

L'Exposition des aquarellistes est, tout justement, une des nouveautés de la semaine. C'est la troisième depuis que la Société a été fondée. Les salons japonais de la rue Laffitte ne désemplissent pas. Il y a eu d'abord ouverture privée, si je puis dire, et sur des invitations, lundi soir : — une variante du *vernissage*. Mais, ce soir-là, les exposants sont chez eux faisant à leurs amis les honneurs de leurs cadres, et cela semble un peu gênant au public, même à ce public d'intimes. On ne s'imagine pas un auteur dramatique assistant, du milieu des fauteuils d'orchestre, à la première représentation d'une de ses pièces. J'en sais qui ont eu pourtant ce sang-froid.

Les aquarellistes ont, d'ailleurs, pour les visites du

soir, fort ingénieusement installé leurs deux petits salons. Une série de parasols du Japon, transparents, forment autour des becs de gaz comme un vaste abat-jour et ne laissent tomber sur les cadres qu'une lumière savamment tamisée. Parfois dans le verre ou la glace de ces cadres un joli visage apparaît, visage de femme penchée sur l'aquarelle et qui regarde : deux choses agréables à voir au lieu d'une. Les visiteurs ne s'en plaignent pas.

C'est réellement un coin tout mondain, visité par un public très *selected*, que cette exposition des aquarelles. Elle a, pour plus grand défaut, de ressembler un peu à toutes les autres. On retrouve, presque à la même place, les mêmes Espagnols de Worms ou de Vibert, les mêmes fleurs de Mme Lemaire, les mêmes paysages de Mme de Rothschild, les mêmes agréables papillotages d'Eugène Lami, et les mêmes petits chats aux nez roses d'Eugène Lambert. Tout cela, fort séduisant, a pourtant quelque chose de *déjà vu*. C'est un peu le vice de tout l'art moderne. La jolie oreille rose de la comtesse de H..., par M. de Beaumont, — rien qu'une oreille, une oreille sur un fond blanc, — et les aquarelles de Detaille, ses souvenirs d'Angleterre, sont beaucoup moins prévues. Le portrait d'Offenbach, vu de face, assis devant son piano, un tas de journaux à ses pieds, est une véritable évocation.

Quand je dis qu'il n'y a rien d'imprévu chez les aquarellistes, je me trompe. Il y a le début de M. Duez, qui expose de fort jolies choses, entre autres les *Mousses*, — des rochers moussus, au bord de la mer, — d'une intensité de vert extraordinaire, et M. John-Lewis

Brown qui, pour son entrée dans la Société, envoie sept morceaux, d'une chaleur de coloris, d'un éclat, d'une vigueur superbes. Aquarelle ou gouache, peu m'importe. Les satins exquis de M. Jacquet sont beaucoup *plus de l'aquarelle*, comme on dit ; mais ces cavaliers de M. Brown, ces jolies jeunes filles conversant avec des apprentis officiers ; ces grèves infinies, ces lignes d'Océan sur lesquelles tranche l'ombrelle rouge de quelque promeneuse ; ce *Mauvais Chemin*, d'une solidité étonnante, avec un admirable effet de brouillard, et surtout ce *Lendemain de bataille*, avec ses chevaux errants, ses soldats morts, la désolation de son paysage, tout cela constitue une exposition des plus complètes ; et ce Bordelais, très fin Parisien, M. John-Lewis Brown, qui n'a du sang anglais dans les veines que tout juste assez pour nous fournir l'occasion de le comparer à Bonington, est entré chez les aquarellistes comme on entre dans les villes conquises, éperonné et à cheval.

Et M. Heilbuth ! C'est le triomphateur de cette exposition. Après avoir été, du temps de son *Mont-de-Piété*, un des premiers à peindre la vie parisienne moderne, il montre aux *modernistes* comment on a le charme à la fois et le style, et ces aquarelles incomparables, d'une dimension qu'on n'a jamais abordée, ont plus de jeunesse encore et plus de grâce spirituelle que ses promenades au Pincio d'autrefois, ses silhouettes de cardinaux ou de *monsignori*. C'est Paris et les environs de Paris, cette fois. C'est Bougival, c'est Écouen, c'est Bagatelle. C'est une barque chargée de jeunes femmes et d'enfants qui glisse sur la Seine, filant sur l'eau transparente. C'est la berge piquée de fleurettes. C'est la vieille église d'Écouen dressant sur le ciel son clocher gris. C'est une *Garden Party* gaie comme une fête vénitienne. C'est une jolie fille, grande et blonde, souriante, allant dans la rosée cueillir, par brassées, les fleurs du matin. C'est le grand air et le plein air, le vent du printemps, le soleil de l'été, la fraîcheur de l'herbe, le reverdissement d'un grand talent devant la nature rajeunie. C'est un événement, pour tout dire, et c'est l'attrait et la séduction du Salon de la rue Laffite, ce Salon choisi, Salon d'amateurs, qui est au Salon des Champs-Élysées ce qu'est la table d'un gourmet à l'immense buffet d'une gare de chemin de fer.

Prosper Mérimée, qui signait tant de lettres — on vient de publier le second volume de sa correspondance avec Panizzi — signait aussi des aquarelles, qui ne valaient pas celles d'Heilbuth, — soit dit sans offenser sa mémoire, — mais qui, au point de vue de la curiosité, avaient bien leur prix. J'en connais une, accrochée chez M. Charles Edmond à côté d'une autre aquarelle *littéraire* (celle-là signée George Sand), et où Mérimée s'est représenté lui-même en veste et en pantalon de nankin, rissolant, malgré son ombrelle blanche, dans une ruelle ensoleillée de Cannes. Les Prussiens avaient, à Bellevue, trépigné sur cette feuille de papier, et Charles Edmond la retrouva chez lui, après le siège, toute variolée de clous de talons de bottes. Son auteur y attachait, à coup sûr, une valeur grande. Les *amateurs*, en pareil cas, ont une fatuité particulière. Et, sur plus d'un point, Prosper Mérimée était un fat, si le mot peut prendre une signification non défavorable. Il avait, par exemple, cette autre fatuité de tirer à l'arc selon les principes. Auprès de sa chambre, rue de Lille, dans une alcôve on voyait, appendue, toute une collection d'arcs et de flèches. Des arcs de sauvages, des arcs japonais, africains, polynésiens, jusqu'à des modèles de vieux *arcs crétois*. Lorsque Mérimée s'en allait à Cannes, ses deux amies d'Angleterre le suivaient, l'une portant le carquois, l'autre les flèches, et, dans une pose académique, le jarret tendu, raide comme un personnage de bas-relief, le sénateur se plaisait à tirer à l'arc, une de ses amies ramassant ensuite les flèches tombées.

Singulier caractère que celui de cet homme un peu énigmatique et que M. Edmond de Goncourt, dans un livre nouveau, *la Maison d'un artiste*, appelle « l'homme sec, l'auteur sec ». J'avoue pourtant que je ne rencontre pas toujours une sécheresse absolue dans ces lettres à Panizzi. Le maigre Parisien a des tendresses infinies pour son gras camarade italien. Les raideurs de style et de tenue, chez Mérimée, étaient des attitudes, comme ses poses lorsqu'il tirait à l'arc. De ses confrères, qui l'ont connu de près, me le peignaient hier comme un homme qui, sachant que le monde est en majorité composé d'égoïstes, tenait à ne point se donner le ridicule d'une émotion que les indifférents eussent pu railler, Stendhal et Jacquemont furent ainsi, et Victor Jacquemont n'avait rien de sec. Il y a de faux sceptiques, s'il y a de faux bonshommes.

Je me défie des hommes de trop d'effusion extérieure. Ils se répandent tant et tant qu'il ne reste plus rien en eux pour leurs amis ou leurs proches. Mérimée gardait ce qu'il avait de bon pour ceux qu'il aimait et le système en vaut bien un autre. Je ne lui reproche que d'avoir, dans ses *Lettres à une inconnue* — sans incognito — raillé ce poète de talent et de cœur, Joseph Autran, chez qui il envoyait par avance son menu lorsqu'il allait dîner chez lui, et cela pour finir par lui reprocher d'avoir eu un trop bon cuisinier.

Mais la nature humaine est assez compliquée, après tout, pour qu'au fond Mérimée aimât réellement Autran qui, lui, du moins, n'a trahi personne. Toujours est-il que le correspondant de Panizzi avait ses heures de mélancolie où le fond de sa nature apparaissait. Il faut voyager avec les gens pour les deviner. En allant de Paris à Cannes avec M. Legouvé, Mérimée fit, sur trente-six heures de voyage, une causerie de trente-quatre heures, et il en vint à parler de la passion, lui, l'homme *sec*, comme l'appelle M. de Goncourt.

— La passion est une chose que j'ai de bonne heure extirpée de chez moi, dit-il. Elle m'eût joué de trop vilains tours. Une fois, abandonné par une femme, je suis resté dix-huit mois sans pouvoir travailler, écrasé. C'était beaucoup trop.

Il eût volontiers ajouté, comme ce gentilhomme devenu centenaire qui enseignait le secret de sa longévité à Louis XIV : — J'ai fermé mon cœur et ouvert ma cave !

Mais, encore un coup, derrière le sceptique, il y avait un passionné.

Un passionné résolu. Un jour, du temps qu'il écrivait la *Chronique de Charles IX*, un mari lui envoie des témoins, à la suite de je ne sais quelle découverte de lettre, sans sécheresse, je suppose. Mérimée interrompt son roman et va se battre, mais il dit à un de ses amis, qui lui sert de témoin :

— Je puis être tué tout à l'heure. Au milieu d'un chapitre, ce serait donmmage ! Seulement, si je ne suis pas tué, que ce duel au moins me serve à quelque chose. Tu m'observeras physiquement durant le combat ; moi, je m'étudierai au moral. Charge-toi du visage, je me chargerai du cœur et, si j'en réchappe, je raconterai ce duel dans la *Chronique de Charles IX*.

Mérimée eut, ce jour-là, la main — ou le bras fracassé par une balle de pistolet.

Les curieux peuvent retrouver dans les sensations de Mergy allant au Pré-aux-Clercs les sentiments de Mérimée se mettant à la disposition d'un adversaire. C'était, pour un demi-romantique, une façon de *ramasser un document* et d'étudier l'homme *in anima sua*.

On trouverait plus d'un trait pareil chez ce gentleman sceptique. De très bon conseil, il disait la vérité toujours, nettement. Béranger ne publiait rien sans ses avis, quoique Mérimée lui répondît : « Je ne connais rien aux vers ! » — Lui demandait-on son appui ? Il ne promettait rien et rendait le service. Malade, à demi mourant, les pieds gonflés par sa maladie de cœur, le 1er ou le 2 septembre 1870, l'Impératrice le fit prier d'aller trouver M. Thiers et de le conjurer d'accepter la présidence du gouvernement. Mérimée, qui devait mourir vingt et un jours après, était couché. Il se leva, et, les pieds dans des linges, se fit porter chez M. Thiers. A cette heure même, bien des bonapartistes, qui n'étaient pas sceptiques, avaient abandonné l'Empire que ce sceptique avait servi.

Anticlérical déterminé, il semblait que Mérimée fût né philosophe. Il n'avait jamais été baptisé.

— Comment, jamais ? disait-on, un jour, à sa mère.

— Jamais.

— Et, comment, lui tout petit, ne l'avez-vous pas fait baptiser ?

— Il n'a jamais voulu ! répondit Mme Mérimée.

Je n'ai vu rappeler nulle part son aventure — ou sa mésaventure — comme auteur dramatique à la Comédie-Française. Mérimée eut un jour — pendant deux ou trois jours tout au plus, devrais-je dire — une des pièces de son *Théâtre de Clara Gazul* représentée rue de Richelieu. Il avait une velléité d'être agréable à Mlle Augustine Brohan, et il était venu demander à M. Arsène Houssaye, alors directeur du Théâtre-Français, de monter une de ses comédies, *le Carrosse du Saint-Sacrement,* où Mlle Brohan « serait tout à fait charmante dans la Périchole ».

— Je ne sais quel sera le sort de la pièce, répondit M. Houssaye, mais je regarde comme un honneur pour la Comédie-Française de jouer du Mérimée : — je vais mettre le *Carrosse du Saint-Sacrement* en répétition.

La pièce est jouée.

Mérimée avait demandé trois loges pour ses amies anglaises.

Il arrive un peu tard, cravaté de blanc, et, dès son arrivée, il entend des rires, des interruptions, des exclamations, une bordée de sifflets.

— Quelle est donc, dit-il flegmatiquement à l'ouvreuse en lui donnant son paletot, la pièce qu'on représente avant la comédie nouvelle, ma comédie à moi ?

— Ne m'en parlez pas, monsieur, répond l'ouvreuse. Il paraît que c'est bien mauvais. On n'a pas cessé de siffler depuis que la toile est levée. Ça s'appelle le *Carrosse du Saint-Sacrement*.

VI

En carême. — Un demi-printemps. — Le marronnier du 20 mars. — De la polémique dans la charité. — L'Œuvre du salut. — Le P. Monsabré. — L'affaire de la rue Duphot. — Comment Millet vivait quand il fit *Angelus*. — Les nihilistes. — L'hystérie russe et l'hystérie française. — M. Charcot à Pétersbourg. — La Salpêtrière. — Les *Amours d'un interne*. — La maladie à Paris. — Hystérie et magnétisme. — La grande maladie moderne.

22 mars 1881.

Nous sommes en carême et presque à la Mi-Carême. Un carême doux. On reçoit beaucoup le soir, et durant le jour on profite de ce beau temps clair, préface du printemps, qui met déjà des bourgeons verts aux lilas du parc Monceau.

— La *gomme* n'est plus seulement au Bois, dans les équipages, disait hier un homme d'esprit qui a la maladie du calembour, elle monte aussi aux bourgeons des marronniers !

Qui s'inquiète aujourd'hui, soit dit en passant, de ce marronnier du 20 mars, célèbre à son heure, et qui, bon courtisan de la famille des hippocastanées (il y a des courtisans partout), avait pris la vieille habitude de feuillir tout juste le jour anniversaire de la naissance du roi de Rome et du retour de l'île d'Elbe? Fidèle à son passé, le marronnier du 20 mars a montré ses premières feuilles avant même sa date accoutumée; seulement M. Belmontet n'est plus de ce monde pour l'en féliciter. Le marronnier légendaire n'est guère qu'un comparse dans la grande comédie du printemps.

Il paraît, au surplus, qu'à en croire une tradition populaire recueillie, sans aller plus loin, par Mortimer Ternaux dans son *Histoire de la Terreur,* le fameux marronnier bonapartise n'aurait dû sa précocité, la puissance de sa sève, qu'à l'engrais fourni par les cadavres des défenseurs de la monarchie, les Suisses tués au 10 août et enterrés au pied de cet arbre. Faites-vous donc massacrer pour Louis XVI! votre sang fournira des feuilles plus vertes à Napoléon II!

Au surplus, les saules des bords du Lac et les buissons des allées, qui s'inquiètent fort peu de politique, déploient leurs folioles à qui mieux mieux. C'est un carême fleuri. Il paraît qu'au point de vue hygiénique, le carême est une institution tout à fait favorable. L'estomac se repose et, en cette saison où le sang des hommes se met à bouillir comme la sève des arbres, un peu de diète serait fort hygiénique.

Ah! bien oui, la diète! Paris, même en quarantaine, n'en perd pas une bouchée. Il absorbe plus de truffes que de marée et écoute plus de causeries que de sermons. La *Princesse Georges* l'attire plus vivement que le Père Mousabré, et, quelle que soit la dévotion des Parisiens les mieux pensants, je doute qu'il s'en trouve un seul, entre tous, capable de passer tout un carême sans dormir, comme ce saint Macaire d'Alexandrie qui restait debout, depuis le mercredi des Cendres jusqu'à Pâques, sans boire et sans manger autre chose qu'une feuille de chou cru tous les dimanches. Sans dormir, les Parisiens seraient bien capables de célébrer le carême d'une telle façon, mais à la condition que ces nuits sans sommeil fussent passées en valsant.

Nous avons eu, comme toujours, en dépit des *Jeûnes*, notre contingent de curiosités et de scandales. La curiosité, c'est la vente Wilson, dont les amateurs parlent encore, et le scandale, c'est l'affaire de la rue Duphot, dont les journaux avaient, d'avance, parlé beaucoup trop.

La société, la morale publique, pour parler la langue de M. Prudhomme, n'ont pas grand'chose à gagner, ce semble, à la divulgation de tels scandales. Il les faudrait laisser dans la pénombre des rapports de police. Qui jugerait le dix-huitième siècle sur les petits cahiers de M. de Sartine, le jugerait mal. Des scandales comme celui de la rue Duphot y étaient fréquents.

Au 7 septembre 1775, Bachaumont, ou plutôt un de ses *continuateurs*, écrit que les « filles de haut style » sont dans une *grande consternation* d'un arrêt rendu, la veille, par le Parlement et qui décrète de prise de corps la dame Gourdan, cette dame Leroy du dix-huitième siècle, dont le nom revient dans tous les pamphlets, mémoires, écrits et libelles du temps. « La mauvaise humeur des magistrats a été, disent les *Mémoires secrets*, motivée sur ce que cette fameuse entremetteuse a recueilli chez elle la femme d'un gentilhomme de province dont elle favorisait les aventures. » Mais qui attacherait à ces révélations plus d'importance qu'elles n'ont, commettrait une étrange bévue et une injustice. Le siècle de Voltaire n'est pas le siècle de la Gourdan, et la rue Duphot n'est qu'un égout dans notre société, qui a ses vices étalés au soleil et ses honnêtetés cachées dans l'ombre.

Quel dommage que la vertu n'ait pas de *reporters* et qu'une *Gazette des Dévouements* ne fasse point la contre-partie de la *Gazette des Tribunaux!* Mais, je sais bien, on ne la lirait pas. La vertu n'est pas à la mode.

Il faut être à la mode. Ce qui est à la mode absolument, c'est la peinture. L'enchère de 160,000 francs mise sur un tableau de J.-F. Millet, au lieu de stupéfier, a fait sourire les artistes.

— Il viendra un jour, nous disait très sérieusement un peintre de nos amis, où les tableaux se vendront un million !

Le malheur est que le pauvre Millet n'ait pas même tâté de la poussière d'or de ce million-là ! Un amateur et collectionneur distingué de tableaux, Alfred Sensier, qui a vécu dans l'intimité de Millet et qui, en mourant, laissa une biographie manuscrite du maître, publiée naguère par M. Paul Mantz, a conté justement l'histoire de ce tableau de l'*Angelus*, dont les chroniqueurs ont tant parlé et qui date de 1859. « C'est en 1859, écrit Sensier, que Millet achève son *Angelus du soir*. Dans cette peinture d'une conception vraiment nouvelle,

Millet veut être musical. (Je ne donne pas le style de Sensier comme un modèle.) Il prétend faire entendre les bruits de la campagne et jusqu'aux tintements des cloches. » — « C'est la réalité de l'expression qui peut rendre tout cela », disait-il. Cet *Angelus* a été une des œuvres de prédilection de Millet. Il y retrouvait les sensations de son enfance. Il retraçait l'homme religieux, superstitieux peut-être, dans l'exercice de sa vie de labeurs, d'humiliation et d'espoir.

« Quand je vis ce tableau pour la première fois, continue Sensier, il était à peu près terminé. Millet me dit: Qu'en pensez-vous? — Mais, lui répondis-je, c'est l'*Angelus !* « Oui, c'est bien cela ; c'est écrit, on entend la cloche. » Il me regarda comme un homme satisfait et ajouta : « Ah ! je suis content ; vous avez compris ; c'est tout ce que je vous demandais. — Alors, mon cher, il faut tâcher de vendre ce tableau, me dit-il. Il me l'envoya à Paris. Arthur Stevens l'observa longuement. Il en fut possédé. Il revint dix fois voir l'*Angelus*. On l'offrit à des spéculateurs, à des amateurs. Deux mois se passèrent en visites, en pourparlers. Tous ses clients hésitaient. Enfin, un homme de goût, auquel il en parla, se hasarda ; il acquit l'*Angelus*. C'était M. Van Praet, ministre de Belgique. »

M. John Wilson l'avait acquis pour 36,000 fr. de la vente Van Praet, et, dans le principe, le tableau avait été payé 2,500 francs. Il a été gravé par Waltner et lithographié par Émile Vernier. C'est une des maîtresses pages de l'art français contemporain. Or, à l'heure même où Millet l'achevait, un amateur laissait vendre à vil prix, à l'Hôtel Drouot, quatre tableaux à la fois, et le jury, oui, en 1859, le jury du Salon refusait au peintre un de ses chefs-d'œuvre, *la Mort et le Bûcheron*. Pauvre Millet, qui s'écriait : « Il faut pouvoir faire servir le trivial à l'expression du sublime. » On le chassait comme un rustre. Et, menacé par la saisie, à bout de forces, presque à bout de pain, il écrivait, sous le froid de janvier : « Nous avons du bois pour deux ou trois jours encore et nous ne savons comment nous en procurer, car on ne nous en donnera pas sans argent. Ma femme va accoucher le mois prochain et je n'aurai rien... » Rien ! « — Je vais faire des dessins, ajoutait Millet désespéré. C'est, en résumé, la ressource courante.» Des dessins qu'on lui payait dix francs peut-être !

Et vingt-deux ans après, ses toiles valent plus de 160,000 francs !

Les nihilistes — les Russes prononcent *nighilistes* — répondraient que des toiles peintes et des tableaux sont choses parfaitement inutiles. A quoi bon ces jouissances des yeux ? L'éclosion d'un chef-d'œuvre a-t-elle servi à la liberté d'un paysan ? Il ne faut pas trop sourire, nous avons entendu professer — et proférer — ces mêmes principes en France même. Seulement la Russie a la palme dans ces exagérations affolées. Il faut que ce peuple souffre cruellement pour que de telles maladies mentales lui montent au cerveau. L'appétit de la mort emplit ces têtes songeuses. Cette immense terre neigeuse est le pays des rêves morbides, la patrie des sectes étranges qui rêvent soit la délivrance par un Messie qui porte le petit chapeau de Napoléon Ier, soit le suprême bonheur par l'anéantissement de la vie même. Hepworth Dixon a écrit des chapitres singuliers sur ces sectes folles, et je sais d'un médecin français, M. Teinturier, un livre extraordinaire, les *Skopzys*, où l'auteur nous raconte des mutilations épouvantables que font, avec joie, subir à leurs corps les *colombes blanches*, femmes qui s'arrachent les seins avec des fers rouges, hommes qui se jettent au néant avec des voluptés de fous enragés. On titube, en vérité, dans ces milieux bizarres, et l'étude de ces névroses stupéfiantes explique toute l'âme russe, toute la résolution implacable qu'apportent les nihilistes fanatiques à l'accomplissement de leur serment. A la lueur des bombes qui ont tué le tsar Alexandre on entrevoit tout un monde inconnu. Ce sont des jeunes gens qui tuent chez ce peuple jeune et à peine en marche vers l'avenir.

Quel avenir?

— Qui répond, disait, vers 1840, le prince Elim Metscherski, que, dans cet alphabet de peuples avec lequel la Providence écrit l'histoire, la Russie ne sera pas l'*oméga* qui clora le livre de l'humanité?

Ce prince Metscherski, né Russe et qui écrivait, épris d'Hugo et de Musset, des poésies françaises, adorait sa Russie sainte, son *rêve de cristal*, comme il la nommait; il aimait l'aigle à deux têtes des drapeaux du tsar :

> Salut, double aigle noir à la taille homérique,
> Un front en Allemagne et l'autre en Amérique!

Il aimait les horizons vastes de cette terre vierge où

> Le sol est sans mesure, et l'avenir sans fin.

C'est lui qui, dans ses *Roses noires*, appelait la Russie sa *Chimère* :

> Les purs glaçons du pôle
> Scintillent sur son col ;
> La neige à son épaule
> Traîne et luit sur le sol.
>
> Blonde comme du seigle,
> Riante comme un nid,
> Elle a des ailes d'aigle
> Et des pieds de granit.

Mais que de chimères, de rêves, de songes, d'angoisses, de désespoirs et d'espérances aussi ; que de pensées et de luttes confuses abritées ou étouffées sous les ailes d'aigles dont parle le prince Elim !

Je ne m'étonne pas que M. le docteur Charcot reçoive, en Russie, les ovations que nous signalait l'autre jour une correspondance du *Temps*. Il a mis le doigt sur la maladie du siècle, sur cette névrose dont nous souffrons tous, plus ou moins, et dont la Russie souffre peut-être plus que nul peuple au monde. Le mystérieux, le mystique ont toujours, à Pétersbourg, fait fureur. A plus forte raison lorsque le mystère s'appuie sur la science, qui l'explique. La femme russe surtout, cette Orientale conservée dans la glace, comme on l'a appelée, s'enthousiasme pour l'étrange ou l'inexplicable. Nordenskjold a fait, en Russie, naître des monceaux de poésies. Une chiromancienne, une magnétiseur ont ensuite, à Pétersbourg, tourné toutes les têtes. Ce prétendu thaumaturge, dont les miracles consistaient tout simplement dans les expériences du docteur Charcot mises à la portée de tous, avait littéralement révolutionné les salons russes où l'on est toujours prêt — comme chez nous — à s'enflammer pour une bizarrerie, et le grand-duc Vladimir avait fait appeler chez lui cet autre Mesmer.

J'imagine que M. Charcot expliquant, à tout ce beau monde, les phénomènes de la catalepsie, de l'hypnotisme, de toutes ces maladies hystéro-épileptiques dont il a magistralement déterminé toutes les phases dans ses recherches cliniques et thérapeutiques, aura dû être cent fois plus acclamé que l'homme à la mode de l'an passé.

M. Charcot est une des personnalités parisiennes les plus en renom. A ce titre, il appartient non seulement à l'opinion du savant, mais à la plume du portraitiste. Pour bien des femmes du monde, le laboratoire de la Salpêtrière où l'éminent savant poursuit ses expériences sur les maladies du système nerveux forme comme le *pendant* de la salle si bien fréquentée où M. Caro fait applaudir son cours de philosophie. M. Caro est aimable comme il convient à un professeur qui ne trouve point que la bonne grâce du discours nuise en rien à sa profondeur; M. Charcot est plus sévère, comme doit l'être un médecin préoccupé de la moelle épinière de ses contemporains. Où M. Caro sourit, M. Charcot fronce le sourcil. La nature lui a donné l'œil noir qui perfore, le front large, les cheveux longs et plats, et le profil droit d'un Bonaparte du bistouri. Sous cette apparence grave, une aménité qui séduit et un esprit qui retient.

Il a fondé, en quelque sorte, une école nouvelle, l'école de la Salpêtrière, comme elle s'appelle, et, là-bas, dans le vieux bâtiment de l'Hôpital-Général, où tant de personnages vivants ont passé, où tant de maux se sont comme entassés, depuis plus d'un siècle, et où — chose étrange — la seule figure réelle qui vous fait honte lorsqu'on y met le pied, est celle de Manon Lescaut, cette folle Manon née du caprice d'un conteur et qui a donné son nom à une cour de l'hôpital : la cour de Manon Lescaut, entourée des bâtiments de la Vierge, dans cette cité dolente peuplée comme une ville dans une ville, dans cet hospice de la vieillesse qui tient du béguinage et de la maison des fous, le savant poursuit son œuvre avec une patience ardente, ne redoutant qu'une chose à présent, l'engouement, après s'être heurté à d'autres obstacles : la négation et la calomnie.

Si l'on savait quels étonnements garde à l'observateur ce coin de Paris, la Salpêtrière, qui est comme l'égout où viennent aboutir les maux humains : la misère, la folie, la vieillesse brisée, tout ce qu'engendrent non seulement le vice et la débauche, mais encore — chose plus triste — la vertu elle-même, la vertu besogneuse, la pauvreté, le travail ! C'est une des pages des plus sombres de la *Vie à Paris,* mais des plus étonnantes aussi, qu'on peut d'écrire en sortant de là ! Les Anglais qui sont décents, se sont plus d'une fois révoltés contre les expériences de M. Charcot. Ils estiment qu'on doit faire le silence autour de certaines maladies et les soigner comme tels philanthropes veulent qu'on exécute le condamné à mort, dans le huis clos de la prison.

Nous, sans aller jusqu'à l'avidité ardente des Russes, nous estimons qu'il vaut mieux tout dire et tout montrer. Et elles nous passionnent, les études de M. Charcot, parce que nous sentons bien qu'elles vont droit à la grande question contemporaine : la maladie du système nerveux. Le mal du siècle n'est plus, en effet, comme du temps de Musset, de *Rolla*, d'*Antony* ou de *René*, leur grand-oncle, le vague à l'âme, la tristesse innommée, la désespérance sans cause. Le mal du siècle, c'est l'hystérie. On la rencontre partout. Partout on la coudoie. Partout elle passe bruyante, faisant tapage et scandale, s'affirmant sur la scène par des bizareries et des excentricités d'amour-propre, dans le monde par des affolements et des calomnies de salon ; en public, dans les réunions populaires, par des extravagances étranges et des démences acclamése.

En étudiant l'hystérie, M. Lassègue, le maître illustre, et M. Charcot, ont mis le doigt sur la plaie de l'époque. Elle n'est pas seulement enfermée entre les murs gris de la Salpêtrière, cette névrose singulière, aux effets stupéfiants, elle court le monde et les rues. Ce besoin de paraître, de briller, d'être vu, de faire tapage, qui échauffe la cervelle de nos contemporains, c'est de l'hystérie. L'hystérie n'est pas essentiellement le délire érotique dont parle le vulgaire. C'est une sorte de détraquement cérébral, de dyspepsie morale, de *grain* qui germe dans plus d'une tête, aujourd'hui. Un grain qui est de l'ivraie.

J'ai passé, l'an dernier, des heures, beaucoup trop

courtes mais singulièrement intéressantes et bien remplies, dans cette Salpêtrière où M. Jean-Paul Laurens doit, m'a-t-on dit, étudier des contractions pour un tableau projeté, *les Convulsionnaires sur le tombeau du diacre Pâris.* J'ai vu les choses singulières que les charlatans exploitent sous le nom de magnétisme et que la science caractérise de maladies déterminées : hystéro-épilepsie.

Je voulais me renseigner de près pour un roman tout spécial, sur cette matière même, qui paraît aujourd'hui avec ce titre : les *Amours d'un Interne.* Évidemment ce que j'ai vu aurait, il y a un peu plus d'un siècle, conduit au bûcher M. Charcot, que ses travaux conduiront à une Académie. Urbain Grandier n'a pas été supplicié pour autre chose. Tous les démoniaques de l'histoire, les malheureux affectés de la chorée épidémique, au moyen âge ; les possédées d'Allemagne au seizième siècle, les ursulines d'Aix, les possédées de Loudun, les convulsionnaires de Saint-Médard, les mystiques des camp-meetings et des revivals d'Irlande et d'Amérique ; plus près de nous, les démoniaques de Morzines, en 1861, ceux de Virzegnis, en Italie, en 1878, étaient des hystériques.

Oui, il n'y a pas trois ans, tout près de nous, dans le Frioul, absolument comme à Morzines, en Savoie, il y eut une épidémie d'hystéro-démonopathie. Deux mois après une *retraite* prêchée solennellement, une jeune fille tombait, possédée, disait-on. Écume aux lèvres, catalepsie, crucification, tous les signes du mal. On la portait au *pardon* de Clauzetto, en pèlerinage. Le son des cloches la mettait en fureur. Après elle, d'autres possédées tombèrent en convulsions. L'épidémie gagnait le pays. Un médecin, le docteur Franzolini, employa les moyens extrêmes : non pas la compression du ventre, comme M. Charcot, mais les carabiniers royaux. Ils occupèrent le pays, transportèrent les possédées les plus malades à l'hôpital d'Udine, et ce pèlerinage forcé arrêta net l'épidémie. La peur, chose singulière, la peur qui fait tant d'hystériques, arrête parfois ces accès d'hystérie.

Nous avons vu cent fois des magnétiseurs, comme M. Donato, faire tomber une femme en catalepsie, la rendre insensible, lui enfoncer des aiguilles dans la chair. Mlle Lucile, le sujet de M. Donato, a étonné tout Paris. A la Salpêtrière, chaque malade est une Lucile. Il suffit du bruit d'un gong, d'une lumière trop vive, de la fixité du regard sur un objet quelconque, pour déterminer la catalepsie, qui étonne tant de gens.

Cette faculté — et cette facilité — qu'ont les hystériques à tomber ainsi dans une léthargie soudaine a même donné lieu, très souvent, à des aventures singulières. Un jour de Fête-Dieu, à la Salpêtrière, on oublie de décommander les cuivres, les cymbales, dans la musique militaire qui accompagnait les processions à travers les cours de l'hospice. La musique joue, les cymbales retentissent, et — brusquement — toute une file d'hystériques reste là, en catalepsie, les yeux en l'air, les gestes raides comme des statues. On ne reverra plus pareil phénomène. Il n'y a plus de processions à la Salpêtrière.

Mais semblable aventure survint, un soir de bal, en temps de carnaval, car on donne des bals à ces malades, pour les distraire. Un coup de grosse caisse fit l'effet du gong et les danseuses demeurèrent là, en catalepsie, dans des poses plastiques soudaines.

Un chien qui aboie suffit parfois à rendre cataleptique une hystérique. Un jour, une des malades de la Salpêtrière profite de son jour de sortie pour aller, au concert du Châtelet, entendre de la musique. Elle écoute. Elle ne bouge plus. La voilà cataleptique. Il suffit d'ailleurs de leur souffler au visage pour les rappeler à la vie commune.

Mais si on les laissait dans ces poses de statue ?

C'est ce que fit, dans un moment d'oubli, un interne allant à Opéra ; et, se rappelant qu'il avait rendu cataleptique, pour la faire photographier, une malade oubliée dans la salle de daguerréotype, vite, il se précipite hors du théâtre, se jette dans un fiacre, arrive à l'hôpital. La malade était encore à la même place, immobile, en catalepsie, depuis des heures.

Rien au monde n'est plus intéressant, attirant et troublant aussi que ces études et il y a déjà toute une bibliothèque spéciale publiée sur un tel sujet. Les *Études* de M. le docteur Paul Richet, qui viennent de paraître, complètent l'*Iconographie photographique de la Salpêtrière,* où MM. Bourneville et Regnard ont accumulé tant de documents, avec des photographies prises sur les malades elles-mêmes, au moment de leurs accès. On croirait voir ces *Démoniaques* peints autrefois par les maîtres italiens, comme le petit possédé de Raphaël.

Je ne sais rien de plus extraordinaire vraiment que le spectacle de ces pauvres filles qui, d'ailleurs, sont enchantées qu'on les regarde, car la joie de l'hystérique, à l'hôpital comme dans le monde, est de *jouer un rôle !* L'hystérique mange trop ou ne mange rien, adore le vinaigre, les couleurs voyantes, le clinquant, le bruit. Est-ce que je parle là des malades de M. Charcot ou de tant d'excentriques coudoyés dans la vie ordinaire ?

Il y a à la Salpêtrière une hystérique fameuse, Geneviève, qui dit volontiers fièrement :

— Moi, jaurais inventé l'hystérie si elle n'avait pas existé !

Son amour-propre, à elle, est d'être plus hystérique que les autres. Un jour, elle s'échappe de l'hôpital. Elle s'en va, à pied, droit en Belgique. Pourquoi ? Parce qu'elle avait entendu parler très souvent de la célèbre Louise Lateau, la stigmatisée belge, — une hystérique.

— Je voudrais bien la voir, répétait Geneviève, je voudrais bien la voir cette Lateau, qu'on dit plus hystérique que moi !

A Lille, un accès d'hystérie, avec ces soubresauts terribles, ces torsions de reins, ces sauts de carpe ou de clown, — mouvements clowniques, dit la science elle-même, — la couche à terre. On la ramasse. Un médecin de la ville la reconnaît pour Geneviève, d'après les symptômes décrits par M. Charcot. On la reconduit à la Salpêtrière.

Je l'ai vue. Elle est maintenant prise de dévotion ;

elle voit la Vierge lui apparaître, le bon Dieu avec une belle barbe d'or, et prétend ensuite qu'elle n'a rien vu, qu'elle a menti, qu'elle s'est moquée des médecins, qu'elle n'a jamais été hystérique.

Le besoin de mentir, d'inventer de *fumister,* comme on dit dans l'argot de la salle de garde, est une des formes de l'hystérie. Que de femmes, amenées à la préfecture de police devant le docteur Lasègue, racontent des histoires romanesques pleines d'épouvantes, accusent des gens, seraient capables de faire arrêter, condamner, si le coup d'œil du savant, l'œil pénétrant du maître n'était pas là !

La lettre anonyme, le cancan, la médisance dans le monde, sont des manifestations hystériques. A l'hôpital, de petites conjurations se forment de même. Les internes se heurtent parfois à des mensonges inextricables. L'hystérique ferait couper le cou à quelqu'un pour le plaisir de mentir.

Leurs visions sont d'ailleurs bizarres. Tantôt poétiques : « J'étais toute blanche ! toute blanche ! O ma première communion ! » Tantôt atroces : « Des rats ! des rats ! Mon lit est plein de rats ! » Les animaux immondes, les rats, les crapauds, apparaissent en effet là comme dans le *delirium tremens.* D'autres chantent. Il en est une qui récite des vers de Musset poétiquement. Et, pareille à une machine, elle s'arrête net, au milieu d'un vers, dès qu'on la touche du doigt sur un coin du crâne, à un *point hystérique.* La femme devenant un automate, quel spectacle !

On leur fait comme, comme dans le prétendu état de lucidité des magnétiseurs, entendre ou voir tout ce qu'on veut : un oiseau, et elles le caressent ; un serpent, et elles s'enfuient ; de la musique, et elles écoutent, charmées. On peut, chose plus singulière, faire que l'idée ainsi insufflée subsiste, persiste, même après le réveil.

Ainsi, on dira à une hystérique endormie (je me sers d'un mot inexact ; elles ne dorment pas), on lui dira :

— Tout à l'heure, quand je te réveillerai, je serai sorti ! Tu me chercheras et tu ne me trouveras pas !

On l'éveille. Elle cherche. Elle ne voit plus celui qu'on lui a commandé de ne plus voir.

On lui dira :

— Tout à l'heure, ce monsieur qui est là, à droite, aura un habit de velours rouge. Regarde bien !

Elle s'éveille, son regard s'arrête sur celui qu'on lui a désigné et qui n'a pas du tout d'habit de velours rouge, mais elle le voit, cet habit rouge, et elle éclate de rire.

— Pourquoi ris-tu ?

— Dame ! ce monsieur est si drôle !

On peut, — et nous voici en plein *Joseph Balsamo*, dire à une hystérique à l'état de sommeil :

— Dans deux heures, à telle heure, tu iras à tel endroit et tu feras telle ou telle chose !

Tu frapperas quelqu'un, par exemple !

Eveillée, à l'heure exacte désignée, elle ira à l'endroit fixé et accomplira l'action commandée.

— J'ai fait de la sorte, me disait un ami, assassiner

quelqu'un (en pensée) par cette petite blonde que vous voyez là-bas !

Un magistrat qui entrait à la Salpêtrière pour étudier la part de responsabilité ou d'irresponsabilité des hystériques en certains cas s'est évanoui, stupéfait inquiet, et rien n'était plus étonnant que de voir les hystériques, qu'il venait d'étudier, s'empresser autour de lui pour le soigner, lui détacher sa cravate et lui donner un verre d'eau !

Le fait est qu'on perd pied, si l'on n'est pas un savant, dans ce domaine de l'impossible.

Et quelles sont les causes de tous ces maux ? La misère, l'hérédité, causes premières. Les causes accidentelles, — que j'ai notées d'après les témoignages et les livres, — varient : — Un patron accuse son ouvrière de l'avoir volé, la menace de la prison, — la pauvre fille tombe raide. On l'emporte : c'est le premier accès hystérique. Un chien errant, la gueule pleine de bave, a poursuivi une paysanne à travers les ronces ; elle est arrivée effarée au logis : hystérique. Une autre a vu, par hasard, brusquement, au détour du chemin, le cadavre d'un assassiné ; ou elle est entrée à la Morgue par une curiosité maladive ; ou elle est tombée en hiver dans un rivière gelée, et le froid l'a saisie ; toutes ces peurs amènent le même lugubre résultat : hystériques. Ou bien encore, c'est une malheureuse qui se défend contre la violence du premier homme, et qui en sort nerveuse à jamais, secouée par le mal : hystérique. Ou ce sont des balles de la guerre civile — la Commune a fait bien des hystériques — qui entrent dans une chambre, tuent un parent, un petit frère, et tuent en même temps la santé, la raison de la fillette, prise le soir même d'accès épileptiques. C'est un incendie, la vue d'un enfant carbonisé, un obus qui éclate, la fuite sous les balles à plat ventre, une machine à vapeur qui saute dans la fabrique et cause la première attaque convulsive. Mais, encore une fois, plus souvent encore, c'est l'hérédité : un aïeul qui a eu la danse de Saint-Guy, un oncle paralysé dès l'enfance — est-ce qu'on sait ? Puis un beau jour un rire subit, aigu, nerveux : c'est l'accès qui vient ! Des secousses, de celles qu'on appelle des mouvements choréiformes, et alors un spectacle épouvantable. La femme, comme frappée brusquement, pousse un cri prolongé, étend les bras, et tombe en arrière presque doucement. Ensuite, la bouche fermée, le cou tendu, gonflé, avec des bruits de déglutition dans le gosier, elle reste là, les paupières ouvertes, la pupille dilatée, regardant en haut, les bras rigides, étendus en croix, — crucifiée littéralement — les jambes allongées, rapprochées l'une de l'autre, raides, jusqu'à ce que les bras se décontracturent. Il y a de ces accès qui quelquefois durent cinq heures.

— O cœur humain ! corps humain ! comme dit si joliment Mlle Pierson, après Mlle Desclée, dans la *Visite de Noces*.

En sortant de pareils spectacles — qui sont de tous les jours, hélas ! — la maladie à Paris constituant un chapitre lugubre de la *Vie à Paris* — je me suis pris bien souvent de l'envie de ne jamais terminer ce roman des *Amours d'un interne* qui m'amenait là, et je me demandais si, après le verdict jeté par Gavarni à la tête de nos contemporains : « — Toqués ! toqués ! tous toqués ! » on ne pouvait pas dire, plus justement et plus cruellement, devant la grande névrose dont souffre la société moderne :

— Hystériques ! hystériques ! tous hystériques !

VII

Paysage d'avril. — Le renouveau aux Champs-Élysées. — Le concours hippique. — Pourquoi on y va. — Comment on y va. — Concours d'équipages. — Le chic et le chèque. — Sacs et parchemins. — Le projet de loi de M. Laroche-Joubert. — Comtes suédois et comtes romains. — Les généalogies. — D'où descendait Frédéric II. — Un château aux enchères. — Le château de Montal. — L'abbaye de Carennac. — Ci-gît le passé — Les expositions nouvelles. — Le *Noir et le Blanc.* —Les Artistes indépendants.— M. Raffaelli. — M. Degas. — Les impressionnistes. — L'opinion du public. — Ce que l'aubergiste de Barbizon voyait dans un tableau de Millet. — Les diamants de Mlle Hortense Schneider.

5 avril 1881.

Premier avril! Le mois des bourgeons et des pousses fraîches, le vieil ami du « gentil Belleau »! Je traversais, l'autre jour, avant cette *reprise* de l'hiver, les Champs-Élysées pour aller au Concours hippique. Tout ce coin de Paris montrait comme un éveil de sève : les chevaux de bois qui recommençaient à tourner, les affiches des cafés-concerts qu'on remettait à neuf, les devantures des restaurants d'été que des peintres s'occupaient à rafraîchir. Des tas d'enfants joufflus couraient déjà dans le sable, auprès de leurs nourrices touffetées de larges rubans rouges, bleus, ponceau, blancs ou écossais, à côté des massifs de rhododendrons que replantaient les jardiniers dans la terre brune. On entendait, sur les branches poudrées de vert, sur les arbustes pomponnés de folioles, sur les saules aux courbes mouvantes, d'un joli ton jaune, pareils à de grêles images d'albums japonais, les moineaux jaser, tout ragaillardis, et, à travers les glaces des cafés-concerts, des jeunes femmes assez pâles, encore enveloppées de manteaux fourrés défraîchis, apparaissaient déjà, leur rouleau de musique à la main, *faisant bouquet* (c'est le terme consacré) sur la petite scène du théâtricule en plein vent. Répétition générale du printemps. Ce sont les chanteuses légères et les *romancières* — on les appelle réellement de ce nom — qui viennent essayer les chansons nouvelles. Au soleil d'avril, tout s'épanouit, les grappes des lilas et les niaiseries des refrains.

A travers les branchettes reverdies, les guirlandes de verre opaque des traînées de gaz apparaissent comme des rangées de perles fausses dans un écrin de velours de soie. Et, au-dessus de ce tableautin tout parisien, boutiques de macarons passées au lavage, maquillage des restaurants après l'abandon et les pluies de l'hiver, toilette d'un coin de Paris faite par les peintres et les jardiniers, un ciel gris, d'un gris léger comme certains plumages de pigeons, un vent tiède, une espèce de de gaieté latente et de doux étirement des êtres et des choses à la minute du réveil. Jardins et squares, tout semble à présent sur le qui-vive. Les bordures et les buissons se sont mis en toilette de fête. C'est un admirable collaborateur de M. Alphand que le printemps!

B.

Mais a-t-on seulement pris la peine de regarder feuillir les arbres, en se rendant au Concours hippique? Il ne s'agit point de voir, là pas plus qu'ailleurs, mais d'être vu. Le matin, au palais de l'Industrie où l'on juge réellement les mérites des chevaux utiles. il n'y a personne. Dans l'après-midi où les galants officiers sautent les obstacles sous la lorgnette des dames et les cuivres de la musique militaire, les tribunes sont remplies. On se rend au Concours comme on se rend au Salon, dont on aperçoit d'ailleurs, là-haut, dans la poussière des galeries, les tableaux accumulés. C'est une distraction mondaine, un plaisir *chic* et une fête de Carême. Les élégantes y arborent les chapeaux nouveaux, les sportsmen qui suivent la mode ou la devancent s'y montrent en toilettes claires : cravate crème, pantalon couleur de beurre, paletot chamois, toutes les nuances du café au lait, depuis le ton clair — très peu de café — jusqu'à la nuance foncée — pas de crème! On prendrait, de loin, ces gentlemen pour des *parfaits* qui marchent.

La carte ronde, verte, rose ou striée à la boutonnière, est fort bien portée aussi. Il faut, avant tout, avoir l'air d'un horseman. Quant au Concours lui-même, — à cette sorte d'exposition des chevaux de service français — on ne s'en inquiète guère. On se place à l'entrée de la piste pour voir arriver les mondaines allant aux tribunes comme on se placerait au bas de l'escalier de l'Opéra pour les voir sortir du *Tribut de Zamora*. C'est une représentation comme une autre, une manière de théâtre diurne. Le public est mêlé de gentilshommes, de gentlemen, d'officiers et de maquignons. Chacun juge à son point de vue : les gentlemen lorgnent les femmes, les femmes lorgnent les officiers, les maquignons étudient les chevaux et les cochers étudient les attelages. Quand un élégant officier de dragons, la botte au mollet, ou un officier de chasseurs, bien serré dans sa veste bleu de ciel, franchit hardiment un obstacle, avec *chic* (c'est ici le mot éternel), il n'est pas rare d'entendre les camarades de promotion, les anciens de Saumur, dire, en haussant les épaules légèrement :

— C'est un fumiste !

Lorsqu'un cocher, en bas de soie, culotte et gilet de satin, torsades d'or aux épaulettes, un bouquet de roses à la boutonnière de sa livrée, arrive au trot et se carre hardiment sur son siège, plus d'un camarade d'écurie cligne de l'œil et dit :

— Je n'en voudrais pas pour mon frotteur ! Chez le marquis où je suis, il a laissé couronner tous les chevaux !

C'est le sort inévitable des triomphateurs. Tout public jalouse un peu l'acteur en scène.

Il y avait, pour les maquignons des Champs-Elysées, de quoi être jaloux — ou charmés — devant ces équipages, landaus et calèches, défilant, vendredi dernier, sous les yeux des amateurs qui citaient le nom des propriétaires en regardant les armoiries peintes sur les panneaux ou repoussées sur le cuir des brides et des œillères. Il se livrait là comme une sorte de duel d'élégance ou de somptuosité correcte entre l'aristocratie du nom et celle de la finance. Le Chic contre le Chèque.

Attelages russes, conduits par quelque moujick ; attelages en poste, postillon culotté de jaune, queue de renard au vent ; attelage en grand deuil de Mme la duchesse d'Uzès, d'une correction superbe ; attelages coquets, avec le cocher et le valet de pied, le *footman*, astiqués comme les gourmettes. Harnachement complet des hommes et des chevaux ! Et tout ce grand luxe sans une fausse note, détaillé et admiré par des spectateurs de choix ou de hasard : boursiers et gentlemen, comtesses authentiques et petites princesses de la rampe, cocodettes descendant de leur grande berline, et trotteuses ayant à la porte leur coupé de louage ; la calèche de la duchesse défilant devant le jury, après le phaéton du marchand de chevaux ou le landau de l'istraélite enrichi.

Rien ne peut mieux exprimer, en somme, ce qu'a de mêlé et de composite notre société actuelle, et surtout notre société parisienne. L'aristocratie, étalant, mieux que cela, *exposant* son luxe devant un public essentiellement démocratique, malgré sa surface de crème et sa croûte de gratin. Un bourgeois du Jura, devenu président de la République et dominant, du haut de sa tribune ornée de la pourpre banale et des crépines d'or de Belloir, la tribune où le marquis de Mornay, le comte de Juigné, le duc de Doudeauville, le prince d'Arenberg, les membres du Comité prennent place. Ce sont là les très piquants contrastes que nous réserve, à chaque pas, un état social fort singulier où la noblesse du nom ne parvient à tenir haut son rang, — comme ses cochers tiennent haut leur fouet, — que si elle s'appuie sur le talent, qui est une force, ou sur l'argent, qui en est une autre, plus puissante, malheureusement.

On s'est beaucoup égayé, çà et là, du récent projet de loi de M. Laroche-Joubert qui consistait à mettre la noblesse, ou tout au moins les titres, à la portée de tout le monde, moyennant une redevance versée au Trésor. On eût payé ses titres de noblesse comme on paye ses contributions. M. le comte de Pacotille eût reçu, du *Receveur général des titres de noblesse* des *avertissements* et des *contraintes* sur papiers de couleurs variées. La vanité de quelques-uns eût ainsi fait vivre beaucoup de gens, sans parler des receveurs nouveaux qu'il eût fallu nécessairement nommer. Des places! Des places nouvelles! On n'a pas réfléchi à cette manne inattendue qu'apportait tout à coup la proposition, peut-être ironique, de M. Laroche-Joubert. Si on y eût songé, on eût été tenté de prendre le projet en considération.

Il y a évidemment, à l'heure de démocratie où nous sommes, une recrudescence, chez certaines gens, de la maladie des titres. Les gens d'argent surtout se sentent piqués de cette démangeaison, pris de cette fièvre quasi épidémique. Il existe en Suède, paraît-il, des terrains vagues où poussent à la fois de la mauvaise herbe et des titres héréditaires. On achète un hectare de chardons et un comté par-dessus le marché. On est comte de la Lande, marquis du Pré ou duc de la Sablonnière. Je ne parle point des comtés que le Pape distribue comme des Indulgences. On n'est plus noble par la naissance, — cette naissance qui donne moins d'honneur qu'elle n'en ordonne, disait la marquise de Lambert, — on se procure un titre comme on achète une galerie ; on est noble comme on est collectionneur de tableaux, amateur d'art, bibliophile, homme de goût qualifié : on l'est du jour au lendemain et de par sa bourse. Ou plutôt on ne l'est pas, on le devient. « On devient cuisinier, disait Brillat-Savarin, mais on naît rôtisseur. »

Les *rôtisseurs* du parchemin dédaignent fort ces *cuisiniers* de noblesse récente qui ont souvent rôti le balai en confectionnant leur royauté; mais tandis que les premiers promènent de par le monde les noms et les surnoms usés de leurs pères, pourris depuis des siècles, — pour parler comme Erasme, qui parlait net, — les autres tiennent à fonder une aristocratie nouvelle, la noblesse de l'argent, non pas celle qu'on en a soi, mais autour de soi, la noblesse qui s'achète en même temps que les bibelots, le blason que Stern confectionne en même temps que l'architecte bâtit un hôtel dans la plaine Monceaux. Et si cette noblesse de fraîche date, si fraîche que sa peinture neuve reste aux doigts, avait encore le bon goût de ne point rougir de ses origines, n'ayant pas le bon sens de tenir à son rang ! Mais non. Elle ne ferait certes pas mettre en son blason les fameux sabots de l'arrivée à Paris, vanité d'enrichi, qui du moins ne renie guère son point de départ. Elle en rougit, de ces sabots. Elle n'entend plus qu'on lui rappelle qu'elle les a jamais portés.

Vacher, devenu chevalier, ne tient nullement à ce qu'on lui parle de son troupeau. Je ne sais où j'ai lu qu'un roi de Sicile, fils de potier, montrait fièrement les vieilles poteries de son père, par lui conservées, et qu'un évêque de Mayence, né d'un charron, portait une roue dans ses armes et l'avait fait sculpter dans son église.

C'est le « vieux jeu ». La noblesse d'hier prétend venir du fond des siècles. En fait de gens arriérés, les plus pointilleux sont encore les parvenus du blason :

> L'un sur un écusson porte un casque sous grille,
> Dont le père autrefois a porté la mandrille.

Et comment les vaniteux ne seraient-ils pas un peu sots lorsque les gens de génie ont la sottise de se vouloir forger de fantastiques généalogies? Frédéric II se vantait assez souvent — en vers et en prose, en bonne prose et en mauvais vers — d'être un philosophe et, qui plus est d'être le roi des philosophes. Il n'en accepta pas moins les offres de généalogie des experts, lui qui devait, ce semble, avoir l'orgueil d'être, en dépit du Grand-Electeur, son ancêtre, chef de race et fondateur d'Etat.

Un de ces généalogistes courtisans lui démontrait, par pièces authentiques, que Sa Majesté descendait tout droit de Mérovée.

Le malicieux souverain hocha la tête :

— De Mérovée!... En êtes-vous bien sûr?

— Absolument certain, sire!

— Mérovée! ajouta le roi. Me faire descendre de Mérovée! Ce serait ridicule!

Puis il réfléchit, et il accepta qu'on le fit descendre de Charlemagne.

— Je m'en tiens à Charlemagne! dit-il, très sérieusement.

Il croyait peut-être faire une concession.

C'est qu'il y a du parvenu dans ce descendant des électeurs de Brandebourg si fort admiré de Thomas Carlyle, et il y en a aussi dans ses successeurs et dans son peuple, parvenus de la victoire, comme on les a nommés un jour.

Les parvenus de la fortune vont avoir une belle occasion de s'acheter — non seulement des portraits d'aïeux, qui datent de l'an 1500, sinon de l'an 800 — mais un château tout entier, si bon leur semble : tout un château Renaissance, dont j'ai déjà parlé et qui va piteusement finir décidément, sous le marteau du commissaire-priseur. *Adjugé le manoir!* On songe involontairement à cette scène de Sheridan où un débauché met à l'encan les vieux portraits de ses ancêtres. Le lieutenant de la *Dame blanche* rachetait du moins son château sur ses économies de garnison.

Ce n'est pas un descendant des Montal qui fait *marteler* le château de ses pères par M. Pillet. C'est un propriétaire du Haut-Quercy qui, pièce à pièce, a fait démolir le castel et l'a mis au chemin de fer à l'état de colis, coût: soixante-mille francs de port. J'en ai déjà dit un mot, mais j'y insiste car je ne sais rien de plus caractérisque qu'une telle aventure. La féodalité en chemin de fer! Les couronnements de lanterne du château de Jeanne de Balzac d'Entragues, dame de Montal, étiquetés et marqués de lettres et de numéros rouges comme la croupe laineuse de moutons qu'on mène au marché! Si l'on veut des *signes des temps*, en voilà, je pense! C'est l'émiettement du passé.

Il paraît qu'on est fort irrité, dans le Lot, contre le

propriétaire de ce monument, véritable chef-d'œuvre artistique, ainsi livré au hasard des enchères. Mais il fallait tant d'argent pour réparer ce château de Montal, menaçant ruine, que l'acquéreur est bien contraint de s'en séparer. Il avait d'ailleurs offert à l'État la priorité d'achat. L'État a hésité, refusé peut-être. En wagon, donc, la cheminée et les sculptures du château de Montal!

J'ai voulu revoir une fois encore ces pierres qui iront, Dieu sait où! au delà du Rhin, en Amérique, au Japon!... Il y a là des merveilles de grâce exquise. Les portraits de la dame de Montal, de son mari, de ses parents ont un caractère saisissant de naturalisme et de vie : on ne retrouve, paraît-il, ce détail d'architecture des portraits de châtelains qu'au château de Sarcus, dans l'Oise. Et quelle séduction dans cette cheminée de la salle des gardes, œuvre de maître André Amy ou Lamy, qui sculpta la chapelle de Thiars et se donnait tout bonnement pour un maçon, — « maître Amy, tailleur de pierres », — le grand artiste si différent des photographes de nos jours qui se donnent pour des artistes!

On retrouve dans tous les détails d'architecture de ce château ainsi émietté, comme une sorte de mélancolie funèbre. On devine que la douleur d'une veuve a présidé à ce chef-d'œuvre. « *Plus d'espoir!* » dit une devise partout répétée en caractères gothiques. Au centre d'un des couronnements de lanterne se dresse, entre deux bustes très vivants, un personnage décapité et tenant, comme saint Denis, sa tête à la main ; mais, cette fois, par une fantaisie macabre, cette tête est un crâne osseux, une tête de mort. Elle ne devait pas être fort enjouée, la dame de Montal.

L'exhibition de ces pierres dans un atelier de peintre — l'atelier de peinture encore occupé, il y a quelques mois, par M. Roll — ressemble ainsi à une visite à un ossuaire. On expose, à côté de ces sculptures du château de Montal, la cheminée de l'abbaye de Carennac (de l'ordre de Cluny), fondée par saint Odilon, et dont Fénelon fut prieur avant d'être gouverneur du duc de Bourgogne. Près de Carennac, une île de la Dordogne porte le surnom d'*île de Calypso,* en souvenir de l'auteur du *Télémaque.* Encore une merveille que cette cheminée d'abbaye.

Encore un chef-d'œuvre à vendre! « A combien y a-t-il marchand? » Le commissaire-priseur apparaît, en fin de compte, comme une espèce de fossoyeur de ces architectures clérico-féodales.

Rien de plus curieux que cette cheminée de Carennac, avec sa légende de *Lazare* et du *Mauvais riche* sculptée sur son vaste manteau de pierre. C'est là un morceau de musée. Je ne m'imagine pas un banquier achetant ces sculptures où les maigreurs sinistres de Lazare, l'éternel dolent, lui rappelleraient un peu trop souvent qu'il fait froid au dehors et que tout le monde n'est point millionnaire.

Il est dommage de vendre ces choses, de les débiter comme moellons et gravats; mais, après tout, elles n'étaient pas fort respectées, ni du temps ni des hommes, au pays où elles se dressaient ou plutôt s'écroulaient pierre à pierre. Le cloître de cette abbaye de Carennac sert encore, me dit-on, de bauge aux porcs. Autant vaut que M. Pillet le vende !

— A combien le château Renaissance ?
— A combien les sculptures de la salle des Gardes ?
— Il y a acheteur pour la cheminée d'Abbaye !
— Une fois, deux fois, personne ne dit mot, j'adjuge les bustes des seigneurs de Montal !

Adieu le passé !

On invite les visiteurs, qui vont jeter un coup d'œil à ces vestiges à inscrire leurs noms sur un registre « en souvenir, dit une pancarte, de *leur excursion au château de Montal*, à Paris. » Le château de Montal *à Paris !* Il y a une navrante ironie dans ces simples mots. C'est comme si l'on donnait pour adresse d'un homme : M. un tel, au Père-Lachaise !

Ci-gît le château de Montal, un des chefs-d'œuvre de cet art, fin comme une joaillerie, de la Renaissance française !

Les ciseleurs de pierre qui travaillèrent pour la dame de Montal se préoccupaient peu du tapage et de la réclame. Nos artistes modernes n'en sont plus là. Ils cherchent le moyen de faire sur eux converger toute l'attention, toutes les préoccupations. Ils travaillent moins pour la gloire que pour la gloriole. Leurs expositions se succèdent un peu partout, très fréquentes et très nombreuses. Il s'en est ouvert, il y a deux jours, deux à la fois, l'une dans les galeries de l'*Art*, l'autre en face du Grand-Hôtel, boulevard des Capucines.

Avenue de l'Opéra, c'est la première exposition du *Noir et Blanc*, pour faire pendant à cette exhibition annuelle du *Black and White* qui se tient à Londres, à Saint-James Hall, en face Burlington House, le palais de la Royal Academy. *The Black and White*, comme l'exposition des *Œuvres d'Art en Noir et en Blanc* comprend tout ce qui n'est point, je ne dirai pas coloré, mais colorié : les dessins, les gravures, la pointe sèche, le fusain, le crayon. Il y a là des choses tout à fait intéressantes, des dessins de Lhermitte, des études de Bracquemond, de Lançon, de Ribot, de Régamey, de Guérard, l'illustrateur du *Scaramouche* de M. Gonzalès; des intérieurs d'Opéra faits par Paul Renouard pour l'*Illustration;* des pointes sèches de Desboutin et de Mlle Abbéma; des fusains de Lalanne. Il semble qu'on feuillette la collection variée d'un magazine d'art, comme le *Graphic*.

Boulevard des Capucines, l'exhibition est plus piquante. La sensation d'art s'y double du piment du scandale. On se trouve, au fond d'une cour, au premier étage, dans le Temple de l'Intransigeance. Depuis six ans qu'ils forment un petit bataillon d'éclaireurs faisant sonner haut leurs trompettes, les peintres *indépendants*, comme ils se nomment, se logent où ils peuvent, parfois, comme l'an dernier, dans des maisons en construction. Cette année, ils se sont établis en belle place; ils font clapoter en plein boulevard leurs faisceaux de drapeaux tricolores, et ils ont tendu de moquette l'escalier qui mène à l'appartement, un peu bas de cerveau, comme disent les bourgeois, où ils ont accroché leurs pétards. Un feu d'artifice en chambre. Parfois il faut se courber beaucoup pour arriver à voir quelques-unes de leurs fusées. Un moyen comme un autre de contraindre la critique à se mettre à genoux devant les œuvres d'art.

Elle ressemble d'ailleurs à toutes les précédentes, cette sixième exposition des Indépendants, qui sera suivie d'une quantité d'autres exhibitions ressemblant à celle-là. La plus grande originalité de ces révolutionnaires consiste dans les bordures de leurs œuvres, qui sont blanches, les cadres d'or étant abandonnés aux vieux peintres de la vieille école, aux barbouilleurs au *jus de chique*, ennemis des peintures claires. Il faut bien faire trou dans la muraille, dans la pénombre de nos appartements modernes, et quand on ne peut crever le mur avec la lumière de son tableau, on le perce avec le blanc de son cadre.

Il y a d'ailleurs de vrais succès et des tempéraments d'artistes tout à fait hors de pair dans cette exposition. Avant tous et en marge de tous, M. J.-F. Raffaelli, le peintre des mélancolies de la banlieue de Paris, des berges d'Asnières, des mottes de terre pelée des fortifications et des terrains abandonnés où paissent des ânes étiques, en attendant qu'on y élève une infinité de petits hôtels, coquets comme ceux de l'avenue de Villiers, car, soit dit entre parenthèses, Paris sautera à pieds joints par dessus les fortifications quelque jour. M. Raffaelli, cet Ostade du parisianisme, a là des mendiants, des déclassés, des affuteurs de scie, des marchands d'échalotes, des rôdeurs, d'une curiosité sans prix, et aussi des paysages d'hiver d'une intensité d'impression tout à fait supérieure. Ah! l'excellent cadre-repoussoir que lui composent les autres exposants!

Le *Clos des Choux* de M. Pissaro est pourtant bien étonnant. Il fait songer à quelque Millet. Miss Cassatt et Mme Morizot ont aussi des tons roses de pastel et des blancs légers qui caressent la vue, et M. Forain donne aux laideurs bêtes de la vie moderne je ne sais quoi de troublant et de fantastique. C'est du *Bouvard et Pécuchet* en peinture.

Mais que dirait-on de littérateurs qui s'aviseraient de publier leurs notes au crayon, leurs boutades, leurs impressions en style télégraphique? On les prierait de vouloir bien les rédiger et achever. Ce serait simple politesse envers le public si ces « indépendants » voulaient bien pousser leurs esquisses plus avant. Ils s'arrêtent malicieusement où la difficulté commence. Ce sont presque tous des gens d'esprit.

M. Degas, qui a de l'esprit infiniment et infiniment de talent aussi, — un vrai talent et un talent vrai, — a exposé, à côté de dessins curieux, de profils d'assassins, d'études saisissantes de gibiers de cours d'assises, une danseuse en cire d'un naturalisme étrangement attirant, troublant, singulier et qui rappelle, avec une note moderne très parisienne et très aiguisée, le réalisme des sculptures polychromes espagnoles. Le museau vicieux de cette fillette à peine pubère, fleurette de ruisseau, est inoubliable.

Car — voilà l'originalité de cette Exposition des Indépendants — ils commencent à affirmer leur indépendance sous la forme sculptée. Ce n'était pas assez de la couleur. Il leur faut la cire, ou le plâtre ou le bronze. Nous allons avoir, *bone Deus !* des sculpteurs *impressionnistes !* Je ne m'en plains pas, s'il s'agit de M. Degas, mais je sais des sculpteurs qui font déjà du Fortuny en terre cuite ! S'imagine-t-on ce que cela peut être et quelle école de la torsion, de la contorsion, de la déviation et du désossement cela peut nous donner ?

— Il faut bien protester, disent-ils, contre les gens à casque, les *pompiers* de l'Institut !

Et, pour fuir les pompiers, ils s'engagent dans les zéphirs et dans les compagnies *d'indiscipline.*

Et le public est complice ! Il approuve, il opine du bonnet ; — il tient à passer pour connaisseur :

— Il y a du mouvement, de la vie, du *chien,* du *chic !* Il y a *quelque chose !*

Je voudrais bien savoir où il n'y a pas *quelque chose.*

Toujours est-il que les indépendants s'écrient :

— Nous avons conquis le public.

Le plus amusant, c'est que ce public, ce pauvre diable de public, qui est tantôt le bourgeois stupide lorsqu'il ne regarde pas les tableaux, et tantôt l'amateur éclairé lorsqu'il les achète, le public, qui est tour à tour le bouc émissaire et le dragon vengeur, sert d'argument aux artistes, selon qu'il les flatte ou qu'il les nie.

Un artiste qu'on n'achète pas dira fièrement :

— Peu m'importe ! J'ai pour moi l'élite !

Un artiste qu'on achète beaucoup répondra gaiement :

— Je m'en moque. J'ai pour moi la foule !

Et, à propos de foule et d'élite et de public, voici une tout à fait jolie anecdote que je tiens du peintre Charles Jacque, qui est fin causeur.

C'était à Barbizon où demeurait J.-F. Millet, et le peintre de l'*Angelus*, esprit pensif, professait volontiers que l'art doit être consacré au nombre, à la moralisation des masses, ne point demeurer le régal de quelques-uns, mais devenir la pâture de tout le monde.

Quelqu'un lui répondait, au contraire, que l'art, dans son essence intime, n'est guère accessible qu'à un certain nombre d'initiés.

Et Millet haussait les épaules :

— Le premier venu s'y entend mieux que Théophile Gautier !

Il y avait là, dans son atelier, sur un chevalet, un de ses tableaux les plus célèbres représentant, dans des costumes rustiques d'aujourd'hui, *Ruth et Booz* entrant dans une ferme, au moment du repas des laboureurs ;

— Ruth conduisant Booz chargé d'une brassée de glanes. Une idylle.

Tandis que Millet discourait, la porte s'ouvre ; un grand beau gars, que tous ceux qui ont visité Barbizon jadis ont dû connaître, l'aubergiste Lugnot, le successeur du père Ganne, entre et, du premier coup d'œil, apercevant Ruth, Booz et ces ruraux accroupis dans la ferme, se met à rire, d'un large, gros et franc rire de bon garçon.

— Et pourquoi riez-vous? demanda alors le peintre des laboureurs.

— Dame ! monsieur Millet, c'est votre tableau !

— Mon tableau ! Qu'est-ce qu'il a, mon tableau ?

— Il est si drôle ! Et c'est si bien ça, si bien ça !

— Quoi donc !

— Ce garde champêtre, qui arrête cette fille parce qu'elle a volé des *ails*.

Le peintre était abasourdi.

— Et voilà! répondit Charles Jacque, voilà la réponse à votre théorie.

Millet ne parla plus, pendant quelque temps au moins, des opinions artistiques de la foule.

Ce que la foule comprend parfaitement, c'est l'éblouissement des pierres précieuses. Elle est d'instinct plus experte en joailleries qu'en tableaux. Il va s'en vendre, tout justement dans une semaine, de ces pierreries qui ont une histoire : la Grande Duchesse vend les joyaux de sa couronne. Mlle Schneider réalise ses diamants. Les mondaines, toujours curieuses d'entr'ouvrir furtivement la portière d'un boudoir d'actrice, n'auront pas le régal de jeter un coup d'œil chez Mlle Schneider. Ce n'est pas chez elle, c'est à l'Hôtel Drouot, ce dépotoir immense de tous les luxes, que sera faite l'exposition.

Les diamants de Mlle Schneider ! Il y a tout un poème parisien, dans ces mots ! Un poème réaliste. Une fois déjà, Mlle Schneider a vendu ses diamants. Elle était jeune, et elle jouait alors au Palais-Royal. Cette année-là, dans une revue que représenta le théâtre, les auteurs eurent la galanterie de faire chanter à Mlle Schneider un couplet où elle-même, parlant avec

9.

un sourire entendu de cette vente et de ses parures disait franchement :

> Et je n'ai plus de diamants
> Messieurs, m'en donnerez-vous d'autres ?
> Certes, vous m'en donnerez d'autres.

Le public de la Montansier, qui n'est point bégueule, trouva cependant la réclame un peu forte. Il siffla vertement. Ce couplet date de dix-sept ou dix-huit ans. Il paraît, d'ailleurs, que la prière de Mlle Schneider n'a pas rencontré sourdes oreilles, puisqu'une seconde vente complète la première.

Mlle Schneider fut une des comédiennes les plus exquises de ce temps ; mais, en vérité, on comprend parfois le joli mot que Meilhac mettait dans sa comédie gréco-parisienne de *Phryné* sur les lèvres d'une fillette : « Papa, je veux être hétaïre ! » C'est un sort fort aimable. La jeune fille débute : le premier d'entre nous qui tient à pécher lui offre la première pierre et les colliers succèdent aux colliers, les perles aux améthystes, les opales aux émeraudes. L'état en vaut bien un autre. Et puis, les écrins de velours amortissent si joliment et si sûrement la pierre que l'on jette à Phryné ! Pierre qu'elle ramasse bien vite pour l'ajouter au futur Catalogue de sa vente.

Ne faut-il pas être dupe et trois fois naïve pour s'en tenir, au temps où nous sommes, à l'honnêteté, cette douairière, et rêver encore l'autel lorsqu'il est si facile d'avoir le petit hôtel ?

VIII

La question tunisienne à Paris. — Tunis à l'exposition. — Voyage aux ruines de Carthage. — Utique. — Le printemps. — Les courses — La *Croix de Berny*. — Les Lectures. — Les *Five o'clock*. — M. Ernest Legouvé et M. Eugène Sue. — Les *Soleils couchés*. — Le métier de journaliste. — Ceux qui *font* les autres. — A propos de *Césette*, de M. E. Pouvillon. — Paris qui s'en va : la maison de Daubigny. — Le Théâtre de la Tour-d'Auvergne. — Le Jockey-Club chez les Jeunes Artistes. — Le professeur Boudeville. — Représentations célèbres. — Un garçon de la Maison-Dorée. — M. Richepin acteur. — Les débuts de Mme Chaumont. — Un *figurant*. — Une représentation au Trocadéro pour les inondés de Belgique.

19 avril 1881.

Les guerres et les expéditions lointaines ont cela de bon qu'elles enseignent la géographie. Les ouvrages sur la Tunisie et les cartes de la Régence de Tunis s'étalent maintenant comme les actualités les plus nouvelles à la devanture des libraires. Voyages à Tunis, Etudes sur la Tunisie, Questions tunisiennes, Monographies du pays des Kroumirs. La préoccupation ou plutôt, non, l'attention publique est là! De Tunis, les Parisiens qui regardent, à la façon de Nestor Roqueplan, un voyage hors des fortifications comme une désertion pure, ne connaissent guère que ce petit coin d'Orient rencontré au Champ de Mars, lors de l'Exposition de 1878, et où le bey exposait quelques camées, des pierres gravées, des photographies, des instruments de musique, un peu de maroquinerie, des tapis et de ces soieries qui sont la gloire des bazars de Tunis la Glorieuse ou, comme l'appelait Diodore, *Tunes la Blanche*.

Quant aux baraques du Trocadéro, qu'on nous donnait pour des bazars tunisiens, elle n'étaient peuplées que de juifs de Jérusalem vendant des roses de Jéricho ou des crucifix taillés dans le bois du Jardin des Oliviers.

N'avoir vu que l'exposition tunisienne, c'est avoir étudié Tunis par un petit côté : celui des bibelots. Un voyageur qui, sur Tunis, a écrit, il y a une quinzaine d'années, tout un volume, d'un jolis coloris, très lumineux, M. Léon Michel, rappelle tous les noms que l'admiration populaire a donnés à Tunis, comme un amoureux à sa maîtresse : Tunis la *Victorieuse*, Tunis l'*Industrieuse*, Tunis la *Florissante*. Et la *Civilisée*, et le *Séjour de Félicité*, et la *Blanche*, encore une fois, comme Cadix, et aussi la *Bien Gardée*. Je ne vois point, parmi ces surnoms, celui de la Bien Gouvernée, qui serait, je crois, ironique.

Notre France a, plus d'une fois posé le pied sur ces rivages. Sur la plage où, l'hiver, au fond du golfe formé par le cap des Raisins, la flotille du bey se retire, saint Louis mourut, il y a des siècles. Notre imagination peuple cette côte tunisienne des vieux souvenirs de Carthage, ce nid de corsaires héroïques et de peseurs d'or avares. Hélas ! de Carthage il ne reste rien ! Quelques aqueducs, de vastes citernes où, paraît-il, la voix humaine évoque un lointain écho qui semble venir du fond des siècles. En réalité, le voyageur qui se penche sur ces citernes et jette quelque tirade classique aux mânes des Carthaginois entend la répercussion de sa voix transformée en aboiements de chiens. C'est avec les pierres de Carthage qu'on a bâti Tunis. Le palais de Salammbô sert peut-être de muraille à quelque café où dansent des almées. Carthage n'est plus qu'un petit village, *El Marlgak*, comme Utique, la fameuse Utique de Caton, n'est plus qu'un sol ensablé et troué de citernes. Qui eût pu prédire à nos pauvres petits conscrits en tenue de campagne, trottant là-bas sous le drapeau et en marche pour les coups de feu, qu'ils feraient quelque jour, comme Gustave Flaubert, un voyage à Carthage ou aux environs ?

Ce petit *sursum corda* printanier, ce coup de clairon inattendu, ne résonne au reste pas mal dans un pays qui n'aime point la guerre, mais qui est tout prêt à la bien faire dès qu'il y a réellement une question d'honneur. On ne pouvait trop laisser les Kroumirs tirer la moustache à nos soldats, d'autant plus que, préalablement, ils leur avaient coupé la tête. L'expédition de Tunisie n'est donc pas une aventure — nous en sommes assez las — mais une nécessité. Elle a singulièrement animé cette fin de carême. Elle commence avec le printemps. Elle sent les lilas avant de sentir la poudre Paris renaît extérieurement, tandis que là-bas les canons roulent. Les voitures découvertes remplacent, par nos rues et autour du Lac, les voitures fermées. De grandes affiches jaunes annoncent pour mardi un steeple-chasse à la Croix-de-Berny.

On se croirait, en lisant ces mots : la Croix-de-Berny, revenu au bon temps des jolies femmes d'Eugène Lami, devenues maintenant des douairières et hochant, au souvenir des premières steeple-chases d'il y a cinquante ans, leur tête aujourd'hui toute blanche comme les amandiers fleuris. La Croix-de-Berny, sur la route pavée de Versailles à Choisy-le-Roi, fut le premier endroit de France, où nos compatriotes se mesurèrent avec les gentlemen-riders anglais. Cela date de 1834 et c'était l'heure où le comte de Vaublanc, le duc d'Orléans, M. Ch. Laffitte et M. de la Moskowa luttaient avec les Brotherton, les Gheel et les Thornhill arrivés d'Angleterre. Les femmes à la mode, vêtues comme les élégantes des vignettes de Tony Johannot, les applaudissaient sous leurs ombrelles, leurs manches à gigot toutes secouées par l'enthousiasme patriotique, et, entre deux courses, elles parlaient du roman nouveau, *Indiana*, de George Sand, ou de Martin, le dompteur de tigres, les deux actualités du moment.

La *Croix-de-Berny* ! Ce nom seul vous a un petit air doucement vieillot et cependant poétique. Beaucoup de fronts ridés se seront sentis comme rajeunis devant l'affiche qui semble évoquer un tel passé, et il y a comme une grâce à la Gavarni sur ce steeple-chase d'aujourd'hui qui rappelle bien vaguement les steeple-chases d'autrefois.

L'autre jour, chez M. Ernest Legouvé, nous avons

entendu évoquer, par le maître de la maison lui-même, le temps même de ces femmes, sœurs de *Lélia*, et qui se passionnaient à la fois pour le patriotique casse-cou du saut de rivière et pour les romans d'Eugène Sue. C'était précisément Eugène Sue, son intime ami, presque un frère, que M. Legouvé tenait à faire revivre devant une assemblée tout à fait choisie de fins lettrés et de femmes de goût. Je vois que la *lecture* entre intimes, la primeur offerte à des amis redevient à la mode. On a, de la sorte, dans l'après-midi, des espèces de *thés* littéraires qui sont fort agréables, en vérité ! Mme la comtesse d'Haussonville, une des femmes éminentes de ce temps — deux fois éminente — a mis ou remis à la mode ces matinées fort recherchées où l'on cause et où l'on écoute. Le *five-o'clock-tea* (le thé de cinq heures) est entré tout à fait dans les mœurs françaises. Des sandwichs, du caviar, des petits fours, une tasse de chocolat, un dé de Malaga, c'est le *lunch*, en réalité, mais le lunch rajeuni et saupoudré de littérature en guise de sucre. On dit couramment : « J'ai mon *five o'clock*. Mme X... a un *five o'clock*. » Et ce *five o'clock* n'a pas nécessairement lieu à cinq heures, pas plus que la *matinée* n'a lieu le matin. Une matinée dure tout un après-midi et un *five o'clock* peut commencer à deux heures.

Le *five o'clock* de M. Ernest Legouvé a été charmant. Pendant deux heures, grâce à ce piquant portraitiste, qui est bien le plus admirable diseur et liseur que je connaisse, nous avons vécu dans l'intimité d'hommes disparus : Eugène Sue, Pleyel, Chateaubriand, Ballanche. C'était comme un régal de gourmets. Emile

Augier était là, et aussi M. Camille Doucet, M. Paul de Rémusat, M. Gounod, M. Schœlcher. Mais c'était Eugène Sue surtout qui revivait, *revenait* dans ce cadre même où il a vécu, dans ce salon où il a passé et causé, dans cette maison de la rue Saint-Marc qui fut pour lui une maison fraternelle.

J'analyserais volontiers, et très certainement, la lecture de M. Legouvé si elle n'était point publiée maintenant. Il y a là un *profil* pris sur le vif de M. de Chateaubriand à l'heure du crépuscule et une *réception* chez Mme de Récamier qui sont mieux que des *Mémoires*, c'est-à-dire de l'histoire.

Je voudrais que l'usage de ces lectures se répandit un peu. On lisait ainsi, tout haut, au temps de Sue, de Sandeau, de Musset. Il y avait des salons où l'on entrait inconnu et d'où l'on sortait célèbre. La renommée ne se ramassait point, comme aujourd'hui, dans la plus nombreuse des mêlées, comme une pièce de monnaie tombe dans un terrain pétri par les talons d'une cohue : elle se cueillait délicatement, avec précaution, comme une fleur de printemps au bout de sa branche. Il y avait un public et une critique.

Aujourd'hui, il y a des *annonces* et des *reporters*. Le journaliste qui *faisait* les autres, jadis, a toutes les peines du monde à se faire ou à se *conserver* lui-même. Il a d'ailleurs raison de devenir quelque peu *égaliste*. Je ne connais pas de métier plus ingrat que celui de Warwick de la plume et où il soit plus facile d'être oublié, comme est oublié Eugène Sue, soleil couché que M. Legouvé va réveiller.

L'éclipse de la gloire écrasante de Sue, et même de

la gloire éclatante et plus pure de Chateaubriand est bien faite pour rendre modeste. Mais, de tous les favoris de la renommée, c'est encore le journaliste, ce marchand de renommée, qui a le plus à souffrir des caprices et des ingratitudes du sort. Et si ce n'était que du sort !...

J'assistais un jour, aux funérailles d'un journaliste qui avait en sa vie obligé, prôné, signalé, fabriqué, si je puis dire, des milliers de gens, hommes politiques, artistes, comédiens, peintres, députés, ministres. Il avait encore un grand nom ou un gros nom après avoir occupé une situation prépondérante dans un journal des plus importants. Si les deux tiers des gens dont il avait parlé une fois durant sa vie eussent seuls assisté à son enterrement, le cimetière de Saint-Ouen où nous le conduisîmes n'eût pu contenir une pareille foule. Eh bien ! derrière le cercueil de cet homme honnête et bon, mais pauvre, il y avait tout juste trois personnes : son fils, un ami (quelque original) et moi qui ne connaissais pas le défunt, qui ne lui avais jamais parlé, qui ne l'avais même jamais vu et à qui la Société des gens de lettres avait imposé le soin de donner le salut d'adieu.

On conçoit bien que je ne me sentis pas le courage de *discourir* au bord de cette fosse ouverte, devant ce fils qui pleurait. J'avais le cœur serré en présence d'un aussi odieux oubli et je n'ai jamais songé à notre vie de journaliste sans me rappeler le triste convoi de ce journaliste, encore célèbre aujourd'hui, mais célèbre comme le sont les abandonnés et les vaincus.

Le journaliste passe ainsi, dupe éternelle, sa courte vie à ramer pour la gloire d'autrui. Il s'use à signaler les nouveaux venus, à bâtir les piédestaux des statues, à découvrir, au fond des nuées, les étoiles qui se lèvent et, lorsqu'il a vieilli à la tâche ingrate et lassante de faire les autres, — tant d'autres qui ne le valent pas souvent, — il entend les fils de ses propres efforts, ceux qu'il a poussés de son épaule et dont il a, de ses poumons fatigués, crié le nom à la foule, il les entend lui dire d'un petit ton de protection plein d'une pitié ironiquement aimable :

— Eh ! bien, mon cher, faites-vous donc décidément une œuvre ? Vous vous dissipez ! vous vous gaspillez ! Résumez-vous ! Quand ferez-vous enfin quelque chose ?

Pauvre machine à réclames, il a fait les autres, et c'est suffisant !

Bien souvent, c'est trop. Mais il y a dans cette tâche pleine de rancœurs, dans cette meule du journalisme, des joies profondes. On s'associe au premier succès d'un jeune homme, on y contribue en le devinant. On a dans son encrier quelque chose comme de la poussière de ces *premiers rayons de la gloire* dont parle Vauvenargues, et on la délaye pour les nouveaux venus. C'est une consolation. Je voudrais répéter ainsi combien tel livre nouveau, *Césette,* de M. E. Pouvillon, m'a fait plaisir. Je connaissais de son auteur de petites nouvelles exquises, entre autres le *Cheval Bleu*, où il me semblait voir un *bébé* de Gustave Droz trottant sur le *dada* de Sterne. Mais *Césette*, cette idylle du Midi, tout ensoleillée et parfumée de l'odeur des bois, m'a séduit cent fois davantage. Elle est un peu parente, la petite pastoure de M. Pouvillon, du *Bouscassié* de Léon Cladel et du *Chevrier* de Ferdinand Fabre ; mais elle a sa grâce particulière, son charme spécial, et je l'entends encore disant sa prière, la pauvrette, et pleurant en songeant à sa rivale, tandis qu'elle répète doucement : « Pardonnez-moi comme je pardonne à ceux qui m'ont offensée ! » Elle a bientôt gagné sa cause.

On est loin de Paris avec Césette, mais aussi on est dans une atmosphère heureuse, comme en pleine campagne dans la floraison verte de ce mois d'avril !

A Paris les lilas poussent aussi, sentant le renfermé, et les vieilles maisons tombent. On démolit, rue Notre-Dame-de-Lorette, la demeure d'aspect antique — une pendule du temps du Consulat en plein quartier Bréda — où si longtemps vécut le peintre Daubigny, le maître paysagiste. L'atelier, le perron, le jardin, tout disparaît.

Il est bon de fixer, à mesure qu'ils s'effondrent, les souvenirs de ce qui fut, de ce qui était encore hier la vie de Paris. La pioche des démolisseurs en emporte, à l'heure ou nous sommes, un autre coin encore et des plus amusants. On ne démolit pas seulement la maison de Daubigny, on démolit l'ancienne *Ecole Lyrique*, le petit théâtre de la rue de la Tour-d'Auvergne.

Rue curieuse que celle-là, baptisée en l'honneur de Louise-Emilie de la Tour-d'Auvergne, abbesse de Montmartre, et non en mémoire du soldat de ce nom, en dépit d'un tableau célèbre qui représentait, placé à l'angle de la rue Rodier, la mort du *premier grenadier de France.* Rue montueuse, demi-solitaire, avec des maisons qui ressemblent à des couvents et d'autres à des guinguettes. Victor Hugo y a vécu, et l'académicien Dupaty y est mort. Dans ses admirables et trop peu lus *Mémoires d'outre-tombe,* Chateaubriand raconte qu'il allait souvent dans cette rue de la Tour-d'Auvergne « *à moitié bâtie, à demi pavée* », rendre visite à Béranger, dans la maisonnette du chansonnier, au fond d'un jardinet. Et les poètes n'ont pas choisi seuls cette rue tranquille : au n° 13 logea le général Berton, que la Restauration fit décapiter ; Godefroi Cavaignac agonisa, au n° 23, et M. Ranc, l'auteur du *Roman d'une Conspiration,* un maître-livre, demeura caché, sous l'Empire, dans la maison que M. Sarcey habita longtemps. Le logis donne justement sur la façade encore debout, du *Théâtre des jeunes artistes.*

O le curieux petit théâtre, et qu'il abrita d'ambitions, de rêves ! Aujourd'hui, sur sa porte qui n'a plus que quelques heures à durer, on voit encore, au milieu d'un faisceau de thyrses enrubannés en plâtre peint, un masque antique ouvrant largement sa bouche fendue par le rire. Mais si la façade subsiste, déjà le théâtre n'existe plus. L'endroit où fut la petite salle où tant de Parisiens ont passé, n'est plus qu'une vaste cour, pleine de décombres, où l'on va bâtir prosaïquement une *maison de rapport.* On aperçoit encore, le long du couloir extérieur où s'ouvraient les loges des artistes, les petites portes étroites que tant de jolies filles, le front enfiévré d'espoir, ont franchies ! C'est comme un chapitre de l'histoire de notre théâtre, le chapitre des débuts, des essais, des balbutiements, des premiers pas et des premiers faux pas, un chapitre du *Roman Comique*, qui tenait entre les quatre murs abattus de la petite *Ecole Lyrique!*

On peut lire encore à présent, au-dessus de la marquise de verre et de la lanterne ronde au verre dépoli qui flambait de tout *son* feu, les soirs de représentations extraordinaires, ce titre, destiné à périr : *Théâtre de la Tour-d'Auvergne.* Mais, en dépit de l'inscription, tout est dit. Le théâtre de la Tour-d'Auvergne n'existe plus. De la poussière et des gravats. J'ai vu pourtant défiler là, sur cette petite scène abattue, bien des physionomies curieuses, et souvent, dans ce petit théâtre où les mères des débutantes, les fillettes du quartier, les portiers et les petits bourgeois du voisinage venaient s'asseoir d'habitude, le Jockey-Club et le Café Anglais faisaient irruption autrefois — il y a bien des années — lorsque quelque femme à la mode, mordue de la passion du théâtre, voulait s'essayer et venait zézayer sur les planches !

C'était l'heure où le duc de Gramont-Caderousse, roux comme certains portraits de Clouet, venait applaudir Mlle Juliette Beau, blonde comme une poignée d'épis. Le duc donnait le ton à la mode ; la débutante allait mettre en vogue la romance d'*Ay-Chiquita*. Elle était l'étoile et lui l'astronome. Que c'est loin, vraiment, tout cela ! Il y a beau jour que Grammont-Caderousse, notre duc, comme disait Mlle Schneider, a disparu miné par la phtisie, et Mlle Juliette Beau, qui porte je crois une couronne, possède, au-dessus de Naples, une des plus belles villas de la côte, perdue là-haut comme dans le bleu de ce ciel méditerranéen, sans nuages.

C'est en 1843, il y a trente sept ans, que le petit théâtre de la rue de la Tour-d'Auvergne, avait été inauguré. Bien des directeurs, avant le fameux Achille Ricourt, l'ami de Janin, de Ponsard et de Bocage, devaient s'y succéder et, en fait d'artistes, plus d'un, qui est devenu célèbre allait apprendre à marcher sur cette petite scène de dix mètres de large : Saint-Germain, Dieudonné, Paul Deshayes, Talien, Aimée Desclée, Mlle Delaporte, Mlle Agar.

Depuis Ricourt, M. Bridault avait, un moment, dirigé l'Ecole Lyrique et, en dernier lieu, M. Talbot y faisait son cours et y donnait des auditions de ses élèves. Ce théâtricule qui, en totalité ne contenait que 493 places, avait pourtant vu des soirées fructueuses, ruisselantes de diamants comme une première aux Italiens, des soirs où la recette montait étrangement, lorsque quelque fille à la mode, élève de Boudeville, organisait là ce qu'on appelait une *partie*.

Le type singulier, soit dit en passant, que cet ancien comédien de l'Odéon devenu professeur de déclamation : Charles Boudeville, qui, le matin, lisait ou déclamait les journaux chez le vieux baron de Rothschild, *disant* les cours de la Bourse comme il eût détaillé le récit de Théramène, et, le soir, assistait, fiévreux, ardent, agacé, aux représentations données par les élèves qu'il avait, disait-il, *serinés* toute la journée.

Il ne se doutait pas, l'ancien comédien de l'Odéon, l'élève de Samson devenu lui-même professeur, que — pour deux cents francs par mois, allant dès six heures du matin chez le baron James, rue Laffitte, ou à Boulogne — il collaborait sans le savoir, le pauvre diable, aux opérations du maître de la finance. Grâce à Boudeville, M. de Rothschild avait, sur Paris encore endormi, une avance de deux heures, et il les employait en hâte à donner, par le télégraphe, des avis et des ordres aux autres maisons de Rothschild, à l'étranger. Ce fils de bohème fournissait des munitions au roi de la Bourse.

Brave homme, enthousiaste épris de son métier, espèce de Neveu de Rameau de l'art dramatique, prêt à se faire tuer pour Sardou, à qui, mourant, il envoyait à Marly un télégramme pour le prier de venir à son enterrement, ayant vécu dans l'intimité de millionnaires et de gens d'esprit, — le *baron*, l'acteur Leroux, le président Desmaze, — leur tenant tête de sa voix perdue de laryngite, et n'ayant pas un sou, — ni sou ni poche — à peine une petite maison et un carré de choux à Nogent, cette *bastide* des comédiens ! Tel était Boudeville.

Alors, de temps à autre, sur les planches de la Tour-d'Auvergne, Boudeville *lançait*, en haussant les épaules, une élève : Anna Deslions, qui balbutiait, perdait la parole, avait envie de pleurer, ou Isabelle, la bouquetière du Jockey-Club, qui bravait l'orage, au contraire, hardiment.

Boudeville hochait la tête, se touchait la poitrine à la place du cœur, disait : - Elles n'ont pas de *ça* et elles veulent jouer la comédie ! Ah ! misère !

Un type de comédie que ce fabricant de comédiennes.

La génération nouvelle ne l'a point connu, mais à quoi servirait-il d'avoir des cheveux gris si l'on ne pouvait raconter aux nouveaux les histoires du passé ?

Qui écrirait les *Mémoires* de cette Ecole Lyrique laisserait à l'avenir un document précieux, comme on dit aujourd'hui. Je ne sais quel anonyme l'a essayé, il y a dix-huit ans. Il paraît que non seulement des acteurs, mais des auteurs ont débuté là. M. Victorin Joncières y a fait jouer une opérette. M. Jean Richepin et M. Pierre Elzéar y ont interprété eux-mêmes une pièce en vers, l'*Etoile*. M. Richepin n'était pas encore l'auteur de cette *Chanson des Gueux* qui l'allait rendre célèbre et le conduire en police correctionnelle, lui et son éditeur à qui il adressait hier l'édition nouvelle et définitive de son œuvre avec ce galant autographe :

> A mon ami Georges Decaux,
> Qui premier publia ces rimes,
> Sans craindre leurs cocoricos ;
> Au complice affreux de mes crimes.
> J'offre ici mes remerciements,
> Et de tout cœur, car, sans malice,
> J'ai gardé de bons sentiments,
> Quoique étant gibier de police.

Ce fut, soit dit en passant, Me Rousse, l'éloquent et magistral portraitiste de Jules Favre, qui défendit, lors de son procès, M. Richepin et sa *Chanson des Gueux*.

Je m'éloigne du théâtre de l'École-Lyrique et j'y reviens pour noter le défilé des excentricités qu'il abrita. On y vit, un jour, un garçon de café de la Maison-Dorée, déposant son tablier, venir là jouer *Dalila*, incarner l'André Roswein d'Octave Feuillet. Ah ! le beau tapage, ce soir là ! Tandis que Roswein murmurait à Dalila ses plus fiévreuses protestations, l'implacable public, cravaté de blanc et plastronné de gilets en cœur, interrompait impitoyablement l'amoureux :

— Garçon, appelez le sommelier !

— Deux douzaines d'ostendes, Roswein !

Et un autre garçon de restaurant (gloire évanouie !), le petit bossu de la Maison-Dorée, le garçon dont la gibbosité fut aussi célèbre un moment que celle du bossu de la rue Quincampoix, le garçon que les Parisiens d'il y a ving ans connaissaient bien et qu'ils nommaient *Bosco*, lui aussi s'avisa, un jour, de reprendre à la Tour-d'Auvergne, dans les *Chevaliers du pince-nez*, le rôle de Chabanais, que l'acteur Raynard venait de rendre populaire et que jouait presque en même temps, avec esprit, au petit théâtre du passage du Saumon, un autre jeune comédien qui, lui, allait quitter le théâtre et épouser Mme Judic. Jamais, d'ailleurs, la salle de la Tour-d'Auvergne n'entendit autant de sifflets que n'en recueillit le pauvre *Bosco*.

Et là encore, — sur ces planches devenues *matériaux de démolitions* et bonnes à *brûler*, — là, Céline Chaumont, que Déjazet appelait son *singe*, débuta pour la première fois, toute maigre, petite, l'épée au côté, la tête poudrée, dans les *Premières armes de Richelieu*. « *Elle promet; tiendra-t-elle?* » dit une brochure du temps, les *Petits Mystères de l'École-Lyrique*. Céline Chaumont a répondu.

Un soir, la salle tout entière du petit théâtre de la Tour-d'Auvergne fut envahie par la gendarmerie impériale. Il ne s'agissait pas d'une arrestation. La fille d'un gendarme débutait. Tous les gendarmes de Paris étaient venus l'applaudir. Odry s'en fût bien diverti.

Il y avait à côté du théâtre un café, célèbre dans le quartier, où se tenaient, jugeant et jaugeant les *talents* de la Tour-d'Auvergne, tous les comédiens en herbe et les comédiens inédits. Un café Procope en miniature, un « *Caffé* » aux clients imberbes. On y a tout agité, et tout démoli, et tout brassé, et tout récité, dans ce café qui, depuis longtemps, n'avait plus sa physionomie primitive! On y voyait entrer des fillettes maigres dans leurs waterproofs et jolies malgré leurs jupes crottées, débutantes encore timides qui étaient des Dorine et des Iphigénie en expectative, et avec elles des adolescents maigres, sans un poil de barbe, qui avaient cependant déjà l'air ratatiné de petits vieux, et vous savaient par cœur le récit du *Menteur*, la tirade d'*Harpagon*, ou le monologue de *Figaro*. Tout cela rêvait des Allhambras, des ovations, des couronnes d'or, des salles écroulées sous les bravos!

Où sont-ils, ces rêves d'antan?

Parmi ces *jeunes* — et très jeunes — il y avait souvent (je le vois encore) un vieux bonhomme, l'air d'un bon bourgeois, employé de ministère ou petit boutiquier du voisinage, qui se tenait là, au coin d'une table, écoutait et guettait les occasions propices. Les occasions, pour lui, c'était le droit ou seulement la possibilité de *figurer* dans les pièces modernes, lorsque, dans un bal ou dans un duel, par exemple, il n'y avait pas assez de comparses : des *témoins* ou des *invités*. On venait le trouver alors. On savait qu'il était là, toujours bien vêtu, la redingote assez neuve, parfois en habit. On lui faisait un signe. Il se levait d'un air digne et disait gravement :

— Je veux bien! Je suis tout à vous! Mais vous connaissez ma condition?

— Oui, oui... je sais...

— Condition *sine quâ non*... Je consens bien à figurer, mais je veux figurer avec un ruban de chevalier de la Légion d'honneur à la boutonnière !

On le laissait faire.

Il tirait alors une décoration de la poche de son gilet et, tremblant à la fois et glorieux, il se la passait au revers de sa redingote. C'était sa joie à ce brave homme affolé d'honneurs. Il avait, pendant une soirée, l'illusion d'être décoré, de porter ce qu'un prédicateur de carême à Saint-Séverin, appelait un jour le signe passager d'une valeur transitoire. Et le figurant, faisant réellement *figure*, regardait parfois le public de haut, dédaigneusement.

Il a vécu ainsi très heureux, avec l'illusion du ruban rouge accroché sur lui, de temps à autre. On conçoit qu'il n'aimât que le répertoire moderne. On ne voit pas de décoration sur le pourpoint d'Hernani ou la casaque de d'Artagnan. A la fin, il payait d'audace, le comparse ambitieux, il ne se contentait plus du ruban de chevalier. Il tirait de sa poche une rosette d'officier. L'appétit vient en figurant. Ces soirs-là, il ne saluait plus le concierge. On n'a jamais su son nom au juste dans le café du voisinage. S'il n'est pas mort, le pauvre diable, il mourra certainement de la démolition de son théâtre!

Sur cette même scène encore, j'ai vu un singulier

original, le journaliste Nazet, qui a laissé un souvenir dans le *reportage*, figurer lui aussi, *un invité*, dans l'acte du bal de l'*Honneur de la Maison*. Mais Nazet ne se contentait de son personnage de comparse. Tout à coup, à la grande stupéfaction des acteurs il se mit à parler et à parler anglais. Sur la scène, les comédiens interrompus allaient se fâcher ; mais, dans la salle, le public enchanté, riait de grand cœur et applaudissait à tout rompre. Ce fut, comme on dit, un des *gros effets* de la pièce, *un clou ;* mais, aux représentations suivantes *le clou* manqua. Nazet n'était plus là et le public, sévère dès lors, presque hostile, ne manquait jamais de dire qu'on ne lui en donnait plus pour son argent lorsqu'on représentait l'*Honneur de la Maison* Alors il réclamait nettement :

— Mais, voyons, voyons. Pourquoi a-t-on coupé le rôle de l'Anglais ?

– Ah ! répondaient les connaisseurs, c'est probablement parce que c'était le personnage le plus difficile à jouer ! *Ils* ont maintenant une si mauvaise troupe !

— Une troupe de *carton !*

Hélas ! et le petit théâtre est tombé aussi facilement que tombe un château de cartes !...

UNE REPRÉSENTATION AU TROCADÉRO POUR LES INONDÉS DE BELGIQUE

20 avril 1881.

Ceux qui ont vu comme celui qui écrit ces lignes, au lendemain de Sedan, les Belges, soldats et bourgeois, hommes et femmes, se précipiter vers nos compatriotes refoulés sur la terre de Belgique et leur apporter de la nourriture, des cigares, des vêtements — des consolations aussi — ceux-là comprendront qu'il y avait, pour Paris, comme un devoir de reconnaissance à venir en aide aux malheureux que les inondations dernières, en Belgique, ont laissés sans ressources.

C'était un devoir et c'a été un plaisir.

M. Gaston Bérardi, notre sympathique confrère, avait, sous le patronage de M. de Beyens, ambassadeur de Belgique à Paris, organisé avec beaucoup de zèle et beaucoup de soin cette *Matinée* qui a eu lieu dans la salle des Fêtes du Trocadéro.

Elle a produit plus de 30,000 fr. Il y avait au surplus un programme alléchant et dont les promesses ont été tenues. Devant une salle comble, les deux Coquelin ont joué du Molière; Mlle Bartet a joliment dit une pièce de vers; Mlle Agar a rugi la *Lyre d'airain,* de Barbier; Faure a magistralement chanté un air d'*Hamlet* et, avec Talazac, dont la voix est charmante, le *Crucifix* qu'il a composé sur des vers de Victor Hugo :

Vous qui pleurez, venez à ce Dieu, car il pleure !

Le quatuor de *Rigoletto*, chanté par Mme de Caters-Lablache (c'était la dernière fois que le public devait l'entendre), M. Faure, M. Talazac et une chanteuse inconnue, Mlle Malvezzi qui, dit-on, est une jeune fille russe de grande famille, ce merveilleux quatuor coupé de sanglots et de rires et qu'admirait tant Rossini, — ce railleur! — a été fort applaudi.

Mais — pour les Parisiens — le régal de la journée et le piquant de la représentation, c'était la pantomime annoncée, les *Farces de Pierrot*, avec Mmes Judic et Théo, Mlle Silly, Mlle Sanlaville et Mlle Savenay. Dès la fin du concert, tandis que Faure chantait, on apercevait déjà là haut, tout près du buffet d'orgue, derrière les écussons drapés d'étendards aux couleurs belges et françaises, de jolis visages curieux, coiffés du petit bonnet blancs des paysannes bretonnes. C'était des danseuses de l'Opéra qui allaient danser la *Sabotière* à la fin de la pantomime, et qui, en attendant, voulaient entendre. Enveloppées dans des tricots bleus ou roses, elles étaient charmantes, les curieuses.

La pantomime est un art séduisant, naïf et raffiné à la fois. Il amuse les enfants, il séduit les artistes. Rien de plus exquis que cette farce d'hier, si gentiment mimée par Mme Judic et Mme Théo. J'ai vu Deburau le fils et Paul Legrand. Ils n'étaient pas plus fins et plus spirituellement narquois que Mme Judic enfarinée et transformée, mais non défigurée, avec les sourires sensuels et les coups d'œil gouailleurs de Pierrot. Il allait la voir n'accordant à Colombine le billet doux d'Arlequin que contre un baiser donné à Pierrot! Gentille à croquer sous sa toque à la Crispin et son casaquin rayé de bleu, Mme Théo la plus Colombine des Colombines, sous les frisons blonds de ses cheveux, un ruban bleu autour de son cou, faisait sa moue la plus drôlette à ce Gilles qu'elle était forcée de caresser pour ravoir sa lettre, et dont elle eût volontiers égratigné la joue blanche de ses ongles roses.

Quel esprit et quel goût dans les contorsions de visage de ce Pierrot idéal qu'a été Mme Judic! Jules Janin eût écrit tout un chapitre à propos d'elle, comme il a écrit tout un livre sur *Deburau*. Et quel Arlequin vif, sémillant, frétillant a été Mlle Sanlaville! — Mlle Silly, cassée en deux, toussant et geignant sous le tricorne de feutre et l'habit rouge de Cassandre, était bien amusante aussi. On a fêté cette pantomime, que je voudrais voir encadrée dans un décor aux fonds bleus, à la Watteau, dans le mirage d'une lumière électrique.

A la fin, quand Cassandre consent au mariage de Colombine et d'Arlequin, que Pierrot bénit de ses mains voleuses, le vieux fait un geste, frappe dans ses mains, selon l'appel classique de la Pantomime, et, pour la noce de sa fille, il fait danser Mlle Rosita Mauri et le ballet de l'Opéra. Mlle Mauri a esquissé adorablement, sur la petite scène improvisée, cette *Sabotière*, qu'elle danse si étonnamment dans l'immense cadre de l'Opéra, puis, Korrigane et petite bretonnes, Arlequin tout noir, Pierrot tout blanc, Cassandre tout gris, Colombine toute rose, ont disparu brusquement et se sont envolés comme des moineaux.

C'était comme un chapitre vivant de Carlo Gozzi qui partait!

IX

M. de Girardin. — M. Pailleron et le *Monde où l'on s'ennuie*. — Une matinée chez M. A. de Rotchschild. — Les salons, les femmes d'esprit et les précieuses. — Le Salon. — Petite monographie du modèle.

3 mai 1881.

Les albums ont quelquefois du bon.

Sous — ou plutôt sur — la signature de M. Emile de Girardin, j'ai rencontré, un jour, dans un album féminin, cette définition assez paradoxale de l'amour :

« Aimer, c'est préférer. Préférer, c'est comparer. Donc, l'infidélité rachetée par la constauce est le seul moyen de comprendre l'amour. »

M. de Girardin avait, ce jour-là, très galamment fait la théorie de l'infidélité. On pourrait dire de lui, en se servant de sa pensée même, qu'il racheta son infidélité à bien des gouvernements par sa constance pour la liberté. Il l'aima par-desus toutes choses, cette liberté, et, vieilli, attristé, en ses derniers temps, il nous disait, un soir, chez Victor Hugo :

— Les gouvernements que j'ai vu se succéder s'obstinent à vouloir jouer de nouveaux airs sur un vieux violon. Ce ne sont pas les airs, c'est l'instrument même, c'est le violon qu'il faudrait changer!

Il se plaisait volontiers, en causant comme en écrivant, à résumer de la sorte ses idées dans de petites phrases courtes, alertes et pittoresques. Sur un album encore, il y a bien des années, rencontrant cette pensée, signée d'un nom alors un peu ténébreux :

« Marchez à la tête des idées de votre siècle, ces idées vous suivent et vous soutiennent. »

« Marchez à leur suite, elles vous entraînent. »

« Marchez contre elles, elles vous renversent. »

LOUIS-NAPOLÉON BONAPARTE

« 1850. »

M. de Girardin prit la plume et écrivit au bas de l'autographe du futur empereur :

« Paroles vraies! Grandeur à qui s'en souvient, malheur à qui les oublie !

« É. DE GIRARDIN. »

« 4 mars 1850. »

On vient, par un beau soleil, au bruit du clairon, sous un drapeau tricolore cravaté d'un crêpe noir, d'emporter au cimetière le polémiste qui a tenu tant de place dans ce siècle et agité, d'une main fébrile, ce qu'il appelait les *Questions de mon temps*. Et, tandis que, par la grande porte ouverte, s'engouffraient, sous les arbres reverdis, les voitures galonnées d'or ou voilées de deuil qui accompagnaient le grand brasseur d'hommes et d'idées, je songeais involontairement au petit cimetière de Saint-Mandé où repose Carrel, qui fut un soldat, et à ce jugement d'un autre journaliste mort, Pierre Lanfrey, disant que Girardin triomphant d'Armand Carrel c'était le journalisme pratique frappant d'une balle le journalisme chevaleresque.

Lanfrey était un puritain, il est vrai, et nous n'en sommes plus, en toutes choses, aux mœurs genevoises qu'il eût volontiers souhaitées. Girardin, homme d'action et de succès, a bien compris son époque et les hommes de son temps, qui veulent agir et réussir. Il aimait les belles choses, les tableaux, les statues, les galeries peuplées de livres et d'œuvres d'art. Il a eu tout cela. Son hôtel de la rue de la Pérouse, où il accueillait tout le monde avec une politesse correcte,—aimable avec les littérateurs, quoiqu'il dédestât la littérature,— cet hôtel hospitalier était meublé avec luxe ; mais il y manquait peut-être ce raffinement de goût, ce je ne sais quoi de parfait dans le somptueux qui caractérisait, par exemple, la *Matinée* donnée, l'autre jour, par M. Adolphe de Rothschild dans son hôtel du Parc-Monceau.

Je ne serais pas étonné que ces *Matinées* devinssent à la mode décidément. Il y a là, dans ces réceptions diurnes, une sorte de liberté aimable qui n'exclut pas la correction. Plus on est trié sur le volet, plus on s'y rend en mise simple, les femmes en chapeau, les hommes en redingote. Une cravate blanche en plein jour fait l'effet d'une faute d'orthographe. Le frac cède le pas au veston.

Les *garden party* de lady Holland, à Holland-House, à Londres, avec deux mille personnes toutes *selects*, malgré leur nombre, répandues dans Holland-Park seront difficilement égalées à Paris; mais la *Matinée* de M. Adolphe de Rothschild, dans cette cour où naguère pouvait tourner une voiture à quatre chevaux et qu'on a transformée en galerie, cette matinée où, pour horizon, on avait des touffes de fleurs, des massifs de rosiers en pleine terre, pour distraction huit vitrines dont chacune, au dire de M. du Sommerard, contient pour trois millions d'objets rares, de pièces uniques; — et pour rossignol, dans ce jardin d'art, Mlle Van-Zandt, semblable, avec sa jupe rayée, sa robe à semis et ses roses aux cheveux, à une statuette de Saxe descendue tout droit d'une de ces vitrines; cette Matinée d'inauguration va mettre en éveil tout le *high life* qui voudra, sans nul doute, donner aussi ses Matinées et servir, au buffet, des œufs de vanneaux et des vins choisis.

C'est le *Monde où l'on dépense*, mais où l'on sait dépenser. M. Ed. Bonnaffé, le collectionneur célèbre et l'érudit écrivain qui a publié sur les *Curieux* et la *Curiosité* un livre et une plaquette de choix, nous expliquerait fort bien que le *high life* qui se ruine à tort ou à travers est tout différent du monde qui sait choisir. Le *Monde ou l'on dépense* est fait d'ailleurs pour tenter un satirique. Si le railleur est aussi fin et aussi applaudi que l'auteur du *Monde où l'on s'ennuie* et du *Monde où l'on s'amuse*, je l'en félicité d'avance. M. Edouard Pailleron, en esprit très aiguisé qu'il est, a donné le ton à la comédie de portraits, ou plutôt de caractères généraux. Il a, sans viser personne, raillé les gravités douteuses et les importances absorbantes. Il paraît d'ailleurs qu'on lui en veut chez des gens qu'il aime et auxquels il n'a jamais songé le moins du monde. Il écrit même, paraît-il, une préface pour se défendre d'avoir *pourctraicturé* qui que ce soit.

C'est un malheur de ce temps qu'on ne puisse peindre le moment présent sans que le public, et surtout la chronique, ne veuillent à tout prix mettre des noms réels sur les noms du roman ou de la comédie. L'auteur n'y a point songé, mais le lecteur y pense. Il tient à montrer qu'il est au courant des choses.

D'ordinaire, une des grâces d'état du moraliste, c'est que nul ne se reconnaît dans le miroir qu'il présente. Au théâtre, celui qui se moque le plus d'Harpagon, c'est le père Grandet, et Georges Dandin se hâte d'aller y rire de Sganarelle. Mais, avec la presse et les indiscrets, tout est changé. On met des notes au bas de chaque phrase. On cherche des allusions où il n'y en a point. Où l'auteur a voulu faire des généralités, on introduit des personnalités. Il y a des gens qui reconnaissent le voisin et le lui vont dire à l'oreille. Il y a encore ceux qui tiennent eux-mêmes à être désignés et le répètent partout :

— Comment! vous n'avez pas vu que c'est moi qu'on a voulu désigner?

— Non je ne m'en doutais pas!

— Est-il possible? Mais, tenez, à tel trait, à tel sous-entendu, on ne pouvait pas s'y tromper!...

Pour un peu, ceux-là braveraient le ridicule afin

d'avoir le droit de se plaindre — ou de remercier — publiquement.

Il est bien évident que M. Pailleron n'a point songé à tel professeur éminent, applaudi, respecté et choyé à la fois, homme du monde et homme de talent, d'un grand talent et d'une grande bonté; mais les mouches du coche de l'information ont bourdonné leurs petits *racontars*. Lui s'est contenté de sourire, et il a bien fait. C'est comme si M. Deschanel, qui vient d'entrer si brillamment, avec une éloquence patriotique, si je puis dire, dans sa chaire du Collège de France, s'avisait de crier à la calomnie.

Il est évident encore que l'auteur du *Monde où l'on s'ennuie* n'a songé à aucun poète tragique, ni à aucun général en écrivant ce dialogue étourdissant entre le dramaturge de *Philippe-Auguste* et le sénateur en épaulettes. Je sais pourtant un général qui pourrait retrouver l'écho de ses propres paroles dans le personnage de M. Pailleron. C'est ce bon soldat qui assistait à l'ouverture du cours d'un de mes amis, professeur de littérature dans une Faculté de province et parlant, ce jour-là, de Shakespeare et d'*Othello*. Le guerrier s'approcha de l'orateur et lui dit, après la leçon :

— C'est très bien ! C'est parfait ! Je suis très content ! J'ai surtout admiré combien vous avez compris Othello. Vous avez bien fait ressortir que c'était un ancien militaire !

Quant aux salons que nous voyons mis en scène dans la comédie du Théâtre-Français, là encore, M. Pailleron n'a rien copié. Il a groupé un certain nombre d'observations éparses, et il en a fait, je dirais volontiers, un bouquet, d'autant plus que les épines ne manquent point.

Mais voilà où l'amusant continue. Les salons littéraires sont peu nombreux à Paris, et chacun d'eux a la prétention d'avoir été désigné par l'auteur.

— Ce n'est certes pas un autre salon que le mien, puisqu'il n'y a que le mien à Paris !

Il y en a cependant plusieurs, Dieu merci, et des plus charmants. Je ne voudrais nommer personne et surtout en un tel sujet, mais les salons choisis, où l'on cause sans pédantisme, où l'on est lettré sans être affecté, où les ongles sont roses sans que les bas soient bleus, de tels salons existent encore à Paris. J'en sais plusieurs que je pourrais indiquer, ne fût-ce que celui de la marquise de Blocqueville, la noble fille du maréchal Davoust, grande dame et femme d'esprit, causant bien, écrivant comme elle cause, vénérable et charmante sous ses beaux cheveux blancs que Mme Madeleine Brohan semble lui avoir empruntés comme elle a emprunté, dit-on, son sourire et sa bonne humeur à la duchesse de Maillé, l'amie des jeunes filles et des bals blancs où se peuvent dérider les fronts de dix-huit ans.

D'autres salons de Paris gardent encore des coins où l'on s'occupe de littérature : il n'y a pas là de précieuses, il y a des femmes d'esprit, et même des femmes de talent, et, d'ailleurs, nous autres, écrivains, nous serions bien mal venus à nous plaindre des précieuses,— ces gardiennes de la causerie qui sont à la littérature ce que les alchimistes d'autrefois furent à la science : les précieuses qui souriaient à Vadius lui-même lorsque le poète au vêtement noir et râpé était exposé au mépris de l'homme de cour et qui faisaient voiturer à Trissotin les « commodités de la conversation » lorsque les gens d'épée eussent volontiers zébré de coups de bâton le dos du pauvre hère!

On peut sourire des précieuses, mais Molière lui-même, eût été, je gage, tout prêt à leur baiser les doigts et à leur rimer un madrigal.

M. Pailleron n'a donc point fait de portraits et il le va déclarer dans sa préface, mais ce qui m'a semblé piquant, et tout à fait inattendu, c'est, à propos du *Monde où l'on s'ennuie*, comédie réputée aristophanesque, malgré l'auteur, de voir apparaître le vieux cliché d'Aristophane, accusé d'avoir, avec ses *Nuées*, amené la mort de Socrate. On ne s'attendait guère à voir Socrate montrer son nez camard dans le salon de Mme de Loudon. Quand rejetterons-nous, une bonne fois, les clichés reconnus usés? Il y a longtemps déjà que Victor Cousin a démontré que, dans la mort de Socrate, ni Aristophane ni ses *Nuées* ne sont pour rien. Aristophane n'était pas l'ennemi de Socrate, et, la preuve en est, sans aller loin, dans le *Banquet* de Platon, où l'auteur des *Dialogues* nous montre le philosophe et l'auteur comique soupant ensemble, comme on dirait aujourd'hui, et devisant côte à côte, sans rancune, Aristophane ayant même tort bien dîné. Ni M. Pailleron, ni Aristophane n'ont voulu la mort du pêcheur.

Mais que vais-je là parler des salons où l'on cause,

quand le seul *Salon* dont on s'occupe est celui des Champs-Élysées!...

Le voilà donc ouvert et en dépit des interdictions et des menaces, ouvert par un *vernissage*. Comment imaginer Paris sans *vernissage?* Autant vaudrait le priver des fraises nouvelles, de cerises et de Grand-Prix! Les artistes, n'ayant pu entrer au Salon que ce jour-là, avaient d'ailleurs imaginé quantité de ruses pour jeter, par avance, un coup d'œil à leur tableau et voir s'il était bien placé. Il est parfaitement exact, comme un journal l'a, je crois raconté, que M. Vibert s'est déguisé en peintre en bâtiments et a pénétré dans l'exposition, un bourgeron sur le dos et un pot de colle à la main. Il n'avait pas eu la patience d'attendre le *vernissage*.

Ainsi le vernissage a eu lieu, aussi couru, aussi tapageur, aussi mondain, aussi *parisien*, puisque c'est le mot, que les autres années, et l'on s'est retrouvé, on s'est salué, on s'est lorgné, on a jasé, raillé, regardé les toilettes autant que les tableaux, les visiteuses autant que les statues, les actrices et les modèles, les gens célèbres, les rapins gouailleurs, tout ce monde nommé et innommé qui a pu ne pas s'étouffer, je ne sais comment, et a mangé, je ne sais où, le classique saumon sauce verte du 1er mai.

Un gai soleil a fêté ce beau jour!

Le vernissage, cette répétition générale est bien réellement le jour officiel de l'*Ouverture*. C'est là qu'on aperçoit pêle-mêle les artistes effarés ou satisfaits, les parents inquiets, les visiteurs curieux, les critiques graves, les modèles importants! Ah! les modèles! Théophile Gautier a décrit quelque part l'ouverture d'un Salon au temps jadis, lorsque des « rapins truculents et échappés de l'atelier de Devéria, de Delacroix ou d'Ingres, promenaient à travers les galeries leurs feutres gris et leurs « chevelures prolixes ». — « Çà et là, dit-il, se prélassait, répandant comme *Moïse* de Michel-Ange un fleuve de barbe sur une redingote douteuse, un gaillard dont le regard satisfait semblait dire : « Admirez-moi, je suis Jéhovah, Jupiter, le fleuve Scamandre, le doge, l'ermite, le bourreau ! Des femmes d'une toilette négligée et prétentieuse à figures juives, dont le buste, sûr de lui-même, dédaignait les mensonges de la corsetière, s'arrêtaient devant les Vénus, les nymphes, les ondines et souriaient à leurs images avec une complaisance coquette, heureuses d'avoir prêté leurs formes pour revêtir l'idéal des artistes ; c'étaient les modèles qui épousaient, suivant leur type grec ou moyen âge, les querelles des écoles. »

> Classiques bien rasés, à la face vermeille,
> Romantiques barbus au visage blêmi...

Ces modèles-là n'existent plus guère, pas plus que les rapins costumés en Murillo ou en Van Dyck, coiffés du chapeau de Rubens ou portant la chemisette carrée de Raphaël. Le modèle *pur sang* est une race qui s'en va. Il en reste bien toujours des exemplaires, mais à l'état d'exceptions.

J'ai souvent parlé des modèles avec cet endiablé de sculpteur Préault, qui en avait connu des générations entières et que les frères de Goncourt interrogeaient beaucoup et faisaient causer, tandis qu'ils écrivaient *Manette Salomon*.

— Rien de plus drôle que ces modèles qui, de 1810 à 1848, ont été, nous disait Préault, des Abraham, des Ève, des Brutus, des Charlemagne, des Jeanne Darc — tout à la fois — et ne savent rien, n'ont rien gardé de ces souvenirs d'art, absolument rien, pareils à des figurants de théâtre qui ont porté tous les costumes tour à tour, sans savoir l'histoire !

Préault était peut-être injuste. Je sais des modèles qui ont beaucoup retenu, jugent le passé, le comparent au présent, ont des opinions, mieux que cela, de véritables passions artistiques.

Ce sont parfois de véritables collaborateurs pour les artistes, et plusieurs, comme Lambert, par exemple, se tuent à la peine et suent sang et eau à garder pendant trois heures un *mouvement*, croyant que la tension des muscles aide le peintre à parfaire son tableau. Ceux-là, quand ils voient *leur artiste* bien en train et que *ça va*, disent eux-mêmes :

— Allons ! nous allons continuer ! Laissez-moi seulement allumer une pipe et nous reprendrons le mouvement !

Et ils le reprennent, tout roidis et comme ankylosés après la séance.

Un certain Leclère, très habile, qui posa longtemps pour M. Paul Baudry, et lui posait à la fois les mouvements d'hommes et de femmes, les trouvait lui-même, ces mouvements, les indiquait au peintre :

— Je sais ce que vous voulez ! Tenez, c'est ça !

Lorsque M. Henner concourut pour la *Mort d'Abel*, qui lui valut le prix de Rome, le petit modèle qu'il avait dans sa loge l'encourageait, lui répétait qu'il aurait le prix, certainement :

— A votre place, lui disait-il, je mettrais à terre un bâton, celui qui aurait tué Abel !

Il avait raison : le bâton fut mis et donna à la composition un accent soudain, inattendu.

Les modèles d'autrefois, Dubocq, qui fonda un prix, en mourant, pour les débutants pauvres, Merché, Sinel, comparse à l'Odéon et au Théâtre-Français et qui, habitué aux péplums des tragédies, posait les draperies dans la perfection, Pécotat, Cadamour,

Il pose sans ficelles,
Cadamour !

Caroline l'Allemande, qui louait, trouvait on ne sait où des enfants, des fillettes, — tous ces modèles étaient un peu les conseillers et presque les camarades de *leurs* peintres.

Un modèle célèbre, horloger aujourd'hui, Vuagnat, un de ces modèles spéciaux de l'Ecole des beaux arts, qui reçoivent huit cents francs par an pour poser, donnait volontiers des conseils moraux aux élèves :

— Travaillez toujours, jeune homme ! J'en ai tant vu ! Les plus malins ne sont arrivés qu'à force de travail !... Et pas de découragement si vous n'arrivez pas tout de suite ! Le succès et le talent ce n'est pas toujours la même chose ! L'important c'est de bûcher ! Travaillez ! Travaillez !

Vuagnat a posé des *Annibal*, des *Witikind*, des *Hercule*, les *Girondins* de Delaroche, les saints de M. Heim. Maintenant, il remonte des horloges, comme Charles-Quint vieilli. D'autres, du même temps que lui, sont marchands de meubles. Plusieurs vendent des bibelots. Un entre autres, rue Drouot.

En fait de vieux modèles, aujourd'hui, il y a encore Cot fils, un vieillard qu'on appelle *Cot fils* depuis plus d'un demi-siècle, que son père, le vieux Cot, modèle lui-même, a conduit, tout enfant, dans l'atelier de David ou de Girodet et qui, avec sa barbe blanche, est toujours et sera jusqu'à la fin *Cot fils*.

— J'entre, dit-il fièrement, dans ma cinquante troisième année de pose ! J'ai commencé à douze ans !

Cot fils donnait, lui aussi, — et sans doute donne encore volontiers — des conseils et de très bons pour les esquisses des concours. Il guide le pinceau des élèves, comme, à l'hôpital, le garçon d'amphithéâtre guide parfois le scalpel des apprentis chirurgiens aux heures de concours. Ils en ont tant vu ces routiers de l'atelier ou de la salle de dissection !

— Après tout, dit Cot fils, c'est toujours la même chose ! Trois personnages : un debout, un autre à genoux et le troisième qui étend le bras. Tantôt c'est le bras droit, tantôt c'est le bras gauche. Ce n'est pas plus malin que ça, une esquisse d'école !

Avec sa face de Père éternel, Cot fils ne posait pas pour le premier venu. C'est Cot fils qui répondait fièrement, avec sa morgue de *modèle d'histoire* :

— Je ne vais pas chez les peintres de genre !

Il n'est plus revenu chez Benjamin Ulmann depuis

qu'il lui a vu peindre les *Prussiens pillant une ferme*. Pour un prix de Rome, c'était déroger.

Le modèle, en ce temps-là, le modèle classique valait trois francs l'heure. Les amateurs, qui ont plus d'argent disponible que les peintres, ont fait monter l'heure de pose à cinq francs pour les hommes et dix francs pour les femmes. Et les femmes même deviennent de plus en plus exigeantes. Le métier leur paraît dur. Elles en rêvent de plus faciles.

Il en est beaucoup maintenant qui ne consentent à poser que si on leur assure leur journée entière. D'autres, les modèles élégants, demandent volontiers qu'on les envoie chercher en voiture. M. de Nittis peignit ses *Frileuses* patinant sur le Lac d'après un modèle qui exigeait son chocolat et un paquet de tabac turc, chaque matin.

Les petits modèles italiens, pâles et bruns, traînant leurs costumes pittoresques enveloppés dans des châles de laine, viennent des Abruzzes, de la Basilicate, comme les chanteurs des rues, les racleurs de violon qui cherchaient asile autrefois dans les bouges des environs du Jardin des Plantes, au flanc de la colline de Sainte-Geneviève, chez la mère Tron où l'on voyait de grands gars accroupis jouer à la *morra* devant de brunes filles mélancoliques comme les *Cervarolles* d'Hébert. A Rome, ce sont des paysans, des *Chauchards* et des *Chauchardes*, comme on les appelle, qui roulent dans les ateliers, avec leurs cheveux tout gras d'huile puante. Des familles tout entières se font modèles, comme cette

11.

Giovannina dont le jeune frère Bernardino servit de modèle au sculpteur Degeorge, pour son admirable *Bernadino Cenci* qu'on voit au Luxembourg.

Le *modèle militaire* est une variété du modèle. Il en est un, ancien soldat de la garde, qu'on rencontre tantôt sous l'uniforme prussien chez M. Detaille, tantôt sous l'uniforme du troupier français français chez M. de Neuville, ou encore sous la veste et la tignasse rousse du chouan, chez M. Julien Le Blant. Celui-là, habitué aux uniformes proprets de la caserne, veut que tout reluise dans l'atelier. Dès qu'il a un moment de repos, il frotte les armes, les cuirasses, les espagnolettes ou les ferrures des fenêtres. Ancien sergent, il a l'habitude de l'astiquage, il en pousse même le culte un peu loin : il fait reluire les casques de fer bruni et rend neuves les serrures gothiques.

— Je ne peux pas m'en empêcher, monsieur !

Beaucoup de ces modèles ont plusieurs états. J'en connais un, vrai Parisien de Paris, très alerte et très fin, Saint-Denis, peintre en bâtiments dans la saison d'été, modèle en hiver, travailleur en diable, qui a posé tous les mouvements du tableau d'Ulmann, *M. Thiers à Versailles*, un porteur de charbon dans un superbe tableau de H. Gervex destiné au Salon de 1882, et, avec Cot fils le *Bon Samaritain* d'Henner. Cot fils est l'homme à barbe blanche, Saint-Denis le Samaritain.

Henri, le colonel de la Commune, fut modèle, et posa pour un Étienne Marcel avant de reprendre le rôle dans la réalité.

Un chapitre à écrire : De l'influence des personnages évoqués sur les personnages vivants.

Le modèle-femme, plus intéressant peut-être, était, d'abord, du temps de la jeunesse de Vernet et de Géricault, la Parisienne, la grisette du faubourg qui allait d'atelier en atelier, louant ses jolis bras et son sourire. En 1830, au moment de la conquête d'Alger, la juive d'Afrique fait son apparition. La juive est partout, chez Ingres, chez Delacroix, chez Horace Vernet. Le modèle alors, a la foi, aime son art, collabore réellement avec son peintre, partage ses fièvres et ses colères.

C'est un modèle de ce temps, jolie fille à qui un jeune peintre, aujourd'hui académicien à barbe grise, fait la cour, qui répond :

— Plus tard. Quand vous aurez eu le prix de Rome !

C'est un modèle de cette époque qui s'en vient, un matin, trouver M. Ingres, et lui annonce qu'elle ne pourra plus, à l'avenir, poser devant lui.

— Et pourquoi, ma fille ?

— Parce que je me marie, monsieur Ingres !

— Ah ! je vous en fais mon compliment !

Et, au moment de quitter l'atelier pour toujours, le modèle alors, avec un gros soupir navré et une expression d'envie fiévreuse :

— Ah ! monsieur Ingres ! Si vous vouliez !... Si vous vouliez me rendre bien heureuse !

— Eh bien, qu'est-ce que je ferais ?

— Vous avez toujours été si satisfait de moi, monsieur Ingres ! Pour me le prouver...laissez-moi emporter votre croix d'honneur !

Aujourd'hui, le modèle ou la *modèle* a encore ses admirations, mais moins idéales. Il en est cependant qui se fâchent lorsqu'un artiste raille devant elles un de ses clients :

— Ce n'est toujours pas lui qui planterait une figure aussi mal que vous !

Le sentiment de dignité artistique se mêle encore parfois très singulièrement, chez les femmes, au sentiment de la coquetterie féminine. Il en est, de ces modèles, qui ne consentiraient jamais à revêtir un costume de paysanne.

— Non, monsieur, non ! Je ne pose que les grandes dames ! Mes mains sont des mains aristocratiques ! Je suis habituée aux mouvements des femmes du monde !

Il n'est pas rare de les entendre dire, en parlant d'un artiste :

— Sans moi, il ne pourrait rien faire !

Lorsqu'une figure au Salon obtient un succès éclatant comme la *Vérité* de Jules Lefebvre, l'*Idylle* d'Henner, ou la *Rosée* de Carolus Duran, il n'est pas rare que les modèles se vantent de l'avoir posée. Et, les peintres ayant pris souvent plus d'un modèle pour une même figure, ce sont alors de petits chocs d'amour-propre qui poussent aisément aux violences :

— C'est moi qui ai posé cette figure-là !

— Je vous demande bien pardon, c'est moi !

— J'ai donné huit séances à M. Baudry pour l'achever !

— Huit séances ? Et moi vingt séances !

Le modèle s'identifie ainsi complètement avec l'œuvre de l'artiste. La jeune fille qui posa pour la *Phryné* de

Gérôme perdit complètement son nom pour ne plus s'appeler désormais que « Phryné »! Je crois qu'elle est morte.

Le modèle, ainsi absorbé par le tableau ou la statue, dira tout naturellement :

— Nous avons eu une première médaille !
— On a acheté notre tableau !
— On nous envoie au Luxembourg !

Comment devient-on modèle ?

Chez certaines familles juives, presque en naissant. D'autres fois, par occasion.

Je me rappelle avoir vu entrer, un jour, chez Henner, une grande belle fille fraîche, grande, rousse, l'œil bleu d'une Gauloise, une espèce de Velléda en robe montante qui venait demander à poser. Dix-huit ans. Une santé de fer. Elle venait de se sauver de chez ses parents qui tenaient un cabaret en Bretagne. Servir les clients l'ennuyait. Elle avait pris le chemin de fer brusquement, et elle tombait à Paris sans état, sans amis, toute seule, admirablement belle. Dans un petit hôtel du boulevard extérieur, à la table d'hôte, elle avait rencontré des modèles. Elle s'était faite modèle.

Henner a peint des profils admirables d'après cette fille, Maria P... Elle emplissait son atelier de ses chansons. Il y avait en elle quelque chose d'un fauve échappé. Elle soulevait des chaises entre ses dents blanches.

Toujours grave, poursuivant son rêve, Henner la regardait comme il eût étudié un terre-neuve lâché à travers ses toiles.

Au bout de six mois, dans ce même atelier, je revis la même belle fille, mais pâle, amaigrie, toussant déjà. Ses belles couleurs de vierge celte étaient tombées. Elle promenait autour d'elle des yeux attristés dans un visage blêmi. Paris avait posé sa griffe sur la paysanne échappée.

— Elle n'ira pas loin ! dis-je à Henner. Pauvre fille ! Elle est finie !

Deux ans après, un beau matin, on frappe à la porte du peintre. Il ouvre. C'est une dame en grande toilette qui, riant comme autrefois, mais promenant sa traîne parmi les tableaux, vient demander au maître de lui faire son portrait.

— A vous ?

— A moi ! J'ai assez travaillé pour vous ; vous pouvez bien travailler pour moi ! Et je ne vous demande même pas un prix d'artiste. J'ai fait fortune !

Elle avait épousé un député ou sénateur italien, bon catholique, paraît-il, et qui tenait à avoir de sa femme un bon portrait par un peintre célèbre.

— Je vais donc poser encore ! Si vous saviez comme cela m'amuse ! disait-elle. Seulement je poserai habillée. Vous comprenez : je ne tiens pas à ce qu'on me reconnaisse !

Je n'ai pas oublié ces trois apparitions qui sont les trois étapes de la vie d'une femme. Celle-là ne se défendra jamais d'avoir prêté sa beauté à l'Art. D'autres, au contraire, rougissent volontiers de leur état.

— Moi ? je n'ai jamais posé que chez M. Heilbuth, et en robe de soie encore !...

Ou :

— Je n'ai posé que pour les mains !

Les jeunes élèves du Conservatoire, surtout dans les familles israélites, posent ainsi volontiers « les mains » et l'ensemble pour les peintres, les peintres du *high life* moderne. Mlle Marthe Miette, qui montre au Palais-Royal son fin profil de brune, tout enfant posait les *petites italiennes* dans les ateliers avant de servir de modèle élégant à M. Saintin. C'est en la voyant arriver, toute petite, avec des yeux troublants, que le peintre Marchal, celui qui s'est tué, disait ce terrible mot, effroyablement naturaliste :

— Elle ne vous donne plus la fièvre de l'art mais le frisson de la correctionnelle !

Une autre belle fille, au profil sévère, qui a créé la *Vénus de Gordes* à l'Ambigu et qui joue maintenant *Dora* avec talent au théâtre de Montmartre, Mlle Constance Meyer, a posé pour plus d'un tableau de femme du monde.

C'est une actrice du Vaudeville, apparue dans le *Club* de Gondinet et disparue, qui a posé pour M. Gervex la jolie tête de femme blonde endormie que contemple, à l'aube du jour, le « pâle Rolla » de Musset.

Une chose à noter : si le peintre pour qui tous ces modèles posent laisse entrer, durant la pose, un étranger, tout est dit. Elles ne reviennent plus.

Il serait poignant d'écrire le roman du modèle vieilli, de la femme amaigrie et ridée qui entend vanter la beauté d'un modèle, sa rivale, se déshabille brusquement et montre à l'artiste un corps admirable jadis, et maintenant macabre et décharné.

La « vieillesse d'un modèle », quel drame !

Il serait curieux aussi de savoir ce que les modèles pensent de nos peintres. J'en ai fait causer un, un des modèles du bon vieux temps. Il juge tout au point de vue spécial de la « politesse ».

— Voilà, monsieur, je vais vous dire ; il y a des peintres polis et d'autres impolis. M. Ingres était impoli, dur, violent, traitant le modèle comme un chien. Beaucoup de talent, peut-être, mais pas d'éducation, monsieur, pas la moindre ! Au contraire, M. Delacroix, voilà un homme poli! Et doux ! Charmant. C'est comme M. Delaroche. Je lui ai posé son *Passage des Alpes*, qui est à Versailles. Il me demandait de varier mes mouvements comme il m'eût demandé un service. Pendant que je posais, il y avait là un tout jeune homme, très gentil, qui dessinait d'après moi. Très poli aussi. C'était M. Gérôme. Il avait peut-être alors dix-huit ans. M. Heim ? Très poli. M. Tassaert ? Très bon enfant ; un peu adonné à la bouteille Il n'y voyait pas toujours clair, M. Tassaert. Mais le plus gai de tous et le plus poli, c'est peut-être M. Horace Vernet. Il causait, il riait avec nous. Il était gai. Toujours de bonne humeur. C'est comme M. Pradier. Ah ! celui-là, le marbre se mettait à vivre sous ses doigts !... Le travail ne lui coûtait rien. Il chantait et bavardait tout le temps, en faisant sa statue. D'ailleurs, il faut travailler. J'en ai connu des malins et, en somme, il n'y en a pas tant que ça de fameux, n'est-ce pas ? Eh bien, je dis aux jeunes gens : « Travaillez toujours ! Il n'y a que ceux qui ont travaillé qui sont arrivés ! » Je les ai vus peiner sur l'ouvrage. Ça n'allait pas toujours tout seul.

Mais ils faisaient des efforts, et alors ils en sortaient. Seulement, voyez-vous, monsieur, les artistes d'aujourd'hui, ce n'est plus comme ceux d'autrefois. Ils sont trop gâtés. Ils veulent trop gagner d'argent et trop tôt, Moi qui vous parle, j'ai vu M. Heim, qui était un rude peintre, je vous donne mon billet, recevoir trois mille francs pour un tableau qui comptait soixante-six figures. Vous entendez, soixante-six. Il ne gagnait pas en moyenne quarante sous par jour, M. Heim! Et M. Ramey, le sculpteur? Quand il est mort, M. Ramey devait vingt-quatre termes à son propriétaire. C'était le bon temps.

Evidemment, je ne regrette pas, comme le vieux modèle, le *bon temps* où un homme de talent mourait de faim et de dettes, mais il faut bien avouer, pour répéter le mot d'Alexandre Dumas fils, que l'art, qui vit de misère, meurt de richesse.

Il le sentait bien, le modèle en cheveux blancs qui hoche la tête devant les nouveaux venus. Le *bon temps* dont il parle n'était peut-être pas le bon temps de l'artiste, mais c'était le beau temps de l'art !

J'ai voulu donner aujourd'hui un souvenir à ces anonymes de la bataille artistique qui sont comme les choristes ou les soldats du succès : — de la chair à tableaux comme il y a de la chair à canon !

X

Rotten-Row au Bois de Boulogne. — L'allée des Poteaux. — De la promenade à cheval dans le roman de M. Octave Feuillet et l'*Histoire d'une parisienne*. — Le *High life* et les coulisses. — Amazones du monde et du théâtre. — Le retour de Mlle Sarah Bernhardt. — Un legs de M. de Girardin à la Comédie-Française. — La place Victor Hugo. — Une statue à l'auteur des *Contemplations* et une statue à l'auteur des *Méditations*. — Le médecin à propos d'une lettre et d'un livre. — La médecine anecdotique. — Les médecins plus railleurs que Molière. — La femme du médecin. — La jalousie. — Epigrammes et chansons. — Velpeau et Dupuytren. — Voillemier et le docteur Horteloup. — L'opinion de la statistique. — Les marins et l'amiral La Roncière.

17 mai 1881.

Paris tend, de plus en plus, à s'assimiler les mœurs de Londres. Il a, le matin, par ces temps clairs du mois de mai, — le *mois blanc*, comme on dit, en Bretagne, du mois des neiges, — sa promenade de Rotten-Row dans l'allée des Poteaux, au Bois. Les cavaliers et les amazones galopent sur le sol noirci d'ombres où les feuilles vertes découpent finement leur guipure mouvante. On entend là, comme à Rotten-Row, les ramages d'oiseaux des misses à cheval. C'est un coin tout particulier de *high life* dans nos séductions parisiennes, une aquarelle animée de John-Lewis Brown, le peintre des élégances hippiques. Et le cadre est si joli que font les marronniers en fleur à ces cavalcades exquises ! C'est la jeunesse de l'année saluant de ses floraisons les jeunes têtes brunes et blondes. On suit, de loin, sur l'horizon bleu, ces minces tailles d'amazones disparaissant au galop comme des visions, au bout de l'allée, dans un poudroiement de lumière.

Je ne m'étonne pas que M. Octave Feuillet, le romancier de ces femmes trois fois femmes qui sont les mondaines et les Parisiennes, se plaise à décrire, presque toujours, dans ses livres, une promenade à cheval. C'est un adjuvant à la passion qu'un bout de galop dans les allées vertes. Le vent dans les cheveux murmure doucement des mots d'amour. Il y a là comme un coup de cravache donné à la tentation. Julia de Trécœur, bien en selle, me fait songer à une chasseresse du caprice et si, dans son dernier roman, qui est le livre à la mode maintenant, celui qu'on lit et qu'on se prête, *l'Histoire d'une Parisienne*, le peintre délicat des âmes féminines n'a point fait galoper Mme Jeanne Bérengère de Maurescamp, il lui a donné du moins un petit coup de soleil pour un cavalier, M. de Santis, un galant officier de chasseurs « les femmes, dit-il, aimant les vaillants et les victorieux, » On ne saura jamais combien les coups d'éperons auront poussé aux coups de canif !

Je songeais tout justement à ce roman d'Octave Feuillet en suivant l'allée des Poteaux lorsque, parmi ces misses anglaises à cheval, petites-nièces de Diana

Vernon, et ces Parisiennes qui ont Julia de Trécœur et Mᵐᵉ de Maurescamp pour cousines, je remarquai plusieurs comédiennes de nos théâtres de Paris, fort jolies sous leur petit chapeau masculin, toutes pâles et levées matin, dans leur costume collant d'amazones. Il y a là une note tout à fait caractéristique. L'actrice, inévitablement, se mêle à toutes les mondanéités ; elle a ses entrées dans tous les mondes non pas seulement par l'entrée des artistes, mais par la grande porte à deux battants. Les coudoiements les plus bizarres de la vie moderne sont si fréquents qu'ils ressemblent presque à des camaraderies.

Je me trompe : l'actrice prend le pas décidément sur la femme du monde, et, dans notre démocratie nouvelle, il ne semble plus y avoir, en fait d'altesses, que les altesses du théâtre. J'entendais, l'autre soir, dans le couloir du Gymnase, des reporters causer, avec une fièvre ardente et des empressements admiratifs, de l'arrivée prochaine et de la réception officielle d'un personnage que je pris, un moment, en toute naïveté, pour l'officier chargé de rapporter au gouvernement le traité signé par le bey de Tunis.

— C'est un événement ! disait l'un. Le résultat est superbe !

— Je serai le premier, ajoutait un autre, à lui donner le salut de bienvenue, au moment du débarquement !

— Ah ! le débarquement ! reprenait le plus actif. Je n'attendrai pas le débarquement ! Je me jetterai dans un canot et je me ferai hisser à bord du navire.

Ces sentiments enthousiastes ne paraissaient d'ailleurs un peu exagérés pour des reporters, d'ordinaire plus boulevardiers que patriotes, mais leur fièvre généreuse me fut bientôt expliquée lorsque j'appris qu'il ne s'agissait pas le moins du monde du misérable chiffon de papier qui épargne peut-être la vie à des centaines de nos soldats, mais bel et bien du retour, de l'arrivée et de la réception de Mlle Sarah Bernhardt !

A la bonne heure ! Je retrouve là mes bons journalistes français.

Elle revient ! Elle rentre à Paris chargée de dollars et pouvant, à son gré, payer ses dettes. Elle va courir l'Europe et faire courir tout Paris. Je sais déjà des *affaires d'or*, comme on dit, qu'on va lui proposer au saut du paquebot. Tournées en province, échappées vers la Hollande, l'Autriche, la Russie. Création de drames spécialement écrits et agencés pour elle. L'enfant prodigue n'aura qu'à choisir.

A la Comédie-Française, où elle ne semble pas devoir rentrer, on aura du moins son image qui, au surplus, embarrasse un peu les sociétaires. M. de Girardin, en mourant, a légué le *Portrait de Sarah Bernhardt* de Parrot au musée de la rue de Richelieu. Mais les vivants ne sont guère habitués à voir leur portrait figurer au foyer de la Comédie. C'est un honneur qu'on réserve aux morts. Je ne sais trop où le Théâtre-Français va placer la toile, assez vaste, souvenir posthume de M. de Girardin, mais la Comédie sera fort empêchée quelque jour si tous les admirateurs de Mlle Sarah Bernhardt lèguent un à un à la maison de Molière les images multiples de la fugitive.

Je suis de l'avis de ce critique d'art, un *salonnier*, qui écrivait un jour :

— Les portraits de Mlle Sarah Bernhardt sont jolis, mais ils sont *fréquents*.

S'il n'est pas d'usage d'accrocher au foyer de la Comédie les portraits des comédiennes vivantes, rien n'empêche de dresser, même de leur vivant, des statues à des grands hommes. Le poète des *Contemplations* aura sa statue sur cette place d'Eylau, maintenant baptisée place Victor-Hugo.

Un comité est déjà organisé. La transition de la vie à l'immortalité se trouve supprimée pour Hugo, comme vient de le dire M. Louis Ulbach. Mais je me rallie de grand cœur à la proposition que le romancier de la *Fleuriotte* vient d'émettre dans la *Revue politique et littéraire*. M. Ulbach réclame un piédestal pour Lamartine, un pendant fraternel au piédestal de Victor Hugo. A côté de la statue de l'auteur des *Misérables*, la statue de l'auteur des *Girondins* est tout indiquée.

Il y a, je le dis à la honte des générations nouvelles, dans l'espèce de discrédit où est tombé Lamartine un manque de goût et un manque de cœur. Le poète en lui fut un grand poète, l'homme fut un bon citoyen.

— Lamartine, nous disait, un soir, Victor Hugo lui-même, est le dernier des grands poètes classiques !

Jeune homme, l'auteur des *Odes et Ballades* l'avait déjà salué d'un inoubliable hommage :

> Prends ton luth immortel, nous combattrons en frères
> Pour les mêmes autels et les mêmes foyers.

> Montés au même char, comme un couple homérique,
> Nous tiendrons, pour lutter dans l'arène lyrique :
> Toi la lance, moi les coursiers !

Il est temps qu'un durable souvenir soit donné par Paris à cette grande mémoire et, au-dessus de la mêlée de ce temps, de la foule et des poussées confuses de nos petites batailles littéraires, je voudrais voir se dresser les images unies de ces deux aïeux de notre génération : la face de bronze de Victor Hugo à côté de l'image de marbre d'Alphonse de Lamartine.

Notre siècle a beau se targuer d'être le siècle des savants, il vivra peut-être seulement, dans la mémoire de l'humanité, par les chants de ses poètes.

— Je donnerais tous les poètes pour un médecin, disait, un jour de paradoxe, un homme qui veut avoir trop d'esprit.

Le médecin tient sans doute une grande place à notre époque. Balzac l'a mis tout naturellement au premier plan, à l'avant-scène de sa *Comédie humaine*. Son Desplein, qui n'est autre que Dupuytren, et son Bianchon, qu'il réclamait avant de mourir, jouent tout naturellement les premiers rôles dans son œuvre. Quelque jour, à propos du livre, tout à fait intéressant de M. A. J. Dalsème, *A travers le Palais,* j'étudierai, après l'observateur des hommes et des choses judiciaires, la vaste machinerie de la Justice. Aujourd'hui, une lettre déjà vieille et un petit volume tout nouveau m'invitent à m'occuper des médecins, en passant et sans y toucher presque.

Le médecin, — ce confesseur des gens qui ne croient pas, — mérite une physiologie spéciale, ayant, dans notre vie moderne conservé une physionomie à part, toute privilégiée, souvent raillée, plus souvent respectée, et, mieux encore, redoutée.

J'ai reçu, un jour, d'une lectrice du *Temps*, veuve d'un médecin, une longue lettre, fort spirituelle, où, au nom de toutes les femmes, on me demandait de plaider la cause des *femmes-médecins* ou *médecines*, dirais-je, si je ne songeais au pitoyable *bon mot* possible de quelque mauvais plaisant.

L'aimable correspondante réclamait des *femmes-doctoresses* au nom de son sexe qui se sent, disait-elle, humilié parfois, lorsqu'il faut, par exemple, se confier, se livrer dans toutes ses pudeurs à un homme qui, pour être un savant, un docteur, un être sacro-sanctifié par la science, n'en est pas moins un « homme », en fin de compte, avec toutes ses audaces qui sont des nécessités sans nul doute, mais qui ressemblent terriblement à des curiosités.

« Je n'oublierai jamais, moi vieille femme, m'écrivait notre lectrice, la façon dont le médecin de ma famille regardait mes bras nus lorsque j'étais jeune fille. J'en ai encore, sous mes cheveux blancs, comme des frissons insultés ! »

Il y a évidemment là une raison à donner en faveur des *femmes-docteurs*, mais il est à remarquer combien les femmes se sentent — comment dirai-je ? plus *insultées*, pour parler comme ma correspondante, par le regard d'une femme, d'une sage-femme que par celui d'un médecin. Le médecin, pour sa cliente, est un peu ce qu'est le peintre ou le sculpteur pour ces *modèles* dont je parlais récemment. Il n'existe pas. Le *modèle* sait fort bien que, sous l'œil de l'artiste, il n'est qu'un prétexte ; la malade a la même sensation. Sous l'œil du docteur, elle n'est qu'un *sujet*.

Mais il est une autre raison pour laquelle la veuve de médecin qui m'adressait naguère un si pressant appel en faveur des *médecines* réclame énergiquement des *doctoresses*.

« J'ai toujours été jalouse, nous dit-elle, par suite des tentations auxquelles la médecine exposait quotidiennement mon mari ! »

C'est là un cas tout spécial, on l'avouera, et qui appartient à la comédie ou au roman, mais qui ne saurait entrer en ligne de compte dans les arguments donnés en faveur des femmes-médecins.

Et pourtant !... Oui certes, la lettre que je recevais a raison. Ce doit être un supplice tout particulier que celui d'une femme de docteur mordue de jalousie, et qui voit partir son mari pour le chevet de sa rivale. Rivale imaginaire ou réelle, peu importe. C'est *une femme*. Une malade, soit, *un sujet*, comme je disais tout à l'heure. Mais une femme ! Et une jolie femme, malgré la souffrance, peut-être même à cause de la souffrance qui a bien ses séductions et son charme.

« Mon fils est médecin, comme son père, ajoutait, je crois, la très spirituelle inconnue qui m'écrivait. *Eh bien je plains ma bru !* »

Je plains ma bru ! Ce n'est point là un mot de belle-mère ; mais c'est bien un mot de femme et j'imagine que ma correspondante a beaucoup souffert autrefois. Son mari avait été le « médecin des dames », un type aimable, élégant et éternel. On s'image ainsi les docteurs en manchettes du temps passé, les contemporains de Tronchin assis et souriant de leurs lèvres rasées auprès des jolies coquettes, fines comme des vignettes d'Eisen, qui se plaignent gentiment de vapeurs, comme nos contemporaines gémissent sous les névralgies ou les migraines.

Mieux vaudrait pour une jalouse le type du médecin bourru pour qui le mot de *malade* ne change jamais de sexe et se trouve éternellement du genre neutre, le ou la malade devenant un objet quelconque, une chose inanimée qu'on manipule sans tressaillement.

Je conçois d'ailleurs qu'on se montre jalouse de la médecine même, de cette rivale exaspérante qui vous arrache despotiquement, à toute heure, au milieu du repas, au milieu de la nuit, le mari que vous avez choisi. Mais jalouse des malades, jalouse des visites, jalouse de tout, c'est un peu trop. Quand on se sent au fond de l'être ce genre d'*othellisme*, si je puis dire, le plus raisonnable n'est point de réclamer une Académie de médecine féminine; le plus simple est de ne pas épouser de médecin.

— Eh ! vous êtes bon ! et si j'aime un médecin ?

— Alors, mariez-vous, comme dit Rabelais, et risquez d'avoir des attaques de nerfs chaque fois qu'une cliente écrira : « Cher docteur, venez vite, je ne puis pas me passer de vous ! »

Au reste, tant qu'il y aura des médecins — et il y en aura, Dieu merci, tant que l'éternelle maladie n'aura point battu en retraite — il y aura des femmes de médecins pour être jalouses et des railleurs pour railler les docteurs et les *doctoresses.*

En vérité, si Molière n'avait point souri de Desfonandrès et Le Sage de Sangrado, les médecins eux-mêmes eussent inventé, sur leurs collègues, des plaisanteries identiques. Le bonnet du docteur pousse à la gaieté comme le bonnet de la folie.

Il vient de paraître — la preuve en est — un petit livre plus amusant qu'il n'est gros, où deux docteurs qui sont des curieux ont rassemblé, colligé, comme on eût dit jadis, les épigrammes, les maximes courantes sur la *Médecine littéraire et anecdotique.* Sur la couverture et comme au seuil du livre de MM. G. Witkowski et Gorecki, apparaît, rieur comme un faune, un buste antique. O majesté des marbres ! Ce buste gai n'est autre cependant que celui du vénéré Hippocrate ! C'est Hippocrate en gaieté, j'allais presque dire en goguette. M. Witkowski et son collaborateur ne nous prennent pas en traîtres. Il nous présentent la science et les savants en belle humeur.

J'ai lu ce volume et j'en parle ici pour une bonne raison. C'est qu'il me fournit une vérité à dire. Cette vérité-là, — tous les docteurs de la Faculté me la pardonnent, — c'est que, je le répète avec étonnement, jamais, au grand jamais, Molière ni les imitateurs de Molière n'ont autant et aussi malicieusement nargué les médecins que les médecins ne se raillent eux-mêmes. Leurs épigrammes sont mordantes et sentent l'acier du bistouri. Molière et les satiriques littéraires se contentent de rire ; la barbe de leur plume se promène doucement sous les narines de Diafoirus. Au contraire, les médecins entre eux font tous de la chirurgie : ils enlèvent le morceau. Autopsie mutuelle !

« — La vie est courte, dit un aphorisme professionnel, la clientèle difficile, la confraternité trompeuse. »

Elle est plus que trompeuse, elle est malicieuse. Je rencontre, par exemple, dans cette *Anthologie* médicale des épitaphes satiriques et des épigrammes dans le genre de celles-ci :

Epitaphe de Velpeau, par le professeur P...

> Ci-gît, opérateur heureux
> Qui, sans jamais se battre,
> Coupa bien des hommes en deux
> Et des liards en quatre.

On n'est pas plus galant.

Et ce n'est pas tout! Lisfranc, chirurgien de la Charité, appelait Dupuytren, son collègue à l'Hôtel-Dieu : *le grand boucher du bord de l'eau*, et Dupuytren se servait volontiers de cette périphrase pour désigner son collègue : *l'assassin de la Charité*.

Ne sont-ce pas les médecins eux-mêmes qui, dans leurs confraternelles aménités, ont traduit comme suit les titres des deux grandes Facultés rivales :

D. M. P. (docteur-médecin, Paris).
Dat Mortem Paucis.
« Il tue peu de monde ! »
Et :
D. M. M. (docteur-médecin, Montpellier).
Dat Mortem Multis.
« Il donne la mort à beaucoup de gens! »

Les plaisanteries les plus amères ne sont donc pas, comme on voit, faites aux docteurs par les seuls gens de lettres, dont après tout c'est le métier, mais par les confrères en veine de méchancetés :

— Cher confrère, un client! répétait, à la chasse, un médecin à un de ses collègues, dès que partait un lièvre ou que se levait un perdreau.

C'est là la vieille plaisanterie classique. On en a bourré de semblables tout les recueils d'*Anas*. Ce genre d'esprit, si c'est bien de l'esprit, est même devenu banal. Et pourtant, comme les maris de Gavarni, il fai toujours rire!

Elles sont nombreuses, en ce sens, les épigrammes analogues à ce quatrain anonyme :

> Venez, docteur, maître Gervais
> Est plus mal que je ne puis dire :
> Il divague et, dans son délire,
> Il dit qu'il veut mourir. — J'y vais !

Que les médecins pardonnent donc à Molière toutes ses irrévérences. Il ne les eût pas commises, je le répète qu'ils les eussent eux-mêmes inventées.

On les voit, dans ce recueil, amusant comme un dîner de carabins à la salle de garde, peindre, en chansons ou en railleries, les misères de la vie médicale. Vie absorbante en province, où le médecin de campagne enfouit comme un champ borné ses rêves d'avenir; vie écrasante à Paris, où l'interne, parfois condamné à n'être qu'un médecin de quartier, traîne misérablement le boulet de la clientèle à quarante sous.

C'est le sentiment amer que traduit à peu près la boutade du docteur Amédée C... :

> Le médecin, savant et sans intrigue
> A Paris meurt de faim,
> Ou, s'il arrive enfin,
> Savant ou non, meurt de fatigue!

Le médecin, comme le peintre, fait d'ailleurs assez souvent fortune. Dupuytren, l'humble enfant de Pierre-Buffière, offrit un jour un million gagné par lui à Charles X exilé. Ce million, il est plus d'un docteur qui l'a trouvé dans sa trousse, comme plus d'un conscrit a découvert un brevet de maréchal dans sa giberne

> Et le bâton d'azur semé d'abeilles d'or!

Il est, d'ailleurs des médecins qui, selon le mot d'une femme d'esprit, vous soignent en vous demandant *la bourse ou la vie;* d'autres qui, généreusement, se multiplient pour leurs clients, comme si la médecine était un art spécialement inventé non pour nourrir son homme, mais pour le sauver.

Il y a d'ailleurs dans l'homme qui guérit, qui paraît tenir entre ses mains l'existence d'un être vivant encore et moribond une telle majesté, une telle supériorité sur le commun des martyrs, qu'il semble que de tels services rendus à l'humanité, en quelque sorte, soient littéralement impayables et c'est pourquoi nombre de clients s'obstinent à ne les point payer.

Ou encore les payent-ils en monnaie de singe. C'est ce qu'on appelle en argot du métier, « les cadeaux d'Artaxercès. » Le docteur E. Tillot, dans une chanson de salle de garde, a fort joliment chanté ces cadeaux, assurant que ce n'était pas le roi de Perse mais un banquier d'Athènes qui aurait envoyé un lièvre et des faisans à Hippocrate, comme prix de ses honoraires :

> Mais Hippocrate aimait fort peu la chasse,
> D'Artaxercès il rendit les présents !

Depuis, Artaxercès a fait des petits et ses neveux continuent à traiter Hippocrate comme le faisaient leur aïeul :

> Bourse au crochet, tricot, tapisserie,
> Fleurs en papier, œufs d'autruche, lézards,
> Vases fêlés font une galerie
> Qui doit prouver votre goût pour les arts.
> Pendule en zinc, cornet en pâte ferme,
> Dons fastueux de cœurs reconnaissants !
> Mais en biblots, reçoit-on votre terme ?
> D'Artaxercès refusez les présents !

Artaxercès, au surplus, a souvent des ingéniosités de millionnaire. Un jour, M. Émile Augier, ne sachant comment remercier M. Ricord, lui envoya un tableau de Gustave Boulanger représentant lui, Augier, sous les traits d'un Grec offrant un coq à Esculape personnifié dans Ricord.

Le chirurgien dut être flatté. Velpeau eût été moins enchanté, car il préférait l'argent d'Artaxercès à ses présents, s'il faut en croire ses collègues, très indiscrets.

C'est Velpeau, par exemple, que met en scène,

sans nul doute, une anecdote du livre de MM. Witkowski et Gorecki. — A la suite d'une opération faite, avec succès, à un enfant atteint du croup, la mère vient remercier le chirurgien et lui offrir une bourse brodée de sa main.

— Veuillez accepter ce petit travail comme un faible gage de ma reconnaissance!

Il connaissait la phrase consacrée. Il l'écouta sans trop de grimaces, puis, assez brutalement :

— J'accepte, madame, mais sans préjudice de mes honoraires, qui s'élèvent à trois mille francs!

— Pardon, fit alors la mère en reprenant la bourse des mains du chirurgien et en en retirant deux billets de mille ; il y avait cinq mille francs. Voici maintenant votre compte.

Il est bon de ne point trop s'étonner de voir que l'homme de science est doublé souvent d'un homme d'affaires. Le désintéressement est une vertu admirable, surtout chez un médecin, et je trouve Dupuytren fort touchant lorsqu'il dit fièrement à Saint-Simon pauvre et glissant discrètement un rouleau de deux cents francs entre les livres du savant : « Monsieur Saint-Simon, vous oubliez votre argent. » Mais le docteur, après tout, vit de son malade comme le prêtre vit de l'autel. Le publiciste qui combat pour une idée n'en fait pas moins payer ses articles. Il devrait, selon P.-J. Proudhon, se contenter d'affirmer ses opinions et mourir de faim, au besoin, sans penser à constituer, comme disait le Franc-Comtois, des *majorats littéraires*. Le conseil est héroïque ; il me paraît peu pratique. Je sais d'ailleurs des médecins devenus sceptiques pour avoir été payés en reconnaissance. Ah! la reconnaissance du malade ! C'est bien peu de chose. Le danger passé, adieu le saint! Le convalescent s'inquiète fort peu du docteur. Et c'est encore un des aphorismes de la profession, basé sur l'expérience, qui dit :

— Le client qui paye son médecin est exigeant, celui qui ne le paye pas est un despote.

Au reste, à propos de paiement, je trouve dans un grave et important travail d'un savant docteur, dans l'*Éloge de Voillemier* (de l'Académie de médecine) prononcé naguère à la Société de Chirurgie par M. le docteur Horteloup, secrétaire général — et le plus aimable des hommes — une anecdote typique, glissée spirituellement par l'auteur de cet *Éloge* au milieu de considérations plus spéciales et tout à fait érudites. Le docteur Voillemier était, paraît-il fort désintéressé. « Jamais, dit énergiquement M. Horteloup, il ne voulut se prêter à ces transactions d'argent qui déconsidèrent une profession. »

« — Son désintéressement, ajoute-t-il, n'allait cependant pas jusqu'à admettre ces marchandages si fréquents chez les gens du monde, et d'un mot il savait les arrêter. Un jour, se présente dans son cabinet un malade atteint d'une affection qui exigeait une exploration souvent pénible pour le patient, mais toujours très désagréable pour le chirurgien. La consultation terminée, une somme des plus ordinaires est demandée au client qui voulait s'acquitter; récrimination du malade, qui trouve le chiffre exagéré ; alors sans rien répondre, M. Voillemier lui met le double de la somme dans la main, et, faisant le geste de se déshabiller : « Voulez-vous, lui dit-il, m'en faire autant? »

C'était bien répondu, et en effet, le salaire, en certains cas, vaut exactement ce que vaut l'homme, j'allais dire l'artiste : — peintre signant un tableau, chirurgien achevant une opération, poète donnant son drame.

— Faites chanter vos maréchaux! répondait ce ténor qui trouvait que les chanteurs étaient plus payés que des maréchaux de France.

— Trouvez des savants et des peintres comme nous! répondraient volontiers les médecins et les artistes dont on marchanderait l'habileté et le talent.

Il ne déplaît à personne de voir des médecins riches. On peut trouver seulement qu'ils sont parfois un peu durs envers les malades pauvres.

— Aussi pourquoi sont-ils malades? comme répondait logiquement cet autre.

Il est vrai que c'est une raison.

Mais, au résumé, ce qui est à la gloire des médecins, ce qui fait la grandeur de la profession c'est que ces hommes qui disputent les autres à la mort sont précisément ceux dont la vie moyenne est la plus courte. La statistique ne fait pas d'épigrammes, elle. Elle calcule et elle constate. Les médecins vivent moins longtemps que le commun des hommes. Ils donnent leur existence, miette par miette, pour l'existence des autres.

Molière, cela bien et dûment constaté, ne raillerait plus : il saluerait.

D'autres hommes qui surent mourir aussi, ce furent, il y a dix ans, ces fusiliers et ces canonniers marins dont la disparition du vice-amiral La Roncière la Noury vient, tout à coup, d'évoquer le souvenir. Le rôle politique de ce soldat sera vite oublié, mais son nom restera attaché, comme celui de la marine, au souvenir du siège de Paris. Les marins de La Roncière ! Je les vois encore au Bourget, montant à l'assaut de la Suifferie comme ils eussent grimpé aux mâts de leur navire. Dans leurs forts, dont ils composaient « l'équipage », les parapets devenaient pour eux les *bastingages*, les embrasures, les sabords, Quand ils descendaient vers Paris, ils disaient : — « Nous allons *à terre !* » Il y avait comme une poésie dans la nécessité terrible qui faisait défendre par des matelots le vaisseau symbolique de la ville de Paris !

Ce que furent ces hommes, nous l'avons vu, il y a dix ans. Ce qu'ils sont tous les jours, le vice-amiral La Roncière le dit éloquemment dans son livre sur la *Marine* que je viens de relire après avoir appris la mort de son auteur :

« Veut-on savoir le lendemain de ces troupes modestes et vaillantes, les fusiliers marins, l'infanterie de marine ? écrivait le vice-amiral au lendemain du siège. Elles vont partir pour quelque colonie lointaine, et là, morcelées en petits détachements, elles vont s'en aller dans l'intérieur, le plus souvent sans nouvelles, sans écho de la patrie. Après quelques mois, on apprendra que le détachement est réduit de moitié par le climat, par la maladie ou qu'il a été décimé dans quelque obscur combat. La mort marche à grands pas dans leurs rangs. Voilà le vrai dévouement, l'abnégation, le devoir dans toute sa rigueur! »

Cela ne compte pas, les marins! C'est comme le lest de la patrie jeté à la mer.

Un jour, parmi les documents officiels de la guerre du Mexique, on put lire cette dépêche glorieusement sinistre que l'amiral La Roncière a publiée comme un des titres d'honneur de l'infanterie de marine :

« *Que les familles se rassurent* : il n'y a de malsain au Mexique que les terres chaudes, et *elles sont occupées par la marine!* »

Et ce n'est pas pour ces marins revenant du bout du monde que les navires pavoisent d'ordinaire, c'est pour les cabotines fugitives qui rentrent au bercail pour continuer leur tapage!

UN PEINTRE DE LA VIE PARISIENNE

24 mai 1881.

Une exposition toute spéciale, qui durera un mois environ, s'est ouverte aujourd'hui au cercle de l'Union artistique, les *Mirlitons,* comme on l'appelle.

L'exposition actuelle est une exposition de pastels, une exposition personnelle de M. J. de Nittis. Elle comprend des portraits, de grandes scènes de la vie moderne, des coins de *courses* et des natures mortes, des fleurs. Je ne crois pas que jamais on ait donné au pastel, à ce genre exquis et d'une délicatesse séduisante, des dimensions aussi vastes. La peinture des mœurs, ainsi faite avec une telle hardiesse, devient de la peinture d'histoire.

Il y avait longtemps que M. de Nittis voulait aborder le pastel avec cette virilité. Je me rappelle l'avoir vu entrer, il y a quatre ou cinq ans, chez un marchand de pastels de la rue Pigalle, et là, devant ces boîtes aux petits pains ronds comme des crayons, dont les tons charmants se fondaient avec des dégradations attirantes, — caresses des yeux, — je me souviens de son enthousiasme devant la perspective des *œuvres à faire* au pastel. Il est loin le temps où Grimm, qui d'ailleurs, sur bien des points, est un esprit parfaitement étroit, écrivait : « *Tout le monde est d'accord que le pastel est presque indigne d'être manié par un grand peintre.* » C'était l'heure où l'on ne pouvait, sans déroger, sortir de l'usage, et Diderot répétait à Latour : « Souviens-toi que tu n'es que poussière, pastelliste, et que tu retourneras en poussière! » Eh bien! pas du tout. Latour et sa poussière ont survécu à la plupart des *grands* peintres ambitieux dont les œuvres défraîchies et craquelées n'ont plus rien de cette fraîcheur exquise des Latour du musée de Saint-Quentin, des Liotard qu'on voit à Genève — le sourire de Mme d'Épinay, fixé du bout d'un pastel, traversant les siècles,— et des Greuze, et des Rosalba Carriera, dont les apparitions coquettes gardent, après cent ans passés, comme un éternel coloris. Le velouté du pastel, sa fraîcheur, sa grâce semblent choses tendres comme le crayon même que le peintre écrase et estompe sous ses doigts, et cette poussière d'ailes de papillon est aussi durable, plus durable parfois, je le répète, que la peinture à l'huile. *Pulvis es, nec in pulverem reverteris!* Le pastel, comme l'aquarelle et la gouache, est d'ailleurs un art de délicats.

On ne saurait imaginer de pastels d'une taille plus haute et d'une grâce plus vive que ceux de M. J. de Nittis. Le peintre des places grises ou ensoleillées de Paris, des routes d'Italie et des coins pittoresques de Londres a voulu rendre par le pastel les scènes de notre vie moderne, les Courses, avec leurs élégances, leur mouvement, leur caractère spécial. Il choisit, comme dans la réalité, pour premier plan, des chaises et pour horizon les coteaux, la foule appuyée aux barrières.

Ce qu'il vu, il le peint. S'il fait froid, il groupera autour d'un brasero des personnages grandeur nature. S'il pleut, il montrera, comme un assemblage de tortues, le piquant effet des parapluies ouverts. Croira-t-on que l'élégance et la poésie même du coke tombant en braisons sur le sable, d'une fumée de chemin de fer apparaissant sur l'horizon, de jolies femmes debout sur des chaises et lorgnant auprès de gentlemen corrects campés sur leurs cannes, M. de Nittis a dégagé et encadré tout cela dans de complets et vastes tableaux?

Que le pastel rende avec éclat des fleurs épanouies dans un vase de Sèvres, c'est fort bien. On y était habitué. Mais on n'avait point vu le pastelliste encadrer aussi complètement une figure humaine dans un salon, dans un théâtre, dans un cabinet, dans un paysage, dans le milieu même de sa vie quotidienne. Il y a là une loge d'opéra où une femme blonde, vêtue de satin noir, la lorgnette entre ses mains gantées de Suède, regarde un décor de théâtre, le deuxième acte de la *Korrigane*, au moment où une lueur verte enveloppe la scène. C'est charmant, cette apparition féminine, dont la gorge est baignée des reflets du lustre. On dirait un brin de rose sur l'eau glauque d'un lac.

Et le *Window!* Une jolie jeune femme en bleu, sur un fond clair. Et tel profil de jeune fille, sur un fond noir et blanc! M. de Nittis excelle en ces virtuosités du plein air. Puis, le voilà qui, dans ses portraits de Mme Ephrussi et de M. Edmond de Goncourt, rend l'atmosphère même d'un salon ou d'une maison d'artiste. Mme Ephrussi est chez elle aussi, en robe noire, sur un canapé de satin bleu-de-ciel, ses pieds sur un

coussin posé sur le tapis. Rien de plus charmant et de
plus savant que ce portrait. M. de Goncourt est représenté à mi-corps, dans son cabinet, devant son encrier
et son cachet de cristal de roche. Sur sa table courent,
à côté des feuillets de papier, un paquet de tabac, un
cahier de *papel* à cigarettes bleu et des plumes d'oie. Il
y a une intimité profonde dans ce portrait qui nous rend
bien l'homme, avec ses cheveux en broussaille, sa
cravate lâche et ses yeux qui rêvent. M. de Nittis a
écrit sur le premier feuillet que M. de Goncourt a
devant lui le titre de la prochaine étude du romancier,
la *Faustin*, et personne ne peut lui savoir mauvais gré
de cette amicale réclame qui, pour l'avenir, donne une
date à ce portrait. On aperçoit, à travers les fenêtres, un
jardin, des arbres, un paysage très fin, et on prendrait
un à un, on toucherait et on aimerait à feuilleter les
livres rares et les plaquettes sur lesquelles se détache
la tête pâle de l'homme de lettres.

Tout est artistique dans cette exposition, jusqu'à
l'encadrement de tapisseries et les plantes qui entourent
les pastels, présentés sur des chevalets, de façon à donner la sensation même d'une entrée dans un salon.
C'est ainsi qu'il faudrait aménager, pour les raffinés,
des exhibitions choisies. On y viendra. L'œuvre d'art
est comme égarée dans les halles des Salons annuels.
Au milieu du vert de ces plantes, des cadres de chêne
clair parfois ornés de dessin japonais, les figures de
M. de Nittis apparaissent très vivantes et très séduisantes : femmes en noir se détachant sur un fond jaune ;
jeunes filles en blanc sur des touffes de vert et de
blanc ; scènes de steeple-chases où des milliers de gens

paraissent avec le mouvement et la griserie de la réalité.

Voilà bien la note exacte de notre temps. C'est la peinture de notre histoire de tous les jours. Il y a là un moment de notre vie moderne extrêmement bien saisi et admirablement rendu par un homme qui n'a jamais été plus maître de son art.

XI

Un dimanche de vote. — Le mur de M. Thiers. — La vente Double. — Le pianiste Planté. — Le livre et le tableau. — Les *médailles* — Les peintres collégiens. — La médaille de M. Manet. — Histoire d'un peintre de la misère racontée aux peintres à la mode. — Comment se tua Octave Tassaert. — M. Bès fils. — Une barrique de vin. — Le convoi du pauvre. — Une lettre de M. Alexandre Dumas fils. — La tombe de Tassaert. — Une *rue Tassaert*.

31 mai 1881.

Paris a voté !

Je l'ai vu déjà bien des fois couvert de ces affiches roses, bleues, jaunes ou rouges, ce mur de la maison de M. Thiers ombragé de lilas qui maintenant ont passé fleur ! C'est sur ce mur que se sont livrées, depuis dix ans, les batailles électorales les plus décisives et qu'ont flambé, tour à tour, les noms de Thiers, de Grévy, de Girardin ! Mais jamais peut-être la muraille dont les moellons appartiennent aujourd'hui à Mlle Dosne n'avait été tapissée de plus de placards multicolores. Il y a, dans l'affichage, un progrès, comme en toutes choses. Les noms des candidats s'étalent maintenant partout : sur les becs de gaz, sur le rebord des bassins, comme à la place Saint-Georges, et, qui mieux est, sur les marches de l'Opéra.

C'était de l'inédit dans l'art de l'affichage que de coller le nom des candidats sur l'escalier extérieur de l'Académie de musique et d'en faire une manière de tapis. Ingéniosité qui ressemble à de l'américanisme. Aux élections prochaines, les listes des candidats s'étaleront peut-être sur les rideaux des théâtres. On les discutera pendant les entr'actes.

Il y avait, cette semaine, presque autant de visiteurs, portant leur catalogue sous le bras, devant l'hôtel de M. Double, qu'il y avait hier d'électeurs, leur bulletin à la main, devant les sections de vote. Certainement tout Paris a défilé devant les boîtes de Van Blarenberghe, les assiettes de vieux Sèvres, et les porcelaines de Chine du collectionneur. Il y avait là comme une poussée de curiosité, et, devant les fantaisies exquises, les bonbonnières et les pendules, les *collectionneuses* (une variété toute moderne des *précieuses*) poussaient de petits cris d'oiseaux pâmés.

— Ma chère ! du vernis Martin !

— Un Riesener ! Une encoignure signée !

— Et ce métier à broder ! Quel rêve !

On trouverait un peu de factice dans ces engouements comme dans la fièvre qui battait par les veines des anciennes élèves de Planté, avides d'aller acclamer l'admirable pianiste jouant au Trocadéro, samedi dernier les airs de Listz, que Listz doit exécuter à Bruxelles. En fait de *bibelots*, je gagerais que plus d'une dirait volontiers à peu près comme le mélomane de Béranger :

... Pour que j'applaudisse.
Si c'est du Mozart que l'on m'avertisse.

Mais c'est la mode, c'est mieux et pis que la mode, c'est le *chic*. La mode, on peut encore la suivre. On peut la corriger, l'amender, la précéder. Mais le *chic* est un tyran absolu. On lui obéit sous peine de déchéance et d'inélégance, cette mort incivile.

J'espère bien qu'on rencontrera demain autant de gens portant les nouveaux volumes d'Hugo que le Catalogue Double. Mais je n'en répondrais pas. La littérature est aujourd'hui, de toutes les joies humaines, la plus parfaitement sacrifiée. Les Dangeau du *high life* nous répéteront, sans sourciller, que le livre n'a pas de *vernissage*, et que personne au monde et dans le monde ne se piquera de savoir si les *Contes* nouveaux de Coppée réussissent ou ne réussissent point, tandis qu'il est de fort bon ton de s'occuper des peintres qui ont ou qui n'ont pas la *médaille*.

— C'est un *scandale* de donner une médaille à tel ou tel peintre! C'est un *scandale* de n'en point donner à tel autre!

— Peste! le monde d'aujourd'hui s'exalte étrangement sur la peinture et les peintres s'inquiètent terriblement de la *médaille!*

Les *médailles!* La *question des médailles!* Les discussions pour la médaille! Les colères contre les médailles! Les orages annuels que soulève, chez les peintres, le vote des médailles! Tout ce tapage, à dire vrai, me fait un peu sourire, et je ne puis m'empêcher de trouver que nos artistes, jusqu'à la fin de leurs jours, ressemblent terriblement à des collégiens — mettons de grands collégiens, pour leur être agréable — qui rêvent des exemptions et des prix d'encouragement et grimperaient encore, en cheveux gris (quand ils ont des cheveux!) recevoir, sur l'estrade, la couronne de papier vert du lycéen! *Præmium laboris!*

C'est que la question de la médaille se double de la redoutable question de la *vente*. L'amateur, esprit éclairé, ne se risque à donner son argent que contre estampille. Avant d'acheter un tableau, il consulte prudemment le Livret pour voir si l'artiste qui le tente a été trouvé digne de ces deux lettres glorieuses : H. C.—*Hors concours* — qui sont exactement pour le sculpteur ou pour le peintre ce que ces deux autres lettres N. C. — Notable Commerçant, — sont pour les grands marchands de l'Almanach Bottin.

Hors Concours! Pouvoir faire dire au revendeur qui *allume* la clientèle : « — Ce tableau là, mais c'est un chef-d'œuvre! Son auteur a ses trois médailles! » Eh! c'est l'idéal! c'est le seul idéal, à dire vrai, que poursuivent aujourd'hui la plupart des peintres, et M. Edouard Manet, le révolutionnaire Manet, Manet l'intransigeant, Manet l'insurgé de la peinture, Manet la terreur de l'Institut et l'effarement des bourgeois, Manet s'incline, tout heureux, devant la médaille qui resplendit pour lui comme le soleil luit pour tout le monde! Courbe la tête, fier Sicambre! Tu es aussi médaillé que le commun des martyrs!

Et il en doit être enchanté, et, en lui décernant une médaille, c'est à toute une existence de recherches que les juges de cette année l'ont acccordée. C'est à l'*Enfant à l'Épée* — une maîtresse-toile, — c'est au *Torero*, c'est à ces œuvres du passé qui sont de réelles pages. Quant au chasseur de lions Pertuiset guettant le roi des déserts dans un paysage violacé...

Mais ne discutons point. M. Manet disait l'autre jour à des amis :

— J'ai enfin découvert la couleur vraie de l'atmosphère: — c'est le violet. Le plein air est violet. J'ai trouvé!... Dans trois ans d'ici, tout le monde fera violet!

Et c'est fort possible.

Les peintres ne cherchent guère que le succès, et leur rêve bien capitonné et bien clos, est un petit hôtel, et même un grand hôtel, dans les environs de la place de Malesherbes. Meissonier disait un jour qu'il était assez juste que les peintres qui signent des chefs-d'œuvre fussent aussi bien logés que ceux qui les achètent. Rien de plus logique, en effet, et de plus équitable. Mais à cela on pourrait répondre par le mot de Dumas fils :

— L'art vit de misère, il mourra de luxe!

Avez-vous passé, le soir, par ces quartiers neufs qui sont une ville dans une ville? A travers les grandes baies ouvertes de ces ateliers nouvellement construits, on aperçoit, sous les lustres hollandais ou vénitiens, des sculptures d'abbayes, des escaliers de palais, des tapisseries, des cadres d'or, des panneaux de japonaiseries, une explosion de ce luxe dont parle M. Dumas. Il y avait, à Florence, tout un quartier où les joailliers du temps jadis étalaient leurs chefs-d'œuvre dans une profusion de boutiques somptueuses. L'avenue de Villiers, la rue Fortuny, la rue Jouffroy et la rue Ampère, avec la coquetterie de leurs logis de tous les styles, cottages anglais, maisons flamandes, castels gothiques, *palazzi* italiens avec leurs *loggias* élégantes, rouges demeures du temps de Louis XIII, petits pavillons qui sourient comme la maisonnette d'une Pompadour aux champs, — tout ce coin de Paris est devenu le quartier des joailliers du pinceau.

Et ils se plaignent !

Et ils trouvent que l'Etat, le public, la presse, le siècle, ne prêtent pas à leurs travaux une attention assez fiévreuse ! Ils sont les favoris de ce temps, fort ennemi de la pensée, purement épris des manifestations sensitives ou sensuelles de l'art : — la Peinture et la Musique.

Il prennent parfois, devant la grossièreté d'une nation qui ne leur bâtit que des cottages quand elle devrait leur édifier des Louvres, une attitude désespérée !

S'ils parlent entre eux, en quelque coin d'un salon, dans une soirée, et si l'on écoute avec l'espoir secret d'entendre quelque parole profonde sur l'art et ses destinées, on les entend échanger, en fait de discussions esthétiques, des propos comme ceux que voici :

— Alors, votre terrain ?

— Mon cher, je l'ai payé 125 et il vaut 250.

— Le mien, 300. Aussi bien, j'en vends la moitié et j'ai mon hôtel pour rien !

— Moi, je vais racheter un peu plus loin, faire une grosse affaire. Avec le Crédit Foncier, c'est très commode ! J'ai acheté à 150. Je vends à 280. Avec la différence, j'achète à 90. Deux mille mètres. J'attends la hausse. J'en garde 500. J'en débite 1,500... Et voilà !

Il y avait une fois — et ce n'est pas une bien vieille histoire — un pauvre vieux grand peintre qui avait jadis donné ses premiers tableaux pour 60 francs, et qui les voyait — les mêmes ! — dépasser neuf mille francs dans les ventes publiques. Celui-là, du côté de la Chaussée-du-Maine, avait acheté une petite maison très simple, un jardinet, et il y vivait heureux, ayant conscience d'avoir fait son œuvre, et ne se doutant pas que c'était des chefs-d'œuvre...

L'histoire me revient à propos du luxe actuel de nos artistes et de leurs désolations lorsqu'ils ne gagnent point cent mille francs dans leur année.

Elle est assez peu connue et assez navrante pour mériter d'être racontée.

Le vieil artiste s'appelait Tassaert. Octave Tassaert. On ne se dispute pas encore ses toiles, sous le marteau de M. Pillet, comme on se dispute les Millet; mais les œuvres de ce maître, si profondément séduisant, si pénétrant, si français, qui tient de Prud'hon, de Fragonard, de Chardin, de tous ces maîtres du siècle passé qu'il continue avec une note plus intime et plus attristée, les moindres tableaux de ce Corrège de la misère, comme on l'a appelé, atteignent des prix élevés. Or l'homme qui les a signés s'est suicidé il y a sept ans, à soixante-quatorze ans, dans un petit logis d'une rue inconnue, et il a été porté au cimetière d'Ivry sans que les journaux aient à peine constaté que «M. Tassaert, qui avait eu des moments de vogue, mais qui affectionnait par trop les sujets tristes, venait de mourir fort âgé».

Celui-là, ce grand peintre mort désespéré, — non de pauvreté, il avait une petite rente annuelle de mille francs qui lui suffisait, mais de dégoût, — pouvait parler des difficultés, et des rancœurs, et des misères de la vie d'artiste ! Enfant, il avait appris à crayonner à l'école de dessin. Jeune homme, élève de Guillon-Lethière, il travaillait à raison de 2 fr. 50 par jour — 2 fr. pour le déjeuner, 50 centimes pour son tabac, — pour le compte de Suisse, directeur d'une académie de dessin, à des dessins et à des tableaux que Suisse revendait fort cher. Tassaert fit, à raison de cinquante sous par jour, la fortune de cet homme.

Il travaillait pour Raffet, il travaillait pour Bouchot, l'auteur des *Funérailles de Marceau* qu'on voit au Musée de Chartres. Tassaert travaillait pour tout le monde, excepté pour lui. La renommée vint cependant. Le peintre fit des tableaux pour Versailles. Théophile Gautier le proclamait superieur. Sa *Famille malheureuse*, au Luxembourg, ce suicide poignant d'une vieille femme et de sa fille, *illustration* éternelle d'une page déjà publiée de Lamennais, est et restera une des œuvres caractéristiques, supérieures de l'art français contemporain. Et sait-on, à l'heure où il signait ce chef-d'œuvre, combien Tassaert vendait ses toiles, — celles qui dépassent aujourd'hui 5,600, 6,000, 7,000, 9,000 francs?... Il en avait établi le prix à tant le centimètre, un prix tout fait, comme les petits pâtés :

Toile de 4...... 400 fr.
Toile de 6...... 600
Toile de 8...... 800

Et chacune d'elles était un chef-d'œuvre lumineux, aéré, d'un ton gris laiteux adorable. Tassaert n'avait pas encore trouvé le plein air violet de M. Manet. C'était la *Tentation de Saint-Hilarion*, la *Mort de la Madeleine*, le *Rêve*, la *Bacchante*.

Puis, un jour, cet homme qui vivait quasi-ignoré dans sa petite maisonnette de la rue Guilleminot, à Plaisance, se prit d'une amertume colère contre l'humanité en général et contre la peinture en particulier. Il s'enfermait, comme un ours en sa tanière dans son petit logis où Troyon, un jour, alla le saluer, et Tassaert, étonné, glorieux, ne cessait de répéter à Troyon :

— Ah ! que vous êtes heureux d'être un grand peintre !

— Taisez-vous donc, Tassaert, répondait Troyon. De nous deux, le plus grand peintre c'est vous!

La vérité est que, pour aller rendre visite à Tassaert, Troyon avait enlevé de sa boutonnière son ruban de la Légion d'honneur, ne voulant point le porter devant un tel artiste qui n'était pas décoré.

Le jour où Tassaert prit en dégoût la peinture, il fit venir un marchand de tableaux qu'il aimait beaucoup, M. Martin, l'homme qui, le premier, vendit des Corot, des Jongkind, des Ribot dont personne ne voulait, et lui dit :

— J'ai là, dans mon atelier, — un atelier grand comme la main, avec le lit et le chevalet tout près l'un de l'autre, — un tas de petites machines dont je ne veux plus. Trouvez-moi un bric-à-brac qui m'emporte ça !

Ça! C'était désormais ainsi que Tassaert allait appeler la peinture.

— Mais, dit Martin, si vous voulez vendre votre atelier, le marchand de bric-à-brac est tout trouvé! C'est moi.

Tassaert, peu abordable d'ordinaire, avait des faiblesses pour Martin. Lorsque le marchand de tableaux lui apportait une de ses vieilles toiles à fond bleu en lui demandant de la rajeunir avec un fond jaune plus à la mode, Tassaert, haussant les épaules, répondait :

— C'est bien pour vous ce que j'en fais! Voyons, je vais travailler ça pendant le temps d'une pipe! Asseyez-vous et fumez!

Et, quand il avait retouché le tableau, devenu chef-d'œuvre, le vieil artiste ajoutait :

— Maintenant, si ça ne suffit pas, j'ai indiqué le ton, eh bien! il y a tant de jeunes gens très malins aujourd'hui et pleins de talent... dites-leur d'arranger, de compléter ça!

Il n'y mettait pas autrement d'amour-propre.

Dédaigneux de son œuvre, dédaigneux du monde, invité, un soir, par M. Fould (Tassaert avait fait le portrait des enfants du ministre), à une soirée officielle, il y alla, comme Giboyer, sa pipe dans son habit.

— Elle me démangeait dans ma basque, disait-il. J'avais envie de la fumer! Alors, on a annoncé un ministre... Je ne sais pas lequel. Ça a fait un mouvement, j'en ai profité et je suis sorti!

Peut-être jamais plus Tassaert n'alla-t-il dans le monde. Il préférait aux salons les cabarets de la banlieue, le vin clairet de Tonnelier.

Lorsqu'il eut montré à Martin son atelier : quarante-quatre tableaux, esquisses ou dessins qui, aujourd'hui, vaudraient une fortune, et que le marchand lui eut demandé ce qu'il en voulait, Tassaert haussa les épaules:

— Donnez-moi deux mille quatre cents francs du tout ou deux mille francs et une pièce de vin, à votre choix, et vous en verrez la farce!... Mais débarrassez-moi vite. Je ne veux plus voir de peinture!

Martin n'était pas riche. Il emprunta ce qu'il fallut pour parfaire la somme, et Tassaert fut *débarrassé* de ses chefs-d'œuvre.

Peu de temps après, il écrivait, assez grognon, à son acheteur (et je respecte son orthographe) :

« Mon cher M. Martin,

« Mes tableaux ont bien vite partis. Mais la bienheureuse pièce de vin promise, ne prend pas la grande vitesse pour arriver. Peut-être n'avez-vous pas ma demeure? La voici.

M. Tassaert, rue Guilleminot, n° 24. Plaisance Paris, XIV° arrondissement.

« Toujours dans l'attente, votre serviteur,

» OCTAVE TASSAERT.

« adresse ci-dessus. »

La pièce de vin de Bourgogne arriva enfin. Tassaert la défonça, et, pour un moment, le verre en main, il oublia sa misanthropie qui grondait, montait en lui, à mesure d'ailleurs que sa vue s'affaiblissait.

Tassaert, né en 1800, avait alors soixante-deux ans et il devenait presque aveugle.

Alors, laissant la peinture, il se mit à faire de la littérature. On a vu de son orthographe. Il n'en était pas moins féru de poésie. Ses merveilleux tableaux, comme *la Tentation de saint Antoine,* il les traduisait en vers. Et quels vers! Ni rimes ni césure. Dix-huit ans auparavant, Michelet, à qui il soumettait des pièces de comédie, lui avait déjà dit, très courageusement :

— Faites donc de la peinture!

Sa palette, Tassaert l'avait broyée. Il ne pensait plus qu'à son encrier. Et alors il rimaillait, rimaillait, rimaillait, avec acharnement, comme l'abbé Trublet compilait. Il a laissé, d'une petite écriture rapide, des vers, des tragédies, des satires, des poèmes. Les *Quatre Vents de l'Esprit* soufflaient aussi (ironiquement, hélas!) dans ce cerveau de grand peintre.

Ses manuscrits se composent du *Magnétisme*, comédie, de la *Fin du monde*, des *Bonnes gens*, de *Leudaste*, tragédie, de la *Création*, poème en six chants avec épilogue, dédié à « M. Viennet, de l'Académie française ». Ce petit-neveu de Fragonard s'inclinant devant ce petit-fils de Campistron!

Tout cela est dispersé, soit entre les mains de M. Ribot, le peintre, soit entre celles de M. ·A. Bès fils, l'éditeur d'estampes.

Ce M. Bès, dont le père avait autrefois publié des

lithographies de Tassaert, — les premières, — mérite que son nom vive à côté de celui de l'immortel artiste dont l'existence fut si misérable. Avec une piété quasi-filiale, une affection dévouée de tous les jours, M. Bès s'est voué à la mémoire, à la gloire d'Octave Tassaert. C'est à lui que je dois d'évoquer cette figure de misanthrope. L'autre jour, en compagnie de M. Charles Jacque, nous allions chez M. Bès, sur le quai, comme à un pèlerinage à la tombe de Tassaert.

Il y avait là une évocation, une protestation qui nous tentait.

Tassaert, ulcéré, violent, trouvant que le monde « fabriqué par le Dieu des bonnes gens de Béranger était tombé dans les griffes du diable », ne voulait voir personne. Il avait vendu sa maisonnette et s'était enfermé, rue du Géorama, au premier étage, ayant laissé pousser sa barbe blanche, ne voulant même plus qu'on l'appelât Tassaert, ne prenant chez lui, ou à son café, chaussée du Maine, ou chez son traiteur, M. Abel, mort dernièrement, que ce nom : le *père Octave*.

M. Martin alla le déterrer là si je puis dire, avec le commis d'une maison belge qui offrait à Tassaert une somme considérable s'il voulait consentir à peindre encore un tableau.

— La peinture? répondit *le père Octave*, farouche. Je ne m'occupe plus de ça.

Courbet alla, un jour, lui demander son portrait pour une *Galerie des illustrations contemporaines*.

— Je ne suis pas une illustration, répondit le *père Octave*.

Il avait, jadis, fait le portrait de M. A. Bès fils,

enfant, en chapeau de paille et en blouse. En souvenir de ce vieux portrait de 1841, Tassaert avait pris en affection son petit modèle devenu un homme. Seul M. Bès pouvait parvenir à pénétrer chez lui. A tous les autres, brutalement, le père Octave fermait sa porte.

Aux journées de Mai 1871 — il y a dix ans déjà! — on dit à M. Bès que Tassaert, sortant de chez lui pour acheter son pain, avait été fusillé par les fédérés de la Commune. Le fils de l'éditeur se précipita chez Tassaert, le découvrit enfin, et, depuis lors, alla le voir souvent. Le vieillard, robuste, était fort triste, ronronnant et ruminant ses souvenirs de journées dures. Depuis 1865, la cécité était venue, presque complète. A demi-aveugle et seul dans un taudis, le peintre des suicides, des agonies, des misères, songeait.

En apprenant qu'on se disputait ses œuvres dans les ventes publiques, il disait :

— Allons, il paraît qu'il faut mourir pour avoir du talent.

On lui dit, le 16 mars 1874, qu'à la vente de M. Davin ses tableaux étaient montés très haut :

— Ah! Ah! On parle encore des tableaux, mais on se moque pas mal de celui qui les a faits! Ah! va-t'y y avoir du bacchanal, quand je mourrai!

Il se trompait, le pauvre Tassaert. Sa mort même passa inaperçue.

Vers la fin de mars, M. Bès lui apprit que son vieil ami, le lithographe Julien, qui avait lithographié plusieurs des études du maître, était mort depuis déjà longtemps. Tassaert l'ignorait.

Il devint très pâle. Sa figure se contracta. Il laissa tomber le cigare qu'il fumait, et dit entre ses dents :

— Pauvre Julien !... Et où est-il mort?

— A Bayonne.

— Quand on est mort c'est pour longtemps, dit-il alors en serrant la main de M. Bès. On n'est plus bon à rien !

Il but un verre de cidre, jeta son cigare qu'il avait repris et rentra chez lui.

Le 18 avril 1874, au soir, M. Bès trouva Tassaert très préoccupé, répétant : « Julien est mort! Julien est mort! »

Le vieillard avait fait acheter du charbon, des copeaux de bois.

— Pourquoi, monsieur Tassaert.?...

— Pour rien. Pour avoir chaud quand on me fera l'opération de la cataracte !

Quelques jours après, le 24, cette dépêche arrivait quai des Grands-Augustins :

Bès fils,

M. O. Tassaert trouvé mort ce matin dix heures. Venez suite rue du Géorama, 12, Montrouge.

BAULER.

M. Bauler était le propriétaire de Tassaert.

Le 22, le 23 et le 24, personne dans le logis n'avait entendu de bruit dans l'appartement du *père Octave* qui, le 21, à onze heures du soir, était rentré ivre, tombant comme une masse sur le palier, à la porte même de sa chambre. Des voisins, le grand Louis, M. Coicadan qui, tous les trois mois rendait à Tassaert le service d'aller toucher les 250 francs de ses rentes, la concierge, des voisins, avaient mis le vieillard sur son lit. Puis nul ne l'avait revu. Le 24, les voisins, inquiets de voir la fenêtre de Tassaert toujours fermée, frappent, cognent. Pas de réponse. On va chercher le commissaire qui arrive avec le serrurier.

— Ouvrez la fenêtre !

Tous reculent. Le vieux père Octave est sur son lit de fer, étendu sur le flanc gauche, la tête dans sa main, les jambes pendantes. Vêtu d'une chemise blanche, d'un gilet de laine, d'un pantalon et en chaussettes, le suicidé restait vraiment beau, avec sa barbe blanche, dans cette mort qui enlevait à ce visage l'expression d'hébétude des dernières ivresses.

> Il descend de la Courtille,
> Mais il monte dans les cieux.

dit Victor Hugo, dans son dernier livre, à propos du *Parisien du faubourg*. Tassaert aussi, ce faubourien de génie, descendait de la guinguette pour aller à l'immortalité. Au milieu de la chambre un panier d'osier, des morceaux de charbon traînant à terre et le réchaud, ce réchaud qu'il avait peint dans son admirable tableau du Luxembourg, la *Famille malheureuse*. La cheminée de la chambre avait été bouchée avec des chiffons. Le vieillard, avide de mourir — à soixante-quatorze ans — y avait ajouté son paletot. Sur la table de nuit, une pipe de tabac, vingt francs et ces quatre vers, qui dataient de près de neuf ans :

> Mes yeux, couverts d'épais brouillards,
> Me laissent à tâtons sur terre.
> Adieu, tant de choses si chères!
> Adieu, Poésie et Beaux-Arts !
>
> O. TASSAERT (presque aveugle).
> 1865.

L'administration du 14ᵉ arrondissement fit, à ses frais, l'enterrement du grand peintre. Un corbillard de dernière classe emportait, à quatre heures du soir, par un de ces temps pluvieux et bas de certains jours sombres d'avril, le corps de Tassaert au cimetière d'Ivry. Quelques vieux amis, des voisins, des peintres et graveurs du quartier, bien peu de gens, suivaient le cortège. Le curé de Saint-Pierre de Montrouge avait voulu officier lui-même devant le corps du suicidé. On jeta le cadavre dans la fosse commune, n° 1,068, 20ᵉ division. La croix portait simplement : « *Octave Tassaert, artiste-peintre, 24 avril 1874.* »

Trois jours après, le misérable mobilier de cet homme, qui avait été un des rares artistes personnels du siècle, était vendu aux enchères, devant quelques brocanteurs du voisinage. Une armoire en bois, une table, deux chaises, une glace, un fauteuil, le lit de fer, une table de nuit, un lit de plume et sommier, un couvert et un yatagan (qui peut-être un moment avait failli remplacer le réchaud) se vendaient *trente-huit* francs. Trente-huit francs le mobilier, les *bibelots*, les souvenirs du hère! Trente-huit francs, à l'heure où l'atelier de Fortuny, des tapis, des faïences, des épées, ses plats mozarabes, ses tentures montaient, montaient sous les enchères et où les tableaux de ce pauvre diable de *père Octave* se soldaient déjà en gros billets de banque !

L'histoire serait trop lugubre, dans son réalisme brutal et son antithèse ironique, si l'épilogue n'en était point quelque peu consolant pour notre humanité.

Le dévouement absolu de M. Bès fils, le dernier ami de Tassaert, ne devait pas se démentir, le vieux homme ayant disparu. L'entourage en bois et le petit jardinet qui marquaient la tombe de Tassaert, à Ivry, recevaient du survivant des fleurs et des couronnes. Pour cinq ans, Tassaert avait la concession de ce lit de terre. Il y a deux ans, au mois de mars 1879, M. Bès, sachant que le terme de la concession allait finir, alla trouver M. Alexandre Dumas fils, le fidèle admirateur de Tassaert.

M. Dumas écrivit sur-le-champ au préfet de la Seine :

« Monsieur le préfet,

« Un peintre d'un grand talent, Octave Tassaert, est mort au mois d'avril 1874, à l'âge de soixante-quatorze ans, par la misère et le suicide.

« Il a été enterré dans la fosse commune (2e cimetière parisien à Ivry-sur-Seine).

« Je ne connaissais pas personnellement Tassaert, mais je l'admire beaucoup. J'ai un grand nombre de ses œuvres. Il avait plusieurs fois souhaité d'être enterré à Montparnasse.

» J'ai l'honneur, monsieur le préfet, de vous demander l'autorisation de faire exhumer les restes de Tassaert et de les faire déposer au cimetière Montparnasse, dans un terrain à perpétuité que je lui achèterai, mais pour l'achat duquel votre autorisation m'est aussi nécessaire.

» Veuillez agréer, monsieur le préfet, l'assurance de ma considération la plus distinguée.

» A. DUMAS FILS. »

» 2 avril 1879. »

L'autorisation fut accordée et M. Bès et son père choisirent à Montparnasse la place où, pour toujours, allait reposer Tassaert.

Le 19 juin, M. Bès fils racontait ainsi naïvement et simplement à M. Dumas fils l'exhumation et l'inhumation du peintre qui avaient eu lieu la veille :

« Cher monsieur,

» Hier, à sept heures et demie du matin, a eu lieu au cimetière d'Ivry, l'exhumation du peintre Octave Tassaert.

» Le corps de Tassaert était presque entier et momifié, il a fallu le mettre dans une grande bière de chêne.

» A huit heures et demie, nous arrivons au cimetière du Montparnasse pour y déposer ses restes mortels dans la concession à perpétuité que vous lui avez donnée.

Je vous remercie, ainsi que mon père, encore une fois de ce que vous avez fait pour lui, car, sans vous et sans moi, ce grand peintre aurait été jeté dans les Catacombes en février 1880.

Veuillez agréer, cher monsieur, mes remerciements.

A. Bès fils.

Et maintenant, plaignez-vous, ô peintres de l'école nouvelle, de la grande école du chèque et du chic, et, quand vous aurez quelque doute, quelque découragement, que vous aurez compté vainement sur la médaille, ou sur la vente, ou sur la cimaise, ou sur le grand Salon — grosses questions en ce temps pratique — allez au cimetière du Montparnasse dans la 26e division, 1re ligne nord, et cherchez la pierre tombale qui porte le nom de Tassaert, et constatez que c'est M. Alexandre Dumas fils qui lui a donné cette sépulture. Les oiseaux y chantent au printemps, mais la tombe est bien solitaire.

Il doit y avoir un enseignement pour les impatients et les avides dans le dernier sommeil de ce suicidé et de ce vaincu.

Mais, au fait, pourquoi le père Octave n'aurait-il pas sa revanche? On avait parlé d'organiser, à l'École des beaux-arts, une exposition complète de ses œuvres. On l'a fait pour bien des peintres renommés et qui ne le valaient pas! C'est là qu'on verrait quel grand artiste, charmant et puissant à la fois, fut l'auteur désolé de la *Famille malheureuse*.

Et, puisque la rue du Géorama, où cet homme vécut, où le vieillard passa ses dernières années attristées et lugubres, puisque cette rue du Géorama, où il a allumé son réchaud de charbon, a changé de nom, pourquoi ne lui avoir pas donné celui de l'artiste hors de pair dont elle a entendu le pas traînant? Pourquoi ne pas l'avoir nommée comme il convient, rue Octave-Tassaert?

Ainsi serait constaté, par un hommage qui ressemblerait aux excuses de la postérité, un des plus épouvantables drames de l'histoire intime de notre art et de notre temps.

XII

Le jour du *Grand-Prix*. — France ou Angleterre. — *Fox-hall*. — La fièvre hippique. — Pendule pour *gentleman-rider*. — Le luxe du papier. — Chiffres et blasons. — Les cartes de Noël en Angleterre. — La *Foire aux plaisirs*. — M. Detaille et les Kroumirs. — Femmes du monde et filles du demi-monde. — La journée des filous. — L'armée du mal étudiée par M. Dalsème dans son livre *A travers le Palais*. — M. Ch. Desmazes. — Le *crime et la débauche à Paris*. — Morale et statistique. — Messieurs les malfaiteurs. — La criminalité en France. — L'Hospitalité de Nuit. — Les *Mémoires de M. Claude*. — Un policier pendant la commune. — M. Soury à la Sorbonne. — Un mot de M. E. Caro.

14 juin 1881.

Place aux chevaux ! Il n'est question aujourd'hui que du Grand-Prix de Paris. Bataille entre la France et l'Angleterre, gagnée par le troisième « concurrent » : l'Amérique. Depuis 1863, en dix-huit ans, sur dix-sept courses (hélas ! il n'y avait pas eu de Grand-Prix en 1871) les Français avaient eu neuf fois la victoire, les Anglais sept fois et, en 1876, les Hongrois une fois, avec *Kisber*. L'Angleterre, qui avait déjà *Marlborough* et *Wellington* comptait *Ranger*, *Ceylan*, *The Earl*, *Thurio* et *Robert the Devil* parmi ses champions, sans oublier *Cremorne* et *Trent* ! Nous, nous avions *Vermouth* et *Gladiateur*, et *Fervacques*, et *Saint-Christophe*, et *Nubienne*, et tant d'autres.

Aujourd'hui, gloire à *Fox-Hall* !

Ses couleurs sont partout. Partout son nom. Hurrah pour *Fox-Hall* ! Mlle Sarah Bernhardt n'attirerait plus l'attention si l'américain *Fox-Hall* passait sur le boulevard.

Il y a vraiment une frénésie chez nous pour les courses et nous voilà bel et bien gagnés par la fièvre hippique. Depuis huit jours les magasins de nouveautés exposent des cravates de jockeys, dont un étrier d'acier forme l'anneau et, — bizarrerie plus particulière, — on vient d'imaginer des garnitures de cheminée à l'usage des sportsmen : la pendule formée par un cadran assujetti dans un fer à cheval avec gourmettes pour ornements et bride de cheval avec boucle surmontant un mors qui couronne l'« émail brillant ou l'heure se promène en cercle », comme disait André Chénier, voulant, à deux pas de l'échafaud, décrire la pendule de la prison Saint-Lazare.

De telles garnitures de cheminée n'ont évidemment rien d'artistique et il y en avait, on me croira sans peine, de plus précieuses dans la collection Double, mais elles sont *symptomatiques.* Il en est d'elles comme de ce luxe spécial de papeterie qui est une des marques du temps présent. Notre société démocratique tient à se composer une façon de *chic* héraldique, si ces deux mots, l'un grave comme un aïeul, l'autre gouailleur comme un rapin, ne hurlent pas de se voir accouplés. On a maintenant le goût des devises, des papiers à ornements gothiques, des typographies archaïques, des *menus* historiés avec faveurs rouges et cachets de cire qui les font ressembler à des parchemins du moyen âge ornés de sceaux royaux ou abbatiaux.

Cette société, qui date d'hier, voudrait se composer des blasons nouveaux, et comme elle ne saurait trop, sans quelque ridicule, faire peindre des blasons sur les panneaux de ses coupés, elle fait graver des chiffres dorés sur son papier à lettres, ce papier à lettres multicolore et multiforme qui est tantôt un losange, tantôt un feuillet d'album, tantôt un papier satiné, tantôt un simple morceau de carton. C'est le graveur, c'est Stern, un maître-artiste, qui est le d'Hozier de cette société toute financière où l'on voit maintenant les hommes, affolés d'initiales ou de couronnes plus ou moins authentiques, porter des chiffres ou des blasons brodés en couleur sur le plastron, les poignets et les pointes du col des chemises de nuit.

Rien à dire à cela, c'est la mode.

Les Anglais aussi ont un luxe fou de papier et de papeterie, mais leur passion en ce genre affecte je ne sais quelle allure patriarcale, familiale, si je puis dire. Nous, ce sont les *menus* que nous tenons à parer, à rendre artistiques, séduisants ou amusants. Eux, ce sont les *cartes de Noël*, ces petits bouts de carton que la poste anglaise transporte, par millions, sous les neiges de Christmas, qu'ils veulent aimables et jolis. Une maison anglaise, des éditeurs, MM. Hildesheimer et Faulkner, mettent au concours, à l'heure qu'il est, des cartes de Noël et de Nouvelle Année pour l'an prochain, avec ce programme : « *Aspect* social ou religieux de Noël, scènes familières d'intérieurs, enfants de tout âge, de tout rang et de toute condition... », et ces éditeurs distribueront *cinquante mille francs* de prix entre divers artistes couronnés en s'engageant, en outre, à acheter pour environ cent vingt-cinq mille francs de ces *cartes* une fois primées. Trois peintres des plus célèbres de l'Angleterre, MM. W. Frith, J.-E. Millais et Marcus Stone seront les juges du concours.

Ici, nos *cartes* s'inquiètent fort peu des « scènes familières » et des « enfants de toute condition ». Ce qui plaît, sur nos menus illustrés, ce sont les scènes militaires ou les types féminins du monde ou du demi-monde. Chaque peuple a ses goûts. Nous ne cherchons d'ailleurs que des occasions nouvelles d'éperonner ce goût du luxe en toutes choses, grandes ou petites, et c'est ainsi que maintenant, sur beau papier bristol à chiffres ou blasons dorés, les jeunes gens annoncent, par la poste, leurs fiançailles à leurs amis :

« *Jeanne Herbaut et Georges Bernard.* »

Avec ce simple mot gravé au-dessous :

Fiancés.

Et la date.

L'usage nouveau, emprunté à l'Allemagne, et les convenances veulent que les cartes soient renvoyées au domicile des parents des deux fiancés.

Nous avons eu, — et, plus nous irons, plus nous aurons — un luxe fou de *programmes*, lorsqu'on donnera des fêtes de bienfaisance pareille à celle qui hier encore, emplissait d'un bruit joyeux la terrasse du Jeu de Paume, aux Tuileries. Là encore, quelle élégante cohue ! Cette *Foire aux Plaisirs* aura été la foire de Saint-Cloud de la charité. Il y a, dans cette promiscuité, d'ailleurs agréable à l'œil, des dames du monde et des princesses de la rampe, un signe des temps, et la fusion est faite décidément (j'en parlais naguère) entre la scène et la salle. La dame de charité et la comédienne se tendent la main pour l'œuvre commune. C'est une variante au refrain de Béranger :

> Je vous le dis, en vérité,
> *Damnons-nous* par la charité !

Comment un étranger, un Huron — le Persan de Montesquieu ou l'Ingénu de Voltaire — eût-il fait pour ne point se tromper, placé entre telle exquise comtesse et les cheveux blonds de Mme Théo ? Eût-il deviné laquelle des deux était la comédienne ? Point du tout ; mais j'imagine qu'il eût jeté sur ses tablettes quelque piquante observation à propos de ce charitable précepte : « *Il se faut entr'aider* », mis en musique sur un air de mirliton.

On a beaucoup parlé de la *gomme* ; nous en arrivons à la *purée*.

Ce sont des peintres et des comédiennes qui ont créé des rôles, aux Tuileries, au profit des pauvres. Les actrices ont agréablement joué et les peintres mieux encore. Il y a de bons comédiens amateurs aux *Mirlitons* et, entre autres, M. Edouard Detaille que voilà revenu de Tunisie. Il rapporte, soit dit en passant, des *études* de Kroumirs tout à fait saisissantes. Ces prisonniers qu'on faisait poser devant lui, ne voulaient, à aucun prix, montrer leur visage. On leur a alors lié les mains et des soldats leur ont tenu la tête pendant que le peintre les *enlevait* au crayon ou à l'aquarelle. Ces pages d'album sont peut-être, me dit-on, ce que M. Detaille a fait de plus vivant.

Mais qui s'inquiète des Kroumirs? Encore un coup, la Journée du Grand-Prix a été le grand événement parisien. Beaucoup de toilettes et des plus inédites. Une quantité d'éventails bizarres, de cannes, d'ombrelles grosses comme le bâton noueux d'un muscadin, de chapeaux où le visage de la femme se trouve enfoui comme dans l'ombre, — et ce mystère n'est pas déplaisant ; — des gants plissés ou collants qui montent jusqu'au coude.

Et toujours, et toujours cette promiscuité singulière des femmes du monde et des fractions du monde. Au temps jadis, à l'heure de la Croix de Berny, les insolentes, comme Esther Guimond, allaient saluer les maris — leurs amis — sous le nez des femmes. Elles bravaient les duchesses et les marquises, comme la Thisbé brave la Catarina dans *Angelo*. Aujourd'hui, on ne brave plus, on lorgne. On ne se montre plus les dents, on en arriverait presque à se sourire. On envoie un ami complaisant demander à l'actrice à la mode l'adresse de sa couturière. Comment en serait-il autrement ? On a quêté, la veille, ensemble pour les victimes de Chio; on jouera demain les mêmes rôles et on prendra pour *professeuse* Mme Judic, dont on imitera le *Pi-iouit*, l'automne venu, dans la comédie du château. On a coudoyé le *surah* de la comédienne ou de la demi-mondaine au dernier *samedi* du Cirque !... La *purée*, la *purée*, vous dis-je !

Les *Droits de l'homme* avaient proclamé l'égalité dans la vie civile. Les Courses et les Kermesses de bienfaisance auront établi dans les mœurs l'égalité des femmes. Aussi, quels jours de fête ! On illumine à la fois le fronton des cercles de *high life* et les guirlandes du bal Mabille et il y a dans ce rapprochement plus de philosophie qu'on ne croit.

Je suis, dans ces pages, un moraliste qui tâche à saisir de son mieux les caractères spéciaux à son temps. Eh bien ! je vous le dis, ces jours de liberté sont, à Paris, les jours de grand profit non seulement pour le *tout Paris*, mais pour le Paris du ruisseau, pour « le *monde où l'on détrousse* » qui se nourrit volontiers des dépouilles du « *monde où l'on s'amuse* ». Ce ne sont point seulement, par exemple, les gentlemen-riders ou les bookmakers qui, tout exprès, pour le Grand-Prix, arrivent de Londres, ce sont aussi les pick-pockets. Ils trouvent leur profit à se payer le voyage, même en *premières*. Cette écume britannique se mêle alors à notre boue parisienne et il y a, autour du champ de courses, une quantité considérable de gibier de policemen et de sergents de ville. La *gomme* la plus pure est exposée à être amalgamée, sans le savoir, à cette salade internationale. C'est le *Derby Day* des filous !

Du reste, en pareille matière, nous avons, à peu de chose près, le libre échange. Je visitais, il y a trois ans,

Scotland Yard, centre de la police à Londres, et le détective Druscowitz, — qui, d'ailleurs, s'il m'en souvient, a eu, lui-même, depuis des démêlés avec la justice, — nous disait :

— J'ai eu une journée *chargée* hier.

— Qu'avez-vous donc fait ?...

— Il y avait une vente de charité à l'ambassade de France. Les filous français étaient venus de Paris ; il fallait ouvrir l'œil pour les surveiller.

Toute fête un peu brillante attire donc ces *négociants* comme la lumière les papillons de nuit. De nos plaisirs, ils se font des recettes. Les uns ouvrent des portières, les autres fouillent les poches. Depuis le *loupeur* d'habitude qui se passe, le jour du Grand Prix, la fantaisie de « travailler », c'est-à-dire d'aller chercher les voitures des *bourgeois* qu'il appelle *mon prince*, ou de vendre sa place à la *queue* du bateau-mouche comme il vendrait une contre-marque à la porte d'un théâtre ; depuis ce rôdeur de journées de fêtes jusqu'au filou qualifié sondeur de porte-monnaie et coupeur de chaînes de montres, toutes les variétés de la flâne, du vice et du vol rôdaillaient autour de ces étalages du luxe comme des mouches autour du miel. C'est l'envers de la haute-vie. C'est le *low-life* picorant sur le *high-life*.

Il n'y a pas à s'en étonner. Paris a son *armée du mal*, comme dit M. A.-J. Dalsème dans son livre : *A travers le Palais*, une armée tout embrigadée, quasi disciplinée, avide, dans tous les cas, du combat pour la vie. Un ancien conseiller à la Cour, le très érudit M. Charles Desmaze, dans un ouvrage qui sort de l'imprimerie, le *Crime et la Débauche à Paris*, nous apprend qu'environ *six mille individus*, vagabonds, repris de justice, s'éveillent à Paris, chaque matin, sans savoir comment ils vivront jusqu'au soir. Quelle aubaine, alors, pour ceux-là : une journée de fièvre comme la journée du Grand-Prix ! Tout Paris dehors, Paris se précipitant vers Longchamps, Paris prenant d'assaut tous les véhicules, fiacres, omnibus, tramways, tapissières, mail-coatchs, wagons, pataches ! Paris ruisselant de chaque rue pour former là-bas, vers Suresnes, comme un torrent qui roule vers la pelouse ! Paris pris de frénésie hippique et laissant ses maisons vides pour courir vers le turf et le ring avec ses poches pleines !

Alors, les *bonjouriers*, les *câbrioleurs*, les *tireurs*, les *fourligneurs*, les *charrieurs*, tous en campagne ! Il faut demander au livre de M. Dalsème ce que signifient ces spécialités brevetées sans garantie du gouvernement. Le *tireur* aux mains infatigables « travaille » en omnibus, au théâtre, aux courses, aux revues. Et le *fourligneur* est son aide chargé de faire lestement disparaître le corps du délit. Parfois l'agent de police arrête le tireur, certain de saisir sur lui l'objet volé. Ah ! bien, oui ! La montre est loin, le mouchoir est envolé, le portefeuille a disparu. Le *fourligneur* a « sauvé la situation ».

Il y a tout justement à cette heure — comme si les mêmes sujets inspiraient à la fois, par une sorte de magnétisme, divers écrivains qui ne se connaissent nullement — toute une éclosion, ou, comme on voudra, une explosion de livres consacrés au monde des coquins. C'est qu'après tout de tels sujets nous prennent aux entrailles. Ces rôdeurs inquiétants sont comme les chenilles de notre état social, quand ce n'en sont point les bêtes fauves.

M. Desmaze en étudiant le *Crime et la Débauche à Paris*, M. Dalsème en nous faisant connaître, dans son excellent livre, *A travers le Palais*, tout l'engrenage de la Loi, tous les habitués de la correctionnelle et de la cour d'assises, ont amassé, pour parler comme aujourd'hui, des *documents* qu'on n'oubliera plus. Elle est nombreuse, l'*armée* de malandrins dont M. Dalsème signale les chefs et elle compte nombre de gens déterminés, capables de répondre comme Abadie, l'ami de Knobloch et de Kirail, à M. le président Bérard des Glajeux, lui disant, un peu naïvement, peut-être :

— Ainsi, Abadie, vous déclarez que vous vous êtes moqué de la Justice?

— Parfaitement, monsieur le président.

M. le garde des sceaux vient précisément d'adresser au président de la République le compte général de cette justice criminelle pendant l'année 1879. La statistique est vraiment curieuse. Sans doute il ne faut pas abuser de Dame Statistique, et Labiche a cent fois raison de rire un peu, dans une de ses comédies, de ce statisticien qui tirait des conclusions de telle ou telle recherche ayant pour but de savoir *combien, en une année, passaient de femmes veuves sur le Pont-Neuf*. Mais, dégagée de ces puérilités, la statistique est le fond même de la science sociale, presque de la morale, ou du moins de la moralisation.

En France donc nous avons, à l'heure qu'il est, ou, pour être plus absolu, nous avons eu en 1879 *un accusé* sur 8,490 habitants, soit *douze accusés* sur 100,000. A dire vrai, et s'il n'y avait pas en ce monde mille et mille délits échappant à la Loi et aussi coupables que des délits punissables — les lâchetés, les vilenies, les calomnies, les hypocrisies — l'humanité ne serait pas aussi mauvaise qu'on le dit. Il y a d'ailleurs des départements où le nombre proportionnel des accusés augmente ; et, tout naturellement, — grâce à l'immense agglomération, à l'étuve sociale qui est Paris, — le département de la Seine est celui qui dépasse le plus la proportion ordinaire. Il y a à Paris, *vingt-cinq* accusés sur 100,000 âmes. La proportion est exactement la même dans le département des Alpes-Maritimes. Nice est un petit Paris.

Les départements les plus *chargés* en accusés, comme dirait le détective Druscowitz, sont, après la Seine, l'Eure et les Bouches-du-Rhône, puis le Var. Les moins *chargés*, — les plus honnêtes, par conséquent, — sont les départements du centre, le Berri, cher aux idylles de Mme Sand, le Nivernais, le Limousin. Les Vosges aussi ! Les deux départements qui ont compté le moins d'accusés sont la Creuse, qui n'en a eu proportionnellement que *quatre*, et l'Indre qui n'en a eu que *trois*.

Rendons aux femmes la justice de déclarer qu'elles ne figurent, en ces chiffres, que pour 14 0/0. On a jugé près de 4,000 hommes et à peine un peu plus de 600 femmes. Et quel argument en faveur du mariage ! Non seulement les gens mariés vivent proportionnellement plus longtemps que les célibataires, mais ils commettent moins de crimes. C'est toujours la Statistique, impassible comme un employé de l'enregistrement, qui nous le dit. Il y avait 2,443 célibataires accusés, soit 56 0/0 ; 1,219 mariés ayant des enfants, c'est-à-dire 28 0/0 et 376 mariés sans enfants, soit 9 0/0. Les campagnes *fournissent* (le mot est joli) *huit* accusés sur cent mille habitants, les villes 17 sur cent mille, soit un peu plus du double. Chose curieuse : les cultivateurs — *o fortunatos nimium !* s'écrie Virgile — sont les gens qui commettent plus fréquemment des crimes contre les personnes, que des crimes contre contre les propriétés. En d'autres termes, ils assassinent plus qu'ils ne volent. Les hommes attachés aux travaux de la terre sont d'ailleurs ceux qui (la statisque le constate encore) commettent proportionnellement le plus de crimes (35 0/0), et les gens sans aveu, rôdeurs, mendiants, vagabonds, ceux qui — ô ironie ! — en commettent le moins (7 0/0 seulement).

C'est toujours de vingt et un à quarante ans que, pour les hommes comme pour les femmes, les crimes sont les plus fréquents. La moyenne est alors de 50 0/0 environ. De quarante à soixante ans, elle descend à 23. Après soixante ans, elle n'est plus que de 5 ou 6 0/0. Il faut reconnaître que l'instruction n'est pas du tout, comme on le pourrait croire, un paratonnerre contre le crime, si je puis dire, l'idée du crime étant, en effet, un orage du cerveau. Sur cent accusés on trouve *trente* individus complètement illettrés, *soixante-six* individus sachant lire et écrire, et *quatre* ayant reçu une instruction supérieure. Ce serait donc moins l'instruction que l'éducation qui élèverait l'idée morale dans l'homme.

En somme, les diverses catégories ou professions des accusés, d'après ce compte général si intéressant du ministère de la justice, se peuvent classer ainsi : d'abord les cultivateurs, qui, farouches, violents, toujours armés de leur pelle ou de leur pioche, comme le soldat de son sabre, et partant, ayant plus facile l'occasion du crime ; puis les ouvriers, puis les commerçants et commis, puis encore les domestiques, puis les individus exerçant des professions libérales, puis enfin — oh, les calomniés ! — les vagagabonds, les mendiants et les gens sans aveu.

Ce qui est sinistre, ce qui est écœurant, c'est que les assassinats — où les infanticides dépassent terriblement les parricides — sont infiniment moins nombreux que les attentats à la pudeur. « Il est, dit Schiller, des assassinats moins odieux que certaines hideurs doublées de vilenies. »

Ah ! cet *envers*, fait d'épouvantes, de la *Vie à Paris!* Nous parlons bien souvent des drames du théâtre ; mais les drames de la rue, de la mansarde, du carrefour, tout ce qui est tapi dans l'ombre, tout ce qui s'agite dans l'impasse noire tandis qu'on valse dans le salon plein de lumières ! Le cul-de-sac où l'on râle, à quelques pas pas de l'hôtel où l'on chante ! Le bouge des Batignolles, si rapproché du petit hôtel de l'avenue de Villiers ! Le bal de barrière, aux murs encore barbouillés de rouge sang de bœuf, debout sur les boulevards extérieurs, face à face avec l'atelier neuf et somptueux du peintre! Tous les oiseaux de nuit de la vie parisienne! Qui les étudiera, les clouera au mur comme le fermier la chouette ou le chat-huant à la porte de sa grange?

Le comité de l'*Œuvre de l'hospitalité de nuit* vient, lui aussi, de publier, comme M. le garde des sceaux, la statistique de ses efforts. Il y a eu bien des errants, des malheureux sans asile recueillis dans ces refuges. Plus de vingt-six mille malheureux ont trouvé un lit dans ces *work houses* de Paris. Presque tous étaient Français. On leur demande leur nationalité et leur profession en leur ouvrant la porte. Mais il y avait, chose étrange, des Africains, des Américains, des Australiens, des Abyssins, des Indiens, parmi ces pauvres diables qui frappaient au portail de l'Hospitalité de Nuit.

On frémit devant ces misères. Parmi ces hôtes sans refuge, on a compté *quatre* officiers, *deux* ingénieurs civils, *deux* avoués, *quatre* pianistes. Beaucoup d'artistes lyriques ou dramatiques, malheureux cabotins sans engagement, sans ressources, sans un matelas, sans un sou. Des lauréats du Conservatoire peut-être! Des Argonautes de la rue Bergère partis gaiement pour la Toison d'or et arrivés où? au matelas banal de l'hospitalité de nuit. Et bien heureux de le trouver, les pauvres diables! L'un d'entre eux, revenu à Paris par suite de la faillite de son directeur, servait les maçons comme manœuvre. Avoir été Buridan, Ruy-Blas, le Prophète, le roi d'Espagne, et gâcher du plâtre!

Les marchands forains, les chanteurs ambulants, quelques prestidigitateurs, lutteurs ou acrobates, vont droit à l'asile de nuit. C'est tout simple. Mais les comédiens fourbus, les ténors enroués, les figurants sans figuration, quelles déceptions ils doivent cuver sur ce matelas qui dure six ans et qui, en six ans, entend ronfler tant de misères! Un soir, un homme à demi paralysé, presque aveugle, frappe à la porte de l'asile de nuit. On lui demande son âge. Quarante-six ans. Son état? Ancien capitaine au long cours. C'était un marin de Saint-Brieuc, ruiné, frappé d'ataxie locomotrice et venant là dormir au moins une nuit. Quel naufrage!

Un journaliste a eu le courage de passer dans l'asile une nuit entière, pour étudier, *de visu*, le fonctionnement de l'Hospitalité et les types d'hôtes recueillis. On ne nous dit pas son nom. C'est cependant un reporter aussi courageux en son genre que ce Séguin, mort en Tunisie.

Mais, à côté de ces misères, il y a des consolations signalées. Des ouvriers une fois recueillis, en une heure de besoin, viennent, les jours de paye, apporter du pain pour les autres. Un professeur de mathématiques, qui pendant quinze nuits a couché là, a envoyé plus de quarante livres de pain pour les pauvres.

Voilà des faits vrais, des *documents* établis par des chiffres, et de telles pages, des livres poignants, pleins de faits et de vie, savants et dramatiques à la fois comme le *Crime* et la *Débauche* de M. Charles Desmaze ou intéressants même comme l'étude *A travers le Palais* de M. Dalsème en apprennent cent fois plus long sur la vie à Paris que cette spéculation de librairie qui vient de paraître sous le titre de « *Mémoires de M. Claude* chef de la police de sûreté sous le second empire », et qui n'est que la réédition des *Mémoires*, peut-être apocryphes eux-mêmes, attribués à l'agent Griscelli.

Je doute que M. Claude, s'il vivait, fût très flatté de voir qu'on lui prête ce rôle de dénigreur des maîtres qu'il a servis. On lui fait un peu trop *manger le morceau* comme disent les prisonniers dans leur argot. A-t-il laissé des *notes* personnelles sur ce qu'il avait vu? C'est possible, Mais le rôle de Canler ne le tentait pas. Il lui reprochait d'avoir *vendu la mèche*. M. Lombard, un peu avant de mourir, avait, commencé réellement la publication de ses *Souvenirs*. M. Jacob, qui est aujourd'hui surveillant aux magasins du *Bon Marché* où les *tireurs* et les *fourligneurs* abondent, pourrait publier les siens.

Mais M. Claude! On nous donne, à la fin du tome second des *Mémoires*, l'autographe de Raoul Rigault, autorisant Mme Claude à voir son mari détenu à la prison de la Santé pendant la Commune.

« Le directeur de la Santé laissera communiquer *en sa présence* le détenu Claude avec sa femme. »

L'ordre est daté du 26 mars 1871 et — détail ironique — porte comme *en-tête* ces mots : *Préfecture de police, — cabinet du préfet,* — conservés par Rigault.

Seulement, que prouve un tel autographe? Que M. Claude avait été arrêté en 1871? On le savait. J'aurais mieux aimé une page *authentiquée* de ces *Mémoires*. Ces *Mémoires*, c'est M. Labourieu qui les a écrits.

Tandis qu'à la Santé, M. Claude était emprisonné, il y avait dans Paris de ses agents qui rôdaient, sous des déguisements, cherchant, s'il était possible. les moyens de le délivrer.

Un écrivain, qui a étudié de très près le fonctionnement de l'administration judiciaire et qui avait plus d'une fois avec M. Claude visité les prisons et suivi même les expéditions de la brigade de sûreté, M. Maxime du Camp, descendait, un soir, la rue Laffitte, pendant la Commune, en fumant un cigare, lorsqu'à la hauteur de la rue de la Victoire il est subitement heurté par un marchand d'allumettes qui lui pousse brusquement son éventaire dans le ventre et lui dit avec une certaine insolence :

— Des allumettes citoyen !

L'autre continue son chemin sans répondre.

— Des allumettes, citoyen ! reprend la voix rauque.

Et l'éventaire revient cogner le ventre de l'écrivain qui le repousse vivement.

Le marchand alors, en changeant de ton :

— Vous êtes bien fier aujourd'hui, monsieur du Camp, dit-il à l'homme de lettres étonné et qui, le regardant, reconnaît bientôt un agent de la sûreté dans ce marchand d'allumettes.

— Comment, vous ?

— Oui, répondit l'agent. Nous sommes comme cela quatre qui venons essayer de sauver le *patron*. (C'était M. Claude.) Et, pour ne pas qu'on me reconnaisse, voyez !

Il montrait, sur une jambe de bois, son genou replié, enveloppé de linges, comme celui d'un malingreux de la Cour des Miracles, et qui le forçait à boiter piteusement.

— C'est ça, tenez, monsieur, qui me coûte le plus. Quand je me défais, le soir, je ne la sens plus, ma jambe, et ma femme est forcée de me frotter pendant plus d'une heure pour faire redescendre le sang. Encore si on était sûr de sauver le *patron!*

— Prenez garde, la moindre imprudence pourrait le faire fusiller et vous avec!

— Oh! ne craignez rien! Je connais mon affaire. Et quoique en ne songeant qu'à M. Claude, je ne perds pas mon temps, et — ses yeux s'allumaient avec des éclairs de chasseur guettant une proie — tous ces galonnés que je rencontre, savez-vous ce que je fais? Je les *frime!*

Frimer, en langage de policier : — dévisager, prendre en note la figure, la *frimousse.*

— Adieu, monsieur! ajouta l'agent de la sûreté.

Et, clopin clopant, sa jambe de bois sonnant sur le trottoir de la rue Laffitte, il s'enfonça dans l'ombre qui venait, en offrant son éventaire aux passants, et en leur répétant d'une d'une voix rauque *imitant* Chopard :

— Des allumettes, citoyens!

Il semblait à l'écrivain regardant cet homme s'éloigner qu'il avait là, sous les yeux, la personnification piquante de quelqu'un ces limiers épiques du roman moderne, Javert ou Bibi Lupin.

Jamais il n'a compris, comme ce soir-là, l'espèce de fièvre d'artiste, de passion d'amoureux, d'âpreté de dogue que met le policier à guetter, à poursuivre, à *frimer...* C'était comme un policier de Balzac qui passait.

On aura donc *frimé* bien des gens, à Longchamps, au jour du Grand-Prix. Encore un coup, le monde y est plus « mêlé » qu'à un cours de M. Caro. Personne ne s'en étonnera.

On me citait hier un mot charmant du spirituel académicien qui s'est montré si courtois, si accueillant et si fin, l'autre jour, pendant les sept heures de lutte philosophique soutenue, en Sorbonne, par M. Jules Soury que M. Mézières a enfin proclamé digne du grade de docteur ès lettres. Un candidat au doctorat, pour faire bien agréer sa thèse par M. Caro, qui allait être son juge, lui disait naguère :

— J'aurai demain, cher maître, la joie de me rendre à votre cours.

— A mon cours? dit M. Caro souriant finement. Vous avez donc un rendez-vous?

On parle des *mots* du dix-huitième siècle. En voilà un!...

XIII

La *Vie à Paris* et la *Vie à la campagne*. — Le Parisien en villégiature. — Le paysage à Paris. — Petits bonheurs. — Comment on peut avoir un jardin pour six centimes par jour. — Un *collectionneur* de mélodrames. — Les comédiens en voyage. — Albert Glatigny. — La chasse aux *Actualités*. — Lally-Tollendal sans la cocarde tricolore. — Un sinistre au Canada. — La *Nouvelle France*. — M. Bigourdan. — Superstitions. — La *queue* de la comète. — L'Exposition des envois de Rome. — M. Dufaure.

28 juin 1831.

La « vie à Paris » commence à devenir la « vie à la campagne ». On part, on est parti. Quelle mode singulière ! C'est peut-être l'heure où le Bois, les boulevards, les squares ont le plus d'agrément et de coquetterie. Les Champs-Élysées, le parc Monceau se mettent en frais de séduction et on les quitte ! — J'adore, les paysages campagnards, les fonds verts des vallées d'où montent, le soir, comme des haleines bleues, les dessous de bois où la fraîcheur tombe, les allées étroites pour un et larges pour deux, comme dit la chanson, les coups de soleil dans les branches, les sentiers zébrés de lumière, les crépuscules argentés à la Corot, le grand silence des champs quand la nuit gagne. Mais les paysages parisiens ont bien leur prix. On les néglige trop. Rien ne vaut, en ce monde, un beau coucher de soleil vu des quais de Paris.

Et quoi de plus charmant que le parc Monceau, par un jour d'avril ou de mai — et jusqu'en juin, — lorsqu'il semble encore, malgré les soleils d'été, dans la puberté de son printemps? Il n'est plus vrai ce vers railleur d'autrefois :

Les jardins, à Paris, sentent le renfermé.

Il n'est plus vrai pour nos parcs et nos squares. Les tons verts s'y mêlent aux tons verts. La note sombre d'un banc de bois se détache, comme d'un coup de pinceau plus vigoureux, sur la verdure plus claire des pelouses. Il y avait encore hier des grappes de fleurs blanches aux marronniers épanouis. La terre brune confond sa bonne odeur fraîche avec les parfums des fleurs nouvelles. Les statues blanches, les balustrades du pont de pierre, les colonnettes élégantes rient dans les bouquets de verdure. Les ailes multicolores des canards battent l'eau claire où l'hiver n'a pas gelé dans ses glaçons tous les cyprins rouges et blancs. Les glycines et les lilas ont à peine cessé de mêler leurs floraisons, et les larges rubans rouges ou écossais des nourrices semblent autant de fleurs mouvantes au-dessus de ces autres fleurs humaines qui sont les enfants. Enfants poupins, joufflus, le teint crémeux : roses blanches des parterres de Paris.

Mais il n'est plus question du parc Monceau, plus question des Champs-Elysées où les hurleuses de refrains nouveaux chantent des couplets sur Tunis ! On va faire hâler par le soleil ces babys parisiens, on va tremper dans l'eau salée leur chair tendre de petits êtres trop civilisés. Paris, Paris presque tout entier, celui qui peut quitter son coin de moellon, sa boutique ou son établi, se met au vert, et c'est une des caractéristiques de ce temps, ce besoin de campagne qui s'empare non seulement du bourgeois, mais de l'ouvrier de Paris.

Il y a, dans cette vie qui nous entraîne et qui volatilise l'or et l'argent en quelque sorte, dans cette vie débordante, surchauffée, où toute fortune perd et perdra plus encore de sa valeur, où le Million menace de devenir l'unité monétaire comme l'était jadis *le franc*, il se trouve encore des ingénieux et des sages qui, loin de rêver les gros lots de la vie, se contentent de ses petits bonheurs, et rien n'est plus facile, en vérité, que de se créer, à l'ombre même de Paris, à deux pas des fortifications, des coins discrets où, petit boutiquier, on blottit ses joies des jours de fête, — de ces joies naïves des romans de Paul de Kock, — où, artisan et ouvrier, on s'en va gaiement loger ses plaisirs du dimanche !

Si l'on savait, en fin de compte, combien coûtent peu les miettes de bonheur à Paris !

On m'a donné ce renseignement qui est curieux. Deux ménages d'ouvriers ont loué sur la route de Vincennes, près du fort, non loin d'une maisonnette autrefois bâtie par Vidocq, un terrain nu appartenant à un maraîcher, à raison de 40 fr. par an : 20 fr. par ménage. Là on s'est établi en commun et l'on peut se promener le dimanche et les jours de fête, à la façon des bourgeois de Daumier qui disent, en cuisant au soleil leur crâne chauffé comme des œufs à la coque : — « Je suis donc chez moi ! »

L'un de ces ménages a pour chef un ébéniste du faubourg Saint-Antoine. Celui-là a raboté des planches, et, pour quarante sous, il a construit un kiosque où grimpe un brin de clématite. L'autre chef de famille est maçon. Il a creusé dans le terrain une espèce de cavité où l'on descend par deux marches de pierre. Il y a apporté un fourneau, un poêlon, des casseroles. C'est la cuisine. Avec deux planches et un cadenas, tout est fermé ! La salle à manger, c'est le kiosque peint en vert ou le terrain plein d'herbes, sans un arbre. La cave est chez le marchand de vin de la route. On apporte de Paris les côtelettes, la charcuterie; on achète les salades et les fruits chez les maraîchers voisins, bonnes gens qui vendent au rabais ; et, trinquant gaiement, on boit, rubis sur l'ongle, l'argenteuil rose à la santé des camarades.

A 40 fr. par an, 20 fr. par ménage, la location de ce terrain revient donc à chaque famille à quelque chose comme un peu plus de *cinq centimes* par jour et un peu moins de *six centimes*, et chacune de ces *sociétés* qui s'en va ainsi à Vincennes, invitant des amis, pavoisant la palissade aux jours des fêtes nationales, tirant des *pétards* dans *son* terrain les jours fériés de la *bourgeoise*, des naissances ou des baptêmes, peut dire glorieusement à l'atelier :

— Je vais en villégiature ! J'ai *mon* jardin ! *ma* cave ! *mon* fourneau ! *ma* cuisine ! *ma campagne !*

Il n'y a guère qu'à Paris, semble-t-il, qu'on rencontre de telles inventions industrieuses. Je me rappelle un personnage comique — joué par le vieux Boutin, dans un mélodrame de Marc Fournier, *les Nuits de la Seine*. C'était un rôdeur de démolitions qui ramassait, après chaque nuit passée dans quelque masure, un moellon, un caillou ou un débris de bois qu'il emportait sous son bras, comme un pain, ou dans son chapeau. A la fin de la pièce, le vieux Poussier s'était bâti, de tous ces matériaux dédaignés, une gaie maisonnette au bord de la Seine, dans un terrain abandonné. Tous les faubouriens *débrouillards*, comme on dit de nos petits soldats, ont dans la tête des inventions pareilles à cet original de théâtre. Ils trouveraient des truffes sur le radeau de la Méduse, ils dessineraient des jardins et construiraient des tonnelles dans le Sahara.

Petits et grands, riches et pauvres, tous, donc, emportés par cette fringale de campagne qui est un appétit du Parisien moderne, s'en vont, de-ci, de-là, désertant les théâtres, se précipitant vers les grèves normandes ou les bois des environs de Paris. Il y a des fraises à cueillir et des amourettes à dénicher. L'idylle aujourd'hui court les chemins de fer et prend lestement un *aller et retour*.

C'est l'heure du départ pour tout le monde.

C'est l'heure aussi où les troupes improvisées, les comédiens en voyage, petits-fils des héros de Scarron, courent les villes d'eaux et traversent la France, non plus sur la charrette aux roues grinçantes qui entrait, un matin, dans la bonne ville du Mans, mais sur les bancs de bois des wagons de troisième classe, s'arrêtant çà et là, dans les chefs-lieux que n'ont pas trop *drainés* les « tournées » parisiennes, dans les Casinos de bains de mer, dans les cabarets ou les granges des petites villes.

D'ailleurs, toujours en quête du moyen d'attirer les spectateurs, toujours en chasse de l'actualité — ce pain quotidien des êtres qui vivent au jour le jour — et cherchant comment on peut rattacher le drame qu'on va représenter à la cité qu'on traverse !... Albert Glatigny, le poète errant, qui fut un véritable écrivain et qui se crut un comédien, n'hésitait pas en semblable occasion. Il introduisait, pour plaire aux Lillois, dans la *Tour de Nesle*, le récit de l'héroïque défense de Lille contre les Autrichiens, en 92.

Orsini, dont son grand corps grêle portait le pourpoint troué, s'interrompait tout à coup au milieu du drame :

— La belle nuit pour une orgie à la Tour !... C'était par une nuit pareille que les bombes autrichiennes pleuvaient sur la courageuse cité de Lille !

Et le « tavernier du diable » entamait, avec beaucoup de verve, l'histoire du bombardement de Saint-Sauveur.

Mais l'acteur chargé du principal rôle du drame avait inventé mieux, et, — représentant l'infortuné Lally-Tollendal trahi par le P. Lavaur, il jouait ce rôle de martyr en uniforme de général républicain, la cocarde tricolore au chapeau « *pour honorer la mémoire de Lazare Hoche* » !

A Versailles, l'autre jour, à propos des fêtes de Hoche, des comédiens de passage viennent de mettre en pratique la méthode de Glatigny. Ils donnaient un vieux mélodrame de Desnoyers dont l'action se passe aux Indes en 1758, et ils avaient, sur l'affiche portant ce titre gros de promesses : le *Général et le Jésuite*, collé une image représentant Napoléon III en personne, devant qui s'inclinait obséquieusement je ne sais quel évêque, tête nue. Napoléon III, en uniforme de général, botté, et le grand cordon rouge en sautoir !

N'y avait-il pas de quoi faire accourir « tout Versailles » ?

Quoi de plus drôle que ce Lally-Tollendal portant la cocarde nationale et recevant, à un moment donné, la visite d'un protecteur qui lui disait :

— Je m'appelle Arouet de Voltaire?

Hélas ! ni ce nom de Lally-Tollendal remplacé sur l'affiche par celui du *Général comte de* ***, ni le bel uniforme brodé, ni la cocarde tricolore du grand premier rôle n'avaient amené un bien nombreux public dans la salle versaillaise et les comédiens jouaient devant des banquettes vides et jouaient, avec un talent réel et une conviction ardente, ces rôles de Lally-Tollendal, du jésuite Lavaur, et de Voltaire, et ils parlaient de Dupleix et de la Bourdonnais en montrant avec fierté, à un public clairsemé, — mais enthousiaste, — l'uniforme et le chapeau du général de la République.

Et pourquoi, tandis que ces pauvres diables d'artistes nomades continuaient leurs tirades contre les Anglais et répétaient qu'ils défendraient Pondichéry jusqu'à la mort me laissais-je, moi, aller à songer à ces

Français du Canada qui, à cette même date évoquée par le vieux mélodrame de Desnoyers, disputaient à l'Angleterre la terre qui s'appela si longtemps la *Nouvelle France* ?

C'est que le nom des Canadiens, le souvenir du Canada, viennent d'être subitement rappelés à nos mémoires par le désastre qui a frappé tout un quartier, — et le plus français, — de la ville très française de Québec. L'incendie a détruit des centaines de maisons, jeté sur le pavé des milliers de familles ! Des Franco-Canadiens ou Canadiens-Français, comme ils le disent. Alors, nous avons tous senti qu'il y avait là-bas, au bout du monde, une race fille et sœur de la nôtre, dont la bouche parlait notre langue, dont le cœur gardait gravé notre nom, et nous nous sommes émus, et un Comité s'est formé, à Paris, pour secourir les Canadiens.

Ah ! ceux-là, ne les oublions pas ! Donnons-leur beaucoup ! Donnons-leur tout ce que nous pouvons donner ! C'est une dette. Ceux-là ne sont pas, ne seront jamais des ingrats.

Il y a, dans cette Amérique, tout un peuple qui aime la France et qui, pour drapeau national, a conservé l'étendard qui fut celui de le monarchie française ! Ce drapeau-là flotte sur les monuments canadiens, côte à côte avec les couleurs anglaises. Mais avec quelle joie les Canadiens saluent le drapeau tricolore, lorsqu'un navire français leur arrive ! J'ai entendu un de nos amiraux raconter, les larmes aux yeux, quelle avait été son émotion lorsque, s'enfonçant dans l'intérieur même du Canada, il voyait tout à coup, aux arbres des forêts, dans les chaumières perdues au fond des bois, hisser sur son passage, en signe d'allégresse les trois couleurs de la France !

Pendant la guerre de 1870-71, le Canada nous prodigua son or. Un soir, — c'est M. Faucher de Saint-Maurice, le remarquable écrivain Canadien qui nous l'a conté, — le consul de France à Québec vit arriver chez lui une députation de rudes gars canadiens, robustes petits-fils des gens de Bretagne, de Normandie et du Perche qui jadis défrichèrent d'une main la terre canadienne et la défendirent de l'autre à coups de mousquets, et ces braves gens, des ouvriers, laboureurs, ou artisans, dirent à l'homme qui représentait notre France :

— Nous sommes trop pauvres pour vous donner de l'argent. Mais nous avons du sang et des muscles à vous offrir. Embarquez-nous pour la France ! Nous sommes cinq cents qui voulons nous faire tuer pour la patrie !

Eh ! oui, la Patrie ! La France, notre France, c'est encore pour eux la mère patrie !

Toutes nos coutumes, nos vieux mots, nos locutions provinciales, nos refrains d'autrefois. leur tiennent encore à l'âme, aujourd'hui, à ces fils de la Nouvelle-France et ils n'apprendront point sans émotion, eux, les fidèles souvenir, que parmi les membres du comité élu ici pour leur porter secours, figure, à la première place, l'héritier de Montcalm, le *Marquis* comme l'appelaient les bonnes femmes de Québec qui le virent, un soir de septembre, après la grande bataille, rentrer sanglant sur son cheval et dirent, effarées, sentant bien qu'avec, Montcalm c'était la patrie qui mourait :

— Le *Marquis* est mort !

Et ce sont ces fils de la mère commune que l'incendie vient de ruiner, que notre sympathie doit secourir, et je voudrais que, rappelant le nom que portait encore cette terre, il y a à peine un siècle, on mît sur l'envoi des secours destinés aux malheureux incendiés du Canada :

— La Vieille France à la Nouvelle !

C'est un grand malheur que celui-là, mais je sais des gens qui veulent que l'apparition de la comète aperçue dans la nuit du 22 au 23 par M. Bigourdan nous présage des catastrophes plus grandes encore. Cette comète de M. Bigourdan n'est, paraît-il, qu'une revenante. On l'a vit déjà à Marseille, pour la première fois, en 1807. C'est la comète de M. Pons, car les comètes ont un parrain et un état civil. De 1807 à 1881, la comète de Pons, devenue la comète de M. Bigourdan, doit avoir vu bien des choses ! Elle trouve la France assez changée et le monde un peu transformé. Puis, comme si elle voulait montrer de l'esprit d'à-propos, à l'heure où la question des cochers est posée, c'est dans la constellation du Cocher qu'apparaît, brillante comme un petit boulet chauffé à blanc, avec une longue queue lumineuse, la comète qui fait non pas tourner mais lever toutes les têtes.

Puisque chaque année a son nom, celle-ci sera, comme

1811, l'*Année de la Comète*. Puisse-t-elle donner le même renom à nos vins de France !

— Avez-vous vu la comète ?
— Quelle comète ?
— La comète !
On n'entend plus que ces propos.

C'est là plus qu'un événement parisien, c'est une date météorologique. La simple contemplation des espaces épouvantait Pascal, et, à vrai dire, notre pauvre humanité, toujours un peu effarée devant l'inattendu, ne laisse pas que de devenir pensive devant ces apparitions qui lui semblent terriblement mystérieuses. Nous avons tous beaucoup à enseigner et beaucoup à apprendre.

Il reste encore dans l'homme un fonds de superstition très visible. Les vieux récits fantastiques, les traditions qui se rapportent aux comètes reviennent, avec des terreurs enfantines, aux esprits ignorants, tandis que les Parisiens nourris de parisine rééditent en souriant le vieux quatrain redevenu de saison :

>Lorgnant de loin les voûtes bleues,
>Les directeurs songent, hélas !
>Que les comètes ont des queues
>Quand les théâtres s'en ont pas !

Je me rappelle une revue de fin d'année, jouée aux Variétés, si je ne me trompe : *As-tu vu la comète, mon gars ?* Elle pourra être reprise cette hiver. Toutes les plaisanteries d'antan seront redevenues de mise. Il n'y a rien de nouveau sous le soleil, ni sous les comètes : — pas même les comètes.

Les vaudevillistes se moqueront donc, comme par le passé, des trembleurs qui regardent la comète avec effroi et rééditent, en 1881, les prédictions de l'*an mil* et, comme Musset, en son jeune temps, dans ses strophes *à la Marquise*, nous dirons de la comète de 81 ce qu'il disait de la comète de 1832 :

> Restons. L'étoile vagabonde
> Dont les sages ont peur de loin,
> Peut-être, en emportant le monde,
> Nous laissera dans notre coin.

Étoile vagabonde, soit dit en passant, a comme une vague odeur de la phraséologie de Delille. Mais, il y a quarante-neuf ans, les révolutionnaires littéraires n'y regardaient pas de si près. Ils étaient encore classiques par quelque côté.

La comète, — cette virgule lumineuse au fond du ciel bleu, — fera verser beaucoup d'encre, mais décidément moins que les peintres. Encore une exposition ! Celle des Envois de Rome, cette fois.

On a beau railler les peintres de Rome, les élèves de la tradition, comme on les appelle, ils travaillent du moins, et n'en sont pas encore à demander les prix fous qu'exigent les peintres à la mode. Hier, quelqu'un me contait ce trait caractéristique, *signe du temps*, comme on dirait : un Américain se présente chez un marchand de tableaux qui a acheté une des dernières aquarelles de l'exposition des aquarellistes, et il ne s'agit pas des meilleures, celles d'Heilbuth ou autres. Il en demande le prix.

— Donnez-moi trois mille francs de bénéfice, dit le

marchand, et l'aquarelle est à vous. Trois mille francs, ce n'est pas trop, je pense !

— Non, dit l'Américain.

On ouvre les *livres* du revendeur. L'aquarelle a été payée 20,000 francs. L'Américain prend 23,000 francs dans son portefeuille, les donne et emporte l'aquarelle.

Le lendemain, le marchand recevait du peintre une lettre ainsi conçue :

« — Vous n'aurez plus rien de moi, à l'avenir ! Comment, je vous vends une aquarelle *pour rien* et vous la donnez à *si bas prix* ! C'est scandaleux ! »

Qu'en eussent dit Delacroix ou Théodore Rousseau ?

Ah ! les artistes ! Ce sont, je le répéterai bien souvent, les enfants gâtés de l'heure présente. M. Dufaure aimait à dire : « Je n'aime pas la peinture. » Il avait aimé cependant la peinture de Mlle Nélie Jacquemart, qui sera demain Mme Edouard André, rêve de fortune, arc-en-ciel qu'elle n'avait pas entrevu sur sa palette. Le portrait de M. Dufaure par M^{ile} Jacquemart arrachait un jour, au Salon, ce mot à M. Jules Grévy : — « Il est effrayant de ressemblance ! » — C'est Dufaure que Victor Hugo appelait un jour le *bourru malfaisant*, du temps de ce que le poète nommait encore le *ministère Buffaure !*

M. Dufaure n'en restera pas moins comme un type de vieux parlementaire honnête, redoutable et sévère. « Je suis un vieux libéral ! » disait-il en parlant de lui-même. Il a toujours aimé la liberté, honnêtement et virilement. Il n'en fit pas sa *déesse*, comme les songeurs, mais sa femme, comme les bourgeois. Il ne lui demanda pas le rêve, mais la réalité, et on peut dire, à la gloire de cet homme utile, que, l'ayant épousée, il la rendit féconde. Il me semble voir en M. Dufaure et en M. Thiers de ces magistrats municipaux qui viennent lire quelques phrases du Code à l'heure du mariage, ne semblent point taillés pour la statuaire ou l'épopée, mais, en peu de mots, rendent la passion légitime — et durable.

XIV

La semaine Tricolore. — La fête du 14. — Le bleu, le blanc et le rouge, couleurs royales devenues nationales. — Les spectacles gratis. — De l'influence des événements historiques sur les recettes des théâtres. — Les bijoux de 1789 et les bibelots de 1881. — Le duel de M. Asselin et de M. de Saint-Victor. — Un discours de Brantôme. — L'honneur au seizième siècle. — Les pères et les fils. — Le docteur Maurice Raynaud. — Souvenirs du Lycée Bonaparte. — M. Mandl. — Un collectionneur. — Vers inédits de Victor Hugo. — Le bon docteur. — Paul de Saint-Victor ; son premier article de critique dramatique.

12 juillet 1881.

C'est la *semaine tricolore !* — Paris s'enrubanne, se pavoise et se cocarde des trois couleurs que les Flamands arboraient jadis contre les Espagnols en criant : « Bleu pour vertu, blanc pour candeur, rouge pour vaillance ! » Elles sont gaies, ces trois couleurs, elles sont faites pour le soleil. Les drapeaux clapotent joyeusement dans le ciel d'été, et, pressés de s'amuser plus tôt, les comités des fêtes de tel arrondissement, comme celui de Passy, avaient fait répéter cette annonce : « *La fête du 14 Juillet commencera le 9 !* » En toutes choses, la hâte et la fièvre sont les marques distinctives de ce temps-ci.

Quelle ingéniosité dans ces lanternes, ces verres de couleur, ces décorations, ces mâts, ces banderolles, ces écussons bleus, blancs et rouges! Il est bien français, ce tricolore, et — chose curieuse — ces vibrantes couleurs de la nation étaient, bien avant le 14 juillet 89, les couleurs de la monarchie française! M. L. Dussieux, professeur honoraire à l'École de Saint-Cyr, dans un très savant ouvrage sur le *Château de Versailles*, qu'il vient de publier en mêlant l'histoire à la description, fait remarquer que le château de Louis XIII était décoré de telle façon que les toits et les cheminées fussent ornés de vases et de tels revêtements de couleur bleue qui, avec le blanc de la pierre et le rouge des briques reproduisaient les couleurs de la maison de Bourbon. Le château actuel garde encore plusieurs décorations tricolores, entre autres le pavage de la chapelle. Cette remarque curieuse a l'air d'un paradoxe, mais quelques troupes d'élite de l'ancienne monarchie portaient les couleurs du roi : bleu, blanc et rouge, et, certain soir de novembre 1771 — il y a cent dix ans — les deux jardiniers de Trianon, Richard père et Richard fils, firent, après souper, devant l'Orangerie du Petit-Trianon, la surprise d'une illumination au roi Louis XV. Une inscription en verres de couleur, dont les lettres avaient six pieds de haut, portait, avec le chiffre du roi, ces mots : *Vive le Bien-Aimé*, formés de marguerites blanches se détachant sur fond de marguerites rouges et violettes, « Toujours les couleurs royales, dit M. Dussieux. »

Mais elles sont devenues nationales, ces trois couleurs lumineuses et gaies, depuis qu'elles rallient nos régiments et que le peuple les a adoptées. Ce ne sont plus les couleurs d'un roi, ce sont les couleurs de la patrie. Et, guirlandes ou cocardes, tentures ou lampions, bannières ou verres de couleur, elles sont la parure et la coquetterie de Paris qui fête brillamment la *semaine tricolore!*

Les théâtres joueront *gratis*, cette fois. Et ils seront pleins, malgré la profusion des fêtes locales! Paris s'est rarement privé de spectacle, même en temps de révolution. Il allait encore écouter des drames lorsque le drame s'étalait sur la place publique. La tragédie courait les rues et le Parisien, malgré tout, se pressait pour en entendre les échos affaiblis au Théâtre de la République. Il serait assez curieux, je pense, de connaître au juste l'influence qu'avaient, durant la Révolution, les événements devenus historiques sur les recettes des théâtres. De nos jours, nous avons vu la soirée des funérailles de M. Thiers devenir, pour nos salles de spectacle, une occasion de *recettes*. Un amateur de ces menus détails rétrospectifs avait commencé, il y a quelques années, de relever sur les registres de la Comédie-Française les chiffres de la recette aux dates les plus fameuses de la Révolution.

C'était fort curieux, et le travail pourra être continué.

Le 14 Juillet 1789 (mardi). — Jour de la prise de la Bastille, la Comédie-Française fait *relâche*. « Le 12, dit le registre, on avait fermé à cause de la retraite de M. Necker et l'on n'a rouvert que le 21. »

Le 26 août 1789 (mercredi). — La veille du décret de l'Assemblée nationale proclamant la liberté de la presse, la Comédie donne le *Siège de Calais* et la *Feinte par Amour*. Recette 626 livres 12 sols.

Le 4 octobre 1789 (dimanche). — La veille du départ de la manifestation des femmes pour Versailles, la Comédie donne la 29ᵉ représentation de *Auguste et Théaudon*, ou les *Deux Pages*, comédie de MM. Dezède et Montesse, avec *Médée*, tragédie. Recette : 2.076 livres 10 sols.

Le 5 octobre (lundi) et le 6 (mardi — journées d'octobre). « le *spectacle n'a pas eu lieu à cause des affaires du temps.* »

Le 14 juillet 1790 (mercredi). Jour de la Fête de la Fédération au Champ de Mars, spectacle : le *Journaliste des Ombres*, comédie en un acte, de M. Aude, avec *Zaïre*. Recette : 1,365 livres 3 sols.

Le 2 avril 1791. « *Le spectacle n'a pas eu lieu à cause de la mort de M. de Mirabeau.* »

Le 19 juin 1791 (dimanche). — La veille du départ du roi pour Varennes. — *Marius à Minturnes*, tragédie nouvelle en trois actes (9ᵉ représentation), avec *Nanine*. Recettes : 1,472 livres 9 sols.

Le 20 juin 1791 (lundi). — Louis XVI partit dans la nuit du 20 au 21. — Le *Glorieux* et l'*Impatient*. Recette : 821 liv. 2 sols,

Les deux jours suivants : « *Relâche à cause du départ du Roy.* »

La 25 juin 1791 (samedi). « *Relâche à cause du retour du Roy.* »

Le 11 juillet 1791 (lundi). « *Relâche à cause de la cérémonie du transport de Voltaire.* »

Le 17 juillet 1791. — (Le jour de la manifestation du

Champ de Mars et de l'application de la loi martiale par Lafayette et Bailly.) — *Œdipe*, de Voltaire. M. Delarive joue le rôle d'Œdipe. — Suivi de la *Bienfaisance de Voltaire* (3ᵉ représentation). Recette : 3,552 livres 7 sols.

14 octobre 1791 (vendredi). — Jour de l'acceptation, de la Constitution par Louis XVI. — Le *Misanthrope*, suivi de l'*Anglais à Bordeaux*. Recette : 833 livres 8 sols.

La recette des théâtres est un thermomètre ou, comme on voudra, un baromètre de l'opinion publique. Une manière de tâter le pouls à une nation. Mais qui additionnera les chiffres qu'auront coûté tous ces rubans, toutes ces cocardes, ces lanternes japonaises tricolores, ces bouffettes et bougies tricolores qu'on voit, à l'heure qu'il est, chez les marchands de mercerie et les épiciers de la rue Saint-Denis et de la rue Rambuteau ? En 1789, on fabriquait de petits bijoux, des pendants d'oreilles et des broches avec des morceaux de moellons de la Bastille. Le *patriote* Palloy, qui l'avait démolie, débitait aux bijoutiers en pierres de taille les débris de la prison. Aujourd'hui la bimbeloterie est moins archaïque, mais elle est aussi originale, et un journal de Lille, le *Petit Nord*, annonce dans sa salle des dépêches, une exposition des emblèmes, épingles ou décorations, inventés l'an dernier par la fantaisie populaire. Il en est des centaines formant déjà tout un musée et que les collectionneurs s'arracheront plus tard, comme nous nous disputons les petits jouets hollandais des derniers siècles.

On ne s'entretient guère, dans le *tout Paris* laborieux et populaire, que des préparatifs de la fête prochaine, et on économise sur sa *paye* pour acheter quelques-uns de ces drapeaux entassés à la porte des magasins de nouveautés. L'affaire du duel de M. Asselin et de M. de Saint-Victor, qui a fait tant de tapage, est déjà étouffée par le bruit des apprêts du 14 Juillet. Elle a cependant fait couler beaucoup d'encre, cette misérable affaire, — une encre qui n'effacera malheureusement pas le sang versé.

S'il y a parfois unanimité dans le sentiment public, c'est bien cette fois qu'elle s'est montrée. On n'a jamais mieux compris la stupidité du duel qui, inévitable en certains cas, met à la merci d'un bretteur la vie utile d'un homme d'honneur, souvent pauvre, chargé de famille, et qui risque, en acceptant un cartel, non seulement son existence, mais l'avenir de ses enfants.

Et cependant, en dépit de la réprobation évidente qu'a soulevée la conduite de M. Asselin en cette sanglante affaire, je me demande si, sortant de prison, après avoir tué M. de Saint-Victor, il ne trouvera pas plus de mains tendues que n'en eût rencontré M. de Saint-Victor si l'ancien soldat n'avait rien répondu aux provocations de ce jeune homme, et s'était contenté de le mépriser?

Hélas! la réponse condamne l'opinion publique, laquelle s'émeut fort et se révolte, devant un cadavre, en de telles circonstances, mais s'égaierait peut-être — avec ses plus fines ironies — si l'homme mort aujourd'hui avait haussé les épaules et dit :

— Je suis utile et je me dois beaucoup plus au salut

de ceux que j'aime qu'au caprice de celui qui m'insulte gratuitement!

L'opinion est bizarre en ses jugements. Elle hait les spadassins, mais elle n'admet point qu'on ne relève pas leurs outrages. C'est le *point d'honneur*. La conception du point d'honneur varie d'ailleurs dans notre France non seulement selon les circonstances, mais selon les époques, et les duellistes du beau temps de Bussy d'Amboise et du baron de Vitaux trouveraient nos *points d'honneur* pleins d'accommodements, absolument comme nous trouvons assez étrange leur façon d'envisager le duel.

Sait-on que Brantôme en résuma les règles dans un *Discours* qui montre bien qu'en cette matière le « point d'honneur » est aussi capricieux que la mode? Les combattants, dit Brantôme, ne doivent porter sur eux *drogueries*, *sorcelleries* ou *maléfices*, mais il leur est permis de porter « reliques de Notre-Dame de Lorette et autres choses saintes. »

Abuse-t-on assez aujourd'hui des mots de *courtoisie* et de *loyauté* du combat! « *Il ne faut point parler de courtoisie*, dit Brantôme. Celui qui entre en champ clos doit se proposer vaincre ou mourir, et surtout ne se rendre point, car le vainqueur dispose du vaincu tellement qu'il en veut : comme de *le traîner par le camp*, de le pendre, *de le brûler*, de le tenir prisonnier, ou d'en disposer comme d'un esclave. »

Règles barbares, dira-t-on. Et savez-vous ce qu'on dira, dans deux cents ans, de notre Code d'honneur qui permet à un inutile de trouer le ventre d'un brave homme qui ne lui a rien fait que d'avoir peut-être un nez qui lui déplaisait? — Règles barbares! Mais ces duellistes du temps de Brantôme se croyaient, cependant, chevaleresques et agissaient en galants servants des dames : « Tout galant cavalier doit soutenir l'honneur des dames, dit le *Discours sur les Duels*, soit qu'elles l'aient parfaict, soit que non! »

Il était alors à la mode de combattre pour les dames, mais on avait aussi le droit, moins chevaleresque, de tuer son père en duel :

« Si un père accuse son fils de quelque crime dont il puisse être déshonoré, le fils peut appeler justement son père en duel; d'autant plus que le père lui a fait plus de mal de le déshonorer qu'il lui a fait de bien de le mettre au monde et donner la vie. »

Monstrueux paradoxe qui révolte tous nos sentiments modernes. Mais quoi! il en est de ces conceptions caduques comme de ces antiques instruments de torture qui nous semblent à la fois ridicules et épouvantables lorsque nous les rencontrons dans la poussière des musées. Nos raisonnements actuels sur le duel, que nous acceptons tout en le condamnant, sembleront un jour odieusement absurdes.

— Mais, répondra-t-on, un homme insulté doit-il donc passer pour un lâche?

C'est là à la fois un point d'interrogation et un point d'honneur bien français. Un jour, Wellington, le vainqueur de Waterloo, outragé publiquement, envoya des témoins à son insulteur. Le peuple de Londres organisa aussitôt un meeting et se rendit sous les fenêtres du *duc de fer*, non pour le supplier, mais pour lui interdire de se battre, « Sa Grâce ne devant pas autoriser par son haut exemple l'absurdité du combat singulier ». Et le peuple anglais est-il lâche?

Sont-ils lâches, les étudiants allemands qui se provoquent mais se blindent avec un soin jaloux, de façon à ce que les coups soient le moins redoutable possible? — Affaire d'usages et de préjugés. Mais nous tenons à ces jeux d'épée! « Mettez trois Français aux déserts de Lybie, disait Montaigne, ils ne seront pas un mois ensemble sans se harceler et s'égratigner. » C'est un défaut de nature dont nous aurions bien dû nous corriger depuis que l'auteur des *Essais* nous en raillait.

On meurt beaucoup, d'ailleurs, même pacifiquement, même en ne tirant point le pistolet et en ne croisant pas le fer. Je disais naguère, à propos des médecins, que, parmi les métiers humains, l'art de guérir était un des plus meurtriers : on l'a bien vu cette semaine. La science a été fort éprouvée et quatre médecins célèbres ont disparu qui, tous, avaient su mériter l'estime à des titres divers. De ceux-là j'en connaissais deux : l'un, M. Maurice Raynaud, qui fut un des lauréats applaudis de ce vieux lycée Fontanes — *Bonaparte* en ce temps-là — dont je revoyais l'autre jour, la trouvant bien petite — elle qui me semblait autrefois si vaste! — la cour carrée aux grosses colonnes trapues; l'autre, le docteur Mandl, qui était une physionomie bien parisienne, et dont on cherchera longtemps, au théâtre, les soirs de premières, le profil ridé et la silhouette amusante.

Au temps du collège, le docteur Maurice Raynaud enlevait à peu près tous les prix ou les partageait avec ce pauvre Liszt dont les longs cheveux noirs et le mince visage pensif évoquaient tout aussitôt l'image de son père, et avec un autre condisciple plus âgé que nous, M. Charles de Moüy, qui allait devenir un diplomate remarquable tout en restant un écrivain distingué. Les jours de *banquets* de la Saint-Charlemagne, dans la salle d'attente transformée en réfectoire, Maurice Raynaud prenait d'ordinaire la parole et récitait des vers. C'était des vers latins ou des vers français, mais toujours applaudis ; et, dans la langue de Virgile ou dans celle d'Hugo, il raillait gaiement l'*abondance* que l'on nous versait et la tisane de champagne que nous buvions à sa santé. Il y a près de trente ans de cela et je l'entends encore et je le vois debout sur sa chaise, faisant de l'opposition politique comme en pouvaient faire des collégiens, mais raillant avec esprit (nous étions sous l'Empire) les inscriptions nouvelles mises au fronton de notre vieux lycée tour à tour, *royal, national, impérial* — et toujours *libéral*. Et nous applaudissions ! Et aux distributions de prix, devant le maréchal Magnan, dont la large oreille rougissait, ou le vieux Portalis, impassible, nous interrompions par des murmures M. Gros, notre proviseur, nous disant du ton de M. Guizot tenant tête à un orage parlementaire :

— Bénissons la main puissante et tutélaire qui nous gouverne !

Oui, au lendemain de Décembre, nous ne laissions point passer de semblables phrases sans protester. Or, nous avions dix ans.

Maurice Raynaud, plus âgé, était de ceux qui protestaient plus vivement encore. En ces dernières années, il était devenu beaucoup plus tiède. Ce médecin lettré avait publié une thèse littéraire demeurée célèbre, les *Médecins au temps de Molière*. C'est un livre plein de faits, joliment écrit, tout à fait savant et sans pédantisme. Interne, Maurice Raynaud avait, un jour, sucé une plaie empoisonnée pour sauver un enfant malade, à l'hôpital. Il semblait promis à bien des succès, et il avait tenu les promesses de ses glorieuses années de collège, où il était comme le porte-voix de notre lycée.

Nous disions alors de lui : — Il sera poète ! — Et il meurt médecin. — Mais il y a une poésie aussi, une poésie vivante dans l'existence de l'homme qui sauve !

Le docteur Mandl, — un des sauveteurs du larynx humain, — était un médecin plus mondain que le docteur Raynaud. Sans être un médecin de boulevard, c'était un médecin boulevardier. Autrichien, naturalisé Français, Parisien jusqu'aux ongles, ce petit homme bossu, souriant, très fin, railleur avec une apparence naïve, fort instruit, spirituel et savant, était de toutes les *premières*. C'était un docteur du *tout Paris*, et qui invitait *tout Paris* à ses soirées de la rue Tronchet, où l'on entendait les meilleurs artistes et où l'on coudoyait les gens les plus illustres. J'ai vu là M. Eugène Labiche, assis entre le général Cambriels et M. Jules Simon, à deux pas de Mlle Heilbronn et de Mlle Georgette Olivier, applaudir une *Revue de fin d'année*, rimée par M. Toché et jouée par M. Saint-Germain. Il n'y avait pas de *salon* plus accueillant et plus éclectique. Tout le monde s'y sentait fort à l'aise et la bonté du docteur était telle que chez lui chacun semblait chez soi, excepté lui.

Mᵐᵉ Mandl, souriante comme lui, ne demandait qu'une chose à ses invités, nombreux à faire éclater les murailles, c'était de ne point briser les pièces de faïences rares accrochées aux parois du logis. Elle était célèbre et fort choisie, la collection du docteur Mandl. Au palais du Trocadéro, ses vieux Rouen et ses Delft, ses plats mouchetés, ses plaques hollandaises faisaient vraiment bonne figure. Le bon docteur, passionné pour ses plats comme tel personnage d'Hoffmann pour son violon (et, de fait, M. Mandl avait quelque chose d'hoffmanesque) n'osait plus regarder, pendant la durée de l'Exposition, ses dressoirs et ses vitrines vides.

— Il me semble, disait-il, que j'ai perdu des enfants!

Il avait le cachemar la nuit, le cauchemar du collectionneur qui a prêté quelques pièces de sa collection. Il entendait vaguement des bruits affreux de faïence brisée. Il voyait les spectres en morceaux de ses Delft; il apercevait, dans sa fièvre, ses assiettes de Rouen devenues tessons. Comment a-t-il pu s'en dessaisir un jour?

Entre autres curiosités de son cabinet, je me rappelle un portrait de Victor Hugo au bas duquel le poète avait écrit : *Offert à Monsieur et Madame Mandl*, et plus bas ces vers :

<blockquote>On est charmé par elle, on est guéri par lui</blockquote>

Le docteur Mandl possédait aussi la photographie d'un très curieux tableau allemand représentant une jeune femme respirant des fleurs. On retournait le panneau : il y avait derrière une tête de mort, la jeune femme devenue squelette. Le bon docteur fit cadeau de la peinture à Victor Hugo, à la condition que l'auteur de la *Légende des Siècles* traduirait les six vers allemands qui entouraient la double œuvre d'art, et les transcrirait sur la photographie.

Victor Hugo répondit au docteur Mandl :

« Votre cadeau est un vrai don de philosophe à un poète. La Mort doit vous craindre, vous qui guérissez. Elle doit m'aimer, moi qui l'espère ! ».

Et il renvoya les vers allemands ainsi traduits, ce qui permettait au docteur de dire :

— Je possède des Rouen introuvables et du *Victor Hugo inédit !*

« *Du côté de la tête de femme :*

Chapeau de perles, fleurs, ô printemps ! Je suis belle !
Je suis belle. On est belle, hélas ! pour peu d'instants !
Comme c'est vite fait de respirer ces roses !

« *Du côté de la tête de mort :*

Me voici rentrée, âme, au gouffre obscur des choses !
Mon amant, rejoins-moi dans la tombe, autre hymen !
Ce qu'aujourd'hui je suis, tu le seras demain !

Le tout signé :

« Pour les vers allemands : *Umbra.*

« Pour les vers français : Victor Hugo. »

Il est très évident que, pour un collectionneur, l'objet était précieux et l'autographe rare.

M. Mandl a dû, se sentant mourir, regarder encore une fois toutes ces belles choses, pareil à Mazarin moribond faisant apporter, un à un, devant son fauteuil de malade ses tableaux préférés qu'il n'allait plus revoir! Dernière caresse des yeux de l'amoureux d'art à l'œuvre qui survit tour à tour au créateur et aux possesseurs.

Et le docteur Mandl a disparu.

L'aimable docteur est de ceux qui n'ont rendu que des services et qui ne laissent que des regrets. Pendant longtemps aux *premières*, les habitués de ces salles toujours identiques à elles-mêmes chercheront dans leur loge Mme Mandl et son mari, cette sorte de Voltaire bossu qui avait toujours un mot aimable à dire et l'on se demandera : « Où est donc le docteur Mandl ? » comme si, pour être complète, la vie de Paris avait besoin de ces agréables comparses qui n'ont d'autre rôle que de se donner, tout entiers, à ceux qui jouent les premiers rôles quels qu'ils soient : — ténors ou hommes d'État, généraux ou comédiens !

Mais, puisqu'il s'agit de *premières*, on n'y verra plus le visage de cavalier de Velasquez, du critique admirable qui vient de disparaître. Appuyé au rebord de sa loge, Paul de Saint-Victor suivait des yeux le drame ou la comédie avec un sourire un peu hautain, relevant sa moustache retroussée. Ce n'était pas le calme olympien qu'affectait jadis Fiorentino — ce Jupiter tonnant et feuilletonnant; ce n'était ni la belle humeur rieuse de Janin, ni le flegme oriental de Gautier n'écoutant pas la pièce afin de n'être point, critique intègre, influencé par l'auteur; c'était une attention voulue, souvent colère, avec des sourcils froncés et des mouvements de lèvres qui marquaient l'indignation un peu bourrue de cet impeccable lettré devant tant d'œuvres médiocres que son métier le forçait d'entendre.

Ce visage de Castillan, pareil à ceux qu'on voit dans le tableau de la *Reddition de Bréda*, s'était boursouflé, en ces derniers temps, puis avait maigri et pâli. Paul de Saint-Victor n'était plus le même, physiquement. Quant à son talent, il n'avait jamais été plus viril et son esprit éclatait toujours en paroles lumineuses, pittoresques, en mots imaginés, inoubliables. Dans nos dîners bimensuels des *Spartiates*, chez Brébant, il avait d'amères et éloquentes boutades contre tout ce qui insultait ses dieux. Il devenait d'ailleurs pessimiste. Il se consolait du présent avec les Hindous et des excentriques avec Victor Hugo.

J'ai, dans ma bibliothèque, quelques-unes des œuvres de son père, un de ces poètes attardés du premier empire qui nommaient les *chevaux* des *coursiers*, et qui s'étaient effarés lorsque Alfred de Vigny avait osé appeler un *mouchoir* un *mouchoir*, sur la scène de la Comédie-Française. M. de Saint-Victor, le père, était un poète royaliste très déterminé. Dans ses vers, il flétrit la résistance des grognards de Cambronne à Waterloo, comme l'eût pu faire Loriquet, qui raconte que les débris de l'armée *s'égorgeaient entre eux, pris d'une rage de damnés*. Paul de Saint-Victor avait, littérairement et politiquement, rompu avec la tradition paternelle. Lamartine l'avait choisi pour secrétaire, et on trouvera, dans le *Conseiller du Peuple*, publication qu'avait entrepris le poète en 1849, des *Chroniques du mois* tout à fait remarquables, signées du nom, alors inconnu, de Paul de Saint-Victor.

Saint-Victor a même publié une brochure ardemment admirative sur Lamartine, injustement dédaigné. Le poète des *Méditations* avait eu, tour à tour, pour secrétaires MM. Eugène Pelletan et Paul de Saint-Victor, qui lui sont toujours demeurés fidèles.

On a dit que c'était à la *Presse* que M. de Saint-Victor avait débuté comme critique de théâtre; on s'est trompé. Ses premières critiques dramatiques ont paru dans le journal l'*Artiste*, qui poursuit encore sa carrière glorieuse et où tant de grands écrivains ont débuté, tant de renommées ont passé ! Ce fut sans doute Arsène Houssaye, accueillant et clairvoyant, qui, vers 1850, ouvrit à Saint-Victor les portes de l'*Artiste*. Toujours est-il que je vois dans la collection du journal, au mois de novembre de cette année-là, un article de Paul de Saint-Victor sur le *Théâtre-Français*, et je crois bien ne point me tromper en affirmant que ce fut là le premier *lundi* de l'illustre *lundiste*.

Il y a toujours plaisir et curiosité à feuilleter ces pages oubliées. Saint-Victor débutait dans la critique théâtrale en saluant les débuts de Madeleine Brohan, toute rayonnante dans sa beauté de dix-sept ans, en acclamant Mlle Rachel revenant d'un tour d'Europe — de ce voyage en Allemagne, où le roi de Prusse, la priant de réciter des vers sur une pelouse de son château de Babelsberg, faisait ensuite dresser la statue de marbre de la tragédienne à la place même où les pieds de Rachel avaient foulé l'herbe verte — et, — ô ironie des destinées ! — dans ce même article de début, Paul de Saint-Victor félicitait l'administrateur de la Comédie-Française d'avoir réorganisé l'orchestre du théâtre et d'avoir confié la mise en œuvre de ces « concerts d'harmonie et d'ensemble à... M. Jacques Offenbach. »

« Désormais, s'écriait Saint-Victor, l'ouverture de chaque pièce s'accordera au caractère de son génie et de son art. Les fanfares grandioses de Gluck précéderont la tragédie de Corneille comme les clairons d'une légion romaine ; les mélancoliques cantilènes de Cimarosa soupireront dans les diverses élégies de Racine comme des roucoulements de tourterelles nichées dans le masque d'une Melpomène antique ; les éclats de rire délirants du génie bouffon de l'Italie préluderont à la comédie de Molière, et Lully, ce satyre napolitain déguisé en Scaramouche, reprendra ses chalumeaux de bacchanale pour conduire et déchaîner au fron-fron de sa musique bondissante le carnaval de ses intermèdes. »

Lorsqu'il écrivait ces lignes, Paul de Saint-Victor, déjà coloriste enragé, avait vingt-trois ou vingt-quatre ans, et déjà, on le voit, sa personnalité littéraire était identique à ce qu'elle était hier dans la plénitude de puissance de l'écrivain. C'est que les maîtres peintres s'affirment dès leurs premiers coups de pinceau. Delacroix, ce Delacroix dont Saint-Victor écrivait la vie (il est mort en corrigeant les *épreuves* de ce travail), était déjà le Delacroix de la *Barque du Dante*.

Il est, au surplus, tout à fait piquant de voir comment Paul de Saint-Victor, si fort irrité des enthousiasmes soulevés par le retour de Sarah Bernhardt débarquant au Havre, saluait, il y a trente ans, le retour de Rachel en même temps qu'il prédisait à Madeleine Brohan, débutant dans les *Contes de la reine de Navarre*, qu'elle pourrait bientôt « lancer ce geste d'éventail de Célimène qui est le *coup d'État de la coquetterie dramatique* ».

Paul de Saint-Victor semblait, en achevant de lire Shakspeare, rouvrir avec amour Marivaux :

« Voici, écrivait-il alors, que Mlle Rachel, revient de son voyage en Allemagne, à travers les plus étranges et les plus rares triomphes de sa vie. Ce peuple de philosophes, de voyants, d'antiquaires, de mystiques, d'hellénistes s'est levé devant elle comme les vieillards de l'Iliade devant Hélène, et, à lire les dithyrambes sibyllins inspirés par la tragédienne, vous diriez en effet l'Hélène du second Faust transportée du ciel bleu de la Grèce, dans le clair-obscur fantastique de la nuit de Walpurgis. Elle leur est apparue comme cette femme de l'Apocalypse qui porte écrit sur son front le mot *mystère*, comme la Chimère de l'énigme antique, comme la pâle Pythie des mythes disparus et des symboles évanouis. A l'heure qu'il est, la philosophie hégélienne en rêve encore.

Étrange prestige du génie que chaque climat colore de teinte, et que chaque race adore dans la langue de ses instincts et de ses sympathies. L'Angleterre a salué dans Mlle Rachel une héroïne de Shakspeare dépaysée dans la tragédie, et elle transposait sur les drames de son poète la langue muette de son jeu frémissant et sombre.

« Qu'elle aille en Italie, et le peuple acclamera en elle une apparition de son Olympe et de son histoire, une muse du ciel païen, une enfant de la louve romaine ; il versera dans son peplum tous les soleils, toutes les étoiles, tout le firmament de ses sonnets, et il la conduira au Capitole sur un quadrige à l'antique en chantant le *Manibus date lilia plenis* de Virgile sur un air de Rossini. Aujourd'hui, la contemplative Allemagne l'élève pour la transfigurer sur le Brocken de ses visions et de ses rêves : elle étudie les plis de sa draperie comme le frissonnement sacré du voile de l'Isis des initiations, et, pour mieux l'admirer selon son cœur et son génie, elle la vaporise, elle, la forme de Phidias drapée par Sophocle, dans les brumes illuminées de Jean-Paul. »

Encore une fois, le maître styliste qui brûlera plus tard les plus magnifiques fusées qu'ait allumées en ce temps un Ruggieri littéraire, se montre déjà dans ce début de sa vingtième année. L'homme qui écrira *Hommes et Dieux* et les *Deux masques* apparaît tout entier dans le rédacteur de l'*Artiste*.

J'ai dit qu'il avait le mot vif et cruel. Un soir, un poète qui promettait bien du talent débute à la Comédie-

Française dans une comédie en cinq acte sintitulée la *Volonté!* Il s'appelait Jean du Boys. Ce fut, ce soir-là, la faillite d'une espérance :

« Ce jeune romantique, écrivait Saint-Victor, a trouvé le moyen de renchérir sur Casimir Bonjour. Il n'est plus que *Casimir Bonsoir!* »

On en citerait des centaines, de ces jugements typiques. Mais à quoi bon évoquer des mots spirituels ou des ressouvenirs de polémique devant ce cadavre couché rue Furstenberg, dans la vieille maison habitée par Eugène Delacroix, cadavre à côté duquel pleure une jeune fille, sa fille, si charmante, et dont il était si fier?

Il n'y a qu'à saluer et à se taire.

C'est un feu d'artifice, plus brillant que tous ceux qu'on va tirer, qui vient de s'éteindre subitement.

XV

Paris sans eau — M. Alphand *aquarius*. — Vive la pluie ! — Un notice de M. Joseph Bertrand — Belgrand — Un buste à Jacques Offenbach. — Les caveaux. — La semaine des examens. — Les concours du Conservatoire. — La mère d'actrice. — Gavarni, H. Monier et Ludovic Halévy. — Mme Cardinal. — Quelques *mots* entendus. — M. Ambroise Thomas et la mousseline. — *Sainte Mousseline*. — Les lendemains — La vie facile. — Paris vidé. — P. P. C.

26 juillet 1881.

Elle a failli, cette « vie à Paris », ressembler à la vie de féroce bataille à bord d'une barque de naufragés. Plus d'eau! Etait-ce possible? Le vaisseau de la ville de Paris encore une fois transformé en radeau de Méduse. Le *rationnement* de l'eau succédant au *rationnement* du pain, comme pendant le siège. Il a semblé qu'on reculait tout à coup de plusieurs années, qu'on retournait aux temps noirs où l'on se disputait l'eau saumâtre d'une citerne. Un Romain du temps d'Auguste eût, en sortant du bain, méprisé volontiers les Parisiens d'aujourd'hui contraints d'éviter ce que M. Alphand — jouant le rôle de l'*aquarius* — antique officier des aqueducs, veillant à ce qu'il ne fût pas pris une quantité d'eau plus grande que celle qui était concédée par la loi à chaque individu ou à chaque établissement public — appelait le *gaspillage* de l'eau !

On s'est aperçu tout à coup de la valeur surprenante de cette eau que les chimistes qualifient d'un tas d'adjectifs méprisants : « liquide incolore, inodore, insipide. etc. » Quelle qu'elle soit, l'eau est une eau de vie. On s'entre-déchirerait bien vite pour une gouttelette d'eau par les temps de chaleur atroce que nous avons traversés. Plus d'eau ! Une sécheresse épouvantable. Et non pas seulement à Paris, mais dans les campagnes, les maires et adjoints, se faisant aussi *aquarii* avaient fait coller des avis manuscrits sur les pompes des villages : — « Il est ordonné à tout habitant de la commune de ne puiser de l'eau que pour le strict nécessaire de ses besoins. » Quant au passant, on lui mesurait un verre d'eau pris à la fontaine publique.

La France, brûlée de sécheresse, avec ses pauvres arbres roussis dès juillet comme par l'automne, semblait prendre de vagues aspects de Sahara lorsqu'enfin est venue la pluie, et il n'y a pas d'illumination au monde qui ait mis tout ce pays en joie comme les larges gouttes criblant les verdures jaunies.

Véritable fête nationale !

— Ce sont, disent alors les paysans, des pièces de cent sous qui nous tombent des nues !

Et, gaiement, ils ont laisser mouiller leurs drapeaux de fête que les Parisiens, plus prudents ou moins amis de la pluie, ont retirés des fenêtres tout à coup.

17.

A propos de ce *gaspillage* de l'eau dont a parlé M. Alphand, j'ouvre un écrit des plus remarquables, l'*Éloge historique d'Eugène Belgrand*, lu dans la séance publique de l'Institut, du 1er mars 1880, par M. Joseph Bertrand, l'érudit secrétaire de l'Académie des sciences. Belgrand est l'ingénieur, — beaucoup moins connu que tel ou tel plaisantin de petit théâtre — qui a doté Paris du grand égout collecteur et dont la statue, ou tout au moins le buste, comme le dit fort bien M. Bertrand, devrait se rencontrer au-dessus de la voûte de cette œuvre collossale.

Eugène Belgrand s'était toujours beaucoup préoccupé de cette question des eaux de Paris qu'un été torride a subitement remise à l'ordre du jour, et, à propos de lui, M. Joseph Bertrand trace en quelque sorte un historique du service des eaux. Je ne sais rien de plus intéressant qu'un tel chapitre de notre *Vie à Paris*. L'eau vaut l'air. Je le répète, c'est la vie. Non-seulement la vie matérielle, mais en quelque sorte la vie morale. On ne dépensera jamais assez d'eau.

Et pourtant, nous apprend le secrétaire perpétuel de l'Académie des sciences :

« En 1754, un écrivain érudit, Bonnamy, historiographe et bibliothécaire de la ville de Paris, en comparant le présent au passé, trouvait le service des eaux *irréprochable*.

« Les fontaines publiques alors et les rares concessions accordées débitaient à peine *deux litres par jour pour chaque habitant ;* des milliers de porteurs d'eau, il est vrai, parcouraient la ville, livrant au premier signe, au prix de deux sols la voie, leur marchandise, souvent puisée dans la Seine ; trente mille puits, enfin, fournissaient une eau détestable que, par un préjugé inexplicable les Parisiens préféraient souvent à tout autre. On a exagéré en nommant un tel temps *le temps de la soif*, le comble de la misère n'était pas alors de manquer d'eau, mais d'en boire. Pour achever par un dernier trait le tableau d'une extrême détresse, Voltaire nous montre son pauvre diable

Buvant de l'eau dans un vieux pot à bière.

» Il n'était pas besoin d'insister alors sur la qualité de cette eau. »

M. Joseph Bertrand, étudiant les progrès de ce service capital des eaux, a le regret de rencontrer parmi les satisfaits, ceux qui trouvent que « l'eau est potable, excellente, » l'illustre Parmentier qui doit sa renommée à une tout autre campagne que celle-ci :

« Lorsque, nous dit M. Bertrand, Deparcieux, membre de l'Académie des sciences, proposa de donner aux Parisiens l'eau qui leur manquait, en les sauvant, comme l'a dit Voltaire, de l'opprobre et du ridicule d'entendre toujours crier à l'eau, Parmentier, académicien comme lui, n'en fut pas d'avis : une si grande dépense l'effrayait. Moins sensible au ridicule que Voltaire, le cri des porteurs d'eau n'a rien qui l'humilie ou le choque, et, prenant à la lettre le conseil du sage, il veut qu'on s'abstienne des eaux étrangères. Préoccupé surtout de l'honneur de la Seine, il s'indigne, dans un style prétentieusement familier, qu'on ose diffamer un fleuve qu'il admire et que chacun devrait respecter :

« L'ingratitude, ce vice malheureusement trop commun, écrit Parmentier, n'épargne pas même les aliments et les boissons. Quoiqu'une longue expérience prononce journellement depuis des siècles en faveur de la salubrité des eaux de la Seine, quoique cette rivière ait le privilège d'arroser une des plus grandes et des plus riantes villes de l'Europe, qu'elle fournisse à ses habitants une eau capable d'apaiser agréablement la soif, *sans que l'estomac de cette multitude d'hommes qui occupent le premier rang dans l'empire des lettres et des sciences en soit incommodé, sans que le teint et la fraîcheur des plus aimables et des plus jolies femmes de France éprouvent la moindre altération par les usages sans nombre auxquels elles l'emploient...*, cependant, malgré cette foule de privilèges incessants, l'eau de Seine n'a pu se dérober aux traits malins de la méchanceté et de *la calomnie*, peut-être même ceux qui lui sont redevables de leur appétit, de leur embonpoint et de leur constitution vigoureuse sont-ils aujourd'hui ses plus redoutables ennemis. »

Et, chose extraordinaire, Parmentier trouve cet étrange argument pour défendre l'honneur de la Seine *calomniée* par les méchants :

« Supposez, dit-il, qu'un chien pourri soit jeté à la rivière et qu'on puise de l'eau à une très petite distance de l'animal, *comme à trois ou quatre pouces, soit devant, soit derrière ou à côté;* eh bien! *il est certain que l'eau n'en sera pas plus malsaine.* »

Exagération d'avocat voulant faire acquitter une cliente. Pour recommander la pomme de terre, Parmentier fut heureusement plus persuasif.

On sait que lorsque deux mécaniciens éminents, les frères Perrier, « devançant des besoins qu'alors on n'éprouvait guère, crurent faire une œuvre profitable et méritoire en appliquant la machine à vapeur, qu'ils faisaient alors paraître en France pour la première fois, à l'élévation de l'eau de la Seine, il y eut, entre Mirabeau et Beaumarchais, une lutte fort peu courtoise, dont parle finement M. Bertrand : « Mirabeau se déclara contre la nouvelle entreprise. Il n'entendait rien à la question, a écrit Belgrand, qui la connaissait mieux que personne. »

Mais que d'erreurs commises et que de sottises dites ou imprimées à propos des eaux de Paris!

« Un membre de l'Institut écrivait vers le commencement de ce siècle : « Ne peut-on pas conjecturer que « la faculté de se procurer de l'eau dans son domicile « multiplie tellement les bains que leur usage descen- « dra jusqu'à la classe qui pense le moins à cette déli- « catesse? » Bien différent de Belgrand, qui aspirait à nous rendre les thermes antiques, Petit-Radel ajoute : « On a pu remarquer que l'époque où l'usage des « thermes s'introduisit à Rome fut celle du développe- « ment dans son sein du premier germe *de la décadence « que le luxe asiatique y avait apportée.* »

On a toujours trop d'eau! telle paraît être la théorie

de Petit-Radel. On n'en a jamais assez! Telle était l'opinion de Belgrand. Il faut la *gaspiller* littéralement, et ce mot, qu'on a reproché à M. Alphand, se trouve tout justement sous la plume de M. Joseph Bertrand :

« L'eau, dit-il, doit dans une grande ville être gaspillée sous toutes les formes : telle fut la maxime de Belgrand, telle était celle des Romains qui, poussant à bout l'application, amenaient chaque jour, par neuf aqueducs, plus de mille litres d'eau par habitant. Les eaux du Tibre grossies par mille ruisseaux, lui portant les souillures de la ville, n'étaient acceptées, dit Frontin, que pour les usages les plus vils. »

Nous avons d'ailleurs fait du chemin depuis Voltaire et Petit-Radel. En 1802, la distribution quotidienne aux fontaines publiques était de 4,000 mètres cubes. Elle avait doublé en 1806. A cette époque, et vingt ans après encore (1826), « *on comptait sur la pluie pour le lavage des rues.* »

Depuis, et grâce à Eugène Belgrand, qui nous a amené les eaux de la Dhuys, grâce aussi aux savants qui l'ont imité ou aidé, Paris a de l'eau en quantité sinon extraordinaire, du moins suffisante. La panique de cet été est un pur incident, un accident.

Le volume total de l'eau disponible réalisé pendant certains jours de l'Exposition universelle, en 1878, a été de 370,000 mètres cubes; mais ce maximum pendant les années de sécheresse peut s'abaisser à 300,000. Nous recevons par habitant trois fois moins environ que les anciens Romains, mais cent fois plus au moins que les Parisiens du dix-huitième siècle. C'est encore M. Bertrand qui nous donne ces intéressants détails dans ce très intéressant et remarquable *Éloge de Belgrand*, — une des meilleures pages d'un érudit qui peut allègrement passer d'un problème de mathématiques à une vivante page d'histoire sur Charpentier, faussement accusé d'avoir assassiné Ramus, ou à un travail sur la question monétaire, M. Joseph Bertrand, qui donne raison à ce que je disais un jour : — Les vrais savants de ce temps, comme ceux du temps de d'Alembert, sont des écrivains véritables et souvent de maîtres écrivains!

Mais, à côté des savants, nous avons les amuseurs qui ont leur prix.

Il y a un an, dans l'annexe du restaurant du pavillon Henri IV, à Saint-Germain, Jacques Offenbach habitait deux chambres du rez-de-chaussée donnant sur le jardin, et les amis qui le venaient visiter là le trouvaient, quoique fort abattu, découragé et frappé, travaillant à son opérette de *Belle Lurette* et à son opéra-comique les *Contes d'Hoffmann*. — « Il faut refaire les couplets que vous m'avez envoyés! disait-il à M. Toché. Ils sont exécrables! — Tiens! je les avais pourtant soignés! — Après ça, ils sont peut-être bons : je ne les ai pas lus, répondait Offenbach avec malice ». Et il riait.

Aujourd'hui, devant la porte même qu'il franchissait pour aller respirer l'air, le buste d'Offenbach s'élève, sculpté par Franceschi, et tout l'esprit du maëstro revit dans cette figure de bronze, la tête haute, le cou sortant, maigre et nu, de cette houppelande fourrée que portait, l'hiver, le musicien aux répétitions. Sur le socle ces simples mots, qui en disent long : *A Jacques Offenbach, ses amis, 1881.*

Naguère donc, M. Henri Meilhac, le collaborateur d'Offenbach dans la plupart de ses grands succès, et M. Albert Wolff, qui a toujours aimé celui qu'il appelle encore non sans émotion *Jacques*, et qui a conté avec une verve charmante, dans une préface au livre d'Offenbach sur l'Amérique, comment ils se sont connus, avaient convié à l'inauguration de ce buste quelques amis de l'auteur de *Barbe-Bleue*, des artistes, des journalistes; et M. le général de la Salle et M. de Moucheron, colonel du 11ᵉ chasseurs, s'étaient venus joindre à cette poignée de Parisiens célébrant ce qu'on pouvait nommer le bout de l'an de l'admiration et de la sympathie.

Car nous l'admirions, ce prodigieux inventeur dont la musique, jouée durant le repas sous les fenêtres du Pavillon, nous semblait aussi jeune, aussi entraînante qu'autrefois, montant dans le ciel de ce soir d'été avec une sorte de mélancolie parisienne. Il y a toujours dans ce rire comme un vague écho de soupir. Et parfois, comme le disait M. Léo Delibes à M. Massenet, en écoutant les galops de la *Grande-Duchesse*, « avec un peu de cuivre, on dirait du Verdi », — le Verdi du premier acte du *Trovatore* et du *Ballo in Maschera*.

Cette inauguration d'un buste était d'ailleurs une cérémonie tout intime. La terrasse de Saint-Germain, pareille à une galerie à la Véronèse peuplée de femmes d'Heilbuth, se garnissait de curieux et de curieuses et les jardins du restaurant étaient envahis. La musique des chasseurs allait jouer, derrière le buste d'Offenbach, le quadrille d'*Orphée aux Enfers* et, pendant que s'allumaient, dans les massifs, les feux de Bengale, M. Jules

Massenet s'est avancé vers l'image de *Jacques* et lui a dit :

— Nous vous apportons l'hommage de notre admiration. Vous avez été un grand travailleur, mais on n'a pas à vous en louer, tant le travail était pour vous une joie! Vous avez été un grand inventeur, bien français, et on vous a suivi et on vous suivra encore dans la voie que vous avez ouverte. Je voudrais aussi vous remercier d'avoir été un bienveillant et d'avoir accueilli les jeunes. J'en sais quelque chose. Mais il ne s'agit pas de nous, il s'agit de vous, et il était bon que l'hommage de notre reconnaissance vous fût rendu franchement et publiquement.

Offenbach, qui avait si admirablement monté, étant directeur, la *Jeanne d'Arc*, de Gounod, et le beau drame de Sardou, la *Haine*, voulait et devait monter le *Roi de Lahore*, de Massenet.

Ce créateur de l'opérette, à qui l'on élève un monument dans un restaurant à la mode, avait l'admiration de la grandeur en art et de la beauté absolue.

Nous l'avons, en quelque sorte, revu vivant hier, parmi les fleurs, sous les branches tordues d'un pommier aux fruits encore verts : les pommes que tant de filles d'Eve cueillirent gaiement au son de sa musique!

On n'a pas encore chanté de l'Offenbach au Conservatoire. Cela viendra peut-être. C'est, en tous cas, le moment des compositions, des examens, des concours. Polytechniciens de demain, Saint-Cyriens à venir rêvent de problèmes faciles et de réceptions définitives. Admissibles! Admis! Mots fatidiques. On les répète mille fois par jour; on les rumine la nuit. Le père à moustache blanche se demande si son « garçon » aura le droit de coiffer le tricorne, et la petite cousine, qui trouve la tunique de Saint-Cyr plus coquette, voudrait bien être sûre qu'elle attachera bientôt l'épaulette de laine du cousin, en attendant l'épaulette d'or. M. René Maizeroy a écrit de jolies pages, là-dessus, en quittant l'épée pour la plume.

Il y a des lycéens qui rêvent de monceaux de prix et de couronnes vertes, de grands jeunes gens qui se lèvent matin pour aller passer, dans une des salles blanchies à la chaux de la vieille Sorbonne, leur baccalauréat : — ce terrible *bachot*, espoir des mères qui voient déjà leur fils bâtonnier de l'ordre des avocats, docteur, député ou ministre s'il est bachelier, et terreur des cancres qui se demandent à quoi bon conserver, puisqu'il n'y a plus de parchemins nobiliaires, le vieux papier jauni prouvant qu'on est digne de végéter toute sa vie dans une foule d'emplois publics. *Dignus, dignus intrare!*

Partout des examens, des concours, des anxiétés, des angoisses. Les brevets et les couronnes fleurissent tous les ans à l'heure des moissons.

C'est, pour tout un coin de Paris, une semaine de grosse fièvre que la semaine des concours — concours publics au Conservatoire, les plus amusants de tous les concours. Il y a bien des battements de cœur dans les poitrines de dix-huit ans et, sous les cheveux gris ou teints des *mamans*, de longs espoirs et de vastes pensées de fortune.

« *Notre fille concourt!* » Combien de fois, avec fierté, cette petite phrase est répétée, de palier en palier, dans la maison, et de porte en porte, dans la rue, par la mère de la future actrice ! Gavarni en entendrait et en noterait encore de belles.

Mais je me rappelle le courroux de ce pauvre Aubryet, un jour de concours au Conservatoire, précisément. Comme nous lui disions que la *mère d'actrice* de Gavarni n'existait plus ou se transformait tout au moins, Aubryet, toujours prêt à saisir au vol un paradoxe, bondit brusquement et, avec une colère nerveuse :

— Ne me parlez pas de Gavarni ! interrompit-il. C'est une réputation surfaite. Il n'a jamais rien observé, ni mère d'actrice, ni lorette, ni enfant terrible. C'est un fantaisiste, rien qu'un fantaisiste !

Xavier Aubryet, parfaitement injuste pour Gavarni, eût dit volontiers de lui comme nous le disait, un soir, avec mépris Nestor Roqueplan, arbitre bizarre des élégances parisiennes :

— Gavarni ? il n'a jamais su dessiner la coupe d'un habit noir.

Il est évident que la *mère de la débutante*, telle que Gavarni aimait à la peindre et qu'Henri Monnier la croquait, dans un angle de coulisses, tricotant des chaussettes ou tirant une fiole du fond de son cabas, a disparu à peu près complètement, comme le carlin qui l'escortait d'ordinaire. On trouverait pourtant des profils *gavarniesques* et des chapeaux dignes de Monnier, au Conservatoire, les jours de ces concours publics. Le cabas bourré de victuailles apparaît même encore à cette heure d'entr'acte où spectateurs et concurrents, juges et parties, parents, amis, amants, curieux, indifférents, critiques, reporters, toute la foule assoiffée et affamée se précipite vers le buffet établi sous le péristyle et emporte d'assaut les babas, les sandwichs et les carafes de sirop de groseille..

Comme pour faire contraste avec ces blanches petites mains tendues vers les savarins et les madeleines, et avec ces lèvres roses trempées dans les verres d'orgeat, il y a, sur les banquettes, dans des coins obscurs, quelque spectre de la *mère d'actrice* du temps passé, de la vieille mère d'actrice des vaudevilles de Théaulon et des caricatures de Daumier, qui ronge une cuisse de poulet et boit son vin au goulot de la bouteille, sans façon, comme autrefois les fanatiques de Deburau au parterre de Funambules.

Ce fantôme serait coiffé de l'extravagante capote et revêtu d'une robe à manche à gigots des modes du temps d'Eugène Lami, qu'on ne s'en étonnerait point. On s'étonne même des concessions inattendues que font aux modes du jour ces *revenantes* de 1830.

D'ailleurs, sous leurs vêtements plus modernes, moins bouffons, — moins *farce*, comme dirait en causant Victor Hugo, qui aime ce mot, — les mères d'actrice de l'heure présente ne le cèdent en rien, au point de vue du sentiment, aux vénérables mères du temps jadis. L'immortelle Mme Cardinal est une mère de Gavarni saisie au passage par Halévy dans un couloir de l'Opéra. C'est Prevost-Paradol qui, un soir, signala au fin observateur de la vie parisienne, lettré et aiguisé comme un Mérimée, le cas très original d'une mère de danseuse poussant des soupirs navrés à cette idée que le père et le *monsieur* de sa fille n'avaient point la même opinion politique.

— Aussi, disait-elle, la maison est un enfer !

Prevost-Paradol vint, en riant, conter la chose, toute chaude encore, à Ludovic Halévy qui, dès le lendemain, en fit une petite nouvelle pour la *Vie parisienne,* comme il vient d'*Un mariage d'amour* faire un récit tout à fait charmant pour la *Revue politique et littéraire* de M. Yung. Ainsi Mme Cardinal était née !

Dans cet ordre d'idées et en étudiant comme on le ferait d'une plante malade ou bossue, les difformités les déviations du sentiment maternel, on saisirait sur le vif des naïvetés vraiment écrasantes. La *mère d'actrice* est un véritable et intarissable puits de *mots*.

J'ai entendu la mère d'une de nos plus charmantes comédiennes, venant s'abonner à un journal, au nom de sa fille, comme elle épelait le nom célèbre de l'actrice et comme on lui demandait si elle était sa parente, répondre fièrement :

— Sa parente, monsieur ? Je suis mieux que çà, j'espère, je suis sa mère ! Et je n'en suis pas plus fière pour ça ! Une fille qui nous a donné, à son père et à moi, tant de peines pour l'élever ! Toutes les maladies elle les a eues, étant petite, on peut dire. Vous croyez que ça m'a dégoûtée ? Ah ! bien, vous ne me connaissez guère. J'ai passé mon temps à la soigner comme si elle aurait dû rester ouvrière toute sa vie ! Seulement, maintenant qu'elle est *arrivée*, elle devrait peut-être bien se souvenir de ces moments-là ! Vous croyez qu'elle y songe ? Ah ! les enfants, vous ne les connaissez pas ! Tenez, monsieur, pas plus tard qu'hier, elle a donné congé au frotteur. Il fallait donc le remplacer. Vous croyez qu'elle a pensé à prendre son pauvre père? Pas du tout... Elle a pris le portier ! Elle se trouve plus libre pour lui commander. Vous direz tout ce que vous voudrez, c'est humiliant pour mon mari ! Et ce n'est pas gentil de la part d'une enfant que nous avons tant gâtée !

Je n'invente rien, et ces traits de nature n'ont même de valeur que si on ne les retouche point en les notant au passage.

C'est encore une mère d'actrice, et d'une très agréable actrice qui vient de débuter, timide encore, avec de grands yeux limpides ouverts sous des cheveux blonds comme des bluets dans des blés, qui, se plaignant à nous de son directeur, nous disait en montrant la jeune fille :

— Oh ! Je sais bien ce qu'il voudrait ! Parbleu, ce serait assez agréable de *décrocher cette timbale-là !*

Et la pauvre petite *timbale* écoutait sans avoir l'air de comprendre.

Elle comprenait fort bien.

Une autre mère d'actrice s'écriait, naguère, au foyer, pendant la répétition d'une pièce où jouait sa fille :

— Mon enfant est honnête !... Je la tiens en garde contre toutes les séductions... Par exemple, vous concevez, je ne vais pas jusqu'à lui défendre d'avoir un petit sentiment par-ci par-là. *Ce serait du fanatisme!*

Tant qu'il y aura de ces gibbosités morales, la mère d'actrice de Gavarni, devenue la Mme Cardinal d'Halévy, apparaîtra, dans toute sa majestueuse inconscience, au milieu des concours du Conservatoire. Et qui voudrait sérieusement qu'une telle race fût perdue? L'ironie y perdrait trop, et ce ne sont pas des prix Montyon qu'on décerne, faubourg Poissonnière, aux concours de fin d'année.

Cette fois pourtant on aura tenu à donner aux concurrentes un vague aspect de communiantes et de rosières. M. Ambroise Thomas a pris une décision excellente. Il a décrété que les concurrentes ne pourraient se présenter devant la rampe, dans ces toilettes souvent éclatantes qui, tout naturellement, faisaient dire aux juges ce simple mot gros d'étonnement : — Déjà !

Déjà le satin ! Déjà les émeraudes ! Déjà les porte-veine diamantés ! Déjà la *voiture*, peut-être !

Cette année, plus de tout cela. Une mise décente pour toutes,— et hypocrite pour quelques-unes,— est de rigueur. La mousseline est d'ordonnance absolue. « *Sainte mousseline*, comme s'écriait Mlle Fargueil dans la *Famille Benoiton*, protège-nous ! Sauve-nous ! » — *Ora pro nobis !*

On concourra donc en uniforme. Vive la mousseline, après tout, qui n'empêche ni d'être coquette ni d'être jolie ! Dorine et Célimène, Junie et Eliante, la Gabrielle d'Augier et la Marguerite Gautier de Dumas, trouveront bien le moyen de *démousseliner* la mousseline. Ce sera toujours la mousseline, cette éternelle robe de mousseline avec laquelle Mlle Mars jouait tous ses rôles, quoique les diamants ne lui fissent point défaut. Mais ce sera la mousseline revue, corrigée, amendée et augmentée ! Il y aura bien des retroussis savants et des volants courant, serpentant, frou-froutant, et des plissés et des bouillonnés, et des nœuds d'une coquetterie aiguisée, des bouffettes assassines et des *mouvements* dans les draperies et les jupes qui feront des œuvres d'art compliqués de ces humbles robes de mousseline. On se rattrape comme on peut. On peut bien se résigner à la mousseline, mais il n'est pas défendu de lui donner du *chic*.

Serait-on forcée de vendre son coupé et de renvoyer ses chevaux, parce que M. Ambroise Thomas demanderait, une autre année, qu'on se rendît patriarcalement au concours dans un omnibus de famille ?

Ce qui est certain, c'est que la mesure est bonne. Elle est morale. Et cette blanche vapeur de mousseline enveloppe délicatement, comme d'une atmosphère d'idylle, les concours de cette année. Molière et Regnard entendront leurs rires gras sortir de robes virginales, et Gros-René lui-même donnerait à Marinette le bon Dieu sans confession.

Puis, comme une volée d'alouettes, concurrents et concurrentes, s'envoleront où bon leur semblera, les uns continuant la rude existence du théâtre, les autres menant allègrement ce qu'en un bien joli roman, très parisien, Albéric Second a appelé la *Vie facile*. Nous retrouverons, dans un demi-monde meilleur, ces concurrentes ayant jeté par dessus les moulins la *sainte mousseline* du concours, mais nous n'en aurons pas moins vu avec plaisir ce blanc défilé de jeunes filles aux fins costumes de vierge.

Les rosières du Conservatoire !

Ces concours sont d'ailleurs les dernières *attractions* de la *saison*. Paris retombe ensuite dans le vide noir. Plus rien. Le *nada* de Goya. Le *nothing* d'Hamlet. Une machine pneumatique. Les plages sont encombrées, les villes d'eaux sont des fourmilières de Parisiens, des ruches de boulevardiers, avec nombre de frelons. La parisienne devient un article d'exportation. On la détaille, non à Paris, mais à Trouville, à Etretat, au Mont-Dore, aux Pyrénées, — mais ici, non, Paris n'est plus Paris. Il n'est plus qu'une gigantesque ville de province qui a trop de maisons et pas assez d'habitants. Seuls, les députés, attachés aux dernières lois, prolongent héroïquement l'existence d'une Chambre condamnée. Mais déjà, ah ! déjà ! d'une main fiévreuse, tremblante de joie ou d'impatience, ils écrivent le *P. P. C.* sur leurs cartes de visites.

P. P. C. *Pour Prendre Congé !*

Et *Pour Préparer Candidature.*

XVI

Paris *au vert*. — Les diètes de l'été. — Ce qu'est très souvent la vie de château. — Fortunes françaises et fortunes étrangères. — Une fantaisie de Yankee. — Les mois d'économies. — Les discours sur les prix de vertu. — Un legs à l'Académie. — La fécondité. — Ce qu'on lit : un *Mariage d'amour*, de M. Halévy. — Le *Comte de Montlosier*, de M. Bardoux. — La causerie. — La vraie France. — M. Dufaure mourant. — M. Bardoux et M. Barboux.

9 août 1881.

Paris est au vert, je veux dire à la campagne. La vie d'été semble de plus en plus, avec nos mœurs nouvelles, un régime imposé par toutes sortes de nécessités économiques bien plutôt que physiologiques. Il y a même, sur ce point, pour le moraliste, toute une série d'observations piquantes. Ce n'est pas seulement, l'été venu, pour réparer le très réparable outrage des fatigues de l'hiver, c'est aussi, bien souvent pour combler le vide de la bourse qu'on se réfugie *dans ses terres*. On y fait en apparence, de la villégiature et, en réalité, des économies. Le train actuel des choses est tellement rapide, emporté par une vitesse telle, que plus d'un risque de manquer promptement de charbon, et c'est pourquoi, après trois mois de « haute vie » à haute pression ou à toute vapeur, quelques-uns disparaissent, prétextent une retraite dans quelque « château » et s'en vont prudemment loin du bruit refaire leur provision épuisée.

On reviendra en plein hiver, faisant claquer le fouet de ses chevaux, assourdissant Paris du tapage de sa maison ; on se montrera au Bois, aux premières, aux courses. On *recevra* et on se jettera, le lendemain de la réception, sur les entrefilets des *reporter*s pour voir si les nouvellistes n'ont pas oublié le dîner, le bal ou le souper de la veille. En attendant, on rogne sur ses plaisirs, on use ses vieux habits dans les allées de son jardin et, enfoncé dans un trou de province, on a eu cependant pour dernière joie de voir figurer son nom sous la rubrique des *Déplacements et villégiatures*. « M. X... au château de Z... »

Dans ce temps de fortunes rapides et surtout de fortunes factices, où d'ailleurs tout à coup l'apparition brutale, dans le monde parisien, de grosses richesses exotiques toutes faites, immenses, colossales, écrasantes, réduit au second plan nos millionnaires français, il est bien certain que la plupart des gens déploient un luxe disproportionné avec leur ressources. Comment alors équilibrer le budget ? C'est à cela que sert l'été, saison bénie des disparitions subites et des claustrations salutaires. On renvoie ses chevaux chez le loueur, on cherche querelle à ses domestiques, et, s'ils ne prennent point la mouche, on la saisit soi-même au vol.

Je connais des mondaines qui, tous les ans, dans la même semaine, le même jour et à la même heure — l'heure du départ — une fois l'été venu, se brouillent avec leur femme de chambre. Pure question d'économie.

La femme de chambre elle-même n'est point fâchée de ce caprice soudain de *Madame*. Elle en profite pour aller aux bains de mer, aux stations à la mode, faire ce qu'on appelle des *extras*. Ce sont là des caméristes qui ressemblent à des cigales, avec cette différence capitale qu'à l'heure de la bise elles rentrent au logis parisien et s'en vont chez l'agent de change placer ce qu'elles ont amassé. Quant à *Madame*, elle reprend volontiers sa femme de chambre : « Vous avez beaucoup de défauts, ma fille, mais après tout je suis habituée à vous ! — Madame est trop bonne. Et puis Madame ne s'aperçoit qu'au mois de juin que j'ai des défauts aux yeux de Madame ! »

Il faut bien, paraît-il, si l'on veut *paraître*, ruser avec les nécessités de l'existence. L'hiver, on met un masque de soie rose, un *loup* de velours ou de satin ; c'est le costume, le costume d'orgie, comme on disait au temps des romantiques ; l'été le visage apparaît, blême et pâle. C'est le temps de la diète. Et de cette façon on est millionnaire pendant trois mois. Que deviendraient-ils ces millionnaires temporaires s'ils continuaient, d'un bout de l'année à l'autre, leur genre de vie ou s'ils voulaient lutter contre les millions étrangers? Ce sont ces nababs, non plus de l'Inde mais de l'Amérique ou de la Russie, qui modifient singulièrement à Paris la valeur si variable de ce mot : *la fortune*. Ils importent ici des mœurs et des capitaux qui stupéfient. Nos Parisiens les plus étoffés font à côté l'effet que pourrait produire la butte Montmartre se mesurant avec l'Himalaya. On a beaucoup parlé l'an dernier, des fêtes offertes par un richissime Américain, qui furent de véritables féeries. Pour donner à sa réception un portique digne d'elle, le Yankee avait trouvé original d'illuminer, à ses frais, l'"Arc de Triomphe de l'Etoile, et de faire passer dessous les voitures de ses invités.

Il en demanda l'autorisation aux représentants de l'autorité municipale, qui refusèrent.

— Et pour quelle raison, je vous prie, voulez-vous empêcher cette illumination? demandait l'Américain.

— Tout simplement que l'Arc de l'Etoile est un monument public, et qu'un particulier n'a point le droit d'en disposer à sa fantaisie et pour son agrément.

—Ah! dit M. Mackay avec un grand calme. Eh! bien, si je l'achetais votre Arc de Triomphe? Oui, si je le payais à la Ville de Paris le prix qu'elle me demanderait, n'importe quel prix, serais-je libre d'en disposer?

C'était la fantaisie extravagante, si l'on veut, mais insolente comme la force, d'un homme dont la fortune cyclopéenne ne connaît ni refus, ni hésitations, ni obstacles. Les audaces de Monte-Cristo sont mesquines comparées à ces réalités.

Mais que veut-on, encore une fois, que nos millionnaires parisiens luttent contre les monceaux de dollars de ces Yankees? Acheter l'Arc de Triomphe! A peine auraient-ils les ressources d'acquérir la Porte-Saint-Denis. Et encore ils marchanderaient !

Ce sont ces millionnaires-là, millionnaires d'un trimestre, d'un mois ou d'une semaine, qui ont inventé les châteaux en Touraine, aussi introuvables que les châteaux en Espagne, et s'en vont, après les timbales de l'hiver, manger dans quelque ferme ignorée les œufs à la coque de l'été. Le *régime* après l'indisposition. Le chapeau de paille du *châtelain* après la cravate blanche du maître de maison. La robe de percale après la traîne de satin. Il n'est pas aux eaux tout entier, le *high life* parisien ; il est caché, blotti, déguisé, ruralisé : il est au vert !

Et, en somme, le moment est bien choisi pour se *refaire*, et les vacances ont commencé pour tout le monde, excepté pour les malheureux candidats traînés de réunions en réunions par les chemins et les villages. On vient de distribuer aux élèves de nos lycées des prix de toutes sortes. La députation sera, pour cinq cents et quelques citoyens nos compatriotes, le prix d'une sorte de composition de rhétorique où le français — il ne s'agit plus de latin — bravera plus d'une fois l'honnêteté. La période électorale est quelque chose comme ces semaines de *compositions* que viennent de traverser nos collégiens. Il s'agit aussi d'arriver *premier*. C'est le grand concours des professions de foi !

Un siège à la plus belle et gloire au plus vaillant !

La réunion des collèges électoraux coïncide de la sorte avec les vacances des collèges de lycéens. C'est le mois des récompenses ; la germination des lauréats est considérable en août. Écoliers, peintres, comédiens, chanteurs, élèves des beaux-arts, élèves du Conservatoire, prix de vertu, prix d'honneur, tous emportent quelque part quelques couronnes ; — un rouleau de papier ou un rouleau d'or. L'ingénue du Conservatoire a le papier, et la pauvre fille couronnée par l'Institut a l'argent. Mais l'ingénue se rattrapera, je ne suis pas inquiet sur son avenir.

M. Renan, qui faisait d'une si exquise façon, jeudi dernier, l'éloge de la vertu, a d'ailleurs risqué d'être forcé de louer, au nom de l'Académie française, une autre vertu, non moins utile que le dévouement : la fécondité.

Voici dans quelles circonstances. Un des plus spirituels et des plus aimables académiciens, sans compter qu'il est des plus érudits (mais je vais le nommer), nous racontait l'affaire, l'autre jour. Un brave habitant de Clamecy, en mourant, — et en mourant célibataire et sans enfants, — s'était senti pris de remords, l'an dernier, et il avait légué à l'Académie une partie de sa fortune, assez considérable pour tout autre que pour le Yankee de l'Arc de Triomphe. Il l'avait léguée à la condition que, chaque année, l'Académie française décernerait un prix de dix mille francs à la femme qui aurait le plus d'enfants. Un second prix de cinq mille francs était accordé à la femme qui, après la plus féconde, pourrait dire : « Voici mes joyaux ! » — en montrant sa couvée.

Évidemment, cet original s'était fortement imprégné de la lecture des travaux de statistique du docteur Bertillon, et, terrifié devant la dépopulation possible de la France, il avait eu l'idée d'instituer cette prime à la fécondité.

Seulement, la fécondité étant une vertu sociale et non morale — quand elle n'est pas immorale — l'Académie hésita. Elle veut bien distribuer des prix Montyon, mais non un prix que le fondateur avait peut-être, qui sait? voulu appeler l'Anti-Malthus, le Prix d'accroissement de la population. La discussion du legs de l'habitant de Clamecy donna même lieu à une discussion fort agréable. Les causes grasses ne sont point fréquentes à l'Académie !

— Acceptons le legs, disait M. Jules Simon. Nous couronnons les vieilles filles, il ne sera pas mauvais de couronner les matronnes !

— Y pensez-vous? interrompait M. de Champagny. Nous faire les patrons de l'élevage humain !

A quoi, interrompant finement l'historien des *Césars*, M. Gaston Boissier, l'historien de Cicéron, répliquait :

— Prenez garde ! Si nous refusons, le légataire de l'habitant de Clamecy serait capable de consacrer cet argent à la fondation d'une école laïque !

M. de Champagny bondissait. Il eut, à cette idée, tout accepté, et le legs et les conditions du legs, et les mères et les enfants ; mais le malheur voulait que le testateur n'eût pas spécifié si la femme qui « aurait le plus d'enfants » et qui,—ajoutait le testament,—pourrait être couronnée plusieurs fois, devait être ou non mariée. La fécondité se passe assez souvent de l'écharpe du maire, et voyez-vous l'Académie exposée à récompenser toute autre chose que le mariage !

L'Académie a donc refusé et ne pouvait que refuser. Mais c'est dommage. Il y aurait eu là, pour les écrivains chargés des rapports à venir sur les prix de vertu, un prétexte de rajeunir le genre : la vertu souriante, grosse et grasse comme une commère de Rubens, opposée à la vertu maigre et éthérée des gothiques ; la vertu assise au foyer, nourrice et nourricière, embrassant ses enfants à pleines lèvres, les aimant à plein cœur, saine, gaie et rose comme une poupinière de Fragonard, les bambins grimpant aux mollets du père et suspendus au sein de la mère, tandis que le dernier né, tenu en l'air, menottes et petons nus, tend ses petits bras et rit gentiment de toutes les fossettes de sa jolie chair grasse. Une *nursery* de Greuze.

Mais encore fallait-il demander à la *nursery* ses papiers. Et les rosières de Nanterre eussent été capables de renoncer en masse à leurs couronnes virginales pour briguer celles de l'Académie.

On a lu avec plaisir le fin discours de M. Renan, quoiqu'on lise fort peu, par le temps qui court. On ne lit point, ou plutôt on lit beaucoup... les chroniques électorales et les déclarations des candidats : — déclarations d'amour à leur mandat. M. Ludovic Halévy a cependant trouvé le moyen de se tailler un succès en pleine période électorale, et son *Mariage d'amour* court sur les tables des villas et des casinos de bains de mer. L'histoire de son *Député de Gamache*, qui dépense galamment son argent en *rastels*, « noces et festins », est d'ailleurs et sera longtemps une actualité. J'en sais un qui promène dans son arrondissement des calèches chargées de pipes pour les maris et de bonnets de linge pour les femmes, pipes conservatrices et bonnets bien pensants.

Halévy, assis sur sa terrasse de Saint-Germain, regardant couler l'eau et le soleil se coucher sur la plaine, avec le Mont-Valérien devant lui et l'aqueduc de Marly à sa droite, laisse au milieu de ce tapage son livre faire son chemin à travers le monde, tandis que M. A. Bardoux, partant pour la bataille électorale en Auvergne, remet à Paris, comme carte de congé, — et de retour, — une très attachante étude sur le *Comte de Montlosier et le Gallicanisme*.

M. Bardoux, qui est de Clermont, en Auvergne, comme M. de Montlosier, a recueilli bien des souvenirs, des notes inédites, des jugements, des faits nouveaux dans les papiers de famille de cet homme qui ne fut ni un écrivain hors de pair, ni un politique de génie, mais, comme on peut l'appeler, un *caractère*. Pour définir les hommes de ce tempérament et de cette race janséniste, tard venus, *regretteurs* éternels du temps passé et du temps le plus lointain, M. Bardoux cite une piquante anecdote :

« M. Charles de Rémusat, dit-il, raconte avec le charme qui lui est propre que, sous la monarchie de Juillet, à la Chambre des députés, on discutait un jour les mesures à prendre contre la corruption électorale. Impatienté de certains arguments et de certaines résistances, il alla jusqu'à dire : « En vérité, je crois que la « dignité personnelle a disparu de ce pays-ci. — Oui, « monsieur, depuis Louis XIII », lui répondit froidement M. Lepelletier d'Aulnay. »

Et M. Bardoux ajoute : « Le comte de Montlosier était de ce monde-là. »

Bref, tandis que le député du Puy-de-Dôme va retrouver à Clermont ses succès des dernières élections, (et c'est tant pis pour les électeurs s'il ne les a point retrouvés) l'écrivain, l'historien, — je ne blesserai point M. Bardoux en disant l'homme de lettres, — obtient ici un vif succès avec ce livre qu'il ne m'appartient point d'analyser, mais où j'ai retrouvé toute la grâce des propos, toute la finesse d'aperçus, toute l'originalité qui font de M. Bardoux — qu'il parle, comme l'an passé, de *ces messieurs* de Port-Royal devant la statue de Pascal, ou, comme ici, des émigrés et de l'émigration, de Chateaubriand et de l'Ecole libérale du *Globe*, à propos de Montlosier — un écrivain remarquable. M. Bardoux connaît à fond la Révolution française, il en a pratiqué les légistes et les orateurs et, dans sa science du temps passé et ses aspirations du temps présent, il semble, en sortant du salon de Mme Necker, s'être arrêté, pour causer dans la petite maison de Sainte-Beuve.

Un causeur, eh! grand Dieu, c'est quelque chose qu'un causeur! Des discoureurs, nous en avons beaucoup, et d'excellents, et d'éminents, et de médiocres. Mais les causeurs! Ils se font rares. Ils disparaissent. La période tuera le *mot*, la rhétorique étouffera le trait. Est-ce qu'on ne serait point tenté de réclamer, parmi tous ces candidats qui surgissent, un *candidat de la causerie française*? L'auteur du *Comte de Montlosier* pourrait, s'il le voulait, être certainement ce candidat.

Ce qui plaît en M. Bardoux, c'est qu'il est érudit sans pédantisme, qu'il a été au pouvoir sans morgue et qu'il a de la passion sans haine. Orateur entraînant, il a le goût et le respect des lettres, parce qu'il sait tenir la plume après avoir manié la parole. On l'a vu, en un pays où les récompenses officielles ne sont pas près de disparaître et où toutes les boutonnières béent après tous les rubans, avoir l'idée de décorer Littré, se souvenir que l'auteur des *Iambes* ne portait pas le ruban rouge et songer à faire de Victor Hugo un Grand-Croix de la Légion d'honneur. Le maréchal de Mac-Mahon ne le voulut point, et M. Dufaure ne soutint pas beaucoup M. Bardoux en cette campagne.

Ce qui plaît surtout en lui, c'est cette vivacité chaleureuse qu'il met à défendre, à faire aimer tout ce qui est la France. Il la connaît et il l'aime, cette France, et, très joliment; un soir qu'un ambassadeur étranger qui était peut-être bien l'ambassadeur d'Angleterre parlait avec un léger sourire de Paris, la ville évaporée, légère, inconsistante, vicieuse, M. Bardoux l'interrompit :

— Voilà bien votre erreur, dit-il, à vous autres étrangers!... Vous jugez Paris et la France par ce que vous en voyez, par la cohue du boulevard, la bigarrure d'une salle de *première*, le tapage de Mabille. Vous ne connaissez point Paris. Et savez-vous pourquoi? C'est que vous ne montez pas assez haut dans les visites que vous faites à des Français. La France n'habite pas au premier ; la France loge au troisième étage, au quatrième — parfois même sous les toits. Êtes-vous quelquefois monté jusqu'au troisième étage ?

— Non.

— Eh bien, c'est là que je voudrais vous inviter à quelque dîner de famille, sans fracas, où l'on cause de tout et avec esprit; où l'on connaît tout et avec sûreté; où l'on passe en revue la pièce nouvelle, le roman d'hier, la poésie à la mode, la question politique à l'ordre du jour, où l'on porte la santé du vieux père en buvant un vin vieux, honnête et franc comme la maisonnée, où le fils sera médecin, soldat, ingénieur, commis, — qu'importe ! — laborieux certainement; où la fille, tandis qu'on prend le thé, joue une sonate de Mozart ou déchiffre une page de Beethoven. Il en est des milliers, de ces logis, dans ce grand Paris que vous regardez comme la capitale du vice, logis aimables où l'honneur n'affecte point de puritanisme, mais hausse les épaules devant tant de turpitudes ou plutôt les ignore, et où le cœur et la main sont tout grands ouverts. Seulement ces logis, pour les découvrir, il faut parfois grimper très haut et les étrangers n'aiment pas à franchir beaucoup d'étage, je vous le répète...

Et l'ambassadeur était un peu étonné.

— ...Vous pouvez poser cet axiome en principe : la France loge au troisième étage !

Je n'ai pas oublié cette boutade qui ressemblait, comme forme et comme fond, à la jolie tirade de M. Sardou sur les modes et les armoires à linge de nos grand'-mères. Elle est très juste et d'un observateur très fin. Non, certes, la France n'est pas ce *high life* quelque peu international dont je parlais tout à l'heure. Elle n'est pas cette poignée tapageuse, haletante, affolée qu'on voit partout, qui vit en plein air, comme les Espagnols et les Italiens, qui ne connaît point le coin du feu, le doux pelotonnement de l'être dans le *home* choisi, qui, faisant de la vie un théâtre, se pare comme elle se grimerait, se met en scène, en vue, en vedette, rit pour la galerie, pose devant les gazetiers comme les acteurs devant le photographe et fait tant de bruit, tout en étant une minorité, un groupe, un détachement, qu'on la prendrait volontiers pour une armée.

La France est plus modeste et plus silencieuse. Elle vit de peu et travaille beaucoup. Elle a des goûts d'artiste et connaît l'art de les satisfaire à bon marché. Tous les bibelots ne coûtent pas le prix d'une pendule ou d'une console de la collection Double. Il est des amateurs sans fracas qui se composent, à peu de frais, un petit musée. C'est là un des caractères de cette *vraie France* dont parlait M. Bardoux. Elle sait choisir. Elle a le tact Elle se replie sur elle-même. Elle fréquente, afin de ne pas être trop entraînée par le mouvement et prise par l'engrenage, peu de gens, mais de bonnes gens, et elle laisse passer, en la raillant un peu et en la plaignant beaucoup, cette France factice qui traite la vie comme un travestissement et en fait une sorte de long défilé de bal masqué.

C'est bien pourquoi, devant un de ces étrangers qui nous calomnient trop souvent faute de nous étudier assez, j'éprouvais à entendre M. Bardoux défendre ce pays-ci une satisfaction vive. J'imagine que la révélation du ministre de l'instruction publique aura donné à l'ambassadeur le désir de gravir quelques étages. S'il l'a fait, c'est tant mieux, je pense. Il ne nous méconnaîtra plus.

Mais une des qualités, et — puisque nous sommes

dans la semaine des prix de vertu — une des vertus de cette *vraie France*, c'est (ou c'était) la modestie, la bonne humeur, une certaine verve aimable que les pontificats d'aujourd'hui — car ce monde est plein de pontifes — menacent de faire disparaître. L'auteur de cette étude, à la fois sociale et politique, sur le *Comte de Montlosier* est modeste et simple, comme l'était, mais avec plus de rudesse, M. Dufaure, qui fut son ami.

On me citait naguère de M. Dufaure une parole d'une modestie admirable. L'illustre orateur était mourant et, qui plus est, se sentait mourir. M. Barboux, non plus Bardoux, M. Barboux, bâtonnier de l'ordre des avocats, lui faisait visite à Rueil : — la dernière visite.

M. Dufaure le reçut, malgré ses souffrances, et lui dit, avec une implacable sérénité :

— Monsieur le bâtonnier, vous aurez prochainement à faire mon éloge — puisque c'est l'usage — dans le discours que vous prononcerez. Eh bien, n'oubliez pas de dire à ces jeunes gens qui viennent après nous que j'ai été, toute ma vie et en toutes choses, un homme de second ordre... même au barreau, ajouta le grand avocat, en appuyant sur les mots.

M. Barboux essaya de répondre que, pour lui comme pour les générations qui avaient succédé à M. Dufaure, M. Dufaure, au contraire, était le type même et comme le modèle achevé de l'avocat.

M. Dufaure ne répondit pas, mais son geste nettement affirmatif, son regard et son signe de tête voulurent dire encore :

— De second plan, même au barreau !

Il y avait là, dans cet homme au seuil de la mort et se jugeant avec une telle sévérité, se comparant, sans doute, à cet idéal qu'il portait en son âme, à vingt ans, et qu'il n'avait pu atteindre — les sots et les vaniteux seuls croient l'avoir atteint! — il y avait, dans ces paroles, dans ce geste, dans ce coup d'œil du vieillard moribond sur sa vie passée, comme un éclair de la suprême raison d'un sage.

M. Barboux sortit de la chambre profondément impressionné, et il doit sourire aujourd'hui en se rappelant l'austère parole de Dufaure lorsqu'il rencontre tant de nouveaux venus, de jeunes avocats, et aussi de jeunes écrivains enchantés tout prêts à dire :

— Je suis content de moi !

XVII

La semaine des élections. — Fièvre électorale. — Les candidats en 1833. — Un article de Népomucène Lemercier. — Les affiches à Paris. — Nommons Paulus ! — L'Exposition d'électricité. — Un conte de Victor Hugo : Voltaire et le progrès. — 1738 et 1881. — Les miracles du Palais de l'Industrie. — L'art et la science. — Où nous allons peut-être — Les torpilles. — Comme on peut *tuer le mandarin* avec une étincelle. — Les grenouilles de Galvani et les souris de Cotugno. — Le *cotugnisme* et le *galvanisme*. — Les savants font le Dictionnaire. — La monnaie de billon littéraire. — Les *électriciens*. — Bou-Amama. — Journalistes en campagne. — Souvenir de 1870. — Une *bonne presse !* — La réclame.

23 août 1881.

Paris vient d'avoir une semaine agitée. On se plaignait tout d'abord que la période électorale manquât d'un peu de fièvre. L'accès est venu, assez violent, et on a pu voir que la partie engagée était bel et bien une bataille. Dans un article oublié de Népomucène Lemercier sur les *Candidats académiques et politiques*, je vois énumérés les ennuis d'un candidat s'offrant au verdict des électeurs censitaires du lendemain de 1830. « Ils dissèquent, s'écrie-t-il, ma personne vivante plus outrageusement que le scapel ne déchire la dépouille d'un mort. » Plus loin, Lemercier compare le candidat soumis à la « souveraineté boutiquière » à un « cheval en vente dont les maquignons examinent l'encolure, l'œil, la dent, le pied, le trot et le galop dans un marché public ».

« — Avouons-le, ajoute-t-il, notre éducation électorale commence à se faire, mais elle est loin d'être achevée. L'exercice continu de nos droits nous en enseignera l'usage le plus salutaire. Nous cesserons d'exiger que les candidats, quand un vrai civisme les anime, quand leurs lumières et leurs services les désignent, s'épuisent en protestations superflues ! »

Lemercier écrivait cela lorsque le suffrage restreint obligeait le futur député à un dur métier, aux éternelles sollicitations personnelles, et à l'époque où un électeur influent mais fort ami de son repos écrivait sur la porte de sa maison : *Ici on ne reçoit la visite d'aucun candidat.*

Qu'y a-t-il d'étonnant à ce que « notre éducation électorale ne soit pas achevée, » encore aujourd'hui lorsque le suffrage universel a remplacé le suffrage restreint, lorsque l'immense alluvion du nombre a changé le ruisselet électoral d'autrefois en une pleine mer? Il faut aller cependant, il faut naviguer, il faut avancer avec l'air libre dans ses voiles. Qui donc voudrait en revenir aux pataches de nos pères sous prétexte que les locomobiles font quelquefois explosion en chemin?

La bataille a donc été plus animée qu'on ne l'aurait cru. Duel de paroles, duel de placards. Paris était hier encore tout habillé de papier. Affiches multicolores, partout collées dans une promiscuité bizarre et avec des anthithèses ironiques. Sur la terrasse du bord de l'eau, à la place même où se promenait d'habitude Napoléon III, les affiches rouges de M. Yves Guyot alternent avec la profession de foi très nette de M. Tirard. Toute la terrasse des Feuillants, où les conventionnels d'autrefois ont passé, semble revêtue d'affiches. Affiches multiples sur les colonnes de la rue de Rivoli. Dans les faubourgs populaires, il semble qu'on ait apporté tous ces papiers par tombereaux. On a placardé partout, avec une profusion étonnante, les noms des candidats et l'œil se trouble à regarder tous ces noms imprimés sur rouge, sur vert, sur bleu, sur jaune, sur rose, sur orange; affiches qui offrent à la fois tous les tons de la gamme politique et de toutes les nuances du spectre solaire et parmi lesquelles se glissent des appels purement commerciaux : *Phénol Bobœuf*, ou : *Paulus*.

Je ne serais pas surpris que, dans leur trouble, quelques électeurs eussent voté pour ce M. Paulus et que le nom de l'artiste de l'Alcazar d'été se retrouvât parmi les *voix perdues*. Voix perdues ! La plaisanterie serait d'ailleurs médiocrement aimable à faire à un chanteur.

Au milieu de cette bagarre, l'Exposition d'électricité passe trop inaperçue. Elle aura son tour et il faut aussi lui donner le temps de se définitivement installer. Je ne crois pas qu'on ait jamais offert au public un spectacle plus étonnant : c'est une féerie scientifique. Les *Soirées électriciennes*, si je puis dire, auront des splendeurs de *Mille et une Nuits*. Comment expliquer ces stupéfiantes merveilles?

Victor Hugo, faisait, un jour, devant nous, ce petit conte dont Voltaire était le héros et qui a tout l'esprit et le sel d'une page de *Zadig* :

Voltaire effaré devant le progrès.

« M. de Voltaire se lève, un matin de l'an 1738 et, se sentant un peu malade, il fait appeler son médecin. Mme du Châtelet le lui a conseillé. M. de Voltaire croit bien à la science, peut-être. Le docteur se fait un peu attendre, mais enfin il arrive, essoufflé :

— Et, d'où venez-vous, docteur? dit M. de Voltaire.

— Ne m'en parlez pas, j'arrive de Rouen. Il y a deux heures, j'y étais encore !

— Deux heures, comment deux heures? interrompt M. de Voltaire. Vous voulez dire deux jours, cher docteur?

— Non, non, je dis bien; deux heures. J'y ai été conduit et j'en ai été ramené par une sorte de marmite pleine d'eau bouillante qui a remplacé les chevaux dont on ne veut plus que pour aller à l'Opéra ou pour courir les prix sur une façon de tapis vert !

M. de Voltaire commence à ne point comprendre et regarde son médecin avec une certaine défiance.

— Et, si pressé, qu'alliez-vous faire à Rouen? demande-t-il cependant, par politesse.

— J'allais couper la jambe à un pauvre diable qui s'est blessé en tombant d'un ballon.

— L'opération a-t-elle réussi?

— Parfaitement.

— Et votre patient a beaucoup souffert, beaucoup gémi?

— Pas le moins du monde : il n'a pas cessé de chanter pendant qu'on lui coupait la jambe !

— De chanter?

— De chanter. Il faut tout vous dire, mon cher grand poète; je l'avais endormi avec du chloroforme, et, au lieu de sentir la douleur, il se figurait tout simplement qu'on lui chatouillait la plante des pieds et il avait envie de rire!

Ici, M. de Voltaire, visiblement inquiet, éloigne son fauteuil du voisinage du docteur, et de ce ton indulgent qu'on a pour les pauvres d'esprit :

— Ah! dit-il, c'est fort intéressant ce que vous me contez là! Tout à fait intéressant!

— Si intéressant répond le médecin, que j'ai transmis la nouvelle de l'opération à un de mes confrères de Philadelphie qui s'y intéressait particulièrement.

Et le médecin, tirant sa montre :

— Il doit en avoir le récit complet à cette heure-ci!..

Ah! cette fois, M. de Voltaire ne peut s'empêcher de bondir!...

— Vous dites? s'écrie-t-il, effaré.

— Je dis, répond froidement le docteur, que la description de l'opération faite a été adressée, mot par mot, à mon collègue d'Amérique au moyen d'un câble sous-marin qui relie un continent à l'autre et me permettrait de parler à votre *Ingénu*, aux Hurons et aux Iroquois, comme j'ai l'honneur de vous parler, mon maître.

Là-dessus le médecin dit à Voltaire :

— Je vous quitte. Vous n'avez rien qu'une indisposition légère. Mais, si vous avez besoin d'être stimulé, une étincelle suffira!

— Une étincelle?

— Oui, de la machine électrique.

— Ouf! soupire enfin M. de Voltaire dès que le docteur est parti, je suis donc enfin délivré de ce fou. J'avais réellement peur qu'il ne devînt furieux!

Et, appelant ses laquais, lui, l'homme de tous les progrès, de toutes les curiosités, lui que rien n'étonne, lui que toute routine exaspère :

— A l'avenir, s'écrie-t-il, vous m'entendez-bien, à l'avenir, si le docteur se présente pour me parler vous lui fermerez au nez ma porte!...Je n'ai point de temps à perdre et ne tiens pas à écouter les contes bleus d'un aliéné!

Puis, haussant les épaules, et avec un accent de pitié :

— Après tout, il ne reviendra jamais, le malheureux! Il ira, ce soir, coucher tout droit, aux *Petites-Maisons!*

Et M. de Voltaire se remet a écrire les *Eléments de la philosophie de Newton.* »

Quoi de plus charmant, et de plus philosophique aussi, qu'un tel conte lorsqu'il est fait, en manière de causerie, par Victor Hugo? C'est *Hernani* devenant *Candide.*

Il est bien évident que pas un génie du monde, fût-il Voltaire, n'eût pu deviner ce que nous voyons, quoique Voltaire eût assuré que ses petits-neveux verraient de grandes choses. En matière d'électricité, particulièrement, l'incroyable est réalisé. M. Bréguet, avec son exploseur, enflamme une amorce de Paris à Rouen. M. Francisque Michel fait de même, et de Paris, envoie une étincelle à Bordeaux. Le microphone nous fait entendre les pas d'une mouche et ces pas donnent, assure M. Th. du Moncel, qui les a entendus, la sensation du piétinement d'un cheval. Le cri même de la mouche — oui, son cri — son cri de mort devient, dit M. Hughes, absolument perceptible. Ces deux seuls faits, sans parler des miracles d'Edison, ne déconcerteraient-ils point le plus ferme esprit ?

Ces prodiges de la science ne sont point d'ailleurs sans me causer une sensation d'inquiétude. Il semble que de cette extrême civilisation puisse justement renaître brusquement l'antique barbarie.

En entrant dans le Palais des Champs-Elysées devenu le Palais de l'Electricité, la plupart des gens — Parisiens, mondains, curieuses — éprouvent une impression toute particulière. Ils se trouvent tout à coup en face d'un monde nouveau. C'est l'inconnu. C'est l'*au delà !* Cela se touche et cela pourtant ne se devine pas.

Ces phares, ces engins, ces instruments de précision, ces bobines, ces machines magnéto ou dynamo-électriques, ces télégraphes-signaux aux disques de couleur, d'un ton cru, jaune d'ocre ou vermillon, ces fils télégraphiques, ces tintements rapides et grêles de sonnettes invisibles, ces écussons, ces drapeaux, ces installations de nationalités diverses donnent à la grande nef du palais quelque chose d'américain, de yankee et de chinois. C'est le triomphe même de la science, et c'est l'épouvante de tout esprit porté vers les choses de l'art et du goût. Oui, certes, les artistes éprouvent devant ces applications prodigieuses, admirables, inconcevables de l'intelligence humaine, un vague et profond effroi. Il semble que l'art devienne brusquement quelque chose d'inutile réservé seulement à quelques mandarins raffinés. Un souffle de science emporte les petites joies humaines, le poème qui console, le roman qui est le rêve, le théâtre qui est l'oubli.

Le théâtre! On va entendre la Patti au bout d'un fil. C'est un téléphone qui vous traduira les frémissants accents de Mlle Krauss, poussant le cri du *Tribut de Zamora*:

> Debout, enfants de l'Ibérie!

S'imagine-t-on le *qu'il mourut!* de Corneille interprété par le téléphone ou emmagasiné dans la boîte d'un phonographe?...

Eh bien! oui, toute cette explosion de science mène droit à l'écrasement de ce qui était la vie morale de l'homme. L'homme à venir aura plus de confort et moins de joies, plus de luxe et moins de bonheur. L'électricité, qui décuple la vie, lui enlève aussi de son charme. On n'a plus, en wagon, le temps de voir le paysage. On n'aura plus, dans l'existence que nous feront les savants — que j'admire — le temps de savourer les mets, de causer, de vivre, de faire halte. Les vieux domestiques fidèles et classiques, mourant dans la maison qui était un peu la leur, deviennent rares : ils n'ont même plus besoin d'exister. Un bouton pressé les remplacera. Caleb est chassé par un timbre. L'électricité, semblable à ces lutins des contes de fées, qui, en une nuit, font tout l'ouvrage de quelque princesse malheureuse condamnée à un labeur long d'un siècle, l'électricité deviendra la servante universelle et la servante unique. Un bureau central d'électriciens syndiquera tous les besoins usuels d'une ville et les satisfera moyennant un abonnement.

Elle prend, d'ailleurs, cette électricité superbe, des aspects véritablement infernaux dès qu'au lieu de s'adapter à l'usage de l'humanité elle s'applique à sa destruction.

Cette même étincelle, qui allume d'un coup votre lampe électrique, vous donne du feu pour votre cigarette ou de la lumière pour votre escalier, tue de loin, lâchement, de malheureux êtres qui ne savent d'où leur arrive le danger, et elle devient subitement, comme une foudre d'en bas : — une foudre cachée.

Durant la guerre d'Amérique, on fit sauter avec une torpille sous-marine un navire dans les conditions que voici : « Il y eut, dit l'amiral Dahlgeren, un choc, le
« bruit d'une explosion, un nuage de fumée à bâbord
« et, en moins d'une demi-minute, le pont du navire
« était sous l'eau... Cinq officiers et trente-huit
« hommes furent sauvés, soixante-deux hommes ou
« officiers ont disparu. Les survivants sont ceux qui se
« trouvaient sur le pont. » Ce meurtre à distance est épouvantable. L'idée d'une telle guerre eût rendu pâle Bayart, le Chevalier sans Peur.

Et comme la vie humaine, que l'électricité augmente

par certains côtés, devient peu de chose par certains autres! L'idée morale même s'en trouve altérée. Un crime à quarante kilomètres de distance finira par ne plus paraître un crime. « Ai-je tué cet homme? Je n'en sais rien. J'ai poussé un bouton. Est-ce un meurtre? Je l'ai tué comme je l'aurais sonné. »

C'est l'éternelle histoire du *mandarin*. Certaines gens tueraient le *mandarin* vingt fois par jour s'il suffisait de pousser le bouton d'un appareil — un bouton d'os, le mandarin se réservant le bouton de cristal.

En dépit de tout, et pour laisser là les regrets stériles d'un Brizeux, ne voyant — le Breton! — dans la locomotive que le *démon de feu* prédit par Merlin aux gars d'Armorique et qui doit marquer la fin du monde — cette marche en avant de la science, cette conquête quotidienne du mystère, de l'inconnu, cet arrachement, par les chercheurs, du secret de la nature, a quelque chose de splendide et qui donne une fière idée de l'homme, cette sorte d'acarus de la terre.

Ce ne sont pas toujours les inventeurs de ces découvertes qui en ont la gloire, mais c'est toujours l'humanité qui en fait son profit. On peut voir, dans la partie rétrospective de l'exposition d'Italie, des instruments ayant appartenu à Galilée, à Volta, à Spallanzani. L'Université de Bologne eût pu prêter les reliques qu'elle conserve et qui ont appartenu à Galvani. C'est Galvani qui a eu la gloire de donner son nom à telle découverte devenue le *galvanisme*, comme Améric Vespuce a donné le sien à l'Amérique et Quinquet, qui n'inventa rien, son nom de *quinquet* à tel vulgaire mais très populaire objet d'éclairage.

Je ne dis point que Galvani n'a rien trouvé. Il ne m'appartient pas à moi, très profane, de discuter de telles renommées scientifiques. Galvani mérite évidemment de conserver la gloire de sa merveilleuse découverte, mais, — les hasards de la lecture ont de ces rencontres, — en sortant de l'Exposition d'électricité, j'ai trouvé dans un livre d'un certain Joseph Izarn, professeur de physique au lycée Bonaparte en l'an VIII (1805), le *Manuel du Galvanisme*, un curieux renseignement qui prouve que, quatre années avant les fameuses expériences de Galvani sur les grenouilles, un savant professeur d'anatomie à Naples, Cotugno, avait observé que l'électricité se peut accumuler dans quelque partie du corps d'un animal.

Ce Cotugno rapporte, dans le *Journal encyclopédique de Bologne* pour l'année 1786, qu'un de ses élèves, se sentant blessé au bas de la jambe, y porta la main et prit une souris qui le mordit. L'ayant aussitôt étendue sur la table pour la disséquer, il fut très surpris, en touchant avec son scalpel le nerf diaphragmatique de l'animal, d'éprouver une commotion électrique assez forte pour lui engourdir la main. Cotugno renouvela l'expérience et l'*expérience de Cotugno* précéda de quatre ans les études de Galvani, faites en 1790 seulement dans le laboratoire de Bologne, sur les grenouilles écorchées et secouées par une étincelle électrique.

Le rapprochement prouve simplement qu'il y a souvent, dans les recherches scientifiques comme dans les idées et les inventions littéraires, un parallélisme singulier. Mais du moins Cotugno est-il arrrivé le premier et si le monde savant se fût inquiété de ses souris plus que des grenouilles de Galvani, le *galvanisme* fût devenu le *cotugnisme* et l'on eût dit que tel orateur *cotugnise* les foules au lieu de dire qu'il les *galvanise*.

Voilà cependant à quoi tiennent les néologismes ! M. Gambetta déclarait l'autre jour qu'il trouvait hirsute et mal venu le mot d'*opportunisme*. Il faut avouer, en effet que lorsque notre langue s'*enrichit* elle ressemble à quelqu'un qui, au lieu de recevoir des pièces d'or se chargerait d'une lourde monnaie de billon. Les mots en *isme* sont généralement le billon de la richesse littéraire nationale. Mais le moyen de les éviter? Ils naissent de la nécessité même des propos, de ce choc d'opinions, de classes, de métiers, qui est la vie même de nos sociétés modernes. La science surtout, la science éternellement en marche, en progrès, en avance sur le commun des martyrs, impose non seulement ses découvertes mais ses inventions linguistiques aux écrivains. Le terme de laboratoire s'ajoute à la *langue verte* populaire ou au *slang* mondain, à la *scie* d'atelier, à la drôlerie du boulevard, à la trouvaille du bohème et la langue se charge ainsi d'un argot qui ne témoigne certainement pas d'une santé absolue.

Le dernier né de tous ces termes nouveaux, — *électricien* — est assez joli, il faut le reconnaître. Il est net il est brillant, il y a de l'étincelle dans ses syllabes. *Électricien* est déjà dans l'usage.

— Votre profession?
— *Électricien!*

Il y a un journal spécial qui porte ce titre alerte : l'*Électricien*. Le mot est pimpant et bien français. Pourvu que les savants ne nous en fournissent que de pareils, on ne leur tiendra point rigueur.

Il faut bien, au surplus, qu'ils ne surchargent pas trop de leur monnaie de cuivre cette langue française pour laquelle on souhaiterait un unimétallisme absolu : l'or pur. C'est par les littérateurs seuls que les sciences se popularisent et qu'elles durent. La science d'aujourd'hui ne sera pas la science de demain. Au contraire, la littérature admirable aujourd'hui (je ne dis pas admirée) demeurera admirable toujours.

Quels sont les savants qui ont profondément imprimé leurs noms et le souvenir de leurs découvertes dans les mémoires ? Ce sont (je le disais à propos de M. Joseph Bertrand) des savants qui furent des écrivains et qui, à la science, s'ils étaient des rats de laboratoire, à l'érudition, s'ils étaient de rats de bibliothèque, ajoutèrent le style. L'exégèse de Strauss est inaccessible au public. M. Renan arrive, ce magicien, qui la rend aussitôt populaire et pour jamais. Au reste, nos savants véritablement hors de pair, les Claude Bernard, les Pasteur, les Joseph Bertrand, les Berthelot, les J.-B. Dumas, sont des écrivains, et ce sont ceux-là d'ailleurs qui, en enrichissant la science de plus de découvertes, respectent aussi le plus profondément la langue écrasée sous ces mots en *isme* qui sont l'apport le plus clair du dix-neuvième siècle à notre Dictionnaire national.

Toujours est-il que la science devient à la mode et qu'après les *électriciens* nous aurons peut-être les *électriciennes* qui iront contempler le soir les tableaux de Jean-Paul Laurens à la lumière électrique. Cruel éclairage pour les tableaux, soit dit en parenthèse! Ce jour blafard les rend funèbres. Mais si la mode s'en mêle, les réflecteurs ne seront plus placés que sur des lampes Edison ou devant des bougies Jablochkoff.

Électriciens et électeurs, électricité et élections, il est certain qu'on ne parle pas d'autre chose. On en vient à oublier un peu Bou-Amama que nos soldats se préparent cependant à poursuivre. Je lisais même hier la lettre très caractéristique d'un correspondant de journal qui se plaint de l'autorité militaire, laquelle lui refuse, je ne sais pourquoi, l'autorisation de suivre la colonne expéditionnaire et qui écrit : « La presse s'est toujours cependant montrée fort aimable pour l'armée. »

Il y a une théorie dans ces simples mots et qui se résume en cet axiome : « Le journaliste avant tout! » C'est aller un peu loin peut-être. Je me rappelle la réponse extraordinaire que fit, en 1870, au grand prévôt de l'armée du Rhin — du Rhin! — un correspondant de journal qui arrivait au quartier général avec toutes sortes de recommandations ministérielles.

On lui refusait, à lui comme aux autres, l'autorisation officielle de suivre la campagne.

— Mais je suis ici pour célébrer votre courage, votre dévouement...

— L'ordre est formel.

— Mais notre journal est très lu.

— C'est un détail qui ne nous regarde point!

A la fin, le journaliste, qui discutait avec le général comme il l'eût fait avec un secrétaire de théâtre pour *son service* de première représentation, eut un mot extraordinaire, digne d'être retenu :

— Vous ne voulez pas? Décidément, vous ne voulez pas? Eh bien! soit, tant pis pour vous, général! *Nous ne ferons pas de réclame à cette guerre-là!*

Ah! l'étonnante réponse! Et croyez bien que ce correspondant, prodigieusement naïf, disait, sans le vouloir, le fin mot de la situation. Tout est réclame en ce monde et plus que jamais en cet âge de papier où nous vivons. Le monde n'est plus qu'une colossale maison de verre où les *reporters* viennent poser leur œil. L'armée certes se bat pour la patrie, pour le drapeau, pour l'honneur et ne verse pas son sang pour fournir de l'encre rouge à la presse, mais que de gens vivent pour la presse et prennent une attitude pour le gazetier!

>   Prenons garde,
>   Prenons garde,
>   Quelque reporter nous regarde...

C'est la légende de la *Dame Blanche* modifiée.

Un fin observateur parisien me disait, un jour :

— J'ai suivi de près les opérations des chefs de police orsqu'ils ont à découvrir l'auteur de quelque crime! Savez-vous de quoi ils se préoccupent et s'occupent tout d'abord? D'avoir une *bonne presse*. Ils lancent d'un air inspiré, devant les reporters qui sténographient, un : « *Je tiens une piste!* » qui fera imprimer demain dans les journaux : « La discrétion nous force à ne pas tout dire, mais nous pouvons affirmer que l'habile et remarquable

M. Lombard (quand c'était M. Lombard) est sur les traces du coupable. Il tient la piste ! »

Que la piste soit tenue ou non, que le limier fasse bien son creux, peu importe. La presse a été *bonne*. Cela suffit.

Il y a telle affaire judiciaire, comme il y a telle pièce de théâtre, où la presse est *meilleure* que dans telle autre. Pareil à un acteur qui aura été personnellement acclamé dans une pièce tombée, un policier dira : « Nous avons eu des articles superbes ! » à propos de tel crime dont il n'aura pas arrêté le coupable. Les reporters poussent même si loin l'amabilité qu'un agent peut devenir absolument populaire pour avoir laissé échapper un assassin.

Il lui suffit de ne pas se laisser dire par les reporters dépités :

— Nous ne ferons pas de réclame à cette guerre-là !

Ne rions pas trop. J'ai déjà vu que des journalistes, mécontents de M. Camescasse qui ne leur laisse pas, à leur gré, assez franches coudées à la préfecture de police, avaient à peu près imprimé un :

— Tant pis pour vous, monsieur le préfet. *Nous ne ferons pas de réclame à vos crimes !*

XVIII

La vie et la mort d'un clown. — Auriol. — L'esprit français et l'*humour* anglais. — L'*homme-oiseau.* — Gloires d'autrefois. — La *vie en plein air.* — Un clown à cheval. — Le *petit* Price. — L'ambition du comédien Lesueur. — Un clown shakspearien. — Boswell. — Medrano. — Les Hanlon-Lee. — L'*américanisme* et la *parisine.* — La pantomime à la vapeur. — Les habitants de la Terre-de-Feu au Jardin d'Acclimatation. — Nubiens et Esquimaux. — Un souvenir de M. Laurent-Pichat. — Ce que deviennent les sauvages.

6 septembre 1881.

Je ne suis pas de ceux qui disent : Ce n'est rien...

... c'est un clown qui disparaît.

Un clown ! Quel vide peut bien faire dans ce grand Paris, un malheureux vieux clown qu'on emporte dans un coin de cimetière ?

Un saltimbanque de moins, un inutile, un oublié !

Et pourtant, lorsque ce pauvre diable est Auriol, lorsqu'il a amusé tant de générations, lorsqu'il a représenté, pour sa petite part, une des formes de la grâce française, ne doit-on pas un souvenir à ce disparu comme à je ne sais quoi de fantaisiste et d'aimable qui s'en va, quelque chose d'ailé qui s'envole ?

J'ai d'ailleurs une théorie, c'est que rien ne représente mieux l'esprit d'un peuple que ses acrobates. N'entendez pas malice à ce que je dis. Les poètes, les penseurs, les auteurs dramatiques, les peintres même peuvent, tout en gardant le caractère de leur race, prendre un côté humain, général, qui appartient à toutes les nations. Il y a du Français dans Shakespeare, il y a de l'Espagnol dans Corneille. Mais le mime, le saltimbanque ou le pantin populaire conserve, chez chaque peuple, un accent bien déterminé, et le Punch britannique n'a rien de commun que la bosse avec le Pulcinella napolitain ou le Polichinelle gaulois.

Les Espagnols, peuple de chevaliers où les armuriers de Tolède firent dynasties, ont inventé les toreros, les *espadas*. Les Italiens, nation de fins politiques, ont inventé ou plutôt conservé le masque des mimes. Pulcinella, dans ses vêtements blancs, apparaît avec un masque noir. Les Anglais ont mis tout leur humour, leur verve bizarre et un peu macabre dans leurs clowns aux vêtements collants, pailletés, ornés de papillons aux ailes étendues, funèbres comme l'épervier d'Hor sur les hiéroglyphes égyptiens.

Notre Pierrot, au contraire, fin, narquois, railleur, les yeux malins et la bouche sensuelle, n'a rien de sinistre. C'est un drôle, mais il est drôle. Il a plus d'esprit que d'humour. Il a plus d'adresse que d'agilité. On sent qu'il est de la contrée des horizons bleus de Watteau, tandis que le clown est du pays des *Nuits* d'Young.

Auriol fut un acrobate bien français, et je dirai bien parisien. Il y a de la *parisine* aussi dans la façon de faire les tours. Miss Océana est une belle fille admirable, mais il reste du yankee dans sa beauté et son allure. Une Parisienne sur son fil de fer aurait plus de piquant, sinon plus de charme. Auriol avait inventé un type, une manière, un costume. C'était le Paillasse aux vêtements quadrillés des places publiques, mais rendu plus coquet par le petit bonnet de fou garni de sonnettes qui tintaient joyeusement autour de son front, et, — lorsqu'il sautillait lestement sur sa chaise — semblaient résonner comme un gai pépiement d'oiseaux.

L'*homme-oiseau*, c'était bien ainsi justement qu'on appelait ce petit homme agile, nerveux, pas plus haut qu'un Gavroche, et qui sautait sur les bâtons des dossiers de chaise, comme un moineau franc, de branchette en branchette :

— Encore un! Et là! et là! Encore! Et là! et là! Et voilà!

Nous avons vu faire cet exercice à Auriol sexagénaire. Il gardait encore une alacrité juvénile. Il était toujours le passereau d'autrefois. Il voltigeait. Cela semblait tout simple, cette leste façon de grimper; il en est ainsi du style sans fracas qui a l'air tout à fait facile. Il faut s'incliner devant les livres dont on se dit, en lisant : « Il me semble que j'écrirais ainsi ! » Il faut beaucoup applaudir les acrobates dont les exercices nous font penser : « J'en ferais certainement autant! » Les véritables tours de force, en matière de gymnastique et de littérature, sont ceux qui ne laissent paraître ni efforts ni tension de muscles.

Avec Auriol, tout paraissait facile. Sa petite figure, grosse comme le poing, et égayée, sur des lèvres spirituelles, par deux petites moustaches en virgules, très noires, riait et semblait répondre aux applaudissements : — « Bah! il ne m'en coûte guère! » Dantan jeune a pétri la charge d'Auriol, qui fut une véritable gloire européenne du temps de Louis-Philippe. Le nom, l'image, la lithographie ou la *charge* d'Auriol se rencontraient partout. Chaque époque a de la sorte un acrobate célèbre, et l'histoire ne doit pas dédaigner de tels souvenirs. Le chroniqueur du bon Louis XII, Jehan d'Authan, moine de l'ordre des Minimes, n'a garde d'oublier, à côté des hauts faits ou des voyages du roi, les danses et les sauts périlleux de ce George Menustre qui, à Mâcon, dansant sur une corde qui allait du clocher des Jacobins à la grande tour du château, restait suspendu par les dents à vingt-six toises du sol.

Auriol ne se livrait pas à ces bravades que Blondin a renouvelées, mais, pareil au fameux sauteur Simpson et au célèbre Ireland, il sautait fort bien par-dessus huit ou neuf chevaux rangés côte à côte et par-dessus un homme debout sur le cheval du milieu. Il y avait en lui, — dans ce roitelet au petit corps fait de vif-argent, et qui trouait les cercles de papier, passait, sans les casser, dans des cerceaux garnis de pipes en terre, — quelque chose de ce clown fantastique qu'a chanté Théodore de Banville et qui, de saut en saut, bondit si haut qu'il va se perdre dans les étoiles.

Le brave homme pourtant n'avait rien de bien extravagant. Semblable à la plupart de ces acrobates, il travaillait ses grands écarts, ses bondissements, ses jongleries, ses marivaudages des muscles, comme un bon élève fait des armes ou comme un employé assidu tient ses livres. Cette vie des acrobates, des écuyers, des sauteurs, des lutteurs, qui paraît toute débordante de fantaisie et de hasard, est, au contraire, régulière comme celle des soldats et réglée comme un papier de musique. Exercices à telle heure, répétition à telle autre. Nul écart de régime. Ce n'est pas seulement la réputation et l'*art* qui sont en jeu, c'est aussi la vie. Pour le comédien, un moment d'oubli, c'est un coup de sifflet. Un moment d'oubli, pour un clown, ce peut être la mort. Puis, ses exercices finis, Auriol rentrait chez lui dans ce modeste logis qu'il habita jusqu'à sa mort et où reste maintenant une vieille fille, sa sœur, qui tenait avec une propreté flamande l'humble ménage du clown.

Souvent, aux dernières années de sa vie, Auriol allait, de ses petites jambes maigres, encore lestes, à la représentation du cirque. Il était si mince et si ratatiné qu'à la place où il s'asseyait on ne la remarquait guère. Et puis qui se souciait, qui se souvenait d'Auriol? Nous, qui lui savions gré de nous avoir si fort amusé jadis dans notre enfance, nous regardions avec attendrissement ce petit vieux aux traits ridés, dont le chapeau usé semblait trop grand pour son crâne devenu trop petit. C'était pourtant là une renommée, une gloire parisienne! Et voilà ce qu'elles deviennent : que ce soit Auriol maigri, Lamartine tombé ou la Grande-Duchesse engraissée et gardant toujours son joli sourire finement narquois avec son corps épaissi!

20

Auriol, avec une passion d'artiste, une vivacité enthousiaste, de petits cris d'oisillon jetés de sa voix clairette, applaudissait alors les nouveaux venus qu'il suivait des yeux et qui lui succédaient. Point de jalousie chez ce roi détrôné. Il s'amusait aux succès des autres. Mais il lui fallait l'atmosphère du cirque, le sable fin de l'arène, l'odeur saine de l'écurie! Il touchait et tâtait, de ses mains osseuses — des mains d'enfant — les cerceaux, les rubans, les barrières, les *accessoires* d'autrefois qui avaient moins vieilli que lui. La *Vieillesse du Clown!* Quel sujet de roman ou de drame!

Et, de fait, les acrobates et les gens du Cirque ont toujours eu le privilège d'attirer les conteurs et d'inspirer les romanciers. Je me rappelle que le *Journal pour tous*, lorsqu'il se fonda, annonçait avec éclat un roman nouveau de M. Edmond About, demeuré inédit, malheureusement: *La Vie en plein air ou les Saltimbanques.* C'est, en effet, le *plein air* de la vie de ces hommes qui leur donne un aspect différent de notre existence accoutumée, limitée et renfermée. Il y a du libre tzigane, semble-t-il, chez ces êtres que nous nous imaginons pétris d'une autre pâte et qui pourtant, je le répète, vivent bourgeoisement de la vie commune.

Mais cette vie même a des accidents et des traverses que les autres n'ont pas. Ces dynasties de clowns et d'écuyers, les Franconi, les Kennebel, les Bouthor, les Astley subissent des orages, mais ne sont pas détrônées; et tout ce qui rêve l'indépendance dans la façon de vivre, l'espace, le grand air, — les conteurs avides de caractères curieux, les dramaturges en quête de situations originales, les peintres chercheurs de pittoresque

— se prennent non seulement de pitié mais de sympathie pour les saltimbanques. Knaus et son école les illustrent. Dickens les a presque chantés, ces pauvres gens, dans *Hard Times*. Eugène Sue les a suivis à la piste pour écrire *Martin l'enfant trouvé* et l'histoire de *Léonidas Requin*, ce prix d'honneur de la Sorbonne qui *joue les phoques* au fond d'une baignoire.

Tel incident de la vie des clowns fournirait un chapitre ou un tableau quasi-fantastique. Une nuit, entre Périgueux et Bordeaux, un des Kennebel ou des Franconi — j'oublie la famille — apprend que sa femme est mourante, loin de là. Un cheval ! A tout prix il faut un cheval !

C'était au temps des diligences. A la poste, plus de chevaux. Plus un seul cheval chez les loueurs. L'écuyer veut partir cependant. Il le faut. La moribonde appelle.

— Ah ! lui dit-on, il y a bien un cheval encore. Mais il est emporté, furieux ; il vous tuera !

— Nous verrons bien ! Amenez-le !

L'homme saute sur le cheval ; il l'éperonne, il le serre, il le dompte, — puis, dans la nuit, par la grande route, debout sur le cheval rétif comme dans l'arène du cirque, l'écuyer au galop passe à travers la campagne, le vent dans les cheveux, les bras croisés, frappant du talon la croupe de l'animal emporté, criant :

— Hop ! hop !

Comme devant les milliers de spectateurs du cirque.

Et allez donc expliquer aux paysans du Périgord qui entendirent, cette nuit-là, ce galop furieux sur la route et qui virent ce démon sur cette bête, qu'ils n'ont pas vu le diable lui-même passent en colère et allant d'un train d'enfer — le train éperdu de la *chasse volante!*

Tous les clowns ne sont pas, comme celui-ci, des cavaliers de ballade romantique,

J'ai pourtant connu un clown shakespearien. Ce n'était pas l'élégant Price, dont j'enviais tant, étant enfant, la redingote polonaise à brandebourgs que je lui voyais étaler devant la porte du Cirque, à Limoges — Price, une des admirations de mon enfance et une de mes envies, car je ne trouvais rien de supérieur au rôle d'un petit garçon de mon âge galopant à cheval, en maillot, dans un costume d'Amour, et envoyant des baisers à des dames qui lui renvoyaient des oranges. Galoper comme le *petit Price!* Avoir une redingote à brandebourgs, à boutons d'olive, comme le *petit Price!* Quel rêve! Un soir, au Cirque, j'entrevis pourtant l'envers d'une existence aussi brillante.

En tournant autour de la piste, le petit Price perdit pied et brusquement, brutalement, il fut projeté comme un paquet de chair sur la balustrade, près du public. Il tomba là, le corps en deux, sur les reins, comme un pantin cassé. Il y eut un cri terrible. Tout le public était debout. On croyait le petit Price mort. Son père sauta dessus, prit le pauvre corps immobile et, le serrant dans ses bras, l'emporta vers les coulisses, farouche.

En pareil cas, j'en avais vu un autre — un autre père — relever d'un coup de fouet sa petite fille tombée de cheval, et hop!

Le petit Price n'était pas mort. Il devait, au Cirque

de Paris, devenir un des clowns les plus élégants et les plus fins, jouant du violon en véritable artiste, et très spirituel dans ses lazzis. Puis il ambitionna, je crois, le théâtre. Il débuta aux Variétés, si je ne me trompe. Il rêvait les lauriers de Lesueur. Et pourquoi pas? Lesueur, ce grand comédien, rêvait bien, de son côté, ceux du clown!...

Au Cirque, Lesueur, qui avait créé Taupin, de *Diane de Lys*, et le bonhomme Poirier, du *Gendre de M. Poirier*, restait immobile, ses gros yeux ronds fixés sur le maillot pailleté des clowns.

— A quoi pensez-vous? lui demandai-je, un soir.

— Moi? dit-il avec un éclair ambitieux dans le regard, je pense que je voudrais être Price!

Je ne pouvais pas trop lui en faire un reproche. J'avais bien envié jadis la redingote polonaise du petit clown!

Mais le clown *shakespearien* dont je veux parler, c'était Boswell. Une autre gloire de Paris, Boswell, qu'on n'a jamais remplacé au Cirque. Le comique le plus original et le plus étrange, l'ironie la plus profonde. « *Un garçon d'une verve infinie, d'une fantaisie exquise* », dit Hamlet en parlant d'Yorick. Un héros de roman, ce Boswell!

C'était un gentleman, paraît-il. En Angleterre, le clown, comme le jockey, l'homme de cheval, l'athlète, le boxeur, semble avoir rang de gentleman. Des lords ont porté des toasts à des *champions* vainqueurs. Le clown Joë Grimaldi, celui-là même qui demanda, par testament, qu'on lui coupât la tête avant de l'enterrer, était en son temps l'ami du prince de Galles et dînait à la taverne avec le futur roi d'Angleterre. *Boswell* n'était peut-être qu'un surnom. Toujours est-il que cet être falot, barbouillé de blanc, peinturluré comme un sauvage, avait des facéties macabres qui faisaient courir, à ceux qui devinaient, un petit frisson dans le dos. Il y avait, chez ce bouffon du Cirque, quelque chose de vaguement terrible. Son rire sonnait le brisé comme une cloche fêlée.

Parfois, lorsque quelque belle jeune fille en jupe courte, les épaules et les bras nus, toute triomphante sous les bravos de la foule, s'arrêtait au milieu de ses exercices, et, tandis qu'on lui préparait les banderolles et les cerceaux, flattait de sa petite main son cheval en sueur, Boswell, froidement, venait se planter devant elle. Il s'enveloppait, comme d'un peplum de tragédie, des draperies qu'il devait tendre sous les souliers roses de l'écuyère, et là, face à face, lugubre, effrayant, pendant que le public se tordait de rire, il récitait en anglais à la jolie créature quelque passage du monologue d'*Hamlet*.

Le public ne comprenait pas, l'écuyère souriait. Lui, parlait avec une sorte de frénésie nerveuse, à la fois grotesque et féroce de

> That un discover'd country, from whose bourn,
> No traveller return...

Et, drapé dans l'étoffe blanche rayée de rouge, sa face enfarinée à la large bouche saignante comme les lèvres d'un enfant barbouillé de mûres, il ressemblait à quelque spectre caricatural enveloppé dans le suaire ensanglanté d'un mort.

Hors de la *piste*, Boswell était un silencieux et un pensif, un hypocondriaque, disait-on. Toutes proportions gardées, on a bien donné ce nom à Molière : *Elomire hypocondre*, disaient ses ennemis.

Boswell lisait beaucoup, il parlait peu. On le soupçonnait fort d'être amoureux d'une écuyère à qui il n'adressait presque jamais la parole, seulement pendant les exercices et en lui récitant du Shakespeare, ce qui la faisait éclater de rire. Shakespeare lui importait si peu! Elle était de celles qui eussent pu répondre comme cette belle fille à qui on demandait si elle connaissait Musset et qui répondait : — Certainement que je le connais, Musset! C'est un charcutier de la rue Pigalle!

Boswell prenait parfois plaisir à la narguer, lui retirant brusquement le cerceau de papier vers lequel elle allait bondir et la regardant d'un air bizarre, les yeux fixes, en poussant quelque cri guttural accompagné d'un sautillement nerveux.

L'écuyère haussait les épaules et pensait que cet homme était fou.

Il l'était peut-être. Un soir, pendant ses exercices, après avoir récité quelque tirade d'*Hamlet* dans cette langue que ses auditeurs appelaient un *baragouin*, il sauta brusquement au milieu du cirque et, tandis que l'écuyère continuait à tourner sur son cheval, il demeura là, la tête en bas, appuyé sur le sable, les mains à plat, le sang lui gonflant le cou, lui congestionnant la tête, ses yeux fixes sortant hors des orbites.

On cria d'abord : *Bravo!* puis on cria : *Assez!* Boswell enfin, qui se raidissait visiblement pour se tenir ainsi tout droit, les pieds en l'air, oscilla tout à coup comme un arbre qu'on déracine et tomba, avec un bruit mat, sur le côté, la joue dans le sable.

On courut à lui. Il ne bougeait plus. On l'emporta. Il était mort. Mort d'un coup de sang, paraît-il. Mort suicide, évidemment. On m'a dit qu'étant revenu à lui après cette congestion, il s'était tiré un coup de pistolet.

Ce qui est certain, c'est que l'histoire de cet homme a quelque chose de ce fantastique réel que M. Henri Rivière a introduit dans ce récit extraordinaire, *Pierrot*, où le principal personnage est également une sorte de pitre shakespearien, amoureux et jaloux.

Depuis Auriol, Boswell avait été un moment le *clown-type*. Depuis lui, je ne vois pas de clown vraiment original. Il y en a de bons et de lestes, il n'y en a pas d'étranges. L'espèce d'écuyer qui contrefait l'idiot et qu'on appelle *Auguste* n'est qu'une variété de Jocrisse, un Jocrisse en habit noir, à pantalon orné d'une ganse d'or, et qui s'applatit à chaque pas sur le sable, l'air stupide. Il est amusant, mais il n'est pas bizarre.

Au Cirque Fernando, il en est un qui s'est fait une réputation de quartier, comme certains médecins. C'est un Espagnol, du nom de Medrano, trapu, solide, spirituel. Boswell, de son accent anglais, réclamait jadis, de l'orchestre, un accompagnement après chacun de ses tours :

— *Miousic! miousic!*

L'appel est devenu une tradition.

Medrano, lui, réclame :

— *Boum ! boum !*

Et son célèbre *boum! boum!* est, vers Montmartre, aussi célèbre que l'était, dans le *high life* d'autrefois, le le cri de Boswell qui fut fort à la mode et qui serait aujourd'hui le favori des fashionables *samedis du Cirque.*

Ce Medrano est, à la ville, un homme fort distingué que j'ai rencontré, un jour, descendant la rue des Martyrs avec un volume de l'*Encyclopédie* sous le bras. J'ai signalé le trait à M. Edmond de Goncourt, qui l'a noté pour les *Frères Zemganno.* Un de ces frères lit aussi, s'il m'en souvient bien, les livres savants.

Je ne sais trop si Auriol était érudit, mais il était à coup sûr très spirituel, très doux et très honnête. A la fin de sa vie, comme un acteur sans engagement, il jouait et sautait dans les cirques de foire. Bocage a bien joué la *Tour de Nesle* à la banlieue, à Belleville ! On annonçait *Auriol* sur les affiches foraines : *Auriol! le fameux Auriol!* Mais le public ne voulait pas croire que ce fût Auriol, ce pauvre petit vieux à la voix d'enfant.

« — Allons donc, Auriol ! D'ailleurs il est mort ! »

En effet, on le croyait mort. Le *Dictionnaire des Contemporains* ne parlait pas de lui. M. Vapereau n'allonge guère ses colonnes que pour les clowns de la politique, de la littérature ou de l'art. Maintenant, c'est bien fini. L'*Homme-Oiseau* a fini de battre de l'aile. Il est allé rejoindre les vieilles lunes et les vieux soleils ; il a rejoint Mme Saqui, morte aussi vieille que lui et dansant encore sur la corde. Auriol valait bien que la chronique, cette histoire au jour le jour, histoire courante des originaux et des bizarreries, lui donnât une page en passant.

Ce fut un grand nom que ce petit mort. Ce fut une gloire que cet oublié.

Le clown Auriol, c'est *le* Déjazet de la pirouette!

Aujourd'hui, l'esprit français d'Auriol, l'humour britannique de Boswell, la finesse de Debureau que Napoléon Ier allant à Saint-Cloud fit, un jour, monter dans sa voiture pour savoir au juste ce que pensait et pouvait dire ce Pierrot qui ne parlait pas, tout cela est distancé par l'américanisme des frères Hanlon-Lee, ces Edison de la pantomime.

Ils sont de leur temps, ceux-là, d'un temps où chaque seconde est une pièce de monnaie. Ils gambadent, ils tressautent, ils tombent, ils se relèvent, ils meurent, ils ressuscitent, ils rient, ils pleurent, ils tirent le canon, tout cela électriquement. Leur pantomime a la vitesse d'un train express. Elle est pressée comme un télégraphe. C'est le mouvement perpétuel, un mouvement insensé, affolé, furieux, féroce, le *Go ahead!* des Yankees mis en pratique par des gens qui ont dû inventer la transfusion du vif-argent. Mais si leur prodigieuse agilité a son prix, la finesse de nos vieux clowns français n'est pas à dédaigner et j'aimerais assez entendre jouer *Au clair de la Lune* sur une musette après avoir assisté à un de ces festivals monstres, où l'on viendra à faire jouer des concertos par des machines à vapeur.

Ils ont d'ailleurs été les rois de Paris pendant plusieurs saisons, ces prodigieux Hanlon-Lee. A l'heure qu'il est, la curiosité des Parisiens, qui ont quitté le bord de la mer ou renoncé à s'enrhumer sous leurs marronniers est excitée, non par des clowns, mais par de pauvres diables de sauvages, habitants de la Terre-de-Feu, dont l'image peu ragoûtante, mais originale, est affichée à tous les coins de rue.

Cette image même donnerait à croire que ces naturels de l'Archipel de Magellan se nourrissent de feu ou de charbons ardents, comme les Aïssaouas. Ils sont là, demi-nus et pressés autour d'un grand feu, rongeant des lambeaux de chair rouges comme des flammes. J'ai lu dans un journal que ces malheureux étaient *anthropophages*. Non. Et l'on peut se risquer sans crainte au Jardin d'Acclimatation. Ces étranges visiteurs — ou plutôt ces étranges visités — se nourrissent, chez eux, de la chair des loutres ou des phoques. C'est leur pêche. Ils croupissent là, hébétés et misérables, au pied du volcan *Fogo*, apercevant à peine quelques Anglais établis à la Terre de Feu pour protéger leurs navires de pêche. « Pays effroyable, disent les géographes, hérissé de montagnes volcaniques et couvert de neiges éternelles. » Les habitants de la Terre de Feu doivent donc, à Paris, se trouver dans un *Eldorado*, et les jolis visages des visiteuses leur semblent, j'espère, plus souriants que ceux des baleiniers entrevus là-bas.

On ira les voir pendant quelques jours, puis on ne s'occupera plus des Fuégiens que pour s'en divertir dans les revues de fin d'années. Que sont devenus ces Nubiens, beaux comme des bronzes, ces Groënlandais, ces Esquimaux, que M. Geoffroy Saint-Hilaire nous a montrés tour à tour pour l'éducation ethnographique de Paris? Presque tous les Esquimaux sont morts, emportés par la phtisie. Un voyage en France, c'était cependant pour eux quelque chose comme un voyage à Nice ou à Menton pour un malade parisien.

Pauvres gens! Ils me rappellent ces O-Ji-bé-Was qui furent, il y a bien des années, la passion de Paris et dont George Sand parla avec éloquence, tandis que M. Paul Mantz (s'en souvient-il à présent?) étudiait ces sauvages dans l'*Artiste*.

Naguère, dans un très remarquable *Salon* publié par le *Phare de la Loire* et qui mérite les honneurs durables du volume, M. Laurent-Pichat racontait tout justement qu'il les avait fort admirés, ces O-Ji-bé-Was, comme tout le monde, durant leur voyage à Paris. Il avait même été frappé par la douceur mélancolique de l'un d'eux dont les regards pleins d'infini gardaient la poésie des solitudes.

Un soir, quelques années après, il se trouvait à Londres, isolé, attristé, roulé par cette vie noire et sans merci de la capitale anglaise qui n'a pas — pour l'étranger — l'espèce de charité aimable de notre vie de Paris. M. Laurent-Pichat, pour se distraire, entra dans une sorte de bazar ou de *hall* où l'on montrait, non pas des figures de cire comme chez Mme Tussaud, mais des figures empaillées. Et quel ne fut pas son étonnement — son émotion — je puis bien dire sa douleur, car il est poète — en apercevant, dans ce musée comico-tragique, oui, en retrouvant là, rangés sur une même ligne, presque tous ces pauvres sauvages qu'il avait vus à Paris, vivants!

Ils étaient là muets, immobiles, empaillés, momifiés!

— Les regards pensifs de celui qu'il préférait ne pensaient plus. Le préparateur les avait remplacés par des yeux de verre.

Je sais bien que c'est la fin commune à toutes les illusions et à toutes les curiosités de ce monde, mais j'espère pourtant que les naturels de la Terre de Feu qu'on nous montre au Jardin d'Acclimatation ne deviendront pas, comme les O-Ji-bé-Was, des *sujets* de cabinet d'histoire naturelle ou de baraques de foire.

La science est évidemment une belle chose. Mais, pour le plaisir des flâneurs et l'instruction des désœuvrés, faudrait-il condamner de pauvres diables de sauvages à venir nous apporter leurs mœurs, leurs huttes, leurs ustensiles de pêche, leurs nattes — et leurs os?

Paris n'en demande pas tant.

XIX

La vie littéraire. — *Numa Roumestan* et *Harald*. — Les débuts de Mlle Colombier. — Les comédiens de la plume. — La vie littéraire en 1835. — Balzac et M. de Girardin. — Paris-mensonge. — Charles Dickens et M. Jules Sandeau. — Combien on vendait de livres nouveaux il y a quarante-cinq ans. — Les prix actuels des *livres illustrés*. — *Les bibliomanes*. — L'influence des femmes. — Une citation de Rœderer.— Chateaubriand et son cocher.— Le talent.— Où il naît le plus. — Une statistique du docteur Jacoby. — Les maladies de l'esprit. — Un droit nouveau : le droit à la morphine. — Les *morphiomanes*. — Une stigmatisée. — On demande de l'oubli.

4 octobre 1881.

Avec Octobre recommence, dans toute son activité, la vie littéraire à Paris. L'été a appartenu aux ouvrages du printemps, emportés au bord de la mer, à la campagne, au fond de la valise de voyage. On les a lus dans le hamac ou sur le divan, sous les arbres ou sur les galets. Octobre apporte un contingent inédit de nouveautés; les affiches de théâtre se rajeunissent et les éditeurs annoncent leurs livres attendus.

Les lecteurs, cette fois, n'auront pas à se plaindre, et Alphonse Daudet ouvrira la saison avec une œuvre exquise, son *Numa Roumestan*, qui est déjà célèbre.

L'étrange et pittoresque Danois *Harald*, de Charles Edmond, précède de quelques jours le Provençal de Daudet. C'est le Nord et le Midi. *Nord et Midi!* Précisément Roumestan devait porter ce titre que Xavier Aubryet avait déjà donné à un vieil article de l'*Artiste* de 1859. Il s'écriait là, prenant la défense du Nord :

— Le Nord est une Béotie fictive, le Midi est une Attique de convention !

Alphonse Daudet trouvera dans son *Numa Roumestan* un succès digne de ses aînés, et notre ami Charles Edmond tirera peut-être quelque jour d'*Harald* un drame qui rappellera la *Baronne*, le *Dompteur* ou l'*Aïeule*, des œuvres de maître. Nous verrons peut-être au théâtre le Méridional et le Danois.

Mlle Marie Colombier, — qui n'est peut-être ni du Nord ni du Midi et qui a le verbe très parisien — profite aussi de la saison pour faire brocher les impressions de voyage qu'elle a rapportées d'Amérique. M. Arsène Houssaye a écrit une *Préface* au livre de la comédienne, et le *tout Paris*, friand d'un peu de scandale et de beaucoup d'esprit, va se délecter aux indiscrétions que la *compagnonne* de Mlle Sarah Bernhardt livre au public sur la tragédienne en tournée. *Ils n'est bons amis qui ne se quittent*, disait le marquis de Lausse en jetant ses chiens dans l'eau. Il n'est bonnes amies qui ne s'égratignent, surtout si les amies sont des comédiennes qui ont ensemble conquis le Nouveau-Monde.

Au reste, Mlle Marie Colombier n'est pas la seule comédienne qui ait tenu la plume et conté ses voyages, sans parler de Sarah Bernhardt elle-même et de ses *Impressions d'une chaise*. M. Thiers écrivit, en sa jeunesse, une *Préface* aux *Mémoires* de l'actrice anglaise mistress Bellamy, absolument comme M. Arsène Houssaye vient d'en signer une pour Mlle Colombier. Fanny Kemble a laissé des *Souvenirs*.

Ida Saint-Elme, la *contemporaine*, qu'on ne peut pas appeler une comédienne, — si ce n'est une comédienne de boudoir et une sorte d'espionne — offrit au public ses *Mémoires* sur les principaux personnages de la République, du Consulat et de l'Empire, édition ornée de son portrait plus qu'à demi nu, d'après un marbre sculpté par Lemot, en 1797, à Chaillot, chez le général Moreau, et exposé au Salon de 1812 sous le titre de la *Femme endormie*. Nous n'en sommes pas encore à voir jeter ainsi, après les bonnets, les corsages et les chemises par-dessus les moulins. Peut-être y reviendra-t-on.

Louise Fusil, la nièce de la Saint-Huberty, a fait imprimer des *Mémoires* où elle raconte très vaillamment le siège de Lille en 92, pendant lequel elle fredonnait peut-être quelque ariette entre deux éclats d'obus autrichiens. La grosse Mlle Flore, la femme sauvage des *Saltimbanques*, fort peu sauvage dans la vie, a mis son nom sur de gais volumes de *Mémoires*. Déjazet avait commencé les siens. Le roman de Mlle Rousseil, la *Fille du proscrit*, n'est qu'une autobiographie souvent poignante. Je ne parle pas des *Mémoires de Thérésa* qui sont l'œuvre d'un très aimable homme d'esprit.

En vérité, les comédiennes ont bien raison de prendre la plume :

Quand on n'a pas d'argent, c'est amusant d'écrire !

a dit Musset. Avec la multiplication actuelle des lecteurs, des *liseurs*, la profession est mieux ou plus qu'amusante, elle devient lucrative, et le gros public du siècle présent est un grand seigneur qui émancipe tout autrement un écrivain à ses gages que ne le faisait, aux siècles passés, la faveur la plus complète du gentilhomme le plus lettré.

Plus nous allons, en effet, et plus nous parlons à des foules. Il n'y a plus de Mme Geoffrin pour donner au premier de l'an une culotte de drap neuf à ses *plumitifs*, mais il y a un public immense qui leur assure, pour leur hiver, un vêtement bien autrement chaud que le pantalon de nankin de Schaunard. Le métier est rude, sans doute : il faut y multiplier les efforts et les œuvres. Le public, prompt à s'engouer, est encore plus prompt à oublier. Il est ingrat, il est léger comme une vieille coquette. « Toute œuvre nouvelle est un début », disait tristement Alfred de Vigny. Mais quoi! l'âpre mot d'ordre de notre époque n'est-il pas *la lutte pour la vie?* Lutte exacerbée et farouche, et je ne vois point pourquoi les écrivains seraient exemptés de ces redoublements de courage, plus que jamais exigés de tous les travailleurs.

Ils en sont, je pense, assez fièrement récompensés.

Ont-ils tout l'honneur qu'ils méritent? Rencontrent-ils toute l'attention à laquelle ils ont droit? Question discutable. Tel orateur qui parle du haut de la tribune de son pays et en descend acclamé n'obtiendrait point, parfois, une minute d'attention s'il écrivait les mêmes choses au lieu de les parler. La politique donne peut-être à l'homme plus de bruit; je crois que les lettres, en dépit de l'abaissement du pur esprit littéraire, assurent encore, en ce lettré pays de France, plus de gloire, j'entends une renommée moins sujette à contestations, une tranquillité plus grande et, dans tous les cas, une sécurité matérielle plus complète. Quand je dis sécurité, je dis *gain* — très brutalement — car, après tout, au temps où nous sommes, la question d'argent est la question vitale. Il y a longtemps, hélas! que ce mot : « l'*Industrie littéraire* » a été jeté dans la discussion.

Et par qui a-t-il été imprimé pour la première fois?

Par Emile de Girardin, qui le criait tout haut à Honoré de Balzac, lequel le sous-entendait.

C'etait en 1835.

Balzac, dégoûté peut-être de la librairie depuis qu'il avait, comme imprimeur, abouti à de mauvaises affaires, écrivait avec désespoir, dans la *Revue de Paris* :

— La librairie se meurt!

« A quelle somme, disait-il, à quelle somme croyez-vous que s'élève chez nous le budget de la grande littérature, la part des œuvres très longtemps élaborées, la part de *Volupté*, de *Notre-Dame de Paris*, des admirables Poésies d'Alfred de Musset, des *Consultations du docteur Noir*, d'*Indiana*, de l'*Ane mort*, de ce livre magnifique intitulé *Histoire du roi de Bohême et de ses sept châteaux?* (Notons, en passant, que Balzac savait quelquefois reconnaître du talent à ses confrères). Quelle part fait-on à Frédéric Soulié, à Eugène Sue, aux *Proverbes* d'Henri Monnier, aux frères Thierry, à M. de

Barante, à M. Villemain, à ce patient Alexis Monteil ? Que la honte se glisse rouge au fond des cœurs ! Nous affirmons que les dix maisons de librairie assez audacieuses pour entreprendre ce chanceux commerce, *ne font pas dans toute la France un million de recette !* »

Un million de livres pour tout un grand pays comme la France, c'était peu. Balzac n'avait pas tort.

— Mais pourquoi ? lui répondait alors Emile de Girardin, pourquoi votre industrie est-elle précaire ? Parce que vous vendez vos livres trop cher ! Le prix de 7 fr. 50 par volume est un prix exhorbitant.

Et le polémiste avait raison contre le romancier.

C'est une figure bizarre, attirante comme un problème, inquiétante comme une énigme, que ce pâle visage de Girardin, si vigoureusement cravaché par cet original d'Alexandre Weill dans un pamphlet nouveau, édité hier, *Paris-Mensonge,* et qui porte cette épigraphe : *Ce journal paraîtra chaque fois que j'aurai un mensonge à confondre et une vérité à dire.*

Je m'arrêterai, quelque jour, devant Girardin. Il est dans la destinée de cet homme de faire germer du scandale jusque sur sa tombe. Mais il faut reconnaître qu'au point de vue matériel, sinon au point de vue moral, il a — comme Villemessant — beaucoup fait pour l'émancipation des gens de lettres. Emancipation commerciale, liberté industrielle, soit. Etre libre de manger son pain, c'est déjà beaucoup.

En répondant à Balzac, dans le *Musée des Familles*, en faisant ce qu'il appelait crûment une *Enquête com-*

merciale sur l'*industrie littéraire* et les *consommateurs littéraires*, — consommateurs, ô jeunes gens qui lisez un livre de poésie, consommatrices, ô jeunes femmes qui fiévreusement achetez le roman d'hier avec le roman nouveau ! — Girardin disait :

« Pour *une page* manuscrite de Chateaubriand, de la dimension d'un billet de banque, le directeur du *Musée* (c'était lui) a offert 2,000 francs et les a toujours prêts ! »

Il savait bien que la foule, le public, *Her Omnes*, *Monsieur Tout le Monde*, — le *consommateur* en un mot, — lui rendrait très vite ses deux mille francs. « Il y a, disait-il, quelqu'un en France de plus riche que le souverain qui reçoit dix-huit millions de liste civile, c'est le peuple qui les lui paye. »

Et alors il établissait le bilan de la littérature au point de vue industriel. Retenons les chiffres, ils sont précieux. C'est une manifestation des plus importantes de la *Vie à Paris* que notre existence *littéraire*. Occupons-nous en aujourd'hui.

En 1835, il y avait *deux cents personnes* qui achetaient les nouveautés littéraires choisies et 800 cabinets de lecture, cercles ou sociétés qui les retenaient d'avance. En tout, 1,000 *consommateurs* en moyenne. Voltaire nous dit bien quelque part qu'il tirait une édition de ses livres à 1,500 exemplaires.

« Les auteurs, continuait Girardin, peuvent être (les poètes mis en dehors) divisés en cinq catégories, ainsi qu'il suit. »

Notez tous ces détails, ils semblent fantastiques maintenant.

Donc, *cinq catégories* :

« Ceux dont les ouvrages se vendent jusqu'à 2,500 exemplaires et s'achètent de 3,000 à 4,000 fr. le volume. *Ils sont deux :* MM. Victor Hugo et Paul de Kock.

« Ceux dont les ouvrages se vendent jusqu'à 1,500 exemplaires et s'achètent de 1,500 à 1,750 fr. *Ils ne sont pas quatre* (Balzac, Soulié, Sue ou Janin. — Dumas n'avait pas conquis le roman historique.)

« Ceux dont les ouvrages se vendent de 1,000 à 1,200 exemplaires et s'achètent de 1,000 à 1,200 fr. le volume. *Ils ne sont pas six* (Alphonse Karr, le bibliophile Jacob, la duchesse d'Abrantès, la *Contemporaine* (Ida Saint-Edme).

« Ceux dont les ouvrages se vendent de 600 à 900 exemplaires et s'achètent de 500 à 800 fr. le volume. *Ils sont douze* (Alfred de Musset en était peut-être).

« Ceux enfin dont les ouvrages se vendent au-dessous de 500 exemplaires et s'achètent de 100 à 300 fr. le volume. *Ils sont innombrables* (Théophile Gautier, dont les *Grotesques* se vendirent à 200 exemplaires fut longtemps de ceux-là.)

Ainsi, la *Vie littéraire*, il y a quarante-cinq ans, n'était pas bien fiévreuse, j'entends au point de vue commercial, car la plupart de ces livres, à peine lus, ou du moins fort peu achetés, étaient des livres durables, et dans le nombre, il en est d'immortels.

Ne nous plaignons plus ou plaignons-nous, comme on voudra. Nous sommes loin de ce temps-là.

J'entendais, un soir, Gustave Flaubert dire en haussant les épaules :

— Nous poussons les hauts cris lorsqu'un de nos livres atteint quatre ou cinq éditions ! Nous disons, navrés : *C'est un insuccès !* Mais Balzac, oui, Balzac, vendait a peine *une* édition complète, et lorsqu'elle s'épuisait, le pauvre grand homme jetait des cris de victoire !

L'énorme public qui nous est né rend les appétits plus voraces et les satisfaits plus difficiles.

Le temps n'est plus où Charles Dickens demandait à M. Jules Sandeau combien lui avait rapporté en volume *Mademoiselle de la Seiglière,* ce chef-d'œuvre, et demeurait stupéfait lorsque l'auteur lui répondait :

— Cinq cents francs !

— Cinq cents francs ? disait le conteur anglais. Mais *Olivier Twist* finira par m'en avoir rapporté cent mille !

Eh ! bien, quelques-uns en sont arrivés, même en France, aux cent mille francs de Charles Dickens. Balzac, ce magnifique affamé, est venu au monde trop tôt.

La vente des livres subit la progression de la vente des journaux. *La pâture à liseurs,* comme disait Pétrus Borel, est absorbée par des milliers et des milliers d'estomacs — sans parler du palais des délicats.

Les *délicats,* d'ailleurs, ont aussi leur compte, et

non seulement dans la production contemporaine, mais dans les greniers et les garde-manger du passé. Il faut être bibliophile et au courant des fluctuations des prix des livres pour se faire une idée de la hausse absolument folle qui sévit en ce moment sur le commerce de la librairie.

On s'est, après les livres à vignettes du dix-huitième siècle, jeté, par exemple, avec une sorte de boulimie, sur les *ouvrages illustrés du dix-neuvième siècle*, ceux qu'on nous donnait pour étrennes dans notre enfance et que nous barbouillions avec une piété fiévreuse de tous les vermillons, bleus de Prusse, terres de Sienne et gommes-guttes de la boîte à couleurs reçue comme cadeau de jour de l'an, en même temps que le *Gulliver,* de Grandville, le *Gil-Blas,* de Gigoux, le *Molière,* de Tony Johannot, et les *Napoléon* de Raffet, de Vernet ou de Charlet.

Veut-on savoir à quels taux sont arrivés ces *livres illustrés* d'il y a vingt, trente ou quarante ans ? Je ne dirai pas même combien on les vend, mais combien offre, pour les acheter, tel libraire qui, nécessairement, les ayant payés, cherchera son bénéfice en les revendant ?

Un des plus actifs parmi ces libraires-bibliophiles, M. L. Conquet, adresse, par exemple, aux amateurs et possesseurs de livres, une circulaire où il offre pour tels ou tels ouvrages faisant partie de ses *desiderata* :

« Première édition de *la Peau de chagrin* de Balzac, 100 fr. — Edition de *Béranger* de 1816 avec le titre gravé intact, 200 fr. — Le *Deburau*, de Jules Janin, édition de 1832, 100 francs. — Le *Molière*, de Scheuring (qui ne date que de 1864), grand papier, 600 francs. — L'édition *princeps* de *Picciola*, de Saintine, 100 fr. Une réédition de la *Chronique de Charles IX*, de Mérimée, faite en 1876 par la Société des Amis des Livres, 300 fr. — *Jérôme Paturot*, 100 fr. — *Silvio Pellico* illustré, 150 fr. — Les *Voyages en zig-zag*, de Topffer, 150 fr. — Les *Orientales*, de Victor Hugo (1829), 150 francs. — *Notre-Dame de Paris* (1832), 80 fr. — 1844 Perrotin, 200 fr. — *Angelo* (Renduel), 100 fr. — *Marie Tudor*, avec le frontispice de Célestin Nanteuil, 150 fr. — Les *Contes d'Espagne et d'Italie*, de Musset (1830), 150 fr. — Son *Spectacle dans un fauteuil* (Renduel 1833), 300 fr. Les *Jeunes France*, de Théophile Gautier (1833), 150 fr. — *Albertus*, 150 fr. — *Monsieur, Madame et Bébé*, de Gustave Droz, dessins d'Edmond Morin (Victor Havard, 1878), sur Chine, 150 fr. — Le *Journal de l'Expédition des Portes-de-Fer*, une relation officielle de la campagne du duc d'Orléans, par Charles Nodier, dessins de Raffet, 500 fr. — Le *Musée de la Caricature*, de Jaime, 350 fr. — La *Caricature*, avec titre et table, 1,000 fr. »

Mieux encore : la petite collection des volumes que réédite aujourd'hui Hetzel, cette suite de jolies plaquettes pour les enfants, publiée par Hetzel, Blanchard, Lecou et qui contient des chefs-d'œuvre de littérature enfantine, la *Bouillie de la comtesse Berthe* de Dumas, la *Vie de Polichinelle* d'Octave Feuillet, *Monsieur le Vent et Madame la Pluie* de Paul de Musset, ces minces volumes, qui valaient très bon marché jadis se paient aujourd'hui fort cher par suite de cette manie qu'on a de collectionner les *livres illustrés*. Ce sont les libraires eux-mêmes qui les rachètent au poids de l'or.

Les livres d'Alfred Delvau sont recherchés avec une sorte d'âpreté. Ce pauvre Delvau — qui, durant sa vie, mena laborieusement une existence pauvre, dans les faubourgs de Paris ou les bois de la Tour-de-Croüy — ses livres font prime! On se les dispute, on se les arrache. On publie son portrait gravé, et l'édition seule de ce portrait de Delvau devient un événement pour les *amateurs!*

Et notez que c'est là une mode pure. On veut avoir ces volumes non pour les regarder, non pour les lire, mais pour les posséder, absolument comme certaines gens voyagent non pour *voir* du nouveau mais pour *l'avoir vu*, pour avoir voyagé. Chose incroyable et qui montre l'inanité de cette passion : un volume, au gré des bibliophiles actuels, a beaucoup plus de prix lorsqu'il *n'est point coupé*.

« Point coupé » c'est-à-dire intact, vierge, dédaigné ! En le feuilletant, en le lisant, on lui enlève de sa valeur. Dès qu'un livre cesse d'être un volume de parade, il est dégradé ! Volume coupé, volume déprécié ! S'imagine-t-on un amateur tout glorieux de montrer la tranche de ses livres où le couteau à papier n'a point passé, où, par conséquent, l'œil du maître ne s'est jamais arrêté, et disant avec fierté :

— Pas coupé ! Voyez ! Regardez ! Oh ! c'est un livre précieux ! Je ne l'ai jamais lu !

Pauvres chers compagnons des heures mélancoliques, humbles volumes d'habitude, dont on connaît, un à un, les feuillets, où il semble qu'à telle ligne, comme sur certaines lettres d'amour, on trouverait parfois la trace pourtant effacée d'une larme, comme vous valez mieux que ces admirables volumes rares, embaumés dans les hypogées des bibliophiles asservis à la mode et vénérés là comme des reliques sacrées !

Sacrés ils sont, car personne n'y touche.

Un symptôme attristant de cette bibliomanie contemporaine, c'est que les libraires ne vendent plus de *livres de travail*. La bibliothèque, fort précieuse au point de vue des documents, d'Edouard Fournier, s'est mal vendue. Il n'y a de clients parmi les bibliophiles que pour les livres de luxe et de mode. Il serait, par exemple, quasi-ridicule de conserver chez soi le volumineux arsenal de l'*Encyclopédie* ou du *Dictionnaire* de Moréri. On s'en moquerait volontiers comme des manches à gigot de nos grand'mères. Les livres à images montent, au contraire, à des prix fous. C'est le goût extravagant du *bibelot* se glissant jusque dans la bibliothèque.

Je constatais tout à l'heure — non sans un plaisir matériel — que l'*industrie littéraire* rencontrait à l'heure où nous sommes un nombre infini de *consommateurs*, pour parler comme M. de Girardin. Mais, à bien prendre, et dans notre for intérieur, pourrions-nous déclarer que c'est le sentiment littéraire qui pousse vers les ouvrages nouveaux le lecteur d'aujourd'hui ? Plus que jamais peut-être, la gloire et le succès sont des affaires de mode. Il faut avoir lu un livre pour la curiosité qu'il excite ou le scandale qu'il éveille, comme il faut en posséder un autre pour les gravures *avant la lettre* qu'il contient. Le journal parle de tel volume ? Ouvrons-le. Jadis, une coterie donnait le ton; maintenant, c'est le journal. Le journal et — avouons-le, — les propos de dessert, la critique parlée entre la poire et le raisin.

J'aurais presque envie de dire que le journal, qui offre à tout le monde à la fois le même sujet de conversation banale, a tué en France la causerie et la conversation, si l'on ne répétait pas depuis plus de cent ans, que la conversation est morte.

La conversation, la causerie, toute morte qu'on le veuille bien dire, est cependant encore aujourd'hui la critique souveraine de la littérature et les meilleures *réclames* pour un ouvrage de librairie sont les *annonces* gratuites que les femmes et les causeurs veulent bien faire tout en parlant de la pluie et du beau temps. Les femmes surtout. Au reste, s'il faut en croire Rœderer, c'est toujours pour les femmes que les écrivains, même les savants, même les philosophes, ont écrit et par elles qu'ils ont été compris. Fontenelle a composé ses *Mondes* pour la marquise de Lambert, Voltaire la *Philosophie* de Newton pour la marquise du Châtelet. Mme Lavoisier a été une des premières instruites de la réforme de la chimie opérée par son illustre mari. Laplace réduisait son *Exposition du système du Monde* à des termes qui le faisaient entendre dans les causeries de salons chez sa femme, et Mme de Condorcet était initiée avant

tout le monde aux plus hautes études de l'*Entende-
ment*.

« J'ai, raconte Rœderer, entendu Borda expliquer chez Mme Lavoisier, devant elle, à M. de Talleyrand la théorie des poids et mesures lorsque la loi de réforme dont M. de Talleyrand était rapporteur s'en préparait ; j'ai vu Borda s'arrêter, se reprendre, quand il craignait de n'avoir pas été compris. non pas de de Talleyrand, mais de Mme Lavoisier. »

Et Borda avait bien raison. Il faut avoir pour soi les femmes, — en politique quelquefois, — mais en littérature toujours.

Chateaubriand, que Girardin voulait payer deux mille francs la page, sortait un jour d'une conférence du P. Ravignan. Il est entouré par la foule, acclamé et, au moment où il se précipite dans une voiture pour éviter d'être porté en triomphe, son cocher de fiacre (un fort gaillard) se tourne vers lui, le fouet haut levé et lui dit crânement :

— Soyez tranquille, mon brave homme, le premier qui vous touche, je lui casse les reins !

Chateaubriand, qui regrettait fort que l'ovation ne finît point par un triomphe, alla se consoler avec les femmes : — Mme Récanier ou Mlle Hortense Allart.

— Le triomphe, disait-il en songeant peut-être à ce maladroit de cocher, devrait être du genre féminin, comme la gloire !

•

Ce ne sont pas, en effet, les femmes qui s'affolent

des *livres à images* et donnent dans la bibliomanie, quoiqu'il y ait aussi des femmes bibliophiles, — ne fût-ce que Mlle Hortense Schneider — mais ce sont elles qui s'éprennent encore du peu de *roman* qui existe encore de par le monde et des *romans* beaucoup plus fréquents qui s'y publient.

Le talent, — j'entends le talent artistique et littéraire — herbe délicate que flétrit la moindre gelée blanche, a, pour ses floraisons, besoin de la sympathie des femmes. Un médecin distingué, le docteur Paul Jacoby, vient de se livrer, à propos de la *sélection* et de *l'hérédité*, à de très curieux travaux de statistique et il a compté, département par département, combien notre France avait produit d'hommes remarquables. Je serais curieux de savoir si les départements les plus favorisés ne sont pas précisément ceux où les femmes sont les plus vibrantes et les plus accessibles à ce diable d'*idéal* dont on n'ose plus écrire ni prononcer le nom maintenant tant il semble faire partie de ce qu'on appelle le *vieux jeu*.

M. Jacoby n'a point, d'ailleurs, classé par ordre de mérite — comme dans une distribution de prix — les départements français, et je le vais faire après lui et d'après lui. Le tableau en vaut la peine. Je ne m'occuperai, s'il vous plaît, que des *dix premiers* et des *dix derniers* de la classe.

Le département qui a produit le plus d'hommes remarquables est la Seine et j'en félicite les Parisiens. Le second est le Rhône. Les Bouches-du-Rhône viennent ensuite, puis la Côte-d'Or, avec sa race bourguignonne ; Seine-et-Oise (87 personnages remarquables, Paris en a 764), la Seine-Inférieure (82), la Meurthe (74), le Doubs (73), l'Aisne (52), et le Gard (20). Ici finit le *tableau d'honneur*.

Celui de nos départements qui a produit le moins d'hommes remarquables (je ne fais que de la statistique et je constate sans juger) est le département des Hautes-Pyrénées. Puis vient la Creuse, qui n'est pas fort riche en grands hommes, puis la Lozère, qui en compte 4, puis l'Ariège 5, puis la Charente, puis les Hautes-Alpes et les Landes, — sur la même ligne ; — puis les Pyrénées-Orientales, puis le Morbihan, puis la Mayenne. Enfin — *ex æquo,* — le Lot et le Gers, à qui le statisticien attribue à chacun douze personnages remarquables. Est-ce à dire que les jolies filles du Quercy soient inférieures aux petites Parisiennes ou aux mères de famille de Lyon ou de Marseille ? Telles mères, tels fils. Non ; mais c'est que la sélection des talents, des énergies, des *capacités* se fait, comme le remarque M. Jacoby, dans les villes au détriment des campagnes. C'est que la ville est le creuset de l'intelligence humaine. Elle l'énerve et la sublime à la fois. La mère, dans les villes, est deux fois la mère. Elle crée et elle enseigne. Dans les campagnes, la mère est la couveuse des corps, elle n'est pas l'éducatrice de l'esprit. Ici elle s'appelle la Femme, là-bas — pauvre créature cassée en deux sur le sillon — elle a pour nom la Femelle.

D'ailleurs, le talent, lorsqu'il n'est qu'une autre sorte de névrose, lorsque tel poète, tel conteur est un névropathe, ou — M. Maxime du Camp nous l'a révélé — comme ce malheureux Flaubert, un épileptique, est moins enviable que la robustesse farouche de ce bûcheron qui entaille de sa cognée les arbres de la forêt, ou de cette forte fille, à la peau tannée, qui ramasse, au loin, des pommes de terre. A eux deux, du moins, ils peuvent faire souche de braves gens.

Le talent, chez le citadin, ressemble souvent à ces colorations exquises de certaines feuilles striées qui ne sont aussi jolies que parce qu'elles sont malades. Les femmes d'aujourd'hui, jeunes filles ou mères, ne se doutent pas assez que l'homme doit être un bel animal avant d'être un bel esprit. Elles demeurent — comme je le disais tout à l'heure — nos lectrices assidues ; elles font le succès de nos comédies ou de nos livres, elles sont le seul public actuel qui reste à l'imagination et à la poésie, mais elles sont emportées, elles aussi, par la grande névrose universelle.

Les femmes, dont quelques-unes, par exemple, réclament avec exaltation tous leurs *droits*, ont conquis, depuis un certain nombre d'années, un droit singulier, tout nouveau, et très fatal que j'appellerai le *Droit à la morphine*.

Nous ne nous en doutons pas, mais le monde (et le demi-monde), en arrivent peu à peu, à être peuplé de *morphiomanes*. La *morphiomanie* est une maladie contemporaine plus répandue encore que la bibliomanie et beaucoup plus dangereuse. Les médecins qui ont enseigné à l'homme et à la femme l'art de calmer la douleur avec quelques gouttes de morphine injectées par une seringue qui pique légèrement la peau et répand son liquide sous l'épiderme ont rendu à l'humanité un assez mauvais service. Charles Baudelaire avait, au dire de Victor Hugo, découvert un *frisson nouveau*. Ils ont, eux, inventé une passion nouvelle. Une passion qui affole comme le jeu, comme le vin, comme l'absinthe, comme l'amour.

Il y a, dans notre société actuelle, des êtres abêtis par la morphine comme il y a en Chine des misérables consumés par l'opium.

La morphiomanie, c'est l'alcoolisme des mondains.

Quand on a absorbé de la morphine, c'est comme lorsqu'on a trempé ses lèvres dans la liqueur verte. On recommence. Le poison est doux. Il alanguit, il berce, il donne parfois des visions heureuses comme le haschich. En réalité, il tue comme tous les paradis artificiels. Un docteur allemand, M. Leviustein, a publié ses observations personnelles sur les morphiomanes. Au début, c'est l'oubli de la douleur et c'est le rêve. A la fin, c'est le *delirium tremens*, les hallucinations sinistres, l'hébétude.

Pour le morphiomane, l'injection sous-cutanée est ce qu'est le verre d'absinthe pour l'alcoolique. Titubante, une femme se pique la peau dix, vingt fois par jour et absorbe avec délices sa morphine. On la lui arrache. Elle y revient. Il y a, à cette heure, une grande dame, venue d'Allemagne à Paris et qui, tombée, déchue, irritée d'avoir gâché sa vie, demande l'oubli, l'oubli quotidien au chloral qui stupéfie ou aux injections morphinées.

Ah! les atroces maladies que ces psychoses bizarres qui, de plus en plus, semblent le cortège de notre vie moderne ! Aux environs de Dieppe, chacun court, à l'heure où j'écris, s'agenouiller devant une hystérique de dix-neuf ans dont le journal du docteur Luys, l'*Encéphale* vient d'étudier le cas et dont M. Jules Soury a fort spirituellement raconté l'histoire. La foule arrive et, exaltée par le merveilleux, baise respectueusement les stigmates sanglants que cette nouvelle Louise Lateau porte sur les mains. Cette soif du rêve, du mystère, de l'oubli, de l'*au dela* qui précipite une cohue vers la maison d'une névropathe, c'est l'ivresse même qui s'empare des morphiomanes, avides de dompter la douleur non par la force d'âme des stoïceïns, mais avec un diminutif de l'instrument dont Molière arme ses matassins.

En vérité, il serait trop commode d'en finir par un peu de morphine avec toutes nos souffrances. La vie serait trop facile à supporter. Mais il y a un châtiment au bout de tous ces escamotages de la douleur.

— Dût-on me couper une jambe, disait Balzac, je ne me ferais jamais chloroformer. Je ne voudrais jamais abdiquer mon *moi*.

Hélas ! ils abdiquent leur *moi*, ces enamourés de poison, ces ivrognes de la morphine dont le nombre augmente terriblement dans notre monde en proie à la névrose et qui, au lieu des talents, transmettront par l'hérédité l'hébétement ou la folie aux générations à venir !

Pour en revenir à la *vie littéraire* — qui nous a un peu trop entraîné vers la *vie médicale* — puisqu'il faut à l'homme des rêves, des visions, des chimères, c'est encore aux poètes qui chantent et aux romanciers qui observent qu'il vaut mieux demander l'oubli.

La poésie est une morphiomanie douce et le roman n'est pas toujours un opium.

XX

A quoi pense Paris. — La guerre d'Orient en 1854 et l'expédition de Tunis en 1881. — Villemot et la *Vie à Paris*. — La guerre. — Paul de Molènes. — L'Algérie. — Les Don Quichotte. — Monte-Cristo. — Dumas et les Marseillais. — Le château-d'If. — Comment collaboraient Alexandre Dumas et Auguste Maquet. — *Soyons navrants ! Soyons amusants !* — Une nouvelle de M. Hennique et les *Trois Mousquetaires* — Les *Mémoires de d'Artagnan*. — Le vrai d'Artagnan. — Vive la fiction. — Athos et M. Maquet. — M. le comte d'Hérisson et M. Ed. Le Blant. — Inscriptions phéniciennes. — Une *maquillée* d'Utique. — Le cimetière mérovingien de M. François Lenormant. et l'*Antiquaire* de Walter-Scott. — Plaisanteries archéologiques. — Les rats à trompe. — La *Grammaire*. Lhéritier et Gil Pérès. — Bouffé. — La croix du *Gamin de Paris*.

18 octobre 1881.

Je lisais ce matin dans la *Vie à Paris* d'Auguste Villemot, ces lignes qui datent de vingt-sept ans déjà et qui pourraient être écrites d'hier :

« Paris est un pays privilégié : les guerres, les pestes et les famines s'y noient dans un vaudeville nouveau. Paris a bien consenti à s'occuper quelque temps de la guerre d'Orient ; il avait été séduit par les aspects pittoresques de cette lutte qui mettait aux prises les vieilles féeries orientales avec la fougue des envahisseurs tartares ; mais Paris commence à trouver qu'on ne lui en donne pas pour son argent. »

Ce qu'écrivait Auguste Villemot en 1854, on peut le rééditer en 1881. Je ne dis point que Paris se soucie fort peu de la Tunisie, et je crois bien qu'il s'en inquiète, mais Kairouan, à vrai dire, pique beaucoup moins sa curiosité que la représentation de gala à l'Opéra : musique et électricité mêlées. L'Algérie a beau être à nos portes, les Parisiens forcenés la trouvent un peu trop loin du boulevard. Villemot prétendait que le récit d'un tremblement de terre ou de l'incendie d'un théâtre survenant au bout du monde intéressait moins le public que le choc de deux fiacres et la querelle de deux cocher devant le théâtre des Variétés.

On irait loin avec un tel système de parfaite indifférence pour tout ce qui n'est pas « la Ville ». Le mot de Louis XV à propos du Canada : « Eh ! que me font quelques arpents de neige ? » ne saurait avoir pour pendant un : « Que nous font quelques arpents d'alfa ! » Il y a le drapeau engagé, là-bas, dans la fumée de ces insurrections tunisiennes. L'égoïsme de quelques-uns ne se sent secoué que lorsque leur sécurité même est en jeu. De mes oreilles n'ai-je pas entendu, en 1870, un paysan qui, je crois bien, était, s'il vous plaît, maire de son village, dire en haussant les épaules : « Oui, des guerres en Chine, en Cochinchine, au Mexique, je comprenais ça ! Mais se battre chez nous, ça n'a pas le sens commun ! »

Cet homme doit donc *comprendre*, s'il vit encore, l'expédition de Tunisie. Le canon du général Logerot est pour lui à bonne distance : il ne l'empêche pas de dormir.

N'oublions cependant point ce philosophe pratique. A l'heure où nous allons écouter Mlle Granier ou regarder les panoramas des batailles passées, — en nous plaignant des vents coulis qui sifflent dans la rotonde, — de petits fermiers en pantalon garance font, au loin, le coup de feu pour prouver qu'on sait encore, sous l'uniforme de France, se moquer du plomb et du fer. .

Ils sont, par les nuit étoilées, couchés sous ces tentes légères que Paul de Molènes, ce poète à épaulettes, préférait à nos maisons : « La tente, disait-il, est certainement un des asiles les plus commodes et les plus naturels de l'homme ; elle n'insulte point par sa durée à la brièveté de nos jours ; elle est en harmonie avec ce que nos destins ont d'errant et de passager ; elle ne nous prêche pas, comme les lourdes demeures bâties à chaux et à mortier, une morale sédentaire. Libre, voyageuse, guerrière, elle nous dit : « Pars, je te suis ! »

Il aimait la guerre, il l'adorait comme une fiancée, ce soldat-écrivain qui se battit avec M. Gustave Isambert coupable de l'avoir baptisé le *pioupiou sentimental de la Revue des Deux-Mondes*, et devint l'ami du journaliste après l'avoir voulu transpercer. Il nous a laissé, sur ces combats d'Afrique, Laghouat et Zaatcha, des pages que je voudrais qu'on relût aujourd'hui. Pour lui une expédition comme celle de Kairouan eût été une bonne fortune. Le froid, la faim, les blessures, la mort (qu'il devait niaisement rencontrer à Limoges, dans un manège, en tombant de cheval) lui plaisaient. L'ambulance même et la charcuterie, les coulisses la cuisine de la guerre, si je puis dire, ne le rebutaient pas :

« Les blessés attendent, dit-il, les moribonds s'apaisent, les amputés fument leur pipe. Point de cris, point de soupirs. La mort commencera son appel quand elle voudra dans le lugubre dortoir; tous lui répondront avec le même calme. L'ambulance ne m'a pas inspiré les pensées qu'une gémissante philosophie exprime souvent à propos des champs de bataille. Je n'ai vu là qu'un grand spectacle, après tout, celui d'âmes fort tranquillement assises sur les débris de leurs corps. »

Affectation de bravade tant qu'on voudra ! Suprême dandysme du soldat qui se moque des hasards du péril. Il y avait du Don Quichotte dans Paul de Molènes. Il l'aimait, ce métier; il les chérissait, ces soldats qu'il appelait sa famille terrestre, et il ne se rappelait jamais sans émotion cette Algérie, « ce beau pays où, bien des années encore, *chaque printemps fera fleurir le danger !* »

Eh ! bien quoi ! c'était un romantique, ce soldat, et, en littérature pas plus qu'en politique, il ne faut médire de ces précurseurs qui nous ont faits ce que nous sommes ! Ils avaient la foi, la bravoure, je ne sais quelle verve aussi gasconne que gauloise, quelle désinvolture aussi castillane que française, et des élans qui valaient bien nos gouailleries spirituelles ou notre inextinguible soif de vrai. Le romantisme, c'est quelque chose comme la chevalerie de l'art. Le réalisme en est un peu l'industrialisme. Je ne sais rien de plus utile qu'un gazomètre ; mais, tout enamouré de vie moderne que je puisse être, — et je l'adore, la vie moderne! — je m'arrêterai plus volontiers devant quelque débris de pierre trouant l'herbe du jardin du Musée de Cluny.

On a pu voir, cette semaine, ce qu'il y avait de vitalité encore et de sève et d'attrait et de mouvement dans ces imaginations de nos *anciens*. *Monte-Cristo*, rajeuni, nous est réapparu, nous avons revu ce Dantès, — Don Quichotte en paletot — qui n'a jamais vécu et qui est demeuré plus célèbre que des milliers de Marseillais en chair et en os.

Marseille, qui hésite, dit-on, à accorder un piédestal définitif à M. Thiers, et qui a peut-être oublié Méry, chérissait Dumas. La ville n'avait-elle pas accordé des terrains au grand romancier comme Naples lui avait cédé un palais? L'enfant de Villers-Cotterets est mort *citoyen de Marseille*. Il a fait plus pour la renommée du Château d'If que l'architecte qui l'a construit.

Très volontiers, d'ailleurs, le père de *Monte-Cristo* s'amusait gaiement de ses bons amis de Marseille ; c'est lui qui racontait l'histoire de ce Marseillais qui lui faisait compliment du drame d'*Antony* :

— Ah! le beau drame, monsieur Dumas ! Pécaïre, la belle pièce ! Ah ! seulement...

— Il y a un seulement ?

— Voilà. Il y a une chose qui n'est pas naturelle !

— Ah bah?..

— Oui, bien ! quand Antony, pour courir après Adèle d'Hervey, *il* achète une chaise de poste, il la paye comptant, hé?

— Oui, comptant !

— Eh bé ! Il oublie de retenir l'escompte !

M. H. Reynald, le professeur et le fin critique, m'écrit que c'est Eugène Scribe et non un Marseillais qui faisait à Dumas cette observation littérario-commerciale. Ce serait alors cent fois plus piquant.

Je disais de Dumas : « le père de *Monte-Cristo.* » Il y aurait un curieux chapitre d'histoire littéraire à écrire, ce serait celui de la collaboration de Dumas et de Maquet, et l'on y verrait comment naissaient, comment grandissaient ces épopées de la belle humeur qui s'appelaient la *Reine Margot,* les *Quarante-Cinq*, les *Trois Mousquetaires.*

M. Auguste Maquet, qui a survécu à Dumas et qui est bien vivant, Dieu merci, quoique j'aie lu, plus d'une fois, dans les chroniques mal informées, qu' *Augustus Mac-Keat* n'était plus de ce monde, M. Maquet nous devrait donner ce chapitre d'une histoire qui eut sa grandeur : le drame et le roman de cape et d'épée, les inventions de 1830 et de 1840 !

Les deux collaborateurs habitaient côte à côte : Dumas à Saint-Germain — dans ce château de Monte-Cristo dont il avait fait la plus coûteuse des merveilles — et Maquet, à Bougival, sous des ombrages qui ne valaient pas encore ceux du château de Saint-Mesme où l'eau des fossés a réfléchi le visage austère du chancelier de l'Hospital.

Chaque jour, et dix fois par jour, un courrier partait de Monte-Cristo pour aller à Bougival et de Bougival pour grimper à Monte-Cristo avec des bouts de chapitre dans sa poche ou des bouts de lettre à la main :

— *Où en est Chicot? Que faisons-nous de Chicot? Henri III, soit! Mais il y a trop longtemps qu'on n'a pas vu Chicot!*

— *Et d'Artagnan? Est-il revenu d'Angleterre?*

— *Il en revient aujourd'hui. N'oubliez pas Coconnas!*

— *C'est décidé. Je fais arrêter Louis XIV!*

— *Louis XIV! Y pensez-vous? Le grand Roi!*

— *Fiez-vous à moi : Bragelonne arrangera tout!*

Ils mêlaient ainsi, dans une fantaisie pittoresque et picaresque, — parfois aussi vraie que l'histoire, — les personnages et les époques, le seizième siècle et le dix-septième, le Louvre des Valois et le Versailles des Bourbon, et ces rêves, ces inventions, ces coups de théâtre dont chacun était un coup de fortune, passionnaient des foules entières et leur donnaient l'intuition de la vérité, la couleur même du passé et la fièvre de l'histoire.

Evidemment, la réalité a du bon. *L'âpre vérité*, comme dit Stendhal, est notre mot d'ordre. Jules Vallès, en ses temps de défis littéraires, arpentait le boulevard Italien en disant tout haut, de sa voix de cuivre :

— Soyons navrants!

Tandis qu'Albert Brun, un écrivain né, devenu administrateur habile, répétait, avec son clair accent méridional :

— Soyons navrants!

— Soyons amusants, ingénieux, alertes, entraînants!

se disaient Dumas et Maquet. Je rencontrais naguère, dans un volume de *Nouvelles* de M. Hennique, l'histoire d'un bourgeois de province qui se sent intérieurement rongé par un helminthe, tœnia echinocoque, tricocéphale ou bothriocéphale, je n'en sais rien. Tout aussitôt visite du médecin. Consultation. Prescription d'une prise de kousso macérée dans un verre d'eau. Et tout le drame était celui-ci : la tête du tœnia est-elle rendue ou ne l'est-elle pas ?

Evidemment il y a là un vrai talent d'auteur comique, quelque chose de gras, de gai, de flamand, si je puis dire, que je retrouve, dans un autre genre, chez M. Camille Lemonnier, l'auteur d'*Un Mâle* et d'un admirable drame rural, *le Mort;* mais, en dépit de Molière et de M. Fleurant, à ce bourgeois de Molinchart examinant, avec les lunettes d'Argan et le soin d'un médecin de Gérard Dow, chaque cucurbitin parasite, je préfère d'Artagnan chevauchant sa fantaisie et les trois mousquetaires, aussi illustres que les quatre fils Aymon!

Toute proportion gardée, si le réalisme procède de Rabelais, nos devanciers, en leurs songeries, se souvenaient d'Homère !

Sait-on d'ailleurs que ce fut M. Auguste Maquet, tout d'abord professeur d'histoire, qui déterra ce d'Artagnan, l'évoqua du fond de l'oubli comme il avait exhumé le bonhomme Buvat en apportant à Dumas une nouvelle, le *Chevalier d'Harmental*, dont le magicien fit six volumes?

Si vous rencontrez jamais, de par les quais, quatre

petits volumes publiés à Amsterdam et à Cologne, — *A la Sphère,* — et intitulés : *Mémoires de monsieur d'Artagnan, capitaine lieutenant de la première compagnie des Mousquetaires du roi,* — prenez-les. C'est de là que sont sont sortis les *Trois Mousquetaires.*

D'Artagnan, le d'Artagnan de l'histoire, n'était pas tout à fait le cadet de Gascogne qu'on nous a montré. C'était purement un soldat aimant sans doute aussi les aventures, comme Paul de Molènes. Ce fut lui qui arrêta Fouquet, sur l'ordre du roi. Il n'eut point la femme d'Athos — la terrible *Milady* pour maîtresse — et il se maria, très peu *romantiquement.*

« Je m'étais, écrit-il dans ses *Mémoires,* marié comme les autres, parce qu'il semble que si c'est une folie, comme en effet j'estime que c'en est une, et même très grande de se marier, c'est du moins une folie qu'il semble permis de faire une fois. »

Sa femme était jalouse et l'espionnait. Il y eut souvent *grabuge,* dit d'Artagnan, qui courtisait certaine grande dame dissimulée sous le pseudonyme de Mme de Virteville. Pour égaliser les torts, il accusa Mme d'Artagnan (on ne s'imagine pas une *Mme d'Artagnan !*) d'avoir un amant et, furieuse, elle se retira dans un couvent. « C'est de la sorte que la plupart des mariages réussissent en ce monde », dit philosophiquement d'Artagnan.

Ainsi, de son aveu même, si d'Artagnan trompa, il fut aussi trompé. D'Artagnan devenu Sganarelle, quelle chute ! — La fiction — quand je vous le disais ! — est plus aimable que l'histoire.

Au surplus, d'Artagnan finit bien. Il fut tué à Maëstricht, pendant le siège qui ne dura que treize jours de tranchée ouverte. Mais il ne faut pas un si long temps pour jeter à terre un héros.

De ce soldat, Alexandre Dumas fit un charmeur à son image : gai, spirituel, prime-sautier, alerte, bien français. De ces deux mousquetaires de la plume, Dumas, plus entraînant, ressemble à d'Artagnan ; Maquet, pensif, réfléchi, brave comme l'épée qu'il tire fort bien, évoque plutôt l'idée d'Athos.

Il y a chez lui à Saint-Mesme, un tableau de Giraud, je crois, qui représente les *Mousquetaires*. Des officiers prussiens qui occupèrent le château durant la guerre s'arrêtèrent devant ces personnages tant de fois rencontrés sur les images d'Epinal dans les auberges, comme Buridan, Marguerite de Bourgogne et le *Juif-Errant*, et désignant l'un après l'aure les personnages populaires :

— Celui-ci, disaient-ils, c'est Porthos ; celui-là Aramis ; cet autre, d'Artagnan ! — Ce grand, maigre et sérieux, c'est Athos ! Il vous ressemble !

J'avoue qu'il ne me déplaît pas que l'auteur d'une œuvre porte en lui-même quelque chose de son héros. Je cherche Musset dans la *Confession d'un enfant du siècle*. Je plains Chateaubriand d'avoir été *René*, et je regrette que Gœthe, peu sentimental, n'ait pas ressemblé plus à *Werther* — moins le suicide.

Même en littérature, les mousquetaires ne me déplaisent point.

Sans doute, mais encore faut-il que le *mousquetariat*,

si l'on me passe le mot, soit à sa place. Mettre flamberge au vent pour le plaisir — comme au temps du baron de Fœneste, passe encore — *c'est du temps*, comme disent les brocanteurs; — mais parler d'aller sur le pré à propos d'archéologie, comme vient de le faire M. le comte d'Hérisson, qui ne trouve point de son goût les critiques de M. Ed. Le Blant, l'épigraphiste, c'est peut-être un peu bien exagéré.

L'histoire a, d'ailleurs, fait tapage. Il y a, comme on le sait peut-être, au Louvre — cour Caulaincourt — une exposition d'antiquités, épigraphes phéniciennes, épigraphes latines, mosaïques, verres, marbres, terres cuites plastiques, lampes funéraires, etc., — rapportées par M, le comte d'Irisson d'Hérisson de sa mission archéologique à Utique. La cour Caulaincourt, qui ne faisait plus parler d'elle depuis l'empire et ses écuries, est redevenue, grâce à ces poteries, une actualité comme au temps où les *reporters* officiels s'y pressaient, finement chansonnés par un satirique :

> Je cours
> A la cour
> Caulaincourt,
> La cour
> Où la cour
> Court,
> La cour
> Où la Cour monte...
> Je cours
> A la cour
> Caulaincourt,
> La court
> Où court
> La Cour.

Les équipages s'arrêtent donc devant cette cour, sur le quai. Il s'agit d'admirer ce qu'un savant membre du

Jockey-Club a rapporté de ses voyages. Dumas, dont je parlais tout à l'heure, découvrait, lorsqu'il voyageait, la Méditerranée et les bifteks d'ours. M. d'Hérisson, s'il faut en croire la Société des antiquaires et l'Académie des inscriptions, a tout simplement découvert des marques de potier et les a prises pour des inscriptions religieuses. « De vulgaires cuillers à miel deviennent sur le catalogue, dit M. Gonse, des bâtons de prières ! » On a rappelé Geoffroy et Lhéritier échangeant, dans la *Grammaire*, de Labiche, des observations sur tous les tessons d'assiettes qu'enterre, dans le fond du jardin, un domestique à la main malheureuse.

A Dieu ne plaise que je prenne parti pour ou contre M. d'Hérisson ! J'ai vu, au Louvre, de curieuses statuettes et des mosaïques intéressantes rapportées par lui. Mais les objections de M. Le Blant — père du jeune et remarquable artiste Julien Le Blant, le peintre des chouans, soit dit entre parenthèses — et les protestations de M. Victor Duruy me prouvent qu'il faut se rendre à cette exposition du Louvre comme on irait aux *Magasins du Louvre*. C'est une jolie exhibition de bibelots anciens.

M. d'Hérisson a, en outre, publié la relation de ses fouilles à Utique, en un gros volume qui m'a fort intéressé, mais où je trouve des détails qui me font involontairement songer à la *Vie Parisienne*. C'est la nécropole d'Utique qu'on a vidée. Or, dans un tombeau, qui doit être celui d'une jeune fille, *Arthémis Janonia* (*Janonia*, nom phénicien voulant dire : *qui a pour dieu le bouillant Hon*, le nom de cette petite cousine de Salammbô est coquet), on a, dans une niche ménagée en pleine maçonnerie, découvert une « petite soucoupe pleine de *rouge* et de *jaune* non broyé avec une pierre ponce pour s'en servir ».

« Ainsi, dit l'auteur de la *Mission archéologique en Tunisie*, cette jeune fille, qui vécut pieusement et mourut à l'âge de dix-neuf ans, ne manquait point de coquetterie et ne dédaignait pas le *maquillage*. Ce petit secret enfermé dans le sépulcre de Mademoiselle *Arthémis Janonia*... »

Je m'arrête. *Mademoiselle* donne le ton de cette relation d'un archéologue à la fois mondain et érudit qui a écrit des études sur la Chine, l'*Esprit chinois et l'esprit européen*, et qui m'a appris que Tunis, en phénicien *Thanit*, veut dire *Grand serpent d'eau* ou *Crocodille*, ce que je crois fermement jusqu'à ce que l'Institut me prouve le contraire.

M. d'Hérisson, dans sa *Relation*, cite souvent avec éloge M. François Lenormant sur les antiquités carthaginoises et le contredit quelquefois. M. François Lenormant, si admirablement armé de connaissances scientifiques sur les civilisations primitives, a, tout justement en son jeune âge, causé — en manière de plaisanterie — un scandale archéologique bien autrement grave que M. d'Hérisson avec ses amulettes, ses lacrymatoires, ses fibules, ses épingles de bronze, ses statuettes de femmes drapées, coquettes mais bien inférieures à celles de Tanagra et sa trouvaille de Bacchus enfant.

M. François Lenormant s'amusa à faire creuser une large fosse, à construire lui-même, dans un bois, un cimetière mérovingien. Il le recouvrit de terre et amena là son illustre père en lui signalant cette découverte. On y met la pioche. O surprise ! ô joie du vieux savant ! C'est bien une sépulture mérovingienne ! Et d'embrasser son fils enchanté de sa supercherie. Le monde savant fut en émoi ; il accourut. Je ne sais qui découvrit la *modernité* du délit. Prosper Mérimée, pour se faire bien venir de Nodier, lui fabriqua bien un autographe de Robespierre dont l'auteur de *Trilby* reconnut la fausseté en trouvant dans le grain du papier cette date : 1827.

L'anecdote du cimetière mérovingien faillit empêcher la nomination à l'Institut de M. François Lenormant, un des hommes dont le pays s'honore. Ce savant péché de jeunesse était bien fait cependant pour donner une haute idée de son érudition.

On croirait lire, en écoutant l'histoire de ces supercheries, le roman de Walter Scott, l'*Antiquaire*, et assister aux fouilles faites aux *Quatre fers à cheval* par Edie Ochiltrie et l'adepte Dousterswiwel cherchant les *joujoux* de tout grand enfant collectionneur :

> Médailles dont la rouille effaça les figures ;
> Et même l'air noté de quelque vieux refrain
> Dont peut-être on berça jadis le roi Pépin.

Le Dousterswiwel de Walter Scott trouve une vieille planche pourrie. Il y a une inscription. Des lettres gothiques ! O trésor ! On épelle : S, T, A, R, C, H.

Et cherchez, ô archéologues !

Or, tout compte fait, *starch* veut, en anglais, simplement dire *empois*, et la vieille planche servait de couevrcle à quelque coffre de blanchisseuse!

Méry a conté de ces déceptions scientifiques : l'histoire du zouave qui vendait, en Algérie, à tous les naturalistes stupéfaits, des rats à trompe ; — une espèce de rats toute particulière portant sur le front une sorte de trompe molle, comme la licorne héraldique porte une corne dure. Là-dessus, rapports aux Sociétés d'histoire naturelle. Discussions, affirmations, négations, pour arriver enfin à découvrir que le zouave — un faubourien — coupait la queue de quelques rats et, au moyen d'une incision, la greffait sur la tête de quelques-uns de leurs congénères.

On n'en finirait pas avec ces plaisanteries qui sentent le vaudeville. Le bon Lhéritier expliquait gravement au public, dans la *Grammaire*, que tel tourne-broche ramassé dans le trou à fumier était une épée antique : — *gladium !* C'est à lui qu'il faut renvoyer ces disputes à propos d'*ampullæ* et de lacrymatoires.

Qu'il nous a amusés, dans sa vie, ce comédien de belle humeur et de fine bouffonnerie! Quels airs étonnés, essoufflés, naïfs et malins à la fois! Il était, avec Geoffroy, le type du bon bourgeois de Paris mis sur la scène, bourgeois ventripotent, narquois, aimant la gaudriole, papillonnant chez de jeunes personnes aussi maquillées que *Mademoiselle* Arthémise Janonia, mais moins jeunes qu'elle. On a fêté au Palais-Royal le cinquantenaire de cet artiste. Il y a cinquante ans, s'il vous plaît, qu'il joue à la Montansier la comédie. Un demi-siècle employé à faire rire ses contemporains, ce n'est certes pas du temps perdu.

On l'a fêté dans ce foyer du théâtre où jadis on voyait appendues des aquarelles de Lhéritier lui-même, représentant fort drôlement les *portraits charges* de ses camarades Grassot, Ravel, Sainville, René Luguet, Gil Pérès, — car Lhéritier est, au pinceau, un caricaturiste fort amusant.

Le pauvre Gil Pérès, tout justement, m'a conté que Lhéritier fut très long, comme on dit, à devenir un artiste *sérieux*. Il était jeune, il aimait le théâtre, mais il aimait plus encore — devinez quoi ? — le bal masqué !

Ce comédien, qui se grimait chaque soir tout à son aise, n'avait de joie que lorsqu'il pouvait, déguisé en Pierrot, en fort de la Halle ou en Chicard, aller danser dans les bals travestis, à l'Opéra ou à la barrière ! Il arrivait, le lendemain à la répétition, pâle, harassé, bâillant ses rôles, comme Chateaubriand bâillait sa vie. Il sommeillait sur pied, debout. Il donnait, à demi somnambule, à Grassot, des répliques comme : « — En avant deux ! Balancez vos dames ! »

Sa scène finie, il allait dormir au foyer des artistes. Le régisseur le trouvait reposant, calme dans quelque fauteuil poudreux. Bienheureux lorsqu'il n'arrivait pas au théâtre en costume de carnaval ! Un jour, il répéta, en habit d'Arlequin, un vaudeville de Bayard !

Depuis, nous ne l'avons vu avec de tels harassements que dans le *Réveillon*, faisant son thé. Le *chaamant* comédien, d'une vérité simple et juste ! — Gil Pérès, aujourd'hui pensionnaire d'une maison d'aliénés, me disait combien on aimait Lhéritier au théâtre.

Ils s'en vont donc, tous ceux qui nous amusèrent ? Ne

nous restera-t-il bientôt plus que leur souvenir? Je trouve fort naturel qu'on porte ainsi, en ce temps trop clément aux pontifes de l'ennui, des toasts aux grands prêtres du rire. Le soir même où l'empereur de Russie et l'empereur d'Autriche arrivaient, il y a quelques années, à Berlin, saluer l'empereur d'Allemagne, M. de Bismarck, laissant en tête à tête les trois empereurs, invitait un vieil acteur, Hamerling — un Lhéritier Berlinois — et buvait avec lui de l'affenthaler à ses *noces d'or !*

Pauvres comédiens qui ne laissent rien qu'un nom après eux, fêtons-les tandis qu'ils vivent, et — puisqu'on ne leur refuse plus le ruban rouge — que ne le donne-t-on à cet acteur admirable qui est un vieillard aujourd'hui et qui fut, en même temps qu'un grand artiste, un honnête homme, pauvre et fier ? C'est Bouffé que je veux dire ; Bouffé, l'homme de toutes les finesses, le Metzu ou le Meissonier de l'art dramatique, oublié maintenant au hameau Béranger, à Auteuil.

On l'a nommé officier d'académie par ce qu'il a publié des *Mémoires*, comme d'Artagnan ! On pouvait lui donner, au lieu de ce ruban violet, le ruban rouge, car, ne nous y trompons pas, c'est une des gloires de notre théâtre que ce petit vieillard qui a joué à ses débuts — devinez quoi ? — le rôle d'un enfant de Paris chantant la naissance du roi de Rome !

Si jamais croix de comédien pût être bien placée sur une poitrine, c'est, après celle de Got ou de Faure, sur celle de Bouffé.

Le *Pauvre Jacques* et *Michel Perrin* contresignent avec moi la pétition pour le vieux *Gamin de Paris*.

XXI

Une soirée à l'Exposition d'électricité. — Lampes Edison et phonographes. — Le Salon des auditions. — Physiologie de l'auditeur. — L'*Electricité* et le *Million*. — La Folie d'André Gill. — La *mégalomanie*. — L'*Etoile*. — Une comédie en vers jouée par des prêtres. — Une *charge* de Gill. — Charles Jacque caricaturiste. — La *parodie*. — Paul Parfait et la bibliothèque du ministère de l'intérieur. — Le baron James de Rothschild. — Des reliures mosaïques de Trautz-Bauzonnet. — Les chroniques de Robinet. — Loret et les chroniqueurs d'autrefois. — Le Million érudit.

1ᵉʳ novembre 1881.

Fixons, avant qu'il ne soit plus qu'un souvenir, l'aspect de ce curieux spectacle, joie actuelle du Parisien et séduction de l'étranger : l'Exposition d'électricité vue le soir.

Il n'est point de féerie qui me paraisse aussi fantastique. La lumière y est crue, les ombres y sont bizarres, les bruits stridents, les mouvements saccadés. On se croirait, en entrant là, transporté dans un nouveau monde. La première impression est d'autant plus saisissante que le Palais de l'Industrie, intérieurement éclairé par la lumière bleuâtre, fait paraître au dehors les Champs-Élysées plus mornes et plus désolés, par ces soirs d'automne.

De loin, de la place de la Concorde, on aperçoit, — comme une énorme lanterne lumineuse, — le Palais qui laisse filtrer de clairs rayons par toutes ses verrières. Il y a là, pour les piétons, l'attraction de la lampe pour les papillons de nuit. Toute lumière magnétise, et on se précipite bien vite, un peu ébloui, vers l'exhibition. Cette fois, la sensation change. Tout à l'heure c'était de l'éblouissement; peu à peu, c'est de l'ahurissement. On était hypnotisé, on est étourdi.

Au centre d'un tas de petits bâtiments d'aspects disparates qui font songer à quelque improvisation de ville américaine où l'art sommaire du blockhaus se mêle aux pastiches des constructions gothiques, se dresse, de toute sa hauteur, le grand phare aux feux tournants qui zèbre de clartés rouges, blanches, livides, sanglantes ou neigeuses, nettement projetées, les galeries du palais. Puis, au-dessous, fourmillent, dans une promiscuité singulière, très séduisante au demeurant, les inventions scientifiques et les bibelots commerciaux, une foule de curiosités dont les unes sentent la boutique et les autres le laboratoire, une quantité d'objets exhibés qui tantôt font songer à l'usine et tantôt au bazar : tire-bouchons à hélice et télégraphes perfectionnés, wagons-ambulances et petites carottes en caoutchouc qui se transforment en lapins blancs, téléphones et plumes inoxydables; la science et l'industrie se coudoyant dans un brouhaha amusant, plein de tentations et de stupéfactions.

Et la vapeur halète, et les sonnettes tintent, et les secousses grêles des timbres électriques alternent avec les sifflements aigus des machines. Une sorte de griserie particulière s'empare du visiteur qui s'effare. Mais c'est surtout dans les galeries du premier étage qu'il semble perdre pied et tituber. Là, le fantastique s'exacerbe. Des phonographes aux voix nasillardes répètent, avec une précipitation de dévidoirs, des chansons qu'on leur a soufflées. Les *Pompiers de Nanterre* se mêlent, avec un même accent, au *Yankee Doodle* ou aux sautillantes gigues anglaises interprétées par la même voix de Polichinelle. Les lampes Edison, éteintes et rallumées tour à tour par les curieux qui passent, projettent sur les peintures, brutalement éclairées, leur vive lumière. Les réalités les plus farouches — des mains humaines, des bras de femmes conservés et métallisés par je ne sais quel procédé tenant de la galvanoplastie — ont pour les mettre en saillie cette lumière électrique qui est comme le soleil de l'avenir. Ces galeries où les sonnettes, les timbres, les sons aigus, les bruissements argentins se multiplient comme les appels exigeants et désespérés des malades dans une maison de fous, donnent ainsi l'impression de quelque gigantesque paquebot où l'on se serait embarqué, avec une cohue internationale, pour des pays imaginaires.

Tout ce qu'on entend autour de soi complète l'illusion. C'est à peine si l'on perçoit quelque parole française. De l'anglais, de l'allemand, un peu d'italien, quelques voyelles espagnoles; presque partout les consonnes saxonnes. L'Amérique envahit le Palais de l'Industrie. L'Exposition d'Edison est une succursale de New-York.

Où Paris reprend ses droits, c'est dans le salon des auditions téléphoniques. Pendant que la foule fait queue pour aller écouter l'Opéra, les privilégiés peuvent, dans le salon réservé, passer de l'Académie de musique à la Comédie-Française et de l'Opéra à l'Opéra-Comique. Là, ce ne sont que des exclamations de surprise. Ces gens aux oreilles tendues vers le téléphone comme des sourds sur leur cornet acoustique ont des sourires heureux et des surprises bruyantes. Les stupéfactions éclatent parfois en cris formidables : « Ah ! c'est féerique, c'est incroyable, ce n'est pas possible ! Mais c'est que j'ai parfaitement entendu Delaunay ! C'est Delaunay lui-même ! On joue le *Monde où on s'ennuie*. Et Talazac ! Et Mme Vauchelet ! C'est étourdissant ! »

Ce sont là les auditeurs naïfs, ceux qui se montrent *bon public*, comme on dit au théâtre. Puis, au contraire, il y a les auditeurs esprits forts, ceux qui gardent leur sourire impertubable et doucement railleur, devant toute merveille : « Eh bien, oui, c'est curieux, c'est intéressant ! Mais après ? Quoi, c'est un joujou ! »

Il n'est pas rare de rencontrer aussi, dans le salon du téléphone, l'auditeur spirituel qui répète à tout venant quelque vieux mot, comme :

— On entend tout. J'entendrais même voler un caissier !

Il y aurait de la sorte à faire une physiologie de l'auditeur, depuis celui qui, le plus naturellement du monde, jouit curieusement de sa surprise, jusqu'à celui qui l'analyse et la raille. La nature humaine est éternellement identique à elle-même, et la science, comme la foi, a ses saint Thomas, qui sont fort loin d'ailleurs d'être tous des bienheureux.

Où l'on se rend compte de la puissance et de l'éclat de cette électricité mise au service de la lumière, c'est lorsqu'après être un peu las de cette foule qui tournoie autour des instruments scientifiques sans y trop rien comprendre, de ces pseudo-savants qui font des conférences *marchées* sur les disques, les signaux ou les rails, de ces curieux qui grimpent dans les wagons nouveau modèle et s'y installent sans façon, on sort enfin du Palais de l'Industrie. Les Champs-Élysées sont éclairés, sans doute, mais, en s'y retrouvant, il semble qu'on s'enfonce dans quelque chose de douteux et de noir. Les becs de gaz ont l'air piteux de charbons rouges lentement consumés au fond d'une cave ou expirant dans le brouillard. L'espace obscur semble vide. On est comme projeté dans de la nuit.

Au loin, le tramway électrique attend, disposé à prendre non le mors, mais l'étincelle aux dents, sous la garde de sergents de ville. On s'explique fort bien qu'en sortant du Palais de l'électricité un malheureux se soit précipité sous les roues. On n'y voit plus. Toute lumière paraît terne après la lumière électrique. Il n'y a plus de comparaison possible. La seule question est celle-ci : — « Quand on aura inventé tant de bougies nouvelles et de lampes admirables, inventera-t-on aussi des yeux nouveaux pour les supporter? »

Il est probable que la lumière électrique deviendra quelque chose comme l'alcoolisme de la rétine.

Et quand je pense que, dans si peu de temps, ce coin de Paris, si éclatant, fiévreux, chaque soir animé d'une vie si intense, retombera silencieusement dans l'ombre et le vide !

On voudrait retenir, si on le pouvait, ces attirants spectacles. Une telle exposition, qui fait grand honneur à l'initiative remarquable de M. Cochery, aura d'ailleurs marqué une étape et, pour continuer à prendre aux coulisses leur argot à la mode, ce sera là le *clou* de l'année, tant d'autres *clous* prétendus *clous*, au théâtre et ailleurs, n'ayant été que des *furoncles!*

Il était, au surplus, inévitable que l'électricité, le tramway, le téléphone, le phonographe, et toutes ces inventions qui transforment prodigieusement l'existence moderne, fussent accusés de pousser à l'innervation, toujours croissante, de nos contemporains, et à la névrose générale. Le veau d'or, — l'affreux Million, que tout le monde méprise et que tout le monde envie, — a été le bouc émissaire de la folie du pauvre André Gill, si effroyablement frappé, emporté par cette manie des grandeurs, ce délire spécial que M. le docteur Foville regarde comme une mélancolie persécutrice, cette terrible *mégalomanie* qui, plus que la tristesse des Antony et des René, est vraiment le *mal du siècle*.

On a tout dit sur cet artiste puissamment original qui fut un esprit lettré, un poète à la fois narquois et attendri, et qui rêvait de devenir le dramaturge du peuple.

— Ce que j'ai fait en peinture au dernier Salon, nous

disait-il, je veux le tenter maintenant au théâtre ! J'ai des sujets plein la tête !

Il avait goûté déjà aux bravos de la scène, avec la *Corde au cou*, à l'Odéon, et, certain soir, il y a six ou sept ans, nous avions été conviés à écouter, dans la petite salle aujourd'hui démolie du théâtre de la Tour-d'Auvergne, une comédie (j'en parlais plus haut) intitulée l'*Etoile*, écrite par deux poètes et jouée par des poètes.

« *La scène se passe en Angleterre du temps de Shakspeare, le soir,* » dit la brochure qui porte les noms unis d'André Gill et de Jean Richepin. M. Richepin, qui allait publier bientôt la *Chanson des Gueux* avant d'écrire ce mâle roman, la *Glu*, jouait sa comédie lui-même et avec talent, le costume sombre d'un Anglais du temps d'Elisabeth allant bien à sa tête crépue. N'était-ce pas, ce même soir, que M. Pierre Elzéar, autre poète délicat et romancier à succès, portait si galamment le feutre Louis XIII, le manteau noir du raffiné, et ressemblait, sur la petite scène à un cavalier de Van-Dyck ? Nous avions fort applaudi l'*Étoile*, ce soir-là, mais Gill nous promettait bien d'autres comédies, et des drames, et des satires en action ! Sa tête bouillait.

Il avait des conceptions bizarres qui, exécutées par lui, eussent été charmantes. Il voulait écrire un roman: la *Vie à rebours*. L'histoire d'un homme qui commence l'existence avec des cheveux blancs, rajeunit de jour en jour et finit sa vie en rendant, avec la première goutte de lait, le dernier soupir sur le sein de sa nourrice.

L'argent, quoiqu'on en dit, ne jouait pas un si grand rôle dans les préoccupations d'André Gill. Il l'aimait non pour les joies égoïstes qu'il donne, mais pour les libéralités qu'il permet de faire. Le plaisir de Gill était d'inviter à une même table de pauvres diables de sculpteurs et de peintres, de chercheurs, de rêveurs et de payer pour tous. Riche, certes il eût aimé à l'être, mais il n'eût pas fait une concession pour le devenir.

J'ai cependant encore devant les yeux une *charge* de lui par lui-même : sa tête coupée comme celle d'un saint Jean-Baptiste et présentée au public sur un plat rempli de pièces de vingt francs. Ce décapité souriant dans ce bain de louis d'or m'est revenu à la pensée lorsqu'on m'a annoncé cette folie de l'artiste épris de millions.

Lorsqu'il avait débuté, dans le journal la *Lune*; lorsque de ce pseudonyme de *Gill* (tous les caricaturistes, *Cham*, *Bertall*, *Stop*, *Marcellin*, tous, excepté Grévin, ont pris un pseudonyme), Gosset de Guines avait signé sa première caricature, il portait encore le pantalon rouge du soldat de la ligne. C'est au régiment qu'il devint célèbre. Charles Jacque avait commencé de même et un de nos amis, M. Moyse, dont le père était colonel, possède toute la *galerie* des officiers du 52ᵉ *chargés* gaiement par le *fusilier* Charles Jacque qui encourut alors le courroux des sous-lieutenants un peu trop coquets. Le *fusilier* Gill, son temps fini, ne quitta plus Paris. Je retrouve en tête du premier numéro d'un journal où il donna, à la fois, d'admirables charges et de fort jolis vers, ces lignes qui marquent bien le ton gai, fringant, un peu mousquetaire de ce fin railleur parisien :

« Ce serait, cher ami, un beau spectacle qu'un feuilleton où il ne serait parlé que de ma gloire et de la *Parodie* que je vous envoie avec mille tendresses ! »

AND. GILL.

Sa gloire ! Il n'en eut que la monnaie, et certain refus — par le jury du Salon — de telle jolie figure de fillette grêle et charmante jouant du violon auprès d'un oiseau mort lui causa un désespoir profond, qui devint peu à peu une irritation sourde. C'était là une toile étrange mais tout à fait savoureuse. Gill comptait sur un succès. On lui refusait, non seulement la possibilité d'être admiré, mais le simple droit d'être vu. Je crois bien que ces révoltes qui viennent d'aboutir si brutalement à une catastrophe et qui datent de cette déception, ont plus violemment en lui rompu l'équilibre que les préoccupations d'argent dont il se moquait au fond, et se consolait avec les succès !

Après Gill, dont la raison seule est morte, un autre charmant compagnon a disparu.

Paul Parfait souriait très bravement à la mort prochaine, hochait la tête et répétait :

— On m'a nommé bibliothécaire du ministère de l'intérieur. Vous savez, c'est cette bibliothèque dont Musset, qui en était le gardien, disait, après des années : « A la fin je voudrais bien voir ma bibliothèque ! » Moi je ne la connais pas non plus. On la reconstruit. Mais le poste est meurtrier. Cela n'a l'air de rien : être bibliothécaire du ministère de l'intérieur? Eh! bien, c'est effrayant. Edouard Fournier l'a été, et il est mort. Louis Combes lui a succédé; il est mort. Je succède à Louis Combes. Ce ne sera pas long. C'est la fonction qui veut ça!

Il riait — avec quelque secret espoir de ne pas dire vrai, le pauvre garçon, car il avait tout pour souhaiter de vivre : des affections qui lui faisaient l'existence heureuse, des devoirs qui la lui eussent rendue nécessaire.

Ce n'était pas un bibliothécaire, mais c'était un bibliophile acharné que le baron James-Edouard de Rothschild, physionomie sympathique, esprit sérieux, disparu trop tôt, lui aussi. On a dit, mais on peut le répéter encore, quelle passion pour le travail avait ce millionnaire clément aux pauvres, et, comme tous ceux de sa famille, assez sévère aux paresseux. Nul d'entre ces Rothschild ne connaît le *far niente*. Ce sont des travailleurs. Artistes avec cela. Le jeune baron James était, en outre, un lettré.

Dans son hôtel de l'avenue Friedland, au n° 38, il avait, — en deux salons exquis dont l'un est la reproduction exacte de la petite bibliothèque de Versailles dans les appartements de Louis XIV, — des merveilles bibliographiques, sous de rouges rideaux de soie, derrière les vitrines. Le soir, quand aux lumières on tirait ces rideaux, c'était un éblouissement. Les reliures exquises prenaient là des aspects de joailleries. On sait, par exemple, qu'il n'existe que vingt-huit de ces reliures *mosaïques* qui, payées jadis à Trautz-Bauzonnet quinze cents, puis deux mille, puis trois mille francs, se vendent aujourd'hui couramment quinze mille francs. M. James de Rothschild qui, il y a deux ans, publiait justement dans la *Gazette des Beaux-Arts* un article sur les *Reliures en mosaïque du dix-huitième siècle*, ne possédait pas moins de douze *mosaïques* de Trautz-Bauzonnet, le grand artiste de notre temps.

« La reliure est un art exclusivement national », écrivait M. de Rothschild, et tel bijou aux armes du Régent, le *Daphnis et Chloé*, que lui avait enlevé, pour un prix énorme, M. E. Quentin-Bauchart, lui devait causer bien des regrets. Mais il n'aimait pas seulement les livres pour leurs mosaïques, il les aimait pour eux-mêmes. Après ces salons où reposaient ses joyaux de bibliophile, il avait, au bout d'un grand couloir, près de quelque lingerie de son hôtel, un petit cabinet de travail où, la plume à la main, il s'enfermait avec ses livres de labeur, solides et maniables, ses manuscrits, ses travaux commencés.

Il savait tout et il avait tout.

M. Ludovic Halévy nous contait hier comment, lui, auteur dramatique, ayant, pour certaine conférence sur *Molière à Saint-Germain* qu'il fit, avec grand succès, au théâtre de Saint-Germain, besoin de recourir à la *Gazette rimée* de Robinet, un des continuateurs de Loret, il ne trouva d'exemplaire complet des chroniques de Robinet ni à la Bibliothèque nationale, ni à la Bibliothèque de l'Arsenal, ni à la Mazarine.

Sur ces entrefaites, il rencontre le baron James de Rothschild. Il lui parle de Robinet, que les plus lettrés n'ont pu lire en entier puisqu'il n'existe pas complet, à Paris.

— Robinet? dit M. J. de Rothschild, mais je l'ai, Robinet! Je l'ai du premier verselet au dernier!

Et, en effet, il avait, à travers l'Europe, à Saint-Pétersbourg, au British Museum, partout, fait copier, depuis des années, les chroniques de Robinet, et non seulement les Gazettes du successeur de Loret, mais celles de Subligny, de Dulaurens, d'Hauteville, de tous les imitateurs et continuateurs de Robinet. La *Gazette* de Loret n'étant copiée qu'à douze exemplaires lorsqu'elle circulait manuscrite et n'ayant jamais dépassé cent cinquante exemplaires lorsque son auteur avait obtenu le privilège de la faire imprimer, est déjà nécessairement rare. Elle s'arrête au 21 mars 1665, jour où le pauvre Loret — l'ancêtre de tous les chroniqueurs — meurt dans la misère, selon un usage assez vieux. Pendant deux mois, la *Gazette* est interrompue, puis Robinet obtient à son tour le privilège; le 25 mai 1665 il reprend les petits verselets de son prédécesseur et contant tous les menus détails de la *Vie à Paris* d'alors, depuis les pièces de Molière qu'on représente jusqu'aux nouvelles modes qu'on se met à porter, il continue ses chroniques jusqu'en 1678. Quel amas de découvertes pour l'histoire des lettres et l'histoire des mœurs sur ces treize années de chroniques!

— Vous devriez publier cela, dit alors Halévy à M. de Rothschild.

— Croyez-vous? Qui ça intéresserait-il?

— Les lettrés !

C'était une affaire d'une cinquantaine de mille francs

pour avoir le simple plaisir, — peu égoïste, on l'avouera, — d'offrir au public une chose *unique*, l'objet unique, l'oiseau rare de tout amateur.

— Eh bien, soit ! répondit M. de Rothschild. Je publierai Robinet.

Et, encore un coup, non seulement Robinet, mais tous ses imitateurs et, pour une telle œuvre, le baron James s'était mis à faire une triple table des matières : table par noms propres, table par ordre chronologique, table par ordre de sujets traités. Il s'était épris de ces chroniqueurs, fort dédaignés, de ces bavards qui tiennent boutique d'anecdotes et débitent, comme on l'a dit, le bric-à-brac de l'histoire, mais qui durent pourtant et survivent et sont consultés encore lorsque de plus orgueilleux ont disparu, lorsque le silence s'est fait autour des bruyants, lorsque les systèmes les plus triomphants sont dégonflés ainsi que des ballons vides — absolument comme les petits maîtres du siècle dernier, les peintres de la vie quotidienne, élégante ou populaire, les Moreau le jeune ou les Jeaurat, survivent aux Subleyras et à cet « inimitable M. Pierre » dont on parle moins aujourd'hui que d'une vignette d'Eisen.

M. James de Rothschild n'aura point la joie de voir paraître cette chronique de Robinet, et il n'a pas même achevé la *préface* de l'ouvrage ; le livre sera mis en vente avant le terme que le bibliophile s'était fixé et ce sera là comme le testament de l'érudit et la gratification du collectionneur au public.

Il sait donc, parfois, ce Million, cet odieux et écrasant Million, bête énorme et immonde dont on a trop médit pour que sa couleur jaune d'or ne tire pas légèrement sur le vert — le vert des raisins de la fable — il peut donc être aimable, intelligent et savant comme il est trop souvent lourd, insolent, infatué et haïssable!... J'ajoute qu'avec ce jeune homme qui vient de mourir, le Million était généreux. L'ami des livres nourrissait d'une quantité de pensions plusieurs vieux bouquinistes pauvres et des enfants de libraires ruinés. Il aimait les livres jusque dans ceux qui les vendaient et il ressemblait à ces auteurs dramatiques qui donnent tant par mois à de malheureux cabotins vieillis qui leur ont joué, jadis, des *domestiques*, des *doublures* et parfois des *jeunes premiers* dans des pièces disparues.

Derrière le cercueil du bibliophile, il y avait les enfants de pauvres débitants de papier élevés et pensionnés par ce millionnaire si respectueux devant le bouquin. Le sac d'écus s'inclinait devant le livre comme il le fait devant l'idée. Ah! le bon exemple! C'est ce qui devrait toujours arriver. C'est ce qui n'arrive que rarement.

— Qu'est-ce que vous faites de vos Delacroix? demandait-on à un millionnaire amateur de tableaux.

— Mais, dit-il, je débarbouille mon argent avec leur couleur!

M. James de Rothschild opposait ses livres à un argent qui n'avait nul besoin d'être débarbouillé.

XXII

Une semaine agitée. — M. Renan et *Marc-Aurèle*. — L'agio. — La place de la Bourse. — Agioteurs et agioteuses. — Les tricoteuses de la coulisse et les *coulissières* du *high life*. — L'heure de la Bourse chez le pâtissier et le confiseur. — *Timbaliers* et *Timbalières*. — Les *mississipiens* en 1720. — M. Bontoux. — Juifs et catholiques. — Les Anglaises de Paris. — Un nouveau ridicule : *Esthètes* et *esthétique*. — Les *esthètes* à Londres. — Une thèse à la Sorbonne. — M. Mabilleau. — M. Caro, M. Paul Janet et M. E. Lavisse. — Une *annexe* à la Sorbonne. — Pour la rive droite, s'il vous plaît. — Une lecture chez Mme Adam. - L'*Othello* de M. Léon Aicard et l'*Othello* deM. de Grammont. — L'*Apôtre* de M. H. de Bornier. — Un journaliste : Jules Mahias.

15 novembre 1881.

Au milieu des enfantements du « grand ministère », dans le tapage que font les duels de parole et les duels à l'épée, dans le brouhaha des spéculations et la cohue des intérêts aux prises, — la *Vie à Paris*, — celle qui nous occupe, la vie de tous les jours, la vie de tout le monde, — devient ce qu'elle peut, emportée à toute vitesse.

Il faut être un Renan pour jeter sur les choses de ce monde « le regard aimant et calme » qu'il découvre dans le pâle visage de Marc-Aurèle et pour étudier la

Fin du monde antique au milieu de la tourmente du monde moderne. Son beau livre sur *Marc-Aurèle* préoccupe d'ailleurs beaucoup moins la foule que ne le peuvent faire les fluctuations du cours des valeurs. Il y a même, sur la place de la Bourse, un redoublement de fièvre, et la double note populaire et mondaine se mêle au bourdonnement habituel à ce coin de Paris.

On a beaucoup parlé de l'*heure du pâtissier*. C'est un moment tout particulier de la vie parisienne. L'heure du pâtissier est, pour les mondaines, ce qu'est, pour les bohèmes, l'heure de l'absinthe. Ce n'est pas à l'heure du pâtissier, mais chez le pâtissier que se rassemblent un genre spécial de femmes, femmes du monde et de tous les mondes, qui spéculent à la Bourse comme elles joueraient à Monaco, et les pâtisseries de la place de la Bourse sont les lieux d'asile de ces *agioteuses* ou *agiotrices*, en supposant que le mot soit français.

Signe des temps! Les femmes apparaissent autour de la Bourse! Elles franchiront, quelque jour, triomphalement la grille et ajouteront à tous les droits qu'elles réclament le droit à la ruine! Spectacle à noter : tandis que, sur les marches grises, autour des colonnes massives, un noir grouillement humain s'agite avec un bourdonnement d'abeilles et une activité de fourmis, devant la grille, — accroupies ou entassées, tenant à la main des numéros du *Petit Journal* ou des lambeaux de gazettes financières, — des femmes, presque toutes vieilles, se tiennent, écoutant avidement la clameur où elles espèrent saisir le mot d'ordre du jour : la *hausse* ou la *baisse!*

On croirait voir là comme une députation féminine

des quartiers juifs du côté de la rue du Roi-de-Sicile. Il y a de ces types aux yeux allumés autour des tables de l'Hôtel des commissaires-priseurs, dans les petites ventes où l'on peut espérer pêcher pour rien un bibelot de valeur en un tas de hardes sans nom. Ces femmes aux chapeaux déformés, des châles de laine tricotée sur leurs épaules énormes ou anguleuses, ces vieilles femmes bouffies et couperosées, craquelées comme des pommes trop mûres, ou sèches et jaunes comme des harengs fumés, discutent, pérorent, attendent la venue de quelque courtier marron comme elles doivent attendre encore le Messie. Il en est qui, apportant un pliant, vont s'asseoir contre la grille, tirent de leur poche ou de leur cabas quelque tricot et travaillent.

Les tricoteuses de l'agio !

Parfois, vers ce club en plein vent de spéculatrices au petit pied et de coulissières à la petite semaine, quelque homme en chapeau *melon* tout luisant, sur le dos une redingote au col crasseux, se glisse et jette tout bas deux ou trois mots à l'oreille d'une de ces femmes. Si les nouvelles sont bonnes, on voit, sous les roses fanées du chapeau, le visage ridé s'éclairer, les yeux luire. Si la spéculation est mauvaise, les lèvres gonflées ou pincées soudain, lancent, avec un sifflement ou une injure, quelque reproche colère :

— Quand je te disais d'acheter ! Tu n'as pas voulu ! Imbécile !

Les autres, occupées de leur fièvre, lisant leur bulletin financier à travers leurs lunettes, n'écouten même pas.

— Imbécile ! Imbécile !

Et confus, le dos rond, avec une silhouette de chien battu, le mari s'éloigne, disparaît, s'enfonce dans la foule, se noie dans le tourbillon qui bruit, là-bas, comme un gouffre.

Du côté de ces *tricoteuses*, l'épargne s'en va par filets minces vers la pleine mer de l'agio ; mais, chez les pâtissiers d'alentour, c'est le *high life* qui spécule. Les petites parisiennes de Grévin, les jolies filles de Marcelin succèdent là à ces lorettes vieillies de Gavarni et ces portières d'Henri Monnier qu'on retrouve accroupies, épaves humaines, à deux pas des marches de la Bourse.

Une ligne d'équipages les sépare : la rangée de coupés aux gourmettes étincelantes, brides astiquées et chiffrées d'argent, des agents et des banquiers. Il faudrait écouter ce que disent, tout en caressant leur cheval ou, là-haut, le fouet au port d'armes, — droits sur leurs sièges comme des sénateurs (inamovibles) sur leur chaise curule, — les cochers de ces rois de la finance qui se battent, un peu plus loin, à coups de millions, dans le fameux « grenier à foin, bâtard du Parthénon ». Plus d'un doit avoir le secret de son maître. J'imagine qu'il y a, aussi là, en cette collection rectiligne de coupés, une Petite Bourse des cochers.

En face, c'est la Bourse chez le confiseur ou le pâtissier. Les mondaines ou demi-mondaines, assises aux petites tables, quelques-unes écorchillant une glace du bout d'une cuiller pour se donner une contenance, d'autres dessinant en quelques sandwichs la dentelle de leurs dents, les Parisiennes en croquant des bonbons, les Anglaises en prenant patriotiquement du thé, attendent, très anxieuses malgré leurs sourires, l'apparition d'un commis d'agent de change, coquet, sémillant, affairé, qui vient galamment prendre des ordres comme il noterait l'heure d'un rendez-vous.

Et quoi de plus ironique, vraiment, que d'entendre de ces jolies bouches roses — je ne parle point de celles des commis — sortir l'étrange argot courant de la finance et de voir les beaux yeux, faits pour s'humecter aux vers de Coppée ou à la musique de Gounod, n'avoir de scintillements ou de larmes que lorsqu'on crie aux oreilles roses ;

— Le Crédit général est à 805 !
Ou :
— Je vous conseille la Banque Transatlantique!

Les vieilles femmes entassées autour de l'ouverture de la grille comme des mouches dans un angle de muraille, nous les appelions, tout à l'heure, les *tricoteuses!* Les habituées des confiseurs, celles qui spéculent entre l'éclair et le baba et vident leur bourse comme un verre de malaga, ce sont les girondines ou les aristocrates de la prime et du report. Comme elles suivent le « mouvement », on leur a trouvé un nom. On les appelle les *timbalières*.

Les *timbalières* ont, avec beaucoup plus de bijoux et sous beaucoup plus de dentelles, les mêmes passions que les *tricoteuses*. Celles-ci, les joueuses juives, ont pour fétiche dans la poche de leur robe crasseuse, quelque vieux sou percé ; les autres portent une turquoise à leur doigt. C'est la même superstition avec des *gris-gris* variés.

Mais, en vérité, cette *roulette* de Paris, ces cafés où, sous l'enseigne de *Théo, tailleur*, se réunissent les boursiers, ces confiseries où l'on croque, avec sa dot ou la fortune de son mari, les marrons glacés de Bonnet, ce coin de Paris qui fait songer à la Conversation de Baden, au temps jadis, c'est, avec moins de cohue et de brutalité, plus d'ordre dans la rue et plus de millions au jeu, la rue Quincampoix de ce M. Law qu'on eût, un moment, porté en triomphe jusqu'au Canada et dont les bateliers de la Marne voulaient, si peu de temps après, noyer la femme.

Perpétuels recommencements, et ressassements de l'histoire ! La vie est une comédie mal faite qui se continue par une série de *reprises*. Nos *timbalières* et nos *tricoteuses* de la place de la Bourse, ce sont les *mississipiennes* du temps passé.

Le vieux Paris a, plus d'une fois, au dernier siècle, connu de ces fièvres. Seulement, c'était sur une autre place qu'on se rencontrait pour spéculer.

« Les agioteurs, dit Mathieu Marais dans son *Journal*, à la date de juin 1720, s'assemblent toujours à la place Vendôme. Il y a des tentes tout le long de la place. Cela ressemble à un campement d'une armée. Les railleurs disent que la droite est commandée par le maréchal d'Estrées, la gauche par le marquis de Mézières, gouverneur d'Amiens ; le duc d'Antin au corps de réserve ; le duc de la Force, commis des vivres, et l'abbé Tencin, aumônier de l'armée. Ces messieurs ont beaucoup gagné aux actions. On reproche au maréchal d'Estrées d'avoir fait amas de café et au duc de la Force d'avoir monopolé la cire. La noblesse de France n'a jamais été moins noble qu'en ce temps-ci. »

J'ai dit que parmi les *timbalières* il y avait un certain nombre d'Anglaises. Le thé et les sandwichs les feraient plus facilement reconnaître que leur accent. Ce sont des misses parisianisées, des ladies de Paris. Londres et Paris fraternisent de plus en plus. A tel point que je vois déjà apparaître, dans les modes féminines parisiennes, un symptôme de cette maladie de l'*esthétisme* qui sévit si cruellement aujourd'hui sur les Anglais, qu'un auteur satirique, M. Burnand, s'est empressé de railler ce travers dans une comédie qu'en bon sujet britannique il a tout naturellement *empruntée* à un auteur français.

L'*esthétisme*, c'est-à-dire le besoin où le devoir de ramener toutes les choses humaines, — depuis la coupe des cheveux jusqu'à la couleur du vêtement, — à un certain type spécial, est un ridicule qui ne date pas d'hier en Angleterre, mais qui a décidément pris des proportions inquiétantes et menace maintenant de nous envahir.

Il est de bon ton, là-bas, d'être un *esthète*, d'adorer le beau idéal, le beau maigre et émacié des peintres primitifs, le beau des préraphaélites, le beau maladif et charmant des mélancoliques tableaux de Burne Jones. L'*esthète*, s'il est homme, porte les cheveux longs et lève au ciel des yeux profonds tout en tâchant de se donner les joues creuses. Pas de barbe et l'air mourant. Le pianiste Ketten, qui a du talent et qui est choyé à Londres, doit y réussir parce qu'il a l'air d'un *esthète*. L'esthète masculin, c'est une variété de l'Antony romantique : un Antony qui soupire et ne blasphème pas.

L'*esthète* femme porte des robes moyen âge aux nuances bizarres, assoupies, très cherchées ; jupes et corsages feuille-morte, vert glauque, couleur de citron. Elles affectent la maigreur, allongent les traînes, multiplient les crevés aux manches serrées. « On croirait voir, dit un observateur, se ranimer les miniatures des missels. » Telles encore les Florentines de Masaccio et de Ghirlandajo. Et tout ce monde affolé d'*esthétisme*, ne jugeant la vie qu'au point de vue de sa philosophie spéciale du beau, tous ces *esthètes* épris des *symphonies en or et argent* du peintre Whistler, méprisent l'humanité qu'ils ne trouvent pas assez *esthétique* et, sans se douter peut-être que Baumgarten créa le mot, s'en servent à tout propos, le mettent, comme on dit vulgairement, à toutes sauces et feraient prendre en horreur à notre clair génie français l'*esthétisme*, l'*esthétique* et les *esthètes*.

Mais c'est qu'on ne les prend pas en horreur, en vérité. On va les imiter, n'en doutez pas. Dans nos tentures d'appartements les vieux velours affectent déjà les tons lie de vin ou vert-olive adorés des *esthètes* britanniques. La jeune fille *esthétique* va peut-être se rencontrer sous le chapeau Gainsborough de nos Parisiennes et je ne serais pas étonné que Sardou, s'il a peint la vie internationale de Nice dans *Odette*, ait crayonné quelque silhouette, grêle comme celle d'une femme gothique, de quelque *flirteuse esthète*.

Vive la philosophie, mais, quels que soient le talent, la profondeur, ou le charme de nos philosophes, Dieu nous garde de la femme *esthète !*

J'ai pourtant — avec beaucoup d'agrément *esthétique*, — assisté, l'autre jour, à la Sorbonne, à la soutenance de la thèse de M. Léopold Mabilleau sur la *Philosophie de la Renaissance en Italie* et César Cremonini, un philosophe assez obscur de l'Université de Padoue qui trouva le moyen de vivre bien renté en se donnant à ses élèves pour *libre-penseur*, comme on dirait aujourd'hui, et qui se tint à égale distance de la messe et du fagot.

J'éprouvais, à me trouver dans cette antique Sorbonne toute pleine de souvenirs, dans cette étroite salle où, devant le tapis vert, nous nous sommes, jadis, assis nous-même, une sorte d'émotion rétrospective. Elles sont toujours là, sur la cheminée, les urnes brunâtres, où tombent parfois les boules noires, ce deuil, et les boules rouges ce demi-deuil de tout examen ! La petite salle n'a pas changé. La barrière de bois qui sépare le public des examinateurs est toujours la même. Le public ne semble point s'être sensiblement modifié. Ce sont, dirait-on, toujours les mêmes visages : de vieilles gens, des étudiants, quelques prêtres ou séminaristes. L'ordinaire composition des auditeurs de tous les examens.

M. Mabilleau, qui vient d'être proclamé docteur, est un des esprits les plus distingués de la jeune génération universitaire. Il était hier maître de Conférences à Toulouse, il vient d'être nommé professeur à Besançon. Ses juges l'ont parfois critiqué, mais l'ont surtout loué. Il a révélé à plusieurs un personnage quasi ignoré, Cremonini que sa très brillante thèse fait revivre d'une manière inattendue.

Rien de plus intéressant que ces duels d'éloquence, d'esprit et de science, livrés entre un homme jeune, vibrant, avide de discussion, un peu arrêté en chemin par le respect qu'on doit à des maîtres, et ces juges qu ont aussi leurs passions, leurs idées, leurs préférences. J'avoue que je n'ai pas entendu de discussions plus courtoises. M. Caro, si attendu et si écouté, a, le plus finement du monde, avec un rare talent de parole et une bonne grâce peu commune, interrogé le candidat, et le résumé de la thèse même de M. Mabilleau, présenté par M. Édouard Lavisse dans un langage entraînant et ferme, m'a plu infiniment. On ne se serait point lassé d'écouter.

Quelque part, M. Mabilleau avait légèrement raillé Victor Cousin, ce qui était un droit; mais, quelque timide que fût l'irrévérence, elle a semblé audacieuse à M. Paul Janet, qui en a pris texte pour tracer rapidement, avec une éloquence émouvante, le tableau des luttes soutenues par l'Université, il y a cinquante ou soixante ans.

— Vous avez aujourd'hui, s'est-il écrié, la liberté de tout dire, vous, jeunes gens, et vous pourriez, je suppose, sans danger, vous déclarer positivistes! Vous raillez en 1881 ce que M. Cousin écrivait en 1825. Mais savez-vous qu'alors l'Université soutenait contre le clergé une lutte où les armes les plus puissantes, celles de l'Etat, étaient aux mains de celui-ci? Il y avait quelque danger alors à proclamer ses idées!...

Et M. Waddington, interrompant M. Janet :

— Quand nous étions panthéistes, nous étions destitués!

— Usez de votre liberté, soit, reprend alors M. Paul Janet, mais n'oubliez pas à qui vous la devez, à vos prédécesseurs, à vos maîtres, à vos ancêtres!

Le langage était ferme et le ton convaincu : l'auditoire a applaudi.

Je regrette que la vieille Sorbonne n'ait pas, pour loger ses candidats et ses juges, des salles plus vastes et d'un aspect plus solennel. Je regrette presque aussi que les professeurs aient renoncé à la robe d'autrefois. Quelques volumes de Leibnitz, reliés en parchemin et posés sur une table, ne suffisent pas à une solennité dont le décor pourrait être plus majestueux. On va rééditier tous ces anciens bâtiments et j'espère qu'on donnera à nos lettrés et à nos savants une demeure digne d'eux. C'est pitié de voir s'entasser dans un étroit escalier blanchi à la chaux, à la porte d'une salle d'examens qui peut avec peine contenir quatre-vingts personnes, des étudiants avides d'entendre la soutenance d'une thèse et qui, sans rien saisir de la discussion que quelques rares paroles, font queue comme à la porte d'un théâtre.

Et, puisqu'on reconstruit ou doit reconstruire *une* Sorbonne, serait-il impossible que la Faculté eût, en quelque sorte, une manière de succursale sur la rive droite, une salle de conférences, je suppose, où toute une partie de Paris, aurait vive joie et profit à entendre et à applaudir des professeurs tels que ceux que nous écoutions ? Le Paris de la rive gauche est un peu bien favorisé sous le rapport de la science. Il a tout. Il faut au Paris de la rive droite passer les ponts s'il veut se tenir au courant du mouvement intellectuel. Et, pour chacun de ces deux Paris-là, traverser la Seine est un voyage. Le Parisien, pourtant fort curieux de toutes choses, demeure essentiellement une « bête d'habitude». S'il est *boulevardier*, il n'ira jamais plus loin que le Gymnase. S'il habite les faubourgs, il ne descendra jamais au boulevard italien que les jours de fêtes publiques. Il est des Parisiens de la rive droite qui n'ont jamais mis le pied dans les allées du Luxembourg. Pour certains Parisiens de la rue d'Assas, le parc Monceau est aux antipodes.

La rive droite aurait une Sorbonne à elle ou une sorte de Collège de France mis à sa portée (l'idée n'est pas de moi), que tout le monde y gagnerait sans nul doute : la rive droite en instruction et nos professeurs de la rive gauche en popularité.

M. Jean Aicard n'a point *passé sa thèse*, mais il a *passé sa lecture* chez Mme Edmond Adam. M. Aicard est un lecteur habile, à la voix vibrante, au grand geste provençal. Il a lu ses vers en Hollande, en Angleterre, en France ; il a été applaudi partout. J'aime peu, pour ma part, que l'auteur se mette en scène, et une *lecture* de tragédie chez une femme supérieure, c'est, si je puis dire, quelque chose comme la *carte forcée* de l'enthousiasme. Cela posé, il n'y a qu'à remercier Mme Adam et à applaudir M. Aicard.

Son *Othello* est à la fois une *adaptation*, ce qui est bien hardi, et une traduction de Shakespeare. Il paraît qu'à la même heure, un autre jeune poète, M. Louis de Grammont, se contentait de traduire le drame shakespearien tout simplement. M. de la Rounat, qui voulait monter l'*Othello* de M. Aicard et chercha, un moment, l'auteur, lequel était en Provence, a reçu, en fin de compte, l'*Othello* de M. de Grammont, si bien que nous aurons, à peu de distance, deux *Othello* : l'*Othello* imprimé de M. Jean Aicard et l'*Othello* représenté de M. de Grammont. Deux œuvres remarquables.

M. Aicard a dédié à M. Francisque Sarcey son drame, dont le critique du *Temps* réclame depuis cinq années la représentation. C'était justice. Lorsque Mounet-Sully et Mlle Sarah Berhnardt jouèrent avec éclat des fragments de cet *Othello*, M. Sarcey fut le premier à réclamer la pièce tout entière. M. Aicard mêle avec reconnaissance au nom de Sarcey le souvenir de cet aimable Tom Taylor, le critique du *Times*, mort l'an dernier, et qui, dans sa jolie propriété des environs de Londres, où les tableaux de Millais alternaient avec les photographies de Maud Branscombe, avait écouté et loué la traduction de Shakespeare.

Le succès de la lecture de l'*Othello*, de M. Aicard, chez Mme Adam, succès qui n'a pas été moindre que celui du beau poème de *Miette et Noré*, décidera peut-être de la fortune de ce drame. Mais non. Hélas! quand les comédiens s'éprennent d'une traduction de Shakespeare, celle qui les séduit est presque toujours signée de Ducis!

Ce n'est point la seule lecture d'un drame « attendant sur le palier », comme dit M. Aicard, que nous aurons, cette fois. M. Henri de Bornier, qui a promené de la rue de Richelieu à l'Odéon sous ce titre : l'*Apôtre*, un Saint Paul qui effraie un peu les directeurs (et pourquoi? on peut tout dire sur la scène), — M. de Bornier, au lendemain de la publication de ses *Poésies complètes*, va lire, non pas devant une élite peut-être, mais devant le public, dans la salle des conférences du boulevard des Capucines, cet *Apôtre* qui se fera, j'espère, pêcheur d'hommes, comme le fut Paul lui-même.

C'est le théâtre parlé faisant concurrence au théâtre joué.

Nous serons là pour écouter.

Eh! c'est notre rôle, à nous journalistes, d'applaudir à tous ces victorieux et de consoler parfois les vaincus. « Que faites-vous? demande un personnage de comédie à un des héros de Théodore Barrière. — Je ne fais rien, je fais les autres : je suis journaliste! »

Jules Mahias, qui vient de mourir préfet, le meilleur garçon de la terre, le plus dévoué, le plus actif, un des rares *secrétaires de rédaction* qu'on pût trouver, a longtemps « fait les autres », poussé hardiment aux candidatures d'autrui en osant à peine poser la sienne à Saint-Denis. Quelle signature resta longtemps plus populaire que celle-ci : *Pour extrait : J. Mahias?*

Jeune encore alors, Mahias fut, dans le mouvement des dernières années de l'empire, un des plus militants et des plus zélés. Obscurément, il fit sa tâche. Il a beaucoup bataillé pour l'instruction populaire, les bibliothèques, et, lorsqu'après avoir occupé les fonctions de secrétaire général de la mairie de Paris pendant le siège, il devint préfet de l'Ariège, ce fut lui qui, le premier, eut l'idée d'élever une statue à Lakanal.

Mahias travaillait toujours. Il n'est pas douteux que ce journaliste devenu administrateur meure aussi de labeur, comme ces vieux gazetiers qui tombent en écrivant encore un article au seuil même de l'imprimerie, ce champ de bataille des gens de lettres.

XXIII

La saison d'hiver. — Paris à Nice et Nice à Paris. — *Odette* et M. Victorien Sardou. — L'opinion du maire de Nice. — M. Borriglione et M. Bischoffsheim. — Sardou et son grand-père. — Une édition nouvelle du *Théâtre* d'Alexandre Dumas à 99 exemplaires. — Les créatrices de la *Dame aux Camélias*. — Panoramas nouveaux : *Belfort*, par M. Castellani ; *Reischoffen*, par MM. Poilpot et Jacob. — Une *première*. — Le réalisme et l'art. — *Champigny*, de MM. Detaille et de Neuville. — M. Vereschagin à Vienne et à Paris. — La guerre. — Camaraderie ! — Autrefois et Aujourd'hui. — Frédéric Soulié et Dumas. — *Christine à Fontainebleau*. — Soulié et Balzac. — La *Closerie des genêts*. — Une soirée chez Meissonier. — Les portraits mouvants.

29 novembre 1881.

Ce n'est pas encore la « saison » de Nice et il est bien inutile d'aller chercher sur la rive de la Méditerranée une température de printemps que nous avons à Paris. C'est pour le mois prochain seulement que sont retenus — car il faut s'y prendre à l'avance — les deux uniques wagons-lits de la Compagnie P.-L.-M.

Jusqu'aux premiers frissons de décembre Paris prend le frais sur le boulevard et voit se prolonger l'été de la Saint-Martin — un peu mouillé.

D'ailleurs, pourquoi irait-il à Nice ? Nice, grâce à la pièce nouvelle de Sardou, est à Paris. On aperçoit, sur la scène du Vaudeville, une partie de l'admirable vue dont jouira, là-bas, l'auteur d'*Odette* lorsqu'il aura fait construire sa villa projetée sur son rocher de Montbauron. Au loin la mer, bleue comme un beau ciel, et, au flanc des coteaux semés de villas, la route de la Corniche serpentant dans les oliviers. La maison blanche qu'on aperçoit, au premier plan de la toile de fond, est la villa Haussmann. Sardou, qui ne laisse rien au hasard, avait rapporté de Nice son décor photographié, en même temps que son plan ébauché, dans sa malle de voyage.

Nice va devenir, pour ce Parisien, sa station d'hiver. Il y retourne dans vingt-cinq jours, après le souper de la *trois centième* de *Divorçons* et le vote prochain de l'Académie. Les Niçois ne vont-ils pas l'accuser d'avoir dénigré leur colonie dans *Odette ?* Je n'en crois rien, ils ont trop d'esprit, et Sardou, qui a été le lion de la saison là-bas, l'hiver dernier, continuera à être le favori de ce monde aimable, original, international et très séduisant qui peuple la Promenade des Anglais et la « ville où l'on s'amuse ».

Le premier soir des représentations d'*Odette*, Sardou était pourtant un peu inquiet de l'opinion de M. Borriglione, le maire de Nice, qui avait tenu à assister à cette *première*. Comment l'aimable maire niçois qui annonçait naguère à Sardou qu'un boulevard nouveau, large comme le boulevard Malesherbes, allait traverser avant peu les terrains que l'auteur dramatique a achetés à Montbauron, l'an passé, comment le magistrat qui, aux fauteuils d'orchestre, représentait en chair et en os la ville de Nice, allait-il prendre ces plaisanteries sans méchanceté d'un touriste parisien qui se divertit?

— « Les arbres? Des oliviers qu'on croirait en tôle et des orangers qui ont l'air si malheureux de ne pas être en caisses! Il y a aussi quelques palmiers qu'ils ont plantés au bord de la mer pour dire: Il y a de la poussière, c'est vrai ; mais voilà les plumeaux! »

Sardou avait donc placé M. Borriglione aux fauteuils, à côté de M. Raphaël Bischoffsheim, le nouveau député des Alpes-Maritimes, chargé, pour la circonstance, d'expliquer au maire niçois qu'après tout Dieudonné Béchamel n'y met point de malice.

— Je m'en charge, avait dit M. Bischoffsheim,

Mais la tâche ne devait pas être si difficile. M. Borriglione fut le premier à rire de cette satire narquoise du monde carnavalesque qui se mire dans le Paillon : princesses à la côte, généraux apocryphes et ambassadeurs en rupture de ban — et, le lendemain, il renvoyait à Sardou un mot sur sa carte : « Cent fois bravo ! Et, en résumé, quelle réclame pour Nice! »

Le maire de Nice a montré là qu'il était tout à fait parisien.

Eh ! oui, quelle *réclame! Odette* nous répète qu'on se divertit à Nice. Il y aura donc, cet hiver, un redoublement de mode et d'entraînement pour aller s'y divertir. C'est le Carnaval?... Va pour le Carnaval en plein soleil! Autant celui-là qu'un autre !

Et c'est ainsi que Sardou, un peu Niçois ou plutôt originaire du Canet par sa famille, quoique Parisien né, aura contribué à la vogue de Nice qu'il adore. Qui aime bien raille bien.

Comment n'aimerait-il point Nice? Ses souvenirs d'enfance tiennent dans ce coin de terre. Il retrouvait naguère, après quarante ans passés, dans un jardinet de Cannes qui avait été le jardin d'une de ses tantes un petit barrage d'enfant construit par lui, dans un ruisselet, avec des cailloux demeurés là, les uns sur les autres, à la même place.

Il se revoit encore mis en croupe sur le cheval de son grand-père, ancien chirurgien des armées de la République et de l'Empire et qui, tout propriétaire qu'il était, continuait à faire ses visites à ses vieux amis qu'il soignait pour le plaisir. Un soir, parti ainsi du Canet, comme l'enfant la ballade du roi des Aulnes, Victorien Sardou, qui avait neuf ans, traversait, les bras serrés autour de la taille du vieux, dans un crépuscule attristé d'automne, un vaste champ marécageux où, autour des flaques d'eau, poussaient à la fois, au hasard, des ajoncs et des roses sauvages.

— Tiens-toi bien, disait le grand père. C'est le marais!

Le cheval s'enfonçait dans la boue, l'eau clapotait et éclaboussait l'aïeul et l'enfant, à chaque pas de leur monture.

Sardou revoit toujours ce marécage, sous la lividité de ce soir d'automne. Au loin, bien loin encore, au bout du marais, il apercevait vaguement, comme les enfants perdus des contes de fées, les premières lumières d'une petite ville qui était Nice. Eh bien! ce marais, ces flaques d'eau, ces ornières, et, comme on dit chez nous, ces *gauliers*, cette terre pourrie où enfonçait jusqu'au poitrail le cheval de l'ancien chirurgien, où les pieds du petit trempaient jusque dans l'eau croupie, tout cela c'est la Nice nouvelle : — c'est un boulevard pareil à l'avenue des Champs-Elysées, c'est la Nice du luxe, du tapage, du clinquant et de la mode : c'est la Nice d'*Odette*. C'est, je dirais volontiers le Paris d'hiver, si Paris existait durant l'été.

Bref, Sardou peut retourner à son *palazzo* de Carabacel, sans redouter autre chose qu'une bataille de fleurs. Nice enlèvera même pour lui les épines de ses roses. M. Borriglione a dit le mot : l'épigramme est une *réclame*, et les gens d'esprit devraient bien ainsi prendre toute gaie satire. Il y aurait, de par le monde, un peu plus de belle humeur.

Tandis que M. Victorien Sardou se dispose à quitter Paris, M. Alexandre Dumas y corrige les épreuves d'une édition définitive de son *Théâtre:* six volumes qui vont faire le désespoir des collectionneurs. M. Dumas, en grand seigneur qu'il est, s'offre et offre à ses amis et à ses proches, le texte d'un livre admirablement imprimé, rempli de détails curieux et de notes importantes que le public ne lira pas. Il fait imprimer à Dôle, lentement et avec un soin de bibliophile, la réunion de ses pièces, et cette édition, tout à fait extraordinaire, destinée en partie à ceux des créateurs et à celles des créatrices qui existent encore, ne sera pas même tiré à cent exemplaires. Alexandre Dumas trouve que ce chiffre « cent » est trop élevé. L'édition de Dôle, avec les notes inédites, — particulièrement intéressantes, on s'en doute bien, puisqu'elles ne sont pas écrites pour le public, — cette édition de choix et de rareté, sera tirée à quatre-vingt dix-neuf exemplaires seulement. Pas un de plus.

Je sais des libraires que cette résolution désespère. Ils ont pour clients des bibliophiles qui offrent, pour un exemplaire, des sommes considérables. Peine perdue. L'édition ne se vend pas.

M. Alexandre Dumas, l'autre jour, dans une lettre à M. Gustave Frédérix, le pénétrant critique de l'*Indépendance belge*, énumérait combien il devait d'exemplaires de cette édition aux artistes qui, le 2 février 1852, créèrent les personnages de la *Dame aux Camélias*. Fechter est mort, le pauvre Gil Pérès souffre du ramollissement dont il se plaignait alors, dans le rôle de Saint-Gaudens, et qui faisait rire!... Mais Mme Doche, Delannoy, René Luguet, Lagrange sont toujours là et ils auront leur exemplaire comme Irma Granier, qui jouait Nanine et qui, vivante, revit encore, écrit Dumas, dans Jeanne Granier, sa fille!

Mais qui dira ce que sont devenues ces jeunes femmes dont je vois les noms sur la brochure originale: Mlles Clary, Clorinde, Baron et Caroline qui jouaient *Olympe, Arthur, Esther, Anaïs, Adèle?* Oui, que sont-elles devenues, celles-là? Dans quels bas-fonds peut-être ou dans quel luxe, sous quels pseudonymes infligés par la misère ou décrétés par les besoins d'une existence nouvelle retrouverait-on ces jolies filles qui passaient, il y a vingt-neuf ans, souriantes, épaules nues, sous le feu des lorgnettes? Auront-elles aussi leur exemplaire de l'édition de Dôle-du-Jura?

Il y a longtemps sans doute qu'elles ne comptent plus

dans la vie de Paris et même dans la vie vivante, et qui écrirait le roman de ces comparses de la *Dame aux Camélias* raconterait l'histoire de bien des déclassées, des déséquilibrées et des décavées parisiennes.

Peut-être M. Alexandre Dumas la sait-il, cette histoire. Peut-être a-t-il suivi, à travers les hasards de leur existence, ces collaboratrices quasi-anonymes de sa première victoire : Clary, Clorinde, Caroline !

Au fond de quel cimetière est couchée celle qui fut *Esther?*

Au fond de quelle loge de concierge, au haut de quelle mansarde vide, se tient, hochant la tête et lisant le *Petit Journal*, celle qui peut dire :

— J'en ai pourtant eu, moi, un rôle, dans la *Dame aux Camélias !*

Peut-être cette bonne bourgeoise, bien mariée et qui s'appuie, là-bas, au bras de son fils, a-t-elle été *Anaïs* ou *Adèle* dans la pièce de Dumas.

Quelle histoire, je le répète ! Non-seulement l'histoire d'une pièce écrite par l'homme qui y a mis sa passion, son esprit, un moment de son âme, des morceaux de son cœur — mais l'histoire de ces artistes glorieux ou de ces jeunes femmes inconnues qui ont rayonné dans la lumière de la victoire pour finir par un cabanon, comme Gil Pérès, ou par la fosse commune, comme les oubliées, les enfoncées et les disparues !

La vie de Paris a de ces lendemains. Au reste, Paris ayant chaque jour un spectacle nouveau a bien d'autres soucis en tête que de s'aller inquiéter de quelques comparses des spectacles passés. Pour le moment, ce qui lui plaît, ce sont les Panoramas. On a mis, non pas en madrigaux, mais en panoramas toute la dernière campagne.

Je me rappelle un mot d'un général italien à Etienne Arago devant le monument de Novare :

— Quand aurons-nous fini d'*inaugurer* des défaites?

Quand nos peintres exposeront-ils le panorama d'une victoire? La *Défense de Belfort*, que M. Charles Castellani a peinte, est, d'ailleurs, une page glorieuse et le *Lion* de Bartholdi sera bien à sa place sur le roc alsacien. Le panorama de ce siège est saisissant, et, quand on arrive devant ce vaste paysage enseveli dans la neige, sous un ciel d'un gris blanc, neigeux aussi, la première impression est profonde. L'artiste a d'ailleurs fort bien combiné, et arrangé les trompe-l'œil : les arbres *vrais* et chargés de flocons, les échelles brisées, les branches cassées, la terre piétinée par les combattants et labourée par les obus. Le plâtre ici joue fort bien son rôle de neige. Des mannequins de cire recouverts de la capote bleue de nos soldats sont couchés, çà et là, sur ce linceul blanc.

Ce qui est plus défectueux, ce sont les personnages peints. Leurs mouvements sont enragés; ils se battent bien, mais le dessin est parfois incorrect. C'est peu de chose, il est vrai, en pareille matière. Toute l'œuvre tient dans l'impression, et, ici, l'impression première est poignante. C'est bien un siège, c'est bien un paysage d'hiver, désolé, terrible, un ciel implacable. Ce *Belfort* de M. Castellani, sera un grand succès.

Samedi dernier, il y avait foule, à l'ancienne Salle

Valentino transformée par M. Ch. Garnier, pour ce qu'on pourrait appeler le *vernissage* d'un autre panorama : les *Cuirassiers de Reischoffen*, de MM. Poilpot et Jacob, les auteurs du panorama de *Balaklava* qu'on voit à Londres. Foule curieuse que celle de cette étrange *première* : des généraux et des journalistes, des peintres et des anciens soldats, M. de Cissey coudoyant M. Gustave Boulanger, des combattants de Frœchswiller, jeunes, il y a dix ans, grisons aujourd'hui et regardant avec émotion ce champ de carnage seulement entrevu en 70, dans la fumée de la bataille.

Ces *Cuirassiers de Reischoffen*, qu'il faudrait appeler, pour être exact, les *Cuirassiers de Morsbronn*, car on ne se battit pas du tout à Reischoffen, le 6 août, vont émouvoir Paris comme un bon drame bien mis en scène. Il y a là une science de l'épisode tout à fait remarquable et les auteurs de cette vaste toile ont, sans chauvinisme, réussi à rendre l'effet moral de la résistance héroïque du petit nombre contre une masse débordante. Les noires colonnes prussiennes semblent submerger les combattants décimés cuirassiers démontés, chasseurs à pied ou turcos, épars dans les houblonnières. De çà de là, des sacs éventrés, des sabres tordus, des pains de munition tombés, des instruments de musique bossués et abandonnés dans le désordre de la fuite. Je les reconnais bien, ces poignants détritus de la bataille. Mon pied les a heurtés, là-bas, dans les ravins.

Une meule de blé véritable auprès d'une charrette renversée et, tout à côté, le cadavre — en cire — d'une vieille paysanne d'Alsace tuée raide et tombée les jambes écartées sous sa jupe d'indienne, donnent la sensation même de la réalité la plus atroce. C'est qu'en vérité, si les figures de cire des panoramas ont l'air de morts, ils ont, par contre, l'air de figures de cire, eux, les morts tombés ainsi au bord des chemins ou le long des fossés.

C'est ce mélange de Morgue et de Musée de Luxembourg, de Salon de peinture et de Galerie Tussaud qui fera la vogue de ce panorama où les accessoires, fusils tordus, casques brisés, éclats d'obus, représentent le Naturalisme, et le fond même du tableau, le paysage, le ciel, les grandes lignes, représentent l'Art.

Il est d'ailleurs beaucoup trop pâle ou trop jaune, comme on voudra, ce paysage des coteaux de Frœchswiller. Dans la réalité, c'est un vaste verger, insolent de verdure et de sève. Peut-être les cadavres du 6 août ont-ils donné à ces pommiers, à cette herbe haute une chaleur de ton, une intensité de coloris qu'ils n'avaient pas à un tel degré jadis ; mais certainement les verts des feuillages et des prairies sont cent fois plus éclatants dans la nature que dans le panorama de la rue Saint-Honoré.

N'importe. Ce sang, cette tuerie, ce massacre dramatiquement rendus, vous serrent le cœur. On m'assure que, dans leur panorama de la *bataille de Champigny*, MM. Detaille et de Neuville ont poussé plus loin encore le réalisme, et on me parle d'un four à charbon tout à fait extraordinaire.

Lorsqu'ils ouvriront leur panorama, je leur conseille de ne pas faire jouer, comme samedi, derrière la toile du panorama de Reischshoffen, des airs de valse. L'ironique antithèse de cette musique sautillante avec ce tableau sinistre était vraiment trop irritante pour les nerveux. Je ne savais trop, en fin de compte, si c'était la valse ou le tableau qui me prenait à la gorge, et je suis sorti de là comme d'une boucherie où l'on donnerait un concert.

Ces spectacles, après tout, inspireront aux vainqueurs et aux vaincus une égale horreur de la guerre. M. Vereschagin, le peintre russe, se propose, à son tour, de la faire détester un peu plus en exposant à Paris ses nouveaux tableaux — d'une vérité effrayante — qui, ces jours derniers encore, faisaient événement à Vienne et mettaient en rumeur le public autrichien.

Des journaux illustrés viennois, que j'ai là, représentent Vereschagin en saint Michel terrassant un dragon qui s'appelle la Guerre et lui enfonçant dans la gueule une lance qui porte, gravé sur son fer : *Humanité*. L'affluence était telle autour du Künstlerhaus où l'artiste russe exposait ses peintures qu'on avait dû mettre, au carrefour voisin, des gardes à cheval. Le dimanche, les paysans des environs de Vienne venaient au Künstlerhaus comme en train de plaisir. La peinture de Vereschagin a visiblement balancé les représentations de Mlle Sarah Bernhardt, c'est tout dire.

Avant de montrer ces tableaux, d'une originalité si profonde à Berlin, puis en Bavière, où on les lui demande, l'artiste russe tient à les réunir sous les yeux des Parisiens. Tant de tueries étalées à la fois sous le regard des gens : tueries d'Alsace, des environs de Paris, du Turkestan et des Balkans ! La guerre n'a qu'à se bien tenir.

J'ai été, devant le panorama de Reischshoffen, frappé d'une chose, qui est d'observation banale, mais que je tiens à souligner : c'est que le public, décidément et plus qus jamais, fait et s'habitue à faire les succès lui-même. Il n'écoute plus ni les critiques vinaigrées des petits camarades, ni les éloges excessifs des intéressés ou des caudataires. Le public a son éducation faite. Il sait où il va, ce qu'il veut, ce qu'il aime, et il choisit à son gré. Il a bien raison.

Les querelles d'écoles lui importent peu. Et comme il fait, en cela, preuve d'esprit ! Il se soucie peu des écoles parce qu'il sait bien qu'aujourd'hui il n'y a plus d'écoles. Des intérêts, oui, des rivalités, soit, des groupements de hasard pour les besoins d'une cause quelconque, sans doute ! Mais d'écoles, c'est-à-dire de doctrines et de foi communes, point du tout. Efforts disséminés, combats personnels, mêlée où chacun livre à tous son duel égoïste, voilà l'état absolu du monde artistique et du monde littéraire à l'heure qu'il est.

C'est dommage, j'en conviens. Nos aînés étaient plus heureux. Ils se montraient moins solitaires. Ils s'aimaient. Ils s'entr'aidaient. La camaraderie, dont a trop médit, la camaraderie, — suprême ressource des médiocres, mais qui après tout est une forme de l'amitié comme le chauvinisme est une des variétés du patriotisme, — la camaraderie n'existe plus. Nos aînés, peintres ou poètes, se partageaient la renommée comme on le ferait d'un manteau de pourpre. Nous nous disputons un peu de gloire comme des chiens s'arracheraient un os.

Vraiment, il fallait entendre les peintres devant ce panorama ! « Ce n'est pas de l'art ! C'est la fin de l'art ! Photographie et figures de cire mêlées ! »

Et pourquoi l'art de peindre un beau décor d'Opéra empêcherait-il Baudry ou Jules Dupré de faire un chef-d'œuvre, tandis que le décorateur achèverait sa toile de fond ?

Quoi qu'il en soit, la vie moderne est trop acharnée et trop âpre et la *camaraderie* s'en va. Henri de Latouche a inventé le mot ; il ne retrouverait plus la chose. De son temps, on se tirait par les mains, de nos jours on se tire aux jambes.

J'avoue que je regrette l'heure où Dupré, que j'ai nommé, bataillait pour Théodore Rousseau, où Decamps eût combattu pour Delacroix, où Paganini sauvait Berlioz, où Alexandre Dumas et Frédéric Soulié faisaient, à l'Odéon, jouer le même drame, — chacun d'eux s'étant épris du même personnage, *Christine de Suède*, — Soulié écrivait à Dumas :

« Ma *Christine* vient de tomber. Elle est en miettes. Le temps de balayer le plancher et je livre mon théâtre à votre *Christine*, à vous ! De tout cœur. »

Ce même Frédéric Soulié, en plein théâtre et devant Balzac vivant, — Balzac qui pouvait être au balcon de l'Ambigu, et qui s'y trouvait même, je crois, étalant un mouchoir à carreaux, — Soulié donc faisait dire à Montéclain parlant à Léona au quatrième acte de la *Closerie des Genêts* :

— Dites-moi, ma chère, avez-vous lu M. de Balzac? Et Léona :

— Je ne serais pas femme si je ne savais pas par cœur tous ses délicieux ouvrages !

— En ce cas, vous devez vous rappeler parfaitement l'*Histoire des Treize?*

La scène alors continuait. Si le *Monsieur de l'Orchestre* eût, dès lors, avec son esprit et son originalité si curieuse d'aujourd'hui, raconté les menus incidents des premières représentations, nous saurions maintenant l'effet produit par ce nom de *Balzac* jeté tout haut, comme un coup de clairon, dès 1846, à une foule et par un romancier qui, malgré son talent doublé d'un noir génie, avait peine à faire sa trouée, à garder sa place et n'hésitait point cependant à saluer publiquement un écrasant rival.

Toujours est-il qu'une telle magnanimité dans la lutte marque à la fois ce qu'est un homme et ce qu'est une époque. Nul d'entre nous n'oserait en agir ainsi aujourd'hui, et si quelqu'un en avait la hardiesse, ou la naïveté, le public ne le croirait pas, le public ne comprendrait pas. Il connaît trop le dessous des cartes et les rivalités des acteurs en vedette, le public actuel! Il sait que ce n'est plus qu'un mot, la camaraderie; un miroir à alouettes, l'amitié artistico-littéraire, et, dans tout éloge il ne voit plus qu'une variété de la *réclame*, comme dans tout *éreintement* un effet prévu des rivalités nécessaires.

Eh bien, soit! Je regrette les mœurs passées, — car il est bon d'aimer ceux qu'on admire; — mais il faut être de son temps, et notre époque est décidément inclémente aux dupes.

On me glisse à l'oreille, à propos de M. Laurent-Pichat qui vient d'être élu suppléant du délégué du conseil municipal de Paris — grande gloire, pour un poète, de suppléer Victor Hugo — deux vers qui furent faits par M. Marc Monnier, je crois, un jour qu'on supposait une bataille navale entre l'auteur des *Poètes de combat* et feu M. Empis, l'académicien :

> Laurent-Pichat, virant, coup hardi! bat Empis;
> Lors Empis, chavirant, couard, dit : Bah! tant pis !

C'est un des rares exemples de vers à *rimes totales*. M. Auguste Vacquerie, le poète du *Faust moderne*, en a inventé un certain nombre, et des plus étranges et des plus malicieux. Il en est un autre fort plaisant aussi et souvent cité :

> Gall, amant de la reine, alla — tour magnanime!
> Galamment de l'Arène à la Tour Magne, à Nîme!

Le père de M. Benjamin Disraeli a écrit deux gros volumes sur ces jongleries, plaisanteries, bizarreries et curiosités de la littérature !

XXIV

Les nouveaux Académiciens. — Les articles annuels. — Le nouvel an et les joujoux. — Le *Stock-Exchange*, en jouet. — Les enfants qui n'ont pas d'étrennes. — Une visite à la Petite-Roquette. — M. O. d'Haussonville et M. J. Reinach. — Abandonnés et récidivistes. — Les petits voleurs. — La vente Courbet. — Une exposition de l'*Art*. — Souvenirs sur Gustave Courbet. — Courbet orateur. — Le Louvre et la Sorbonne. — La statue d'Alexandre Dumas et le monument de Jacques Offenbach. — Les *Trois Petits Mousquetaires*. — L'incendie du *Ring-Theater*. — Où passerai-je mes soirées ?

13 décembre 1881.

Jusqu'au dernier moment, les nouvelles élections académiques ont laissé dans le doute les académiciens eux-mêmes. Nous avons entendu dire à quelqu'un qui avait tout, à coup sûr, pour être bien renseigné :

— Je ne sais trop, en dernier ressort, quels noms sortiront de l'urne ; mais je gagerais pour M. Manuel et M. Auguste Maquet.

On a vu en effet que M. Maquet a failli être élu. Pendant trois tours il a, comme on dit vulgairement, *tenu la corde*. Au quatrième, la plupart des voix ont passé à son collaborateur d'un jour, M. Victor Cherbuliez, dont il avait mis le chef-d'œuvre au théâtre : le *Comte Kostia*.

Des trois nouveaux académiciens, l'un, qui a passé sans contestation, M. Pasteur, est un homme de génie, dont la biographie appartient à la science. Les deux autres académiciens sont des maîtres, l'un dans le roman, l'autre dans la poésie. M. Victor Cherbuliez a tour à tour abordé et avec une égale supériorité des genres différents. Après voir écrit des œuvres d'imagination qui compteront parmi les plus remarquables de ce temps, le *Comte Kostia*, l'*Aventure de Ladislas Bolski*, *Meta Holdenis*, il a signé des livres d'esthétique d'un incomparable charme et d'une profondeur sans pédantisme. N'était-ce point par un livre d'art, *A propos d'un Cheval* — un des chevaux de Phidias — qui rappelle la conversation chez la comtesse d'Albany, que M. Victor Cherbuliez avait débuté tout d'abord? Il a mêlé dans le *Prince Vitale* les recherches du psychologue aux études de l'esthéticien. Le pâle et fin visage du Tasse l'a aussi bien inspiré que les sculptures du Parthénon. Et quelle langue délicate et ferme, bien française! Je n'en connais pas qui ait plus de nerf et de trait.

M. Cherbuliez, né à Genève, descendant d'émigrés protestants, et qui, depuis peu, a réclamé la qualité de Français — ce titre que lui devait la mère patrie — avait depuis longtemps fait preuve de patriotisme vrai lorsque, dès 1868, il publiait son livre, gros d'avertissements, sur l'Allemagne et sa puissance, et il n'a cessé, depuis 1870, de faire, dans la *Revue des Deux-Mondes*, sous le pseudonyme de *G. Valbert*, une guerre d'esprit — guerre armée à la légère et qui en vaut bien une autre, — aux victorieux et aux conquérants. En vérité, c'était là des titres divers que ne pouvait méconnaître une compagnie qui s'appelle l'Académie française. L'élection du très sympathique M. Victor Cherbuliez recevra les applaudissements de tous ceux (et ils sont nombreux) qui aiment les romans où l'imagination, l'émotion et l'esprit n'ont pas perdu leurs droits et les livres où l'on parle aux lecteurs qu'on respecte la langue claire, alerte, fine et fière des honnêtes gens.

M. Sully-Prudhomme est de quelques années plus jeune que M. Cherbuliez, et je crois bien que c'est maintenant l'académicien le moins âgé de l'Académie. Il a tout au plus quarante-deux ans, et, avec lui, c'est une génération nouvelle, dont les œuvres appréciées déjà méritaient bien un tel honneur, qui pénètre dans l'Institut. D'autres suivront, Pailleron, Coppée, Daudet.

M. Sully-Prudhomme est à la fois choyé des délicats et, par telle pièce de vers déjà digne des anthologies, populaire aussi. Le *Vase brisé* a dès longtemps fait connaître son nom au public.

J'ai rencontré pour la première fois M. Sully-Prudhomme en Italie lorsque tout jeune, mélancolique, maladif, il se réchauffait au soleil de Florence. Il venait de publier son premier volume, *Stances et Poèmes*, chez un éditeur du boulevard Saint-Martin, ami des *jeunes,* Achille Faure, et il l'avait signé *Prudhomme-Sully*. Ce poète exquis sortait à peine — chose étrange — de l'établissement du Creuzot, où le fils de M. Schneider, son camarade de collège l'avait appelé. Il pouvait vivre là, dans le fracas des machines et la poussière de la houille. Il avait porté, je crois, mais je n'en suis pas sûr, l'uniforme de l'Ecole polytechnique. Le mathématicien se retrouvait parfois en lui sous le penseur. Le philosophe de la *Justice* est doublé d'un savant.

Dès l'époque dont je parle (1866), M. Sully-Prudhomme était déjà signalé à l'attention de la foule par ce maître des renommées et ce juge des espérances littéraires, Sainte-Beuve. Mais un autre poète que le poète des *Consolations* louait, peu après, l'auteur du *Vase brisé*, qui n'avait donné alors que ses *Stances et Poèmes*. Dans son rapport à M. Duruy sur les *Progrès de la Poésie*, Théophile Gautier écrivait ce qui suit en 1867 :

« Le *Vase brisé* est comme la note caractéristique du poète... C'est bien là en effet la poésie de M. Sully-Prudhomme : un vase de cristal bien taillé et transparent où baigne une fleur et d'où l'eau s'échappe comme une larme. »

« Nous ne pouvons, ajoutait Théophile Gautier, signaler tout ce que ce volume contient de remarquable. Les rayons, les souffles, les sonorités, les couleurs, les formes modifient à tout instant l'état d'âme du poète. Son esprit hésite entre divers systèmes : tantôt il est croyant, tantôt il est sceptique ; aujourd'hui plein de rêves, demain désenchanté, il maudit ou bénit l'amour, exalte l'art ou la nature, et, dans un vague panthéisme, se mêle à l'âme universelle des choses. Il a la mélancolie sans énervement, et sous ses incertitudes on sent une volonté persistante qui s'affirmera bientôt. »

Théophile Gautier, enfin concluait :

« S'il persiste encore quelques années et n'abandonne pas pour la prose ou toute autre occupation plus fructueuse un art que délaisse l'attention publique, Sully-Prudhomme nous semble destiné à prendre le premier rang parmi ces poètes de la dernière heure, et son salaire lui sera compté comme s'il s'était mis à l'œuvre dès l'aurore. »

Sully-Prudhomme n'a rien abandonné des rêves et des convictions de ses vingt ans. Il a pu, comme disait Briseux en son horreur de la prose, laisser toute blanche sa carte de poète; mais, en chantant ou en agissant, il a toujours fait son devoir très vaillamment et très simplement. J'ai vu Sully-Prudhomme, malade et toussant, — j'ai vu le poète des *Epreuves* et des *Solitudes* — s'en aller aux tranchées d'avant-postes sous la capote du garde national. Cet artiste raffiné n'a jamais professé la doctrine de l'art pour l'art. Il le criait à Alfred de Musset dans un poème admirable :

> Mon maître est le poète
> Amant de l'idéal, comme on l'est d'un drapeau,
> Pour la grande action qu'à son ombre on a faite,
> Qui pose un ferme corps sous la robe du beau.

Il a chanté l'amour, le devoir, l'honneur, le bonheur — le bonheur éternellement poursuivi par l'humanité haletante — mais le bonheur dans le labeur, dans la lutte, dans la foi, le bonheur gagné à la *sueur du visage :*

> Le bonheur est un fruit qu'on abat pour l'avoir.

a-t-il dit éloquemment. On voit que Sully-Prudhomme n'a pas démérité de Sainte-Beuve et de Gautier, ses deux illustres parrains.

Mais laissons là nos immortels, et parlons des jouets. C'est l'heure. Il est, dans les journaux, certains articles climatériques dont l'apparition annuelle indique exactement la date du numéro de la *gazette*. Par exemple, à la fin de l'été, l'article ému sur le *départ des hirondelles*, à l'entrée de l'hiver, l'article humoristique sur le *marchand de marrons*, à la mi-décembre, l'article sur les *jouets d'enfants*.

On les voit reparaître tous les ans, ces articles inévitables, toujours identiques et toujours nouveaux. On les a lus vingt fois, on les relira souvent encore, il faut l'espérer, et dans ce perpétuel recommencement de la moderne, ce sont comme autant de haltes pleines de ressouvenirs.

A dire vrai, l'article de saison, avec ces petits attendrissements, cette *larme à l'œil* dont parle Sterne, vient tout simplement — comme l'indiscret almanach nouveau — vous murmurer tout bas :

« — Eh ! bien, mais, mon cher, tu as un an de plus ! »

Un an de plus ! Il y a, en effet, un an déjà que nous avons lu l'article que nous venons de relire : la monographie des jouets mécaniques, des poupées, des automates, des joujoux à cent louis et des jouets à un sou. Un an ! C'était hier. Et l'article reparaît déjà et déjà l'année disparaît. Il y a longtemps que la destinée a appliqué l'électricté à la vie humaine. Douze mois passent comme une muscade. Les jouets de 1881 ne sont pas encore tous fanés, ou cassés ou jetés au feu, que voici déjà les joujoux de 1882.

Un écrivain d'un talent agréable, Henri Nicolle, qui

fit jouer une pièce applaudie à la Comédie-Française, les *Projets de ma tante*, avait écrit tout un petit livre sur les *Jouets et ce qu'il y a dedans*. Car ce ne sont pas seulement les enfants, ce sont aussi les hommes qui tiennent à crever le ventre à leurs polichinelles. Le *libretto* d'Henri Nicolle (le pauvre homme est mort fou, soit dit entre parenthèses) nous apprend qu'à Paris il y a plus de 40,000 ouvriers qui vivent de l'industrie du joujou et que ces jouets entrent pour une somme de plus de 25 millions dans le produit du commerce parisien. A coup sûr, depuis qu'Henri Nicolle publiait ces renseignements, les chiffres n'ont pu que grossir, le débit des joujoux, comme tous les commerces de plaisir, augmentant chaque année. Il se vend à peu près par an à tout ce petit peuple enfantin qui, aux approches de Noël et du Jour de l'An, commence a avoir la fièvre, environ 5,000 pièces de canon,— que de batteries, *bone deus!* — 1,500 sabres damasquinés, 10,000 sabres à bon marché, de ceux qui coûtent dix ou douze francs la douzaine et 70,000 fusils. De quoi équiper toute une armée.

C'est pour ce petit monde au yeux brillants et aux doigts avides qu'on achève maintenant d'habiller les poupées nues, de coller de la laine au flanc des moutons, de la soie aux têtes des chèvres, des paillons aux blouses de satin des clowns mécaniques. Et, comme il y a des modes en toutes choses et des *signes des temps* jusque dans les jouets d'enfants, à côté de la multiplicité des joujoux scientifiques, dignes produits de l'*Année Electrique*, je vois annoncé par les catalogues le jouet financier : — le *Stock-Exchange*, « jeu de Bourse pour grands et petits enfants », et la *Timbale*.

L'enfant aura sa *Timbale*. comme le père. Le petit-fils connaîtra le *Stock-Exchange*, comme l'aïeul. O nos vieux pantins d'autrefois, nos chevaux de bois et nos soldats de plomb (le « vieux jeu » des étrennes !) comme vous semblez démodés et ridicules à côté de ces jouets d'un *modernisme* exubérant : le *Stock-Exchange* !

— A quoi joues-tu, bébé ?

— Au *Stock-Exchange* !

Quelque surchauffés qu'ils fussent dans la serre chaude parisienne, les *Enfants terribles* de Gavarni, qui étaient encore des gamins à la parisienne et non des babys à l'américaine, ignoraient pourtant ces pratiques joujoux-là.

Bah ! ne nous récrions point, et tout est bien, pourvu qu'on s'en amuse !

Mais, à l'heure même où, pour les petits heureux, tout est préparé, mis en œuvre, astiqué et pomponné, — les jouets nouveaux, les livres dorés, sans compter les bonbons arrangés au fond des boîtes comme des bijoux dans leurs écrins, — il y a, quelque part, dans un coin de Paris, d'autres enfants vêtus de gros drap marron ou gris de fer qui expient, entre de hautes murailles mornes, des fautes inconsciemment commises et des crimes qui ne sont pas les leurs.

C'est une réflexion qui m'est venue l'autre jour, en sortant d'une visite à la Petite-Roquette — la prison des jeunes détenus — où, avec Ludovic Halévy, Edouard Detaille et Georges Cain, le jeune peintre, nous étions allés étudier sur place quelques effets de cette misère qui préoccupe les bons esprits, effraie les uns, navre les autres, et que M. le vicomte Othenin d'Haussonville et M. Joseph Reinach ont, tour à tour, prise en quelque sorte corps à corps.

En regardant ces pauvres êtres, nés du vice, victimes de l'ignorance bestiale, portant le poids des hérédités morbides, ces petits qu'on laisse vaguer dans les faubourgs et qui, à sept, huit ou dix ans, sont parfois revenus quatre ou cinq fois des bancs de la correctionnelle aux cellules de la Roquette, je pensais à ce mortier humain dont est bâti notre société et je m'arrêtais devant ces cerveaux pleins de nuit comme devant des problèmes en chair et en os.

Les voilà jetés, ces petits, à travers tous les appétits de la vie de Paris, dès qu'ils ont des yeux pour voir, des narines pour flairer, des doigts pour prendre ! Les animaux errants paissent sur le communal, dans les campagnes. Ces petits fauves des grandes villes s'habituent de bonne heure à vivre sur le prochain. Tout sollicite d'ailleurs leurs instincts qui s'allument de bonne heure : les cabarets plus fréquentés, les cafés qui flamboient, les fêtes plus nombreuses des banlieues.

On ne sait pas tout ce qu'envoient à la prison ces fêtes publiques où tous les désirs sont sollicités brutalement: ici par les joujoux qui reluisent, pailletés, sous la lampe à pétrole; là par le tourniquet qui grince et où l'on gagne des verroteries, des tessons décorés, parfois de l'argent, car le faubourg à sa *roulette*.

— Où aviez-vous donc passé ces trois nuits ? demandions-nous à un petit vagabond que ses parents ont conduit à la Roquette en *correction paternelle* pour avoir découché trois fois.

Ceux-là, qui ne sont ni des condamnés ni des surveillés, ont à la porte, de leur cellule, leur numéro matricule tracé en *rouge*. Les autres l'ont en noir.

— Où je passais mes nuits? répond l'enfant. *A la fête!*

La fête des boulevards extérieurs fait de la nuit le jour. On *godaille* jusqu'au froid de l'aurore ; on se repose un peu, les mains dans ses poches, à cause de l'onglée, quand les jambes sont lasses, et, le jour venu, on recommence à *regarder la fête...* « Faire la fête ! » disent, dans leur argot narquois, les soupeurs de cabinets particuliers. La basse vie et la haute vie n'ont pas deux façons de gâcher l'existence : au boulevard ou au faubourg on tue sa nuit en *faisant la fête*.

Mais, du moins, ils ont leur excuse, ces pauvres ! Ils ne savent pas. Les sacs vides se tiennent moins facilement debout que les sacs biens remplis, dit un vieux proverbe. Les scandales mondains, comme ceux de Bordeaux, ont un caractère plus répugnant que ces souillures d'en bas. On rencontre souvent tout un drame social sous le crâne rasé d'un détenu de la Roquette.

J'en revois encore un là, devant moi, — dix ans, l'air hésitant, solide musculairement, le front étroit, les maxillaires très développés. Tout en appétits.

Qu'est-ce qu'il a fait ? Il a volé une bague.

— C'est pas moi, c'est Auguste H... Auguste voulait avoir la bague. Moi...

On l'interrompt.

— Vous, vous faisiez le guet. Celui qui aide à voler est aussi coupable que celui qui vole. Et ce n'est pas la première fois que vous venez ici, c'est la quatrième ! La quatrième fois, à votre âge !

L'enfant se tient debout devant le directeur, baissant les yeux, très pâle, les doigts crispés sur la couture de son pantalon de drap lourd.

— Pourquoi volez-vous ?

— Parce qu'on m'a appris !

Il répond cela tout naturellement, comme un bon écolier de son âge à qui l'on fait réciter une fable. Aucun trouble. C'est peut-être une leçon répétée.

— Qui vous a appris ?

— Auguste H... et les autres !

— Des vagabonds, des rôdeurs. Pourquoi allez-vous avec ces mauvaises connaissances-là au lieu d'aller à l'école ?

— A l'école?... Maman ne veut pas !...

L'enfant a dit ce nom *maman* d'un tout autre ton que les réponses précédentes. Un afflux de sang monte maintenant à son visage pâle.

— Ah ! elle ne veut pas ?

— Non... çà l'ennuie !

— Et votre père ?

— Papa... ?

Peut-être alors toute une suite d'images sombres revient à ce pauvre cerveau d'enfant : souvenirs lugubres d'enfance mauvaise, battue et repoussée, de scènes atroces au fond d'un taudis...

— Papa ! répond la petite voix qu'un sanglot va couper à présent. Papa?... Il *est méchant*, papa! Il se soûle tout le temps !

Et, au souvenir de cette mère qui crie contre l'école, laisse vaguer le petit dans le ruisseau du faubourg, et de ce père dont il entend peut-être le pas lourd, la voix rauque, l'enfant a dans les yeux de grosses larmes. Il est tout rouge. Il baisse la tête. Il n'est plus le même. C'était, il y a un moment, un petit voleur accusant autrui devant un juge d'instruction. C'est maintenant un abandonné de dix ans que toute cette souffrance étouffe et qui se sent perdu, loin de cette mère ignorante et de ce père — *qui est méchant !*

En vérité, ils sont mieux en prison qu'auprès de tels parents, ces petits qui se lavent à la pompe dans les cours et font l'exercice dans les promenoirs, tandis que, là-haut, entre les hautes murailles grises, comme une sentinelle dans un fort, un surveillant passe, enveloppé dans sa large capote de drap brun jaune.

On les instruit, on les nourrit. Ils apprennent un état, fabriquent des fleurs, cisèlent le bronze. Ces tas de fleurs violettes rencontrées dans ces prisons semblent d'ailleurs mélancoliques. Poésie des heureux, parures des fillettes et des femmes, elles sortent pourtant de ces doigts qui ont volé des montres, et de ces mains qui parfois même, dans les *batteries,* ont joué du couteau !

Quand ils lisent, ces petits prisonniers, ce sont surtout les livres de voyage qu'ils les attirent : tout ce qui les arrache à leurs grands murs nus. Jules Verne ne saura jamais combien de ces imaginations de pauvres enfants abandonnés ou de jeunes scélérats il aura calmées, amusées — qui sait ? corrigées peut-être avec ses rêves : la *Jangada*, *Cinq semaines en ballon*, le *Tour du Monde* ! L'invention et la poésie, chose extraordinaire, valent mieux pour moraliser, faire oublier le mal, distraire ces têtes déplorablement équilibrées, que les *tracts* bibliques. C'est beaucoup, une littérature qui enseigne. C'est peut-être plus puissant encore, une littérature qui console.

Et j'ai toujours devant les yeux, à cette heure où les beaux livres d'étrennes et les joujoux du jour de l'an flamboient déjà aux devantures des boutiques, j'ai là, devant moi, ces visages d'enfants prisonniers, nés sans doute avec des instincts pervers, mais que l'éducation aurait réformés et que le régime de la correction usera peut-être comme la pierre ponce use les aspérités, les granulations.

Ont-ils des étrennes, ces petits ? Je l'ignore. Le jour de l'an pour eux est un jour d'hiver comme tous les autres. Peut-être la mère, qui se repent, et le père qui n'est pas ivre, viennent-ils au parloir, apporter des joujoux de deux sous. Plus probablement, personne ne vient. Le père vide un litre *au gui l'an neuf* et la mère hausse les épaules en parlant du petit : « — Rien de propre ! Un voleur ! »

Aussi bien, aucun livre ne vient-il mieux à son heure que de travail de M. Reinach sur les *Récidivistes* et sur les « enfants moralement abandonnés. »

« Il y a, dans nos sociétés, dit excellemment le jeune

écrivain, des enfants plus malheureux que ceux qui se perdent : ceux qu'on perd ; — des enfants plus dignes de pitié que les orphelins, ceux dont la famille les dresse au mal ; — des enfants plus délaissés que ceux qui n'ont ni foyer ni toit, les enfants moralement abandonnés. »

C'est à ceux là qu'à défaut des parents l'Assistance publique donne peut-être des étrennes, à la fin du triste mois où nous sommes : Décembre, ce fossoyeur de l'année !

Il n'y a eu à Paris, en ces dernières semaines, que des préoccupations d'art. On a vendu, à l'Hôtel Drouot, des tableaux de Courbet qui sont des chefs-d'œuvre, et tandis que la *Vie moderne* nous montrait des paysages de Robert Mols, le peintre anversois, le journal l'*Art* exposait, dans ses galeries, avenue de l'Opéra, des tableaux du peintre anglais Orchardson et des aquarelles d'artistes italiens d'un intérêt tout particulier. Nous avons vu là un *Portrait de mistress Orchardson,* par son mari, d'une tournure très fière et d'un grand charme. Il est à souhaiter que l'*Art* nous rappelle ainsi, de temps à autre, le souvenir et nous fasse connaître les œuvres d'artistes étrangers que nous apprécions beaucoup.

La vente des toiles laissées par Gustave Courbet était, au contraire, la glorification d'un des maîtres les plus admirables de l'Ecole française. Quel superbe exécutant que ce Courbet qui disait, en montrant ses doigts : — La peinture, c'est ça ! *Ça* et rien de plus !...

J'aurais rêvé d'entendre une discussion entre le paysan franc-comtois et M. Paul Chenavard. Mais Chenavard est l'éloquence même, et Courbet, qui a cependant fait des conférences pendant le siège de Paris, pouvait à peine en public dire un mot. Ses conférences, il les lisait.

Nous avions organisé une fois — c'était en 1869 — dans un Gymnase, près de la Sorbonne, une soirée, sous forme de réunion publique, au bénéfice d'un pauvre diable de graveur d'un talent très original et d'une destinée injustement malheureuse, M. Rodolphe Bresdin, que M. Champfleury a illustré sous le nom de *Chien-Caillou*.

Gustave Courbet présidait cette réunion. Ce gros homme, solide et superbe avec sa tête assyrienne sur un torse de tâcheron musculeux, devenait timide à l'idée de dire deux paroles. Il fallait annoncer je ne sais quel changement dans le programme de la soirée, les frères Lionnet remplaçant quelque ténor moins généreux qu'eux et qui, après avoir donné son nom, ne venait pas.

— Faites l'annonce ! Dites cela tout simplement, répétions-nous à Courbet.

Il se congestionnait à l'idée seule d'ouvrir la bouche devant cette foule qui le regardait. Cependant, le temps passait. Vite, j'écrivis au crayon, sur un bout de papier, trois lignes que Courbet avait à dire. Sa figure, toute rouge, s'illumina de joie. Il se leva, avec l'expression heureuse d'un homme qui s'est cru perdu et qui se voit sauvé. Il lut les trois lignes et, encore tout en nage de l'émotion d'auparavant, il se remit dans son fauteuil présidentiel avec un gros soupir de satisfaction, puissant comme un soufflet de forge.

Courbet était alors très populaire dans le quartier latin pour avoir signé une lettre, rédigée par M. Castagnary, où il refusait de l'empire la croix de la Légion d'honneur. D'autres avaient refusé de même, avec moins de fracas.

L'atelier de la rue Hautefeuille entendait cependant plus de paradoxes artistiques encore que de professions de foi politiques. Je crois bien que ce fut Proudhon qui, en le prenant pour modèle, — à charge de revanche, — poussa l'artiste hors de son atelier. Courbet, ce disciple de l'art pour l'art, crut désormais avoir fait de la peinture sociale.

Les tableaux de lui qu'on a vendus cette semaine marquent des *dates* dans l'histoire de notre peinture. Il n'y avait point là ce fameux *Enterrement à Ornans* qui m'a rappelé certaine fresque de Ghirlandajo, à Florence, — Mlle Courbet l'avait donné au Louvre, — mais cet *Homme à la ceinture de cuir*, un grand beau garçon brun, bien découplé, la main sur la ceinture, qui n'est autre que le portrait de Courbet lui-même.

— C'est du *sur-Velasquez!* nous disait, un jour, Courbet qui nous le montrait, accroché dans l'atelier de la rue Hautefeuille.

A la vérité, le morceau est un absolu chef-d'œuvre.

Le temps est loin où cette peinture était raillée, où Arnal incarnait Courbet sous le pseudonyme de *Dutou-*

pet, dans je ne sais quelle revue des Variétés, ou plutôt, pour être précis, dans le *Royaume du Calembour*, de Cogniard et Clairville, en 1855, et où il chansonnait, à la fois, Eugène Delacroix et Courbet :

« — En huit jours, monsieur, disait Arnal, en peignant une femme monstrueuse, je suis célèbre ! Pour entrer dans le temple de la Renommée, frappez à tour de bras, frappez à coups de pied et à coups de poing, et l'on vous ouvrira la porte, car ce sont les sots qui tirent le cordon ! »

> Que d'artistes dont c'est l'histoire !...
> Un peintre que chacun connaît,
> Afin d'arriver à la gloire,
> A fait un cheval violet...
> Et son triomphe fut complet.
> Chacun parle de son génie,
> Il a certes bien du talent,
> Mais s'il eût fait un cheval blanc,
> On le laissait à l'écurie !

Et les vaudevillistes n'étaient pas seuls à se moquer du réaliste. Les poètes s'en mêlaient. Théodore de Banville narguait aussi Courbet dans une *revue* littéraire de l'Odéon, le *Feuilleton d'Aristophane*, et Nadar, ce bon et brave et hardi Nadar, l'auteur d'un maître livre, *Quand j'étais étudiant*, Nadar, qui n'a jamais reculé devant les idées nouvelles, s'écriait devant les *Lutteurs* de Courbet dont les veines gonflées faisaient saillie, comme chez ceux de Falguière :

— Décidément Molière avait bien raison : Peste soit de *la varice* et des avaricieux !

Et comme on s'est moqué du titre, d'ailleurs extraordinairement prétentieux, d'un des meilleurs tableaux du peintre d'Ornans : *Bonjour, monsieur Courbet !* Aujourd'hui, tous ces ridicules sont oubliés. Les vanités du réaliste se sont évanouies devant la réalité de la mort et lorsqu'on accrochera au Louvre le tableau que M^(lle) Courbet a légué au Musée, c'est Velasquez lui-même, le maître des *Borrachos* et des *Filandières* qui, la nuit, — à l'heure où les maîtres conversent entre eux dans la grande galerie pleine d'ombre — accueillera le nouveau venu par la *scie* d'atelier d'autrefois, la gouaillerie du temps jadis devenue maintenant un salut de la postértté :

— *Bonjour, monsieur Courbet !*

Il est, à propos du Louvre et de ses galeries, toujours question d'y organiser ces *Conférences-promenades*, ces après-midi artistiques dont a eu l'idée M. L. Jeannin, le directeur d'un vaillant petit journal d'avant-garde, le *Beaumarchais*. C'est l'heure, où reprennent, çà et là, les cours publics et où les auditeurs se précipitent vers les chaires les plus entourées. M. Emile Deschanel, au Collège de France, et M. Ernest Lavisse à la Sorbonne, ont recommencé leurs cours applaudis et M. Jules Soury, a débuté avec succès, — comme on dirait en termes de théâtre — dans sa chaire de l'Ecole pratique des Hautes Etudes. La Sorbonne, encore une fois, et le Collège de France font partie de la « vie à Paris » et elles sont comme le cerveau. Ce n'est point du tout, en passant, et comme on parlerait d'une *actualité* de hasard qu'on peut donner la physionomie de ces cours, de ces professeurs écoutés et de ces auditoires. Ce coin de Paris, — de Paris qui pense, — vaut un chapitre spécial.

J'avoue que je l'aime, ce vieux quartier Latin, encore voué aux bouquins, aux cabinets de physique, aux librairies scientifiques et aux professeurs. Il est toujours caractéristique en dépit des grands boulevards qui l'ont éventré. A bien chercher, on y trouverait plus d'une miette du vieux Paris. Les débris de la Tour de Nesle ne sont-ils pas comme encastrés dans les bâtiments de l'Institut?

Où Marguerite de Bourgogne a laissé son ombre peut maintenant passer M. Sully-Prudhomme et a failli passer M. Auguste Maquet, le collaborateur de l'auteur de la *Tour de Nesle*. M. Maquet eût prononcé l'éloge d'Alexandre Dumas père à l'heure même où l'on élèvera la statue du romancier sur la place de Malesherbes. On m'a parlé d'un projet de monument qui est fort simple et très ingénieux en même temps. L'auteur est M. Gustave Doré. Alexandre Dumas sera représenté assis et souriant et, devant le socle, en bas-relief, la *Lecture* sera personnifiée par une femme lisant à tous, grands ou petits, femmes, enfants, vieilles gens, un livre du merveilleux conteur.

Quel livre? Doré ne mettra point de titre. Sait-on bien que ces romans de Dumas se vendent encore à 150,000 exemplaires par an et que cet année-ci les seuls droits de reproduction, par les journaux, de ces romans populaires auront dépassé 50,000 fr. ? L'œuvre, on le est singulièrement vivace.

Un jeune écrivain tout à fait distingué, M. Emile

Desbeaux, vient de publier pour les enfants qui auront des étrennes — ces privilégiés dont je parlais tout à l'heure ! — un livre illustré, les *Trois petits Mousquetaires*. « Heureux, dit M. Alexandre Dumas fils dans une lettre à l'auteur de ce récit, heureux les ouvrages auxquels on emprunte encore quelque chose trente ans après qu'ils ont paru »

Ce qui est piquant — puisque j'ai cité les *Trois Mousquetaires* — c'est que le roman, lorsqu'il fut présenté au *Siècle*, ne s'appelait pas ainsi.

Perrée, le directeur du journal, poussa les hauts cris devant le roman nouveau qu'on lui offrait sous ce titre · *Athos, Porthos et Aramis*.

— Qu'est-ce que c'est ça, bon Dieu? dit-il à Dumas,

— Cà! Ce sont trois mousquetaires du temps de Louis XIII, et tout porte à croire qu'ils deviendront célèbres.

— Avec ces noms-là?

— Avec ces noms-là !

— Vous vous trompez; il ne faut pas donner ce titre à votre roman. Le public ne comprendrait pas. Vos héros sont trois mousquetaires? Eh! bien, appelez votre livre les *Trois Mousquetaires*.

— Ah! voilà! Mais c'est qu'ils sont quatre. Il y a encore d'Artagnan. C'est un obstacle. Les *Quatre Mousquetaires*, c'est impossible !

— Eh! bien, conclut Perrée, vous n'en promettrez que trois et vous en donnerez quatre. Le public nè s'en plaindra pas. Allons! je déchire votre *Athos, Porthos et Aramis* et j'annonce les *Trois Mousquetaires* !

La vérité est qu'un pareil titre était fait pour devenir populaire cent fois plus vite que l'étiquette primitive. Le titre, pour certains ouvrages, est un véritable agent de succès. L'œil et l'oreille sont saisis et séduits avant l'esprit.

Ce n'est pas sur une place publique de Paris, comme Alexandre Dumas, mais c'est au cimetière Montmartre que vingt amis de Jacques Offenbach, de ses collaborateurs, pour la plupart, comme Sardou, Halévy, Meilhac, Hector Crémieux, Philippe Gille, des intimes comme Detaille, Mayrargues ou Albert Wolff, si vaillamment dévoué à cette mémoire comme à tous ceux qu'il aime, demandent à élever au *maestro* un monument funéraire. Ce monument, M. Charles Garnier et M. Jules Franceschi ont bien voulu se charger de l'exécuter. Il n'y aura point de publicité, c'est une souscription toute privée, si je puis dire.

Offenbach a cette bonne fortune ; il est aimé. Il a, autour de sa mémoire, comme il a eu autour de sa vie, des dévouements et des affections.

<blockquote>Être admiré n'est rien, le tout est d'être aimé.</blockquote>

a dit Musset affamé d'amour.

Le nom d'Offenbach restera, parce qu'il est sympathique, sur les lèvres de notre génération, et ses chansons, ses fredons, ses romances empliront longtemps encore les salles de théâtre.

C'était justement pour écouter ses *Contes d'Hoffmann* que se pressaient à Vienne ces pauvres gens dont on a ramassé les cadavres dans les ruines du Ring-Theater.

Il y a eu encore un frisson d'horreur dans le public, à la nouvelle de ce désastre, et comme l'égoïsme se glisse partout, l'auteur d'une pièce en ce moment sur l'affiche s'est écrié tout aussitôt :

— Bon Dieu ! Pourvu que cette catastrophe ne fasse pas baisser les recettes !

C'est qu'on vient à frémir à l'idée que l'imprudence ou la négligence d'un gazier change brusquement cette boîte à plaisir en une horrible chambre noire où s'agitent, dans les escaliers, s'écrasent, se déchirent et s'assassinent avec un sauvage et tout naturel espoir de salut, des malheureux que l'incendie menace de la plus hideuse des morts. Il fait si bon rester chez soi, les pieds sur les chenets, par ces temps crottés de décembre, avec un livre qui vous berce, un poète qui vous console, un humoriste qui vous fait rire,— ou tout simplement un fin reporter comme M. Pierre Giffard qui vous apprend, en un volume, tant de choses ignorées et des plus curieuses sur les *Français à Tunis !*

Mais bah ! si l'on y songeait, l'explosion de gaz pourrait aussi vous atteindre au logis. Le danger est partout : dans la tuile qui tombe au dehors; à la maison, dans la braise qui roule du foyer sur le tapis; dans le cheval de fiacre qui s'emporte, dans le cocher ivre, dans le camion trop chargé, dans l'omnibus trop lourd. Le mieux est de se dire que les Orientaux ont raison, que ce sont ni les balles, ni les incendies qui tuent, mais la destinée, et qu'une soirée au théâtre, par les temps d'hiver, est un peu de rêve et de poésie, — ou de rire, — arraché au fracas de l'an qui finit et au jaune brouillard de Décembre.

XXV

Le premier Noël alsacien à Paris. — Souvenirs d'antan. — Les tablettes de chocolat de M. Gambetta. — Les enfants moralement abandonnés. — Les crânes des Parisiens. — Une observation de Broca. — Les peintures de Basile Vereschagin. — Plewna. — M. Antonin Proust peintre et humouriste. — L'atelier de Meissonier. — Un *Philosophe en voyage*, par Antonin Barthélemy. — La maison natale de Chateaubriand. — L'Auteur au Lecteur, confession de fin décembre.

27 décembre 1881.

Il y a neuf ans, un jour de Décembre comme celui-ci, un Alsacien strasbourgeois, notre ami M. Eugène Seinguerlet, s'avisa de songer aux petits enfants de son pays que la conquête avait faits Parisiens malgré eux. Noël arrivait. C'est grande fête à *Christnacht*, dans les villages des Vosges. On y brûle des bougies aux branches vertes du sapin. « Pourquoi, dit Seinguerlet à quelques amis, ne donnerions-nous pas un Noël à Paris, aux petits enfants d'Alsace ? » Il en parla à quelques femmes d'un grand cœur ; on se réunit dans un commun effort ; on acheta des jouets, on loua un local — c'était l'Alcazar du Faubourg-Poissonnière — et on invita les petits à venir recevoir leur cadeau de Noël.

C'est là l'humble origine de cette « Fête de l'arbre de Noël », qui est maintenant, tous les ans, une espèce de cérémonie solennelle, et familiale aussi, pour toute la colonie alsacienne de Paris.

Qui oubliera jamais cette première fête de *Christkindel* dans cette salle de café-concert, à demi pleine, froide, sombre, par une après-midi grise, avec des tas de petites têtes blondes ou brunes, vaguement aperçues entre les colonnes du music-hall? On était alors en pleine lutte politique et au lendemain même des blessures reçues. La plaie saignait encore. On ne pouvait guère regarder qu'à travers des larmes les sourires des petits exilés. Et qu'ils étaient heureux, ceux-là, étonnés, ouvrant de grands yeux aux pantins et aux poupées!

On en attendait quelques centaines; il en accourut plus d'un millier.

Alors, un moment vint où, dans la salle de l'Alcazar il y avait encore des enfants qui attendaient leurs joujoux et où, sur l'estrade, il n'y avait plus rien à leur distribuer. Ni jouets, ni bonbons. Les paniers étaient vides. Fallait-il donc laisser repartir, déçus, avec de gros soupirs, ces demi-orphelins — orphelins de la patrie — à qui on avait promis un beau *Christkindel?* Certes, non! On fit, là-haut, sur la petite scène une collecte entre membres du comité et dames patronnesses ; on courut en hâte chez les épiciers du voisinage; on rapporta par brassées tout ce qu'on put trouver — des poupées d'un sou, des oranges de deux sous, qu'importe! — et on revint, les mains chargées, les poches pleines, vers ces petits qui attendaient fiévreusement avec leurs grands yeux avides.

Et le défilé continuait.

Les fillettes et les gamins montaient, tout émus, les marches de l'estrade. Même après ce pillage des épiceries d'à côté, on n'allait bientôt plus ne rien avoir à leur donner. Il fallut briser par fragments les tablettes de chocolat pour que les derniers emportassent au moins quelque chose. C'est M. Gambetta qui les cassait en deux ces tablettes et les passait à Mme Floquet, qui les distribuait à ces petites mains tendues.

Au dehors, les habitants du faubourg Poissonnière, assez surpris, se demandaient pourquoi tout ce monde et ce que venait faire à l'Alcazar cette troupe d'enfants. On se mettait aux fenêtres pour voir, assis sur les trottoirs et ouvrant nerveusement leurs paniers, leurs boîtes de soldats, regardant leurs joujoux ou défaisant les paquets où il y avait des bas de laines, des casquettes ou des hardes, ces petits qui sortaient de là tout stupéfaits, comme si ce *Christkindel* à Paris était un rêve.

M. Seinguerlet, les larmes aux yeux, sortit de là, le cœur serré, et il racontait, à quelques pas de l'Alcazar, cette scène poignante à M. Spuller qui, ému lui-même de l'émotion qui étreignait l'historien de Strasbourg, écrivait le soir même, sur cette première fête de l'*Arbre de Noël*, un de ses articles les plus éloquents et les mieux venus. Aujourd'hui, il y a loin de ce Noël presque misérable et des autres premiers Noëls de l'Elysée-Montmartre, au Noël du Cirque où les joujoux sont parfois des merveilles, où la musique salue, de tous ses cuivres, le défilé des petits, où plane la poésie au-dessus du vert sapin illuminé, enraciné en terre d'Alsace. Mais, encore un coup, le premier de tous ces *Noëls* est inoubliable, et ceux qui y ont assisté songent encore à cette mélancolique journée de fête, vieille de près de dix ans déjà, et qui, souriante et funèbre à la fois, ressemblait à ces enfants qu'on voit par les rues, roses de visage, mais vêtus de noir et tout tristes sous le deuil d'un père, d'une mère ou d'un aïeul.

Il sera dit qu'entre Noël et le nouvel an nous ne parlerons que des enfants. Je demandais, l'autre jour, si les petits abandonnés et les enfants assistés auraient des étrennes, au premier janvier. M. Charles Quentin, le directeur de l'Assistance publique, qui apporte tant de zèle, et de zèle heureux, à l'œuvre toute nouvelle des *Enfants moralement abandonnés*, (saint Quentin, dans le *Calendrier populaire*, est le protecteur des orphelins) a bien voulu m'avertir que les étrennes de ses pensionnaires et de ses pupilles allaient partir. Partir pour la province où sont placés, dans des manufactures, les enfants arrachés au vice, à la débauche, à la paresse, à la lèpre des mauvaises connaissances. Pour les garçons, ce sont des livres, ces récompenses du jour de l'an : des voyages de Jules Verne, — toujours, — des volumes d'Hetzel, qui, le fin moraliste, sans avoir rien de Berquin, aura mérité, lui aussi, le surnom d'*ami des enfants;* pour les filles, ce sont des nécessaires de travail.

A Paris, les enfants assistés tremperont un biscuit dans un demi-verre de Champagne, de l'or qui se boit, comme disait l'un d'eux.

Et veut-on avoir une idée de ce que peut, d'une part,

l'influence de la liberté rendant l'enfant responsable de ses actes, de l'autre le sentiment qu'éprouve ce même enfant à se sentir surveillé et soutenu?

Parmi tous ces petits êtres, « moralement abandonnés », — ramassés soit au *petit parquet*, le matin, soit chez les commissaires de police, parmi ces détritus du grand égout de Paris, — il n'en est que *deux*, sur près de 700, — 685, pour dire le chiffre exact, — qui se soient rendus coupables d'un méfait quelconque en un an, et *presque tous* viennent de recevoir des patrons chez qui l'Assistance publique les a placés, des attestations comme celles-ci : « *Bon sujet. Bien amendé depuis son arrivée. Bon travailleur. Bon ouvrier. Bonne ouvrière.* »

Les étrennes étant une récompense, un encouragement, presque tous méritent des étrennes! Presque tous, ces déshérités de l'an dernier, verront arriver, dans les manufactures où ils sont recueillis, des livres, des étuis, — un cadeau du jour de l'an. Pauvres petits qui, l'an passé, n'avaient que la vue pleine de tentations des baraques du boulevard, de la cohue des *camelots* et de la boue du ruisseau!

Depuis un an seulement, cette institution des *Enfants moralement abandonnés* fonctionne, et elle a déjà produit ce résultat d'arracher 700 enfants à la dégradation, de faire, de ces vagabonds à demi fauves, des artisans qui gagneront leur pain. Et on en vient à se dire, devant un tel résultat, que l'espèce humaine n'est pas naturellement mauvaise. Non, on ne naît point mauvais, mais on naît avec des appétits, des besoins, des faims, des boulimies. Il faut seulement apprendre à l'homme que c'est le travail et l'épargne qui assouvissent tout cela.

A un certain âge, il est trop tard pour un tel enseignement. Le pli est pris. L'enfant qui croupit dans le vice ira peut-être au crime en grandissant. Les parents en sont responsables, et c'est à ces parents que M. Quentin veut arracher les enfants qu'ils dépravent. Tous ne consentent pas, il est vrai. Des mères réclament leurs filles, des pauvrettes qui n'ont pas dix ans, comme une proie, comme un outil, et les emportent. Des pères viennent chercher leurs fils et disent : « Je le veux, Qu'est-ce que ça vous fait qu'il n'apprenne rien, si ça me plaît comme ça? » Et ce père a le droit de rejeter son petit à la fange. Il y a là une lézarde dans le Code! Est-ce un père, l'homme qui commet sur le cerveau, sur l'âme de l'enfant ce crime de lui enseigner la paresse et la débauche?

On peut tellement amender l'être humain et on a si bien, par conséquent, le droit de le faire qu'on peut, par la culture, matériellement développer en quelque sorte le cerveau humain comme on le ferait d'une plante. C'est une vérité constatée que je rencontre dans une brochure des plus curieuses sur le *Dédoublement des opérations cérébrales*, par le savant docteur M. Jules Luys. Les recherches anthropologiques ont démontré — soyez glorieux, Parisiens, mes frères! — que le cerveau des Parisiens modernes est supérieur au cerveau des Parisiens du moyen âge. Les stupéfiants à la mode, comme le chloral ou la morphine, les excitants comme le café, l'abus du tabac ou de la bière, l'alcoolisme, les cafés-concerts et toutes les niaiseries contemporaines n'y font rien : le fait est là. D'après M. Broca, la capacité des crânes parisiens s'accroît de siècle en siècle. Les crânes recueillis au cimetière des Innocents et qui dataient de Philippe-Auguste avaient 62 cent. de moins que les crânes ramassés au cimetière de l'Ouest, au commencement de ce siècle. Mathématiquement, la capacité crânienne des Parisiens, depuis six cents ans, s'est accrue de 6,6 centimètres cubes par siècle. Eh bien, cet accroissement matériel — résultat tangible des progrès intellectuels — on peut l'obtenir parallèlement sur le moral même de l'homme en surveillant, comme le fait l'Assistance publique, la jeune âme, les premiers instincts de l'enfant.

L'enfant abandonné dans Paris, c'est quelque chose comme du verjus pour les vendanges de la cour d'assises. Recueilli et surveillé, c'est une récolte de vin généreux pour l'avenir.

Paris s'est beaucoup plus inquiété d'ailleurs de certaine exposition de peinture tout à fait originale que des enfants abandonnés et de ces noirs *dessous* de la vie parisienne. M. Basile Vereschagin a exposé une certaine quantité de toiles, boulevard des Italiens, dans les salles du *Gaulois*.

C'est moi, je crois bien, qui, le premier, ai imprimé dans un journal français le nom de Vereschagin. L'artiste russe est maintenant une renommée parisienne. Il s'est d'ailleurs pour toujours fixé à Paris, et c'est à Maisons-Laffitte qu'il a exécuté ces tableaux de la guerre turco-russe que M. de Neuville louait, l'autre jour, avec conviction.

M. Vereschagin, n'est pas du tout un artiste qui déteste dans un tableau une impression philosophique, la réflexion intérieure que produit une impression pittoresque perçue par l'œil. Il peint un tableau, sans doute, et avec un rare talent, mais il ne lui déplaît pas que sa toile amène une pensée chez ceux qui la regardent. Au-dessous d'un entassement de crânes, d'une pyramide de têtes vidées par le temps et blanchies par la pluie, il écrira, par exemple, sur le catalogue rédigé par lui :

« *Apothéose de la guerre. — Dédié à tous les conquérants, passés, présents et futurs.* »

Et cette ironique inscription n'est pas une fantaisie, une conception humanitaire de l'artiste; ce qu'il représente là, il l'a vu. Depuis Tamerlan, les tueurs d'hommes aiment ces trophées. Vereschagin a rencontré sur les frontières de la Chine toute une ville de plusieurs milliers d'hommes, détruite, déserte, livrée aux chiens devenus sauvages et rongeant, dans leur férocité famélique, les corps de milliers de gens pourris ou desséchés autour des murailles écroulées. Et, de temps en temps, çà et là, autour de la ville morte, placés là comme les tas de cailloux sur nos routes, le peintre rencontrait un de ces *ornements*, une de ces pyramides de crânes qu'il s'est plu à peindre sans rien ajouter à une telle horreur.

L'artiste russe a d'ailleurs, autant que personne, le souci de la vérité. Une de ses toiles les plus saisissantes (elle n'existe plus), représentait le cadavre d'un soldat russe, seul, couché dans une immense plaine, avec un corbeau perché sur son visage, et fouillant, de son bec, dans les orbites creuses. Quoi de plus sinistre que cet abandonné, ce mort perdu, en proie aux bêtes ?

Le général qui commandait l'expédition à laquelle Vereschagin était attaché (je crois que c'est le général Kauffmann), voit un jour ce tableau et dit alors d'un ton bourru :

— C'est là une scène impossible !

— Et pourquoi impossible, mon général ?

— Parce que jamais l'armée russe n'a laissé derrière elle un seul de ses morts.

— Je vous demande pardon, mon général, j'ai vu... de mes yeux vu...

— Impossible, je vous le répète, interrompit le général brusquement.

— Alors, c'est bien, reprit Vereschagin.

Il prend son tableau (un tableau achevé, promis et vendu au tsar, s'il m'en souvient bien), et sans hésiter, le jette au feu, en disant froidement :

— Voilà !

De cette admirable étude de soldat tombé et livré aux corbeaux, il ne reste rien qu'une photographie.

Que personne ne dise à M. Vereschagin que ses tableaux ne sont pas *exacts*, il les détruirait peut-être aussi résolument et ce serait dommage. Personne au reste ne le lui dira. C'est la vérité, la vérité saignante, qui fait le prix de ses dernières compositions, terminées cette année : *Avant l'attaque*, *Après l'attaque* et l'*Ambulance turque*.

Ce sont là des souvenirs de Plevna.

Nous sommes loin, avec Vereschagin, de la guerre sentimentale de M. Protais : *Avant le combat* et *Après le combat* et des blonds petits chasseurs à pied qui rêvent, l'arme au pied et les yeux en l'air...

Avant l'attaque, les fantassins russes cachés dans les retranchements, les yeux fixés sur le fort qu'il s'agit d'enlever, s'écrasent dans la boue pour se mieux *défiler* contre les projectiles turcs. « Aucun n'a peur, nous disait le peintre, mais tous essayent de sauver leur vie. » C'est l'instinct, même dans l'héroïsme. La scène est d'une réalité criante. Il semble que des lèvres du général va sortir le signal de l'attaque. Son chef d'état-major, la lorgnette braquée sur les positions turques, lui dit tout bas : « Mon général, nous pouvons commencer. » Et *Avec Dieu, en avant !*

Après l'attaque. — C'est l'ambulance. L'ambulance en plein air, les milliers de gens couchés à terre, abrutis, songeant, geignant, râlant. Des poignets brisés, des mâchoires fracassées, des linges sanglants. Au loin des maisons qui brûlent. Jamais on n'a représenté la *charcuterie* de la gloire avec cette vigueur cruelle. « On me reproche, nous disait Vereschagin, d'avoir fait de la photographie ! Ah ! bon Dieu, la réalité stricte serait encore autrement effroyable que cela ! »

Ce qui est strictement vrai, c'est l'*Ambulance turque:* — une sentine de la principale rue de Plewna où, à demi enterrés, abandonnés sur leurs grabats, avec leurs chemises roses ou bleues, sont couchés les cadavres des Turcs. C'est un charnier que ce taudis. Il y a des morts partout. Au fond de l'ombre, on entrevoit des corps roidis, des faces pâles. Une odeur de cimetière semble se dégager de cette cave, sortir comme un miasme par les vitres cassées. Vereschagin est entré là, se heurtant à ces morts laissés en tas, à ces blessés qui n'étaient plus que des larves et qui remuaient ou gémissaient encore, avant de mourir. *Quatre-vingts* maisons peut-être de Plewna, transformées en de telles ambulances, étaient, les unes après les autres, pleines de ces agonies et de ces puanteurs. Le peintre n'y rencontra qu'*un seul* être se tenant droit : un soldat turc titubant et qui, dressé encore sur ses pieds, achevait de mourir — debout.

On conçoit qu'après de telles visions, un esprit supérieur comme le sien ne se plaise pas à *pomponner la guerre*. Il la peint hideuse, la mégère ! Il ne la maquille pas. La voici telle qu'il l'a vue et telle qu'il l'a faite avec Skobelev, son ami.

Puis, après ces scènes farouches, ce sont des mosquées de Samarkand, des cavaliers kirghiz, des Indous, des derviches; c'est le Kremlin de Moscou, mirant dans l'eau ses coupoles dorées, — c'est tout un pays bleu que nous montre le peintre. Du soleil après du sang. La féerie, mais une féerie vraie, après le drame militaire. Je ne m'étonne pas du grossissement des foules qu'attirent maintenant les peintures de Vereschagin. On se bouscule sur le seuil, comme un peu plus loin à la porte du Crédit Lyonnais, un jour de fièvre à la *Petite Bourse*.

Et dans un coin, écoutant les observations, se moquant des unes, profitant des autres, se tient anonyme, modeste et ne se montrant pas, l'artiste qui étudie — en psychologue, presque en romancier — les impressions de tout ce monde devant ces toiles achevées dans sa solitude de Maisons, sur la lisière de la forêt.

C'est dans le *Tour du Monde,* journal des voyageurs, que M. Vereschagin, peintre, voyageur et soldat, a publié, en France, ses premiers dessins. C'est dans le *Tour du Monde* qu'il y a seize ou dix-sept ans débutait un littérateur et un artiste, un voyageur aussi, qui devait, depuis, faire son chemin. M. Antonin Proust racontait alors dans ce journal illustré son voyage à Athènes et il l'illustra lui-même, d'après ses croquis. Aujourd'hui il est ministre des arts et il est demeuré l'artiste et le fin lettré qu'il était autrefois dans l'*Illustration* encore où (ceci soit dit pour les curieux), il a donné deux scènes de la guerre allemande : des hulans faisant une réquisition dans une ferme et le roi Guillaume traversant le champ de bataille de Sedan, tout plein de morts. Je vois encore M. Antonin Proust dessiner, d'après mes indications, — je venais d'assister à cela, — cette scène tragique. Le peintre Andrieux, celui pour qui M. Albert Wolff organisait, il y a peu de mois, une vente célèbre, — se chargea de transporter sur bois, pour l'*Illustration*, le dessin très vigoureux de M. Antonin Proust.

A présent, le ministre des arts visite les ateliers et va, à Bruxelles, applaudir l'*Hérodiade* de Massenet. S'il cédait à toutes les prières, il aurait des journées *chargées;* on lui demande à la même heure de visiter le *Panorama du Bois de Boulogne*, parti pour Nice, et où il figure, lui, ministre d'aujourd'hui, causant dans une allée du Bois avec un ministre de la veille; de jeter un coup d'œil aux tableaux que Meissonier lègue au Louvre, d'être ici ; d'être là, d'être partout.

J'imagine qu'en visitant l'atelier de Meissonier, M. Proust a dû être tenté de supplier le maître d'achever certain tableau représentant les soldats de l'armée d'Italie, pittoresquement dépenaillés, — boueux comme les figurants du drame de *Quatre-Vingt-Treize* entrant à Dol — superbes d'enthousiasme et d'élan, acclamant leur chef qui passe, maigre et pâle, au galop de son cheval et qu'ils saluent en agitant leurs drapeaux, en plantant sur leurs baïonnettes leurs chapeaux de feutre bossué! Le *Friedland* de Meissonier et son *1814* sont dépassés par cette admirable page, saisissante et jeune, supérieure à tout, et que Meissonier laisse inachevée sur son chevalet pour peindre le portrait de M. Victor Lefranc et le donner à son vieil ami.

Je ne m'étonne point d'ailleurs que M. Proust aime la peinture et la connaisse, puisqu'il est peintre; — et qu'il aille en Belgique écouter la musique de Massenet, puisqu'il est dilettante. Il y a longtemps qu'il a écrit, dans un volume de voyages fort humoristique et comme d'un Parisien qui aurait fréquenté Sterne, des pages fort jolies à propos de ces singuliers mélomanes anglais qui vous jouent la symphonie pastorale de Beethoven en frappant harmonieusement la pelle avec les pincettes.

Je vais même révéler un secret aux curieux et aux bibliophiles. S'ils rencontrent jamais sur leur chemin un volume jaune de la collection Charpentier, intitulé : *Un philosophe en voyage*, daté de 1864 et signé *Antonin Barthélemy*, qu'ils le prennent. Il est du ministre des arts, et Antonin Barthélemy est le pseudonyme d'Antonin Proust. A côté de pages remarquables sur la Grèce, les moines bysantins et les contes orientaux, le « philosophe en voyage » a écrit sur *Londres et les Anglais* des morceaux d'une finesse aimable et gouailleuse. Mais c'est surtout notre pays, fort peu habitué encore à la liberté, qu'il raille amicalement. En Angleterre, ce qui le frappe, c'est que, dans les restaurants, on sert la salade sans qu'elle soit assaisonnée et que chez nous, le garçon nous dispense de faire notre salade nous-même. Tant que nous ne saurons pas faire notre salade, nous n'arriverons pas au *self-government :* « Tous nos écarts, nos inquiétudes, nos emportements violents et nos promptes défaillances, dit Antonin Barthélemy, viennent moins d'un défaut de caractère que d'un manque d'éducation. Il faut apprendre à faire la salade. C'est là tout le secret. »

Il y a aussi, en ce volume plein d'humour, une page charmante à propos des pieds anglais. Ils sont très grands et chaussés de souliers énormes. Ils sont larges à couvrir une partie du globe et lourds à l'écraser. D'abord le « philosophe en voyage » se plaît à s'en moquer, de ces pieds extravagants que son voisin de wagon sort sans cérémonie de leurs chaussures, pour dormir plus à l'aise.

« — Mais à Calais, dit-il, ce sentiment fit place à un sentiment de tristesse et presque d'envie, quand je vis ces pieds rentrer aisément, sans effort, comme il convient à des pieds libres, dans des chaussures larges, aérées et spacieuses. — C'est un beau coup d'œil, pensai-je, qu'une rangée de pieds français tous chaussés de bottes d'ordonnance faites sur le même modèle; mais, hélas! combien ils doivent souffrir! Car ils n'ont pas les uns et les autres la même dimension. L'égalité pour tous est une belle chose. Mieux vaut peut-être plus de liberté pour chacun ! »

Voilà ce qu'avant de publier les Cahiers des États-Généraux de Niort, M. Antonin Proust, — qui traduisait aussi les *Chants populaires de la Grèce moderne*, écrivait sous un pseudonyme, — à l'heure où M. Laboulaye signait *René Lefebvre*, son *Paris en Amérique*. Depuis, l'humoriste, l'artiste, est devenu un homme d'État. « La littérature mène à tout, disait un ministre de Louis-Philippe, à la condition qu'on en sorte. » Mais on n'en sort jamais complètement lorsqu'on y est entré. M. Proust se souvient évidemment d'*Antonin Barthélemy* lorsqu'il pense aux lettres, et nous avons eu tant de ministres qui ne savaient pas toujours l'orthographe intellectuelle, si je puis dire, — entre autres celui qui prenait M. Jules Sandeau pour le fils de George Sand, — qu'il est bon de se dire que celui-là est un lettré qui surveille nos théâtres, et qu'avant de juger les artistes, il a, comme Lockroy, tenu la palette et manié le pinceau.

Et — qui sait ? — le temps où Antonin Proust *illustrait* les voyages d'Antonin Barthélemy, cet *amoureux de la lumière*, comme il l'appélle, et comme on l'appellerait encore — c'était peut-être pour le très sympathique ministre des arts, un moment journaliste aussi, le bon temps, celui où l'on espère tout et où l'on ne doute de rien !

Chateaubriand, qui avait, je pense, écrit quelques livres et occupé, je crois, quelques postes officiels, et que la politique avait aussi mené à tout, cité, un jour, comme témoin, répondait à cette question : *Votre qualité ?*

— Journaliste !

C'était peut-être de la vanité, mais rien ne démontre mieux la *vanité de la vanité* que ce fait : on démolit, on rase la maison natale de Chateaubriand et personne ne proteste. Bah ! une masure ! le berceau d'un *phraseur!* Je vois même qu'on écrit, çà et là : « Chateaubriand, *qu'est-ce que c'est que ça ?* »

L'aïeul de ce siècle, qui saluait en Hugo l'*enfant sublime,* est oublié, odieusement oublié, comme Lamartine, qu'il appelait d'ailleurs un *grand dadais.*

Il vaut bien la peine d'être un grand homme !

Celui-là, n'eût-il écrit que les *Mémoires d'outre-tombe,* mériterait d'être lu et relu tous les jours. Mais les générations nouvelles ne lisent plus le livre de la veille. A peine lisent-elles le livre du matin en attendant l'opérette du soir.

Ah! si l'on ne démolissait que les maisons natales des grands écrivains! Mais ce sont les lettres et c'est l'amour même de la littérature qui s'en vont!

C'est bien pourquoi il faut les aimer, les aimer obstinément, uniquement, les aimer d'un fidèle amour, ces pauvres Lettres abandonnées, quasi dédaignées et souvent calomniées. Il faut les aimer pour elles-mêmes, non pour les honneurs qu'elles procurent, mais pour les jouissances qu'elles donnent. O joies du lettré qui vit seul dans le cher réduit où sont ses livres, joies du spectateur qui note en rentrant, sous la lampe, ce qu'il a vu tout à l'heure, en plein soleil ou en plein théâtre! Je vous connais, les unes et les autres, et je vous aime.

Et ce sont ces joies de chercheur et d'observateur que je tente de faire, une à une, entrer dans ces pages qui sont comme les *Mémoires* d'une année : *Mémoires* où je n'évite rien — que le scandale — où je m'occupe de tout, du talent qui naît, de la gloire qui meurt, du livre inédit, du bouquin méconnu, des mœurs nouvelles, souvent irritantes, des tableaux nouveaux, souvent consolants, de tout, même de science et, Dieu me pardonne, de statistique! C'est que je voudrais être un moraliste en étudiant nos mœurs et que les chiffres ont, en effet, leur morale.

Puis je jette au vent ces feuillets où, si on les retrouve, on verra plus tard ce que nous sommes et on rencontrera le reflet de nos pensées. Livre bien moderne, écrit au courant des événements et souvent dicté par le hasard.

Et, puisqu'il n'y a plus de critique littéraire, de critique des livres et des hommes, pourquoi n'y aurait-il pas une critique des choses?

Sainte-Beuve, notre maître, n'est plus là — lui, le grand régulateur de la pensée moderne, — et la Chronique devient comme la *Causerie du Lundi* d'une époque à qui plaisent les petits faits et à qui les grandes pensées font peur.

Je prends donc mon temps comme il est, je l'arrête au passage et je ne dis pas que, si je pouvais le refaire, je ne le referais point. Mais, après tout, il serait peut-être pis encore! Le docteur Pangloss a sans doute raison, et je m'incline, quoique je n'aime, par nature, ni les optimistes, ni les importants, ni les satisfaits.

TABLE DES NOMS CITÉS

DANS

LA VIE A PARIS

A

Abbema (Mlle), 148.
Abd-el-Kader, 79.
About (Edmond), 350.
Abrantès (D^{sse} d'), 369.
Adam (Mme Edmond), 69, 425.
Agar (Mlle), 166, 173.
Aicard (Jean), 425.
Alaux (surnommé *Tibère*), 28.
Alembert (d'), 303.
Alexandre II, 122.
Alexis (Paul), 35.
Allart (Mlle Hortense), 376.
Almeida (d'), 40.
Alphand, 89, 296.
Alton-Shée (d'), 40.
Amy (André), 145.
André (Mme Edouard), 274.

Arago (Etienne), 53, 436.
Arenberg (P^{ce} d'), 140.
Aristophane, 183.
Arnal, 459.
Arnould (Sophie), 11, 54.
Asselin, 281.
Astley, 350.
Aubanel, 43.
Aubryet (Xavier), 65, 307, 363.
Auclert (Hubertine), 39.
Aude, 279.
Augier (Emile), 99, 160, 211.
Aurevilly (Barbey d'), 65.
Authan (Jehan d'), 348.
Auriol, 345.
Autran (Joseph), 112.
Azeglio (d'), 56.

B

Bachaumont, 10, 24, 118.
Baignières (A.), 34.
Bailly, 380.
Ballanche, 159.
Balzac, 28, 78, 203, 260, 366, 369, 370, 441.
Banville (Théodore de), 348, 460.
Barante (de), 367.
Barbès (Armand), 4, 7.
Barbier, 173.
Bardoux (ancien ministre), 43, 322, 324, 326.
Bartet (Mlle), 173.
Barthélemy (Antonin) pseudonyme d'Antonin, Proust 480.
Bartholdi, 38, 436.
Barrière (Théodore), 427.
Bastien-Lepage, 44.
Baudelaire (Charles), 380.
Baudry (Paul), 20, 40, 52, 186, 192, 441.
Bayard, 337.
Bazin, 18.
Bazouge, 63.
Beau (Mlle Juliette), 165.
Beaumarchais, 301.
Beaumont (de), 108.
Beaurin (Désiré), 29.
Beethoven, 325, 480.
Bellamy (Mistress), 364.

Bellanger (Marguerite), 76.
Bellay, 30.
Belloir, 140.
Bellot, 38.
Belgrand (Eugène) ingénieur, 298.
Belmontet, 117.
Belot (Adolphe), 37.
Béranger, 113, 164, 247, 371.
Bérardi (Gaston), 173.
Bérat, 18.
Berlioz, 441.
Bernard (Claude), 40, 341.
Bernhardt (Mlle Sarah), 201, 244, 293, 363, 426.
Berquin, 470.
Bert (Paul), 38, 40.
Bertall, 407.
Berthelot, 40, 341.
Berthet, 37.
Bertellon (D^r), 319.
Berton (G^{al}), 164.
Bertrand (James), 29.
Bertrand (Joseph), 39, 298, 341.
Bès (fils), éditeur, 233.
Beyens (de), 173.
Biesta, 40.
Bigourdan, 271.
Bischoffsheim, 431.
Bismarck (Prince de), 399.

Bixio (Alexandre), 39.
Bixio (Maurice), 39.
Blanc (Charles), 40.
Blanc (Louis), 14.
Blanchard, 372.
Blanqui, 2, 4.
Blocqueville (Mme de), 182.
Blondel, 28.
Blot, 30.
Bocage (acteur). 166, 357.
Boisgobey (du), 37.
Boissier (Gaston), 320.
Bonaparte (Louis-Napoléon), 177.
Bonington, 109.
Bonnafé, 55, 179.
Bonnamy, 298.
Bonnat, 29.
Bonnet, 419.
Borda, 376.
Borel (Pétrus), 370.
Bornier (Henri de), 43, 427.
Borriglione, 430.
Bosco (le garçon de la Maison Dorée), 169.
Boswell, 353.
Bou-Amama, 342.
Boucher, 27.
Bouchot, 229.
Boudeville, 166.

Bouffé, 399.
Boulanger (Ernest), 19.
Boulanger (Gustave), 51, 211, 437.
Bourneville (D^r), 129.
Bouthor, 350.
Boutin (acteur), 266.
Boutmy, 40.
Bracquemond, 148.
Brantôme, 282.
Bréal (Michel), 40.
Brébant, 29, 40, 290.
Bréguet, 335.
Bresdin (Rodolphe), 458.
Brice (René), 50.
Bridault, 166.
Brillat-Savarin, 142.
Broca, 40, 473.
Brohan (Augustine), 114.
Brohan (Madeleine), 182, 291, 293.
Brotherton, 158.
Brown (John-Lewis), 109, 198.
Brun (Albert), 389.
Burnand, 420.
Burne (Jones), 420.
Bussy d'Amboise, 282.
Butin (Ulysse), 16.

C

Cabanel, 28.
Cadamour (modèle), 187.
Cain. 451.

Cambriels (G^al) 286.
Cambronne, 290.
Camescasse, 344.

Canada (le), 269.
Canivet, 37.
Canler, 258.
Carlylle (Thomas), 143.
Caro, 124, 261, 423.
Caroline (l'Allemande) modèle, 187.
Carpeaux, 29.
Carrel (Armand), 178.
Cassat (Miss), 150.
Castagnary, 459.
Castellani (Charles), 436.
Caters-Lablache (Mme de), 174.
Cavaignac (Godefroy), 164.
Cavour, 56.
Céard, 35.
Cham. 35, 407.
Champfleury, 458.
Champagny (de), 320.
Chapelle, 24.
Chapu, 29, 31.
Charcot (D^r), 123, 124.
Chardin, 228.
Charlemagne, 143.
Charles X, 210.
Charlet, 371.
Charpentier (éditeur), 32, 480.
Chartres, (le duc de), 53.
Chateaubriand, 159, 164, 323, 368, 376, 392, 482.
Chaumont (Céline), 169.
Chenavard (Paul), 458.
Cherbuliez, 40, 444.
Chenier (André), 244.
Chevé (société), 94.

Chintreuil, 44.
Cialdini, 39.
Cissey (G^{al} de), 437.
Cladel (Léon), 162.
Clairin, 16.
Clairville, 460.
Clapisson, 18.
Claude (ex-chef de la sûreté), 257, 259, 260.
Claude (Mme), 258.
Cléry (Mlle de), du Vaudeville, 45.
Clouet, 165.
Cochery (ministre), 405.
Cogniet (Léon), 28, 29.
Cogniard, 460.
Colombier (Mlle Marie), 363.
Combes, 409.
Compans (Général Cte), 8.
Condorcet (Mme de), 375.
Conquet (libraire), 371.
Coppée, 224, 418, 446.
Coquart, 30.
Coquelin (aîné), 173.
Coquelin (cadet), 173.
Corot, 53, 97, 230, 262.
Corrège (dit le), 228.
Cot, fils (modèle), 188.
Cotugno, 339.
Courbet, 234. 457.
Courbet (Mlle), 459.
Cousin (Victor), 183, 523.
Crébillon (le fils), 27.
Crédit-Lyonnais, (établissement financier), 478.
Crémieux (Hector), 464.
Crémonini (César), 422.

Croizette (Mlle), 14.
Crozat, 55.

Cugnot, 30.
Cussy (de), 26.

D

Dabadie, 19.
Dagnan-Bouveret, 51.
Dahlgeren (amiral), 337.
Dalsème, 203, 250, 251, 252, 257.
Dantan, 348.
Darcel (Alfred), 42.
Daubigny, 163.
Daudet (Alphonse), 51, 362, 446.
Daumier, 264, 308.
David (d'Angers), 98.
David (Louis), 188.
Davin, 235.
Davoust (le maréchal), 182.
Decamp, 441.
Debureau, 308, 358.
Debureau (le fils), 174.
Degas, 150.
Degeorge (sculpteur), 31, 190.
Déjazet, 169, 364.
Delacroix (Eugène), 40, 97, 185, 191, 196, 274, 292, 441, 460.
Delahante (Adrien), 105.
Delahante (Mme), 105.
Delannoy, 434.
Delaporte (Mlle), 166.
Delarive, 280.
Delaroche, 188, 196.
Delaunay (acteur), 403.

Delaunay (Elie), le peintre, 130.
Delibes (Léo), 11, 304.
Delille (l'abbé), 11, 273.
Delvau (Alfred), 373.
Demidoff, (le prince Paul), 53.
Dentu, 36.
Deparcieux, 299.
Depret (Camille), 39.
Deroulède (Paul), 31.
Desbeaux (Emile), 463.
Desboutins, 148.
Desbrosses (Jean), 44.
Deschanel (Emile), 181, 461.
Deschiens (Anna), 71.
Desclée (Aimée), 134, 166.
Deshayes, 166.
Deslions (Anna), 70, 167.
Desmaze (Charles), 167, 250, 252, 257.
Desnoyers, 268, 269.
Detaille, 21, 33, 35, 51, 108, 247, 248, 438, 451, 464.
Devéria, 185.
Dezède, 279.
Dickens, 351, 370.
Diderot, 218.
Didier (Henri), 50.
Didron, 42.
Dieudonné, 166.

Dion (de), 12.
Disraëli (Benjamin), 443.
Dixon (Hepworth), 122.
Doche (Mme), 434.
Donato, 128.
Donizetti, 19.
Donon, 39.
Doré (Gustave), 462.
Dosne (Mlle), 222.
Double (Léopold), 54, 223, 326.
Doucet (Camille), 36, 50, 160.
Doudeauville (duc d'), 140.
Drolling, 28.
Droz (Gustave), 34, 162, 372.
Druscowitz, 250, 253.
Du Barry (Mme), 55.
Dubocq (modèle), 187.
Dubois (Paul), 31, 88.
Du Boys (Jean), 295.
Du Camp (Maxime), 259, 379.
Du Châtelet (M^ise) 332, 375.

Duclos, 27.
Duez, 32, 108.
Dufaure, 274, 275, 324, 327.
Dulaurens, 411.
Dumas (A. père), 58, 369, 372 387, 462.
Dumas (A. fils), 14, 47, 50, 226, 239, 241, 433, 435.
Dumont (directeur de l'enseignement supérieur), 40.
Dupaty, 164.
Dupleix, 268.
Dupré (Jules), 51, 52, 441.
Dupuytren, 203, 208.
Duquesnay, 72.
Duran (Carolus). 30, 32, 49, 192.
Duraud-Ruel, 53.
Duruy (Victor), 394.
Dussieux (L.), 277.
Duthé (Rosalie), 54, 56.
Duval (Raoul), 41.
Duval (de Lyon), 51.

E

Édison, 335, 402.
Edmond (Charles), 40, 58, 110, 363.
Eisen, 206, 412.
Elzéar (Pierre), 168, 406.
Empis, 443.
Entraigues (Balzac d'), 49.
Entragues (Jeanne de Balzac d'). 144.

Ephrussi (Mme), 219.
Épinay (Mme d'), 218.
Erasme, 142.
Estaing (comte d'), 11.
Étienne (Raoul), 42.
Eugénie (E.-Marie de Montijo), ex-impératrice, 69, 113.
Exelmans (le maréchal), 72.

F

Fabre (Ferdinand), 37, 162.
Fagan (Louis), 56.
Falcon (Mlle), 16.
Falguière, 29, 30, 460.
Fantin-Latour, 38.
Fargueil (Mlle), 311.
Faucher (de Saint-Maurice), 270.
Faulkner (éditeur), 245.
Faure, 173, 399.
Faure (Achille), éditeur, 446.
Favre (Jules), 168.
Fénelon, 146.
Ferry (Jules), 89.
Feuillet, 168, 199, 372.
Féval (Paul), 36.
Feyen-Perrin, 38.
Flaubert (Gustave), 40, 135, 157, 370, 379.
Florian, 69.
Floquet (compositeur), 11.
Floquet (Mme), 469.
Fontenelle, 375.
Forain, 150.
Fortuny, 51, 151.
Foscolo (Ugo), 56.
Fouquet, 391.
Fournier (Édouard), 374, 409.
Fould, 231.
Fovillle (D^r), 405.
Fox-Hall (cheval), 244.
Foyot, 32.
Fragonard, 228, 321.
Franceschi (Jules), 303, 464.
Francia, 91.
Franconi, 350.
Franzolini (D^r), 128.
Frédéric II, 143.
Frédérix (Gustave), 434.
Freycinet (de), ex-ministre, 40.
Frith (W.), 246.
Fromentin, 40, 53.
Frontin, 302.
Fulton, 79.
Fusil (Louise), 364.

G

Galilée, 338.
Galitzin (le prince A.), 41.
Galvani, 338.
Gambetta, 22, 340, 469.
Garibaldi, 56.
Garnier (Charles), 17, 29, 437, 464.
Gaucherel, 42.
Ganne (le père), aubergiste à Barbizon, 152.

Gautier, 38.
Gautier (Théophile), 25, 40, 89, 185, 289, 369, 372, 447.
Gavarni, 40, 56, 307, 451, 480.
Geneviève (hystérique de la Salpêtrière), 130.
Geoffrin (Mme), 365.
Geoffroy, 294.
Georges (petit-fils de Victor Hugo), 91.
Géricault, 191.
Gérôme, 35, 51, 193, 196.
Gervex, 190, 195.
Gheel, 158.
Ghirlandajo, 459.
Giacomotti, 29.
Giffard (Pierre), 465.
Gigoux, 371.
Gill (André), 405, 407.
Gille (Philippe), 464.
Gil-Pérès, 44, 398, 434.
Girardin (Emile de), 100, 176, 201, 222.
Girardin (Mme de), 36.
Girodet, 188.
Glajeux (Bérard des), 252.
Glatigny (Albert), 267, 268.
Gluck, 11, 16, 292.
Gœthe, 392.
Goncourt (les frères), 40, 186.
Goncourd (Edmond de), 35, 41, 111, 219, 357.
Gondinet, 195.
Gonse, 394.
Gorecki, 207.

Got, 399.
Gounod, 11, 18, 160, 305, 418.
Goupil (Jules), 33.
Gourdan (dame), 118.
Gonzalès, 148.
Gramont-Caderousse (duc de), 165.
Grammont (Louis de), 426.
Grancey (Jacques), 32.
Grandier (Urbain), 127.
Grandville, 371.
Granier (Irma), 434.
Granier (Jeanne), 385, 434.
Grassot, 398.
Graux (Mme), 49.
Greuze, 218, 321.
Grévin, 37, 407, 417.
Grévy (Jules), 22, 91, 222, 274.
Grimm, 10, 217.
Grisart, 18.
Griscelli, 258.
Gros, 285.
Guérard (H.), 37, 148.
Guéroult (Constant), 37.
Guillaume Ier, 478.
Guillaume (sculpteur), 29, 30.
Guillemet, 32, 38.
Guillon-Lethière, 229.
Guimont (Esther), 70, 248.
Guines (Gosset de), 407.
Guiraud, 29.
Guizot, 285.
Guyot (Yves), 341.
Guy-Patin, 56.

H

Halévy (Ludovic), 34, 35, 308, 321, 410, 411, 451, 464.
Hamel (Ernest), 100.
Hamerling (acteur allemand), 399.
Hanlon-Lees, 358.
Haussonville (comtesse d'), 159.
Haussonville (Vte Othenin d'), 452.
Hauteville (d'), 411.
Havard (Victor), éditeur, 372.
Hébert, 189.
Hébrard (A.), 40.
Heilbuth, 33, 51, 109, 110, 194, 273.
Heilbronn, 286.
Heim, 188, 196.
Helvétius, 27.
Henner, 29, 31, 50, 190 187, 192, 193.
Hennique, 35, 390.
Henri (colonel de la Commune), 190.
Hérisson (comte d'), 393.
Herold, 40, 91.
Hetzel, 39, 372, 470.
Hildesheimer (éditeur), 245.
Hillemacher, 32.
Hirsch (de), 49.
Hoche, 267.
Horteloup, 213.
Hottinger (Mme la baronne), 49.
Houssaye (Arsène), 41, 114, 291, 363.
Houssaye (Henri), 41.
Hozier (d'), 245.
Hugo (Victor), 19, 65, 68, 86, 88, 90, 91, 106, 164, 176, 202, 274, 287, 324, 369, 372, 443, 482.
Hugo (le général comte Sigisbert), 87.
Hughes, 335.
Huysmans, 35.

I

Ingres, 185, 191, 196.
Ireland, 348.
Isambert (Gustave), 385.
Isabelle (la bouquetière du Jockey-Club), 167.
Izarn (Joseph), 339.

J

Jablochkoff, 342.
Jacob, 258, 437.
Jacob (le bibliophile), 369.
Jacoby, 377.
Jacques (Charles), 152, 407.
Jacquet, 107.
Jacquemart (Mlle Nelly), 274.
Jacquemart (Jules), 53.
Jacquemont (Victor), 111.
Jaime (Adolphe), 372.
Janet (Paul), 423.
Janin (Jules), 36, 166, 175, 369, 371.

Jeanne (petite-fille de Victor Hugo), 91.
Jeannin (M. L.), 461.
Jeaurat, 412.
Joë Grimaldi (le clown), 353.
Johannot (Tony), 158, 371.
Joncières (Victorien), 168.
Jongkind, 230.
Joubert, 39.
Judic (Mme), 48, 169, 174, 248.
Juigné (comte de), 140.
Julien, 236.

K

Karr (Alphonse), 369.
Kauffmann (Général Russe), 475.
Kemble (Fanny), 364.
Kennebel, 350.
Ketten, 424.

Kirail, 252.
Knaus, 351.
Knobloch, 252.
Kock, (Paul de), 264, 369.
Krauss (Mlle) 336.
Krupp, 13.

L

Labiche, 35, 39, 252, 286, 394.
La Bourdonnais, 268.
Labourieu, 258.
Laboulaye, 481.

Lacroix (Paul), 441.
Laffitte (H.), 158.
Lafayette, 280.
Laferrière, 245.
La Fontaine, 51.

TABLE DES NOMS CITÉS

Lafrance (Jules), 32.
Lagrange, 434.
Lajarte (Théodore de) 18.
La Landelle, 37.
Lallande, 148.
Lally-Tollendal, 267, 268.
Lambert (Eugène), 108, 186.
Lambert (M¹ˢᵉ de), 141, 375.
Lamartine, 4, 100, 202, 290, 482.
Lami (Eugène), 50, 108, 158, 308.
Lance (Ad.), 42.
Lançon, 48.
Landelle, 29.
Lanfrey (Pierre), 178.
Laplace, 375.
Laroche-Joubert, 141.
La Roncière Le Noury, 215.
La Rounat (de) 426.
La Salle (Général de), 304.
Lassègue, 126, 131.
Lateau (Louise), célèbre hystérique Belge, 130, 381.
Latour, 218.
Latouche (Henri de), 441.
Laujon, 27.
Laurens (Jean-Paul), 127, 342.
Laurent-Pichat, 38, 360, 443.
Lavaur (le P.), 267.
Lavoix (H.) 39.
Lavoisier (Mᵐᵉ), 375.
Lavisse Ernest), 461.
Lavisse (Edouard), 423.
Law. 419.
Le Blant (Julien), 33, 190.

Le Blant (Edmond), 393.
Leclère (modèle), 186.
Lecou, 372.
Lefranc (Victor), 39, 479.
Lefebvre, 31, 33, 38, 52, 192.
Legouvé, 39, 102, 112, 159.
Legrand (Paul), 174.
Leibnitz, 424.
Leloir (Louis), 52, 107.
Lemaire (Madame Madeleine), 108.
Lemercier (Népomucène), 329.
Lemot, 364.
Lemoinne (John), 39.
Lemonnier (Camille), 390.
Lemoyne (André), 34.
Lenormand (François), 395.
Lepère (ex-ministre), 38.
Lepelletier d'Aulnay, 322.
Léris (G. de), 55.
Le Roux (Hector), 29.
Le Roux (Henri), 52.
Leroux (acteur), 167.
Leroy (Louis), 32.
Leroy (dame), 118.
Le Sage, 207.
Leser (Paul), 44.
Lesueur (comédien), 353.
Levallois (Jules), 34.
Levasseur (acteur), 16.
Lévy (Emile), 29.
Levinstein (Dʳ allemand), 380.
Linguet, 11.
Lionnet (les frères), 458.

Liouville (Albert), 40.
Liouville (Henri), 40.
Lisfranc, 208.
Listz, 223, 285.
Littré, 82, 324.
Livry (Emma), 19.
Lockroy, 482.
Lockroy (Mme) 91, 92, 94.
Logerot (G^{al}), 384.
Lombard, 258, 344.
Loret, 410.
Loudon (Mme de) 183.
Louis XII, 348.
Louis XIII, 277.

Louis XIV, 112.
Louis XV, 277.
Louis XVI, 279.
Louis-Philippe, 348.
Lucile (Mlle), 128.
Lugnot, (aubergiste à Barbizon), 152.
Luguet (René), 398, 434.
Lulli, 16.
Lusignan (P^{sse} de), 68.
Luys (Dr Jules), 381, 472.
Lhéritier, 394.
Lhermitte, 148.
Lytton (Lord), 41.

M

Mabilleau (Léopod de), 422.
Mac-Mahon (Maréchal de), 324.
Machard (J.), 51.
Mackay, 317.
Magnan (Le Maréchal), 285.
Magny, 39, 40.
Mahias (Jules), 427.
Maillé (D^{sse} de), 182.
Maizeroy (René), 306.
Malot (Hector), 37.
Malvezzie (Mlle), 174.
Mandl (D^r), 284, 286.
Mandl (Mme), 287.
Manet (Édouard), 38, 225.
Manon Lescaut, 125.
Mantz (Paul), 119, 359.
Manuel, 444.

Maquet (Auguste), 388, 444, 462.
Marc (Lucien), 32.
Marc-Monnier, 443.
Marchand (Alfred), 50.
Marguerite de Bourgogne, 462.
Maria (P.), modèle, 193.
Marie-Antoinette (la reine), 89.
Marais (Mathieu), 419.
Marcellin, 407, 417.
Marc Fournier, 266.
Marchal, 195.
Marcus Stone, 246.
Marivaux, 25.
Mars (Mlle), 311.
Martin (le dompteur), 158.

Martin, 230.
Massenet, 304. 479.
Massol, 19.
Maud Branscombe, 426,
Mauri (Mlle), 16, 175.
Maupassant (Guy de), 35.
Mazarin 289.
Mayrargues, 464.
Meilhac, 70, 154, 464.
Meissonier, 33, 51, 226, 479.
Mendès (Catulle). 91.
Menustre (Georges), 348.
Merché (Modèle), 187.
Mergy, 113.
Mérimée, 40, 56, 65 110, 372, 395.
Mesnil (du), 40.
Métra, 10, 79.
Méry, 387, 397.
Metschersky (le Prince Elin), 122.
Meyer (Mlle Constance), 195.
Meyerbeer, 16.
Mezières, 261.
Michel (Francisque), 335.
Michel (Louise). 48.
Michel (Léon), 156.
Michel-Ange, 20.
Michelet, 233.
Miette (Mlle Marthe), 195.
Millais (J. E.) 246, 426.
Millaud (Edouard), Sénateur, 38.
Millet (J. F.), 119, 152.
Mirabeau, 279, 301.

Mohammed-el-Sadock (bey de Tunis), 156.
Molé (acteur), 11.
Molènes (Paul de), 385.
Molière, 183, 207, 460.
Mols, 157.
Moncel (Th. du), 335.
Monnier (Henry), 207, 366, 480.
Monpou, 18.
Monsabré (le P.), 117.
Monselet, 43.
Montaigne, 284.
Montal (Château de), 147.
Montaut (de), 36.
Montcalm, (Marquis de), 270.
Monteil (Alexis), 367.
Montesse, 279.
Montesquieu, 26.
Montlosier (de), 322.
Moreau (Gustave), 29, 52.
Moreau (le jeune), 412.
Moreau (général), 164.
Moreri, 374.
Morin (Edmond), 51, 372.
Morizot (Mme), 150.
Mornay (Mis de), 140.
Morot (Aimé), 32.
Mortier (Arnold (*le monsieur de l'orchestre*), 442.
Mortimer Ternaux, 117.
Moskowa (de la), 158.
Moucheron (de), colonel, 304.
Mounet-Sully, 426.
Moüy (Charles de), 283.

Moyse, 407.
Moyaux, 30.
Mozart, 325.

Musset(Alfred de), 14, 160, 273, 365, 372, 392, 448.
Musset (Paul de), 14, 372.

N

Nadar, 460.
Nanteuil (Célestin), 372.
Napoléon Ier, 79, 95, 122, 358.
Napoléon II (roi de Rome), 117.
Napoléon III, 268, 331.
Nazet, 172.
Necker, 278.
Necker (Mme), 323.
Nefftzer, 40.
Nemours (duc de), 52.

Neuville (de), 190, 438, 474.
Ney d'Elchingen (général), 101, 102.
Nicolle (Henri), 449.
Nieuwerkerke, 52.
Nigra (le chevalier), 56.
Nittis (de), 189, 217, 219.
Nodier (Charles), 372, 396.
Nordenskjold, 123.
Notta, 36.
Nourrit, 16.
Nuitter (Charles), 18.

O

Offenbach, 108, 292, 303, 464.
Olivier (Mlle Georgette), 286.
Orchardron, 457, 458.

Orléans (duc d'), 158.
Orsini, 57.

P

Paganini, 441.
Pailleron, 31, 179, 181, 183, 446.
Palloy, 280.
Panizzi (Antonio), 56, 110.
Parfait (Paul), 408.

Parmentier, 299.
Parrot, 201.
Pascal, 272.
Pasteur, 341, 445.
Patet, 15.
Patti (la), 336.

TABLE DES NOMS CITÉS

Pécotat (modèle), 187.
Peeter's, 33.
Pelletan (Eugène), 291.
Périne (Mlle la), 76.
Perrée, 463.
Perrin, 14, 39.
Perrié (les frères), 301.
Perrotin, 372.
Petit-Radel, 301.
Pétrarque, 89.
Phidias, 12.
Picart (Ernest). 40.
Piccini, 11.
Picot, 28.
Pierre-Buffière, 210.
Pierre (le colonel), 44.
Pierson (Mlle), 134.
Pille (Henri), 32.
Pillet, 55, 144.
Piron, 27.

Pissaro, 150.
Pittié (général), 38.
Platon, 183.
Pleyel, 159.
Poilpot, 437.
Pons, 271.
Ponsard, 166.
Portalis, 285.
Pouchet (J.), 41.
Poussier, 266.
Pouvillon (E.), 162.
Pradier, 196.
Préault, 185.
Prévost-Paradol, 308.
Price (*dit le petit*), 352.
Protais, 476.
Proust (Antonin), 478.
Proudhon, 212, 459.
Prud'hon, 228.
Pulcinella, 346.

Q

Quentin-Bauchart, 410.   Quentin (Charles), 470.

R

Rabelais, 390.
Rachel (Mlle), 291, 293.
Raffaelli (J. F.), 149.
Raffet, 229, 371, 372.
Rameau, 16, 27.
Ramey, 197.
Ranc, 65, 164.

Raphaël, 20, 431.
Ravel, 398.
Ravignan (le P.), 376.
Raynard (acteur), 169.
Raynaud (Dr Maurice), 284.
Récamier (Mme de), 160, 376.
Régamey, 148.

Regnard (Dr), 129.
Régnier (comédien), 39.
Rémusat (Paul de), 160.
Rémusat (Charles de), 322.
Reinach (Joseph), 452, 456.
Renan, 40, 319, 321, 341, 414.
Renduel, 372.
Renouard (Paul), 148.
Reynald (H.), 388.
Ribot, 41, 148, 230.
Richard fils (*jardinier du Trianon*), 277.
Richard père (*jardinier du Trianon*) 277.
Richet (Paul) Dr, 129.
Richepin (Jean), 168, 406.
Ricord. 211.
Ricourt (Achille), 166.
Ricquier (Léon), 94.
Rigault (Raoul), 258.
Ring-Théater (*Théâtre de Vienne incendié*), 465.
Ris (Clément de), 55.
Riu (colonel), 38.

Rivière (Henri), 356.
Robert-Fleury, 29, 33.
Robespierre, 396.
Robin (Ch.), 40.
Robinet (René), 410, 411.
Rœderer 375.
Roll, 146.
Roqueplan, 155, 307.
Rossini, 174, 294.
Rotschild (Baron James de), 166.
Rotschild (Mme de), 108.
Rotschild (Adolphe), 178.
Rotschild (Baron James-Edouard), 409.
Rousse, 168.
Rousseau (Philippe), 153.
Rousseau (Théodore) 53, 274, 441.
Rousseil (Mlle), 364.
Roux, 51.
Rouvière (acteur), 104.
Rubens, 320.
Rude, 87.
Ruggieri, 294.

S

Sainte-Beuve, 40, 58, 323.
Saint-Elme (Ida) *la comtemporaine*, 364, 369.
Saint-Germain, 166, 286.
Saint-Hillaire (Geoffroy), 359.
Saint-Huberty, 364.

Sainti (Mademoiselle), 19
Saintin, 195.
Saintine, 372.
Saint-Marceaux, 31.
Saint-René-Taillandier, 43.
Saint-Victor (Paul de), 40, 41, 51, 281, 289, 290.

TABLE DES NOMS CITÉS

Saint-Simon, 212.
Sainville, 398.
Samson (acteur), 166.
Sand (Georges), 14, 40, 78, 104, 158, 253, 359, 481
Sand (Maurice), 14.
Sandeau (Jules), 160, 370, 481.
Sanlaville (Mademoiselle), 174.
Saqui (Mme), 357.
Sarcey, 35, 164, 426.
Sardou, 39, 167, 305, 325, 421, 429, 464.
Sartine (de), 118.
Savenay (Mademoiselle), 174,
Second (Albéric) 312.
Sedille (P.), 29.
Seguin, 257.
Seinguerlet, 467, 469.
Sellier, 30.
Sensier (Alfred), 119.
Scarron, 266.
Shakespeare, 294.
Scherer, 40.
Scheuring, 372.
Schiller, 255.
Schmitz (le général), 41.
Schneider (Mademoiselle Hortense), 153, 376.
Schneider, fils (du Creuzot), 446.
Schnetz (Victor), 28.
Schœlcher, 160.
Schopenhauer, 45.

Scott (H.), 96.
Scribe, 388.
Sheridan, 144.
Silvestre, 38.
Silly (Mademoiselle), 174.
Simon (Jules), 286, 320.
Simpson, 348.
Sinel (modèle), 187.
Skobelef (général), 477.
Socrate (183).
Sommerard (du), 179.
Sotzo, 13.
Soulié (Frédéric), 366, 369, 441.
Soury (Jules), 261, 381, 461.
Spallanzani, 338.
Spitzer, 54.
Spuller, 40, 469.
Stendhal, 111, 389.
Stern, 142, 162, 245.
Sterne, 479.
Stevens (Arthur), 120.
Stop, 407.
Strauss, 69, 441.
Sue (Eugène), 159, 351, 366, 369.
Subleyras, 412.
Subligny, 411.
Sully-Prud'homme, 31, 34. 446.
Surcouf (Robert), 43.
Sylvestre (Théophile), 7.
Szarvady, 39, 40.

T

Taine, 40.
Talazac, 173, 403.
Talbot, 166.
Talien, 166.
Tallemant des Réaux, 76.
Talleyrand (de), 376.
Talma, 95.
Tassaert, 196, 228, 239, 241, 242.
Taylor (le baron), 36.
Teinturier (Dr), 122.
Théo (Mme), 174.
Thérésa, 364.
Theuriet (André), 34, 37.
Theolon, 308.
Thiers, 113, 114, 275, 222, 278, 387.
Thiron, 47.
Thomas (Ambroise), 311, 312.
Thomas (Frédéric), 37.

Thomhill, 158.
Tillot, 211.
Tirard (ex-ministre), 32, 331.
Toché, 286, 303.
Tom Taylor, 426.
Topffer, 372.
Toudouze (Edouard). 32.
Toudouze (Gustave), 32.
Tour-d'Auvergne (Louise-Emélie de la), 163.
Tourguéneff, 40.
Trautz-Bauzonnet. 410.
Tron (la mère), 189.
Troubat, 14.
Troyon, 230.
Tunis (capitale de la Régence), 156.
Türr (le Gal), 41.
Tussaud (Musée), 438.
Tussaud (Mme), 360.

U

Ulmann (Benjamin), 30, 50, 188.

Ulbach (Louis), 202.
Uzès (D**** d'), 140.

V

Vacquerie, 443.
Vaillant (le Mal), 19.

Valbert (G.), pseudonyme de Cherbuliez, 445.

Vallery-Radot, 34, 38.
Vallès (Jules), 389.
Valtner, 120.
Vaucorbeil, 20.
Van Dyck, 55.
Van Praet, 120.
Van Zandt (Mlle), 179.
Vapereau, 357.
Vaublanc (comte de), 158.
Vauchelet (Mme), 403.
Vaudremer, 29.
Velasquez, 49, 461.
Velpeau, 208, 211.
Verdi, 304.
Vereschagin (peintre russe), 439, 473.
Verne (Jules), 455, 470.
Vernet (Horace), 191, 371.

Vernier (Emile), 120.
Vespuce (Améric), 338.
Verrue (Mme de), 55.
Veyne (Dr), 40.
Vibert, 33, 108, 184.
Victoria (la reine), 56.
Vidocq, 264.
Vigny (Alfred de), 290, 365.
Villemain, 367.
Villemot (Auguste), 40, 383.
Vitaux (baron de), 282.
Vladimir (Grand-Duc), 124.
Voillemier, 34, 213.
Voisenon (l'abbé de), 27.
Volta, 338.
Voltaire, 89, 268, 280, 299, 332.
Vuagniat (modèle), 187.

W

Waddington, 424.
Walter Scott, 396.
Watteau, 54, 346.
Weill (Alexandre), 367.
Wellington, 283.

Wilson, 118.
Wilson (John-W.), 53, 120.
Witkowski, 207.
Wolff (Albert), 304, 464, 478.
Worms, 108.

Y

Yung, 309.

Z

Zaccone, 37.
Zemgano (les frères), 357.

Ziem, 41.
Zola, 5, 61.

TABLE DES MATIÈRES

I — LITTÉRATURE

LES GENS DE LETTRES — JOURNALISTES, CRITIQUES ET CHRONIQUEURS
CURIOSITÉS LITTÉRAIRES ET ARTISTIQUES

	Chap.	Pages
Lettres de Georges Sand et de Musset	I	14
Les papiers de Paul de Musset		
Les lettres de Prosper Mérimée à Panizzi. — Une lettre inédite de Mérimée. — La littérature brutale	III	57
La jeunesse de M. Zola	III	61
Un conseil	III	65
Lettres et aquarelles de Prosper Mérimée. — Mérimée et la passion. — Souvenirs et anecdotes. — Les faux sceptiques. — Un duel et la Chronique de Charles IX. — Le *carrosse du Saint-Sacrement*	V	110
Les lectures. — Les *Five o'clock*. — M. Legouvé et M. Eugène Sue	VIII	158
Les *Soleils couchés*	VIII	161
Le métier de Journaliste. — Ceux qui font les autres . .	VIII	162
A propos de *Césette* de M. E. Pouvillon.	VIII	162
La place Victor Hugo. — Une statue à l'auteur des *Contemplations* et une statue à l'auteur des *Méditations* . .	X	202

	Chap.	Pages
Paul de Saint-Victor ; son premier article de critique dramatique	xiv	289
Ce qu'on lit : *Un mariage d'amour* de M. Halevy	xvi	321
Le *Comte de Montlosier* de M. Bardoux. — La causerie	xvi	322
La vie littéraire. — Numa Roumestan et Harald	xix	362
Les débuts de Marie Colombier. — Les comédiens de la plume	xix	363
La vie littéraire en 1835. — Balzac et M. de Girardin	xix	366
Paris-Mensonge	xix	367
Charles Dickens et M. Jules Sandeau. — Combien on vendait de livres nouveaux il y a quarante-cinq ans	xix	368
Les prix actuels des *livres illustré*. — Les *Bibliomanes*. — L'influence des femmes	xix	370
Une citation de Rœderer	xix	375
Chateaubriand et son cocher	xix	373
Le talent, où il nait le plus	xix	377
Monte-Christo. — Dumas et les Marseillais. — Le château-d'If	xx	387
Comment collaboraient Alexandre Dumas et Maquet. — *Soyons navrants! soyons amusants!* — Une nouvelle M. Hennique et les Trois Mousquetaires	xx	388
Les *mémoires de d'Artagnan*. — Le *vrai* d'Artagnan. — Vive la fiction! — Athos et M. Maquet	xx	391
Une lecture chez Mme Adam. — L'*Othello* de M. Léon Aicard et l'*Othello* de M. de Grammont	xxii	425
Un journaliste : Jules Mahias	xxii	427
Camaraderie! Autrefois et aujourd'hui	xxiii	440
Frédéric Soulié et Dumas. — *Christine à Fontainebleau*. — Soulié et Balzac	xxiii	441
Les rimes totales	xxiii	443
Les nouveaux académiciens	xxiv	444
Les *trois petits mousquetaires*	xxiv	463
La maison natale de Chateaubriand	xxv	482

II — LES ARTS

PEINTRES — SCULPTEURS ET DESSINATEURS COLLECTIONNEURS

	Chap.	Pages
Une statue de Phidias. — Les conseils de Minerve . . .	I	12
Les peintures de Baudry à l'Opéra. — Barbarie scientifique. — Déclaration des droits du peintre. — La *distribution des drapeaux* de Detaille. — Le Salon	I	20
Exposition de peinture. — Les *petits Salons*.	III	49
Deux tableaux de Jules Dupré	III	52
L'exposition des aquarellistes. — M. J.-L. Brown. — M. Detaille. — M. Ferdinand Heilbuth	V	107
Comment vivait Millet quand il fit l'*Angelus*	VI	119
L'Exposition du *Noir et Blanc*. — Les artistes indépendants. — M. Raffaelli. — M. Degas. — Les impressionnistes. — L'opinion du public. — Ce que l'aubergiste de Barbizon voyait dans un tableau de Millet.	VII	148
Le Salon. — Petite monographie du modèle	IX	184
Un peintre de la Vie parisienne au cercle de l'Union artistique. — M. J. de Nittis	X	217
Le livre et le tableau. — Les *médailles*. — Les peintres collégiens. — La médaille de Manet.	XI	224
Histoire d'un peintre de la misère racontée aux peintres à la mode. — Comment se tua Octave Tassaert. — M. Bès fils. — Une barrique de vin. — Le convoi du pauvre. — Une lettre de M. Alexandre Dumas fils. — La tombe de Tassaert. — Une *rue Tassaert*.	XI	228
L'exposition des envois de Rome. — Une aquarelle pour rien.	XIII	273
La folie d'André Gill. — La mégalomanie.	XXI	405
L'*Etoile*. — Une comédie en vers jouée par des poètes. — Une charge d'André Gill.	XXI	406
Charles Jacques, caricaturiste.	XXI	407
La *Parodie*.	XXI	408

	Chap.	Pages
Panoramas nouveaux: *Belfort*, par M. Castellani; *Reischoffen*, par MM. Poilpot et Jacob.—Une première. — Le réalisme en art.— *Champigny*, de MM. Detaille et de Neuville.	XXIII	436
M. Vareschagin à Vienne et à Paris. — La guerre.	XXIII	439
La vente Courbet. — Une exposition de l'*Art*.	XXIV	457
Souvenirs sur Gustave Courbet. — Courbet orateur.	XXIV	458
Les peintures de Basile Vereschagin. — Plewna.	XXV	473
M. Antonin Proust, peintre et humoriste.	XXV	478
L'atelier de Meissonier.	XXV	479
Un philosophe en voyage, par Antonin Barthélemy.	XXV	480

COLLECTIONNEURS

	Chap.	Pages
Un château en chemin de fer.	III	48
Amateurs de livres. — Le *La Fontaine* de M. Roux. — La *Grenouille* de M. Heilbuth.	III	50
Ventes prochaines. — M. Double.—Le salon de la Duthé.	III	53
Un château aux enchères. — Le château de Montal. — L'abbaye de Carennac. —Ci-gît le passé.	VII	144
La vente Double. — Le pianiste Planté.	XI	223
M. Mandl. — Un collectionneur. — Vers inédits de Victor Hugo. — Le bon docteur.	XIV	286
Le baron James de Rothschild. — Des reliures mosaïques de Frantz-Bauzonnet.	XXI	409
Les chroniques de Robinet.	XXI	410
Loret et les chroniqueurs d'autrefois.	XXI	411
Le Million érudit.	XXI	412

III — LE THÉATRE

AUTEURS ET COMÉDIENS — DANSE ET MUSIQUE

	Chap.	Pages
La *Princesse de Bagdad*.	I	14
Une quinzaine fiévreuse. — La *Princesse de Bagdad*.— *Nana*.	III	47
Le *Théâtre de la Tour d'Auvergne*. — Le Jockey-Club. chez les jeunes artistes. — Le professeur Boudeville.		

TABLE DES MATIÈRES 509

	Chap.	Pages
— Représentations célèbres. — Un garçon de la Maison-Dorée. — M. Richepin acteur. — Les débuts de Mme Chaumont. — Un *Figurant*.	VIII	163
M. Pailleron et le *Monde où l'on s'ennuie*.	IX	179
Le high-life et les coulisses. — Amazones du monde et du théâtre.	X	200
Le retour de Mlle Sarah Bernhardt.	X	201
Un legs de M. de Girardin à la Comédie-Française.	X	201
Un collectionneur de mélodrame. — Les comédiens en voyage. — La chasse aux *actualités*. — Lally-Tollendal sous la cocarde tricolore.	XIII	266
De l'influence des événements historiques sur les recettes des théâtres.	XIV	278
La vie et la mort d'un clown. — Auriol. — L'esprit français et l'*humour* anglais. — L'*homme-oiseau*. — Gloires d'autrefois.	XVIII	345
La vie en plein air.	XVIII	350
Un clown à cheval.	XVIII	351
Le petit Price.	XVIII	352
L'ambition du comédien Lesueur.	XVIII	353
Un clown shaskespearien. — Boswell. — Medrano.	XVIII	353
Les Hanlon-Lees. — L'américanisme et la parisine. — La pantomime à vapeur.	XVIII	358
Les habitants de la Terre de Feu au Jardin d'acclimatation. — Nubiens et Esquimaux.	XVIII	359
Un souvenir de M. Laurent Pichat. — Ce que deviennent les sauvages.	XVIII	359
La *Grammaire*. — Lhéritier et Gil Pérès.	XX	397
Bouffé. — La croix du *Gamin de Paris*.	XX	399
L'*Apôtre*, de M. H. de Bornier.	XXII	427
Une édition nouvelle du théâtre d'Alexandre Dumas, à 99 exemplaires.	XXIII	433
Les créatrices de la *Dame aux Camélias*.	XXIII	434

DANSE ET MUSIQUE

Les archives et la bibliothèque de l'Opéra. — Un nouveau foyer. — Trésors inconnus	I	15
Un buste à Jacques Offenbach.	XV	303
Quelques mots de M. J. Massenet.	XV	305

29.

	Chap.	Pages
La Semaine des examens. — Les concours du Conservatoire. — La mère d'actrice. — Gavarni, H. Monnier et Ludovic Halevy. — Mme Cardinal. — Quelques mots entendus	xv	305
M. Ambroise Thomas et la mousseline. — *Sainte mousseline!* Le lendemain. — La vie facile	xv	311
L'incendie du Ring-Theater. — Où passerai-je mes soirées ?	xxi	465

IV — LE MONDE

CHOSES DU JOUR — PROCÈS ET SCANDALES
FÊTES ET CÉRÉMONIES

	Chap.	Pages
Une année fatidique	i	1
Blanqui philosophe dédaigneux.	i	2
Blanqui chez Lamartine	i	4
1781 et 1881. — Un chroniqueur du temps passé : Metra et sa correspondance. — Dulcigno, il y a cent ans	i	10
La quinzaine des dîners. — Les repas de corporations. — Les repas d'amis. — Les dîners à Paris. — Dîners artistiques. — Dîners littéraires, dîners politiques. — Petite histoire des dîners. — Les dîners au xviiie siècle. — Les *Paloignons*. — Les *Amis de Rome*. — Les *Cald'Arrosti*. — L'*Hippopotame*. — La *Macédoine*. — Les *Rigobert*. — La *Boulette*. — Les *Timides*. — Le *dîner de la marmite*. — Le *Bon bock*.— La *Gousse*. Les *rieuses*. — Petit chapitre de l'histoire intime du xixe siècle.	ii	23
Jeune conscrit, où vas-tu?	iv	67
Le journal et les journaux à Paris. — Petite physiologie parisienne: — L'*heure du journal*. — Le matin et le soir. — Les porteurs et les vendeurs. — Les acheteurs. — Balzac et la *monographie de la presse*. — Les *bouillons*. — Les abonnés des kiosques	iv	72
Le Cotillon	iv	84
Petit parfumé, où vas-tu ?	iv	88
De la mode en matière de deuil. — Le *chic* dans la douleur. — Lettres de faire part et fauteuil drapé	v	103

TABLE DES MATIÈRES

	Chap.	Pages
Un enterrement en 1766.	v	105
Le goût des fleurs. — La fête de Victor Hugo. De Watteau à Erato.	v	106
En carême. — Un demi-printemps. — Le marronnier du 20 mars	vi	116
Paysage d'avril. — Le renouveau aux Champs-Elysées.	vii	156
Le Concours hippique. — Pourquoi on y va. — Comment on y va. — Concours d'équipages. — Le chic et le chèque.	vii	135
Sacs et parchemins. — Le projet de loi de M. Laroche-Joubert. — Comtes suédois et comtes romains. — Les généalogies. — Frédéric II et Charlemagne	vii	140
La question tunisienne à Paris. — Tunis à l'Exposition. — Voyage aux ruines de Carthage. — Utique	viii	155
Le Printemps et les courses. — La croix de Berny	viii	157
Paris qui s'en va : la maison de Daubigny.	viii	163
M. de Girardin	ix	176
Une matinée chez M. A. de Rothschild.	ix	178
Les salons des femmes d'esprit et les précieuses	ix	182
Rotten-Row au bois de Boulogne. — L'allée des poteaux. — De la promenade à cheval dans le roman de M. Octave Feuillet et l'*Histoire d'une parisienne*.	x	198
Le médecin à propos d'une lettre et d'un livre. — La médecine anecdotique. — Les médecins plus railleurs que Molière. — La femme du médecin. — La jalousie. — Epigrammes et chansons. — Velpeau et Dupuytren. — Voillemier et le docteur Horteloup.	x	203
Les marins et l'amiral La Roncière	x	215
Un Dimanche de vote. — Le mur de M. Thiers	xi	222
Le jour du grand Prix. — France ou Angleterre. — *Fox-Hall* La fièvre hippique. — Pendule pour *gentleman-rider*.	xii	243
Le luxe du papier. — Chiffres et blasons. — Les cartes de Noël en Angleterre.	xii	244
La foire aux plaisirs	xii	247
M. Detaille et les Kroumirs	xii	247
Femmes du monde et filles du demi-monde.	xii	248
La journée des filous. — L'armée du mal étudiée par M. Dalsème dans son livre *A travers le Palais*. — M. Charles Desmazes. — Le crime et la débauche à Paris. — Morale et statistique. — Messieurs les malfaiteurs. — La criminalité en France.	xii	249
L'hospitalité de nuit	xii	256

TABLE DES MATIÈRES

	Chap.	Pages
Les *Mémoires de M. Claude*	xii	257
Un policier pendant la Commune	xii	259
M. Soury à la Sorbonne. — Un mot de M. E. Caro	xii	261
La *Vie à Paris* et la Vie à la campagne. — Le Parisien en villégiature. — Le paysage à Paris	xiii	262
Petit bonheur. — Comment on peut avoir un jardin pour six centimes par jour	xiii	264
Un sinistre au Canada. — La *Nouvelle France*	xiii	268
M. Bigourdin. — Superstition. — La queue de la comète	xiii	271
M. Dufaure	xiii	274
La Semaine tricolore. — La fête du 14. — Le bleu, le blanc et le rouge, couleurs royales devenues nationales. — Les spectacles gratis	xiv	276
Les bijoux de 1789 et les bibelots de 1881	xiv	280
Le docteur Maurice Raynaud. — Souvenirs du lycée Bonaparte	xiv	284
Paris sans eau. — M. Alphand aquarius. — Vive la pluie! Une notice de M. Joseph Bertrand. — M. Belgrand. — Parmentier et la Seine	xv	286
Paris vidé. — P. P. C.	xv	313
Paris *au vert*. — Les diètes de l'été. — Ce qu'est souvent la vie de château	xvi	315
Fortunes françaises et fortunes étrangères. — Une fantaisie de Yankee	xvi	316
Les mois d'économies	xvi	318
Les discours sur les prix de vertu. — Un legs à l'Académie. — La fécondité	xvi	319
La vraie France	xvi	326
M. Dufaure mourant. — M. Bardoux et M. Barboux	xvi	327
La semaine des élections. — Fièvre électorale. — Les candidats de 1833. — Un article de Népomucène Lemercier. — Les affiches à Paris. — Nommons Paulus	xvii	329
L'exposition d'électricité. — Un conte de Victor Hugo : *Voltaire et le Progrès*. — 1738 et 1881	xvii	331
Les miracles du palais de l'Industrie. — L'art et la science. Où nous allons peut-être	xvii	335
Les torpilles. — Comment on peut tuer le *mandarin* avec une étincelle	xvii	337
Les *Grenouilles* de Galvani et les *Souris* de Cotugno. — Le cotugnisme et le galvanisme	xvii	338
Les savants font le dictionnaire. — La monnaie de billon littéraire. — Les *Electriciens*	xvii	340

TABLE DES MATIÈRES

	Chap.	Pages
Bou-Hamana. — Journalistes en campagne. — Souvenirs de 1870	XVII	342
Une *bonne presse!* La réclame.	XVII	343
Une statistique du docteur Jacoby. — Les maladies de l'esprit	XIX	379
Un droit nouveau : le droit à la morphine. — Les morphiomanes. — Une stigmatisée. — On demande de l'oubli.	XIX	379
A quoi pense Paris. — La guerre d'Orient en 1854 et l'expédition de Tunis en 1881. — Villemot et la vie à Paris. — La guerre.	XX	381
Paul de Molènes. — L'Algérie. — Les Don Quichotte.	XX	385
M. le comte d'Herisson et M. Ed. Leblant. — Inscriptions phéniciennes. — Une *maquillée* d'Utique.	XX	393
Le *Cimetière mérovingien* de M. François Lenormant et l'*Antiquaire* de Walter Scott.	XX	395
Plaisanteries archéologiques. — Les rats à trompe.	XX	395
Une soirée à l'exposition d'électricité. — Lampes Edison et phonographes. — Le salon des auditions. — Physiologie de l'auditeur. — L'*Electricité et le Million*.	XXI	400
Paul Parfait et la bibliothèque du ministère de l'intérieur.	XXI	408
Une Semaine agitée. — M. Renan et *Marc-Aurèle*. — L'agio. — La place de la Bourse. — Agioteurs et agioteuses. — Les tricoteuses de la coulisse et les coulissiers du high-life.	XXII	414
L'heure de la Bourse chez les pâtissiers et les confiseurs.	XXII	417
Timbaliers et timbalières. — Les Mississipiens en 1720.	XXII	418
M. Bontoux. — Juifs et catholiques. — Les Anglaises à Paris. — Un nouveau ridicule. — Esthètes et Esthétique. — Les Esthètes à Londres.	XXII	420
Une thèse à la Sorbonne. — M. Mabilleau, M. Caro, M. Paul Janet et M. E. Lavisse.	XXII	422
Une *Annexe* à la Sorbonne. — Pour la rive droite, s'il vous plaît.	XXII	424
La saison d'hiver. — Paris à Nice et Nice à Paris. *Odette* de M. Victorien Sardou. — L'opinion du maire de Nice. M. Borriglione et M. Bischoffsheim.	XXIII	430
Sardou et son grand-père.	XXIII	432
Les articles annuels. — Le nouvel an et les joujoux.	XXIV	449
Le Stock-Exchange en jouet.	XXIV	449
Les Enfants qui n'ont pas d'étrennes. — Une visite à la Petite-Roquette. — M. O. d'Haussonville et M. J. Reinach. — Abandonnés et récidivistes. — Les petits voleurs.	XXIV	451

	Chap.	Pages
Le Louvre et la Sorbonne.	XXIV	461
La statue d'Alexandre Dumas.	XXIV	462
Le monument de Jacques Offenbach.	XXIV	464
Le premier Noël alsacien à Paris. — Souvenirs d'antan.	XXV	467
Les tablettes de chocolat de M. Gambetta.	XXV	469
Les enfants moralement abandonnés.	XXV	470
Les crânes parisiens. — Une observation du Dr Broca.	XXV	472
L'auteur au lecteur, confession de fin d'année.	XXV	483

PROCÈS ET SCANDALES

	Chap.	Pages
Le général Ney et les *on-dit*. — Souvenirs d'enfance.	V	101
L'affaire de la rue Duphot.	VI	118
Les nihilistes. — L'hystérie russe et l'hystérie française.	VI	121
M. Charcot à Pétersbourg. — La Salpêtrière. — Les *Amours d'un interne*. — Les maladies à Paris. — Hystérie et magnétisme. — La grande maladie moderne.	VI	123
Les diamants de Mlle Hortense Schneider.	VII	153
Le duel de M. Asselin et de M. de Saint-Victor. — Un discours de Brantôme. — L'honneur au XVIe siècle. — Les pères et les fils. — Le duel de Wellington.	XIV	281

FÊTES ET CÉRÉMONIES

	Chap.	Pages
Préparatifs d'une grande fête populaire, hommage à Victor Hugo.	IV	67
Un bal costumé chez Mme Edmond Adam. — Les femmes et les déguisements.	IV	69
A propos de *Phryné*. — Anna Deslions ou Anna Deschiens. Glorieuses funérailles. — Un entrefilet.	IV	70
La Fête de Victor Hugo.	IV	86
Une représentation au Trocadéro pour les inondés de Belgique.	VIII	173

PARIS, IMP. MOTTEROZ, RUE DU FOUR, 54 BIS

EN VENTE A LA MÊME LIBRAIRIE

JULES CLARETIE

La Vie à Paris, 1880, première année. 8ᵉ édition, 1 vol. in-18 . . . . . . 3 fr. 50

PIERRE GIFFARD

Les Français a Tunis, 3ᵉ édition, 1 vol.

RENÉ MAIZEROY

Souvenirs d'un Saint-Cyrien, 6ᵉ édition. 1 vol. in-18. . . . . 3 fr. 50
Les Malchanceux, 4ᵉ édition, 1 vol. in-18. . 3 fr. 50
Les Deux Femmes de Mademoiselle, 10ᵉ édition, 1 vol. in-18 . . . . 3 fr. 50

MAUFORS

Les Fils de ces Dames, 2ᵉ édition, 1 vol. in-

GUY DE MAUPASSANT

La Maison Tellier, 6ᵉ édition, 1 vol. in-18. 3 fr. 50

SAINT-JUIRS

Une Coquine, 6ᵉ édition, 1 vol. in-18. . . . 3 fr. 50
J'ai tué ma Femme, 4ᵉ édition, 1 vol. in-18. 3 fr. 50
Cherchez l'Amour, roman parisien, 4ᵉ édition. 1 vol. in-18 . . . .

GUSTAVE TOUDOUZE

Madame Lambelle — (*ouvrage couronné par l'Académie française*) — 6ᵉ édition, 1 vol. in-18. . . . . 3 fr. 50
La Séductrice, roman parisien, 5ᵉ édition. 1 vol. in-18 . . . . 3 fr. 50

www.ingramcontent.com/pod-product-compliance
Lightning Source LLC
Chambersburg PA
CBHW051128230426
43670CB00007B/718